> Nous publions le tome SIX avant le tome CINQ, le tome cinquième n'étant pas encore entièrement terminé dans la première édition.

DESCRIPTION
DE
L'ÉGYPTE

RECUEIL
DES OBSERVATIONS ET DES RECHERCHES
QUI ONT ÉTÉ FAITES EN ÉGYPTE
PENDANT L'EXPÉDITION DE L'ARMÉE FRANÇAISE.

SECONDE ÉDITION

DÉDIÉE AU ROI

PUBLIÉE PAR C. L. F. PANCKOUCKE

TOME SIXIÈME

ANTIQUITÉS — MÉMOIRES

IMPRIMERIE
DE C. L. F. PANCKOUCKE.

M. D. CCC. XXII.

DESCRIPTION

DE

L'ÉGYPTE.

DESCRIPTION
DE
L'ÉGYPTE

OU

RECUEIL
DES OBSERVATIONS ET DES RECHERCHES

QUI ONT ÉTÉ FAITES EN ÉGYPTE

PENDANT L'EXPÉDITION DE L'ARMÉE FRANÇAISE.

SECONDE ÉDITION
DÉDIÉE AU ROI
PUBLIÉE PAR C. L. F. PANCKOUCKE.

TOME SIXIÈME.

ANTIQUITÉS—MÉMOIRES.

PARIS
IMPRIMERIE DE C. L. F. PANCKOUCKE

M. D. CCC. XXII.

ANTIQUITÉS
MÉMOIRES.

MÉMOIRE
SUR LE NILOMÈTRE
DE
L'ILE D'ÉLÉPHANTINE
ET
LES MESURES ÉGYPTIENNES,

Par M. P. S. GIRARD,

Ingénieur en chef des Ponts et Chaussées, Membre de l'Institut d'Égypte, Directeur du canal de l'Ourcq et des eaux de Paris.

SECTION PREMIÈRE.

Recherche entreprise pour retrouver le nilomètre d'Éléphantine. — Description de ce nilomètre. — Longueur de la coudée. — Conjecture sur l'exhaussement du lit du Nil depuis le règne de Septime-Sévère.

Le Nil, à la hauteur de Syène, est traversé par une chaîne de rochers de granit, à l'abri desquels le sable et le limon qu'il charrie ont formé quelques attérissemens, dont le plus considérable a été connu dès la plus haute antiquité, sous le nom d'*île d'Éléphantine* (pl. 31, *Antiquités*, vol. 1).

La longueur de cette île est d'environ 1500 mètres, et sa largeur de 300. Elle est bornée au sud par une ligne de rochers abruptes; elle se termine au nord par une plage sablonneuse.

Ses deux rives, à l'est et à l'ouest, présentent dans leurs escarpemens les mêmes substances que celles dont le sol de la vallée d'Égypte est composé.

Un mur de quai de 160 mètres de longueur, et d'une fort belle conservation, est le seul ouvrage de maçonnerie dont elles soient revêtues. Il est situé en face de Syène, et à l'extrémité sud-est de l'île.

L'ancienne ville d'Éléphantine occupait cette extrémité; son emplacement se retrouve aujourd'hui marqué par des monticules de ruines qui couvrent un espace à peu près circulaire de 150 mètres de rayon.

Parmi les monumens que cette ville renferma, il était important, surtout, de retrouver un nilomètre auquel les récits de quelques anciens voyageurs ont donné de la célébrité [1].

La découverte de ce monument devait, en effet, conduire à la solution de deux questions du plus grand intérêt: l'une, sur la longueur de la coudée qui était en usage chez les anciens Égyptiens pour mesurer l'accroissement du Nil; l'autre, sur la quantité d'exhaussement qu'acquiert le lit de ce fleuve pendant un temps déterminé.

[1] Strabon, liv. xvii. Héliodore, *de rebus Æthiopicis*, liv. ix, pag. 442 et 443, édition de Bourdelot.

DE L'ILE D'ÉLÉPHANTINE.

Le désir d'obtenir enfin quelques données certaines sur des questions depuis si long-temps agitées, m'a fait entreprendre la recherche du monument dont il s'agit. Je vais rapporter comment j'ai été dirigé dans cette recherche, et quel en a été le résultat.

Strabon, après avoir donné la description des principaux lieux de l'Égypte, s'exprime ainsi en parlant de Syène et d'Éléphantine [1] :

---

[1] Nous croyons devoir mettre ici sous les yeux du lecteur le texte même de Strabon :

Ἡ δὲ Συήνη, καὶ ἡ Ἐλεφαντίνη, ἡ μὲν ἐπὶ τῶν ὅρων τῆς Αἰθιοπίας, (καὶ τῆς Αἰγύπτου πόλις· ἡ δ' ἐν τῷ Νείλῳ προκειμένη) τῆς Συήνης νῆσος ἐν ἡμισταδίῳ, καὶ ἐν ταύτῃ πόλις ἔχουσα ἱερὸν Κνούφιδος, καὶ Νειλομέτριον * (καθάπερ Μέμφις. Ἔστι δὲ τὸ Νειλομέτριον) σὺν μονολίθῳ κατεσκευασμένον ἐπὶ τῇ ὄχθῃ τοῦ Νείλου φρέαρ, ἐν ᾧ τὰς ἀναβάσεις τοῦ Νείλου σημειοῦνται, τὰς μεγίστας τε καὶ ἐλαχίστας, καὶ τὰς μέσας· συναναβαίνειν γὰρ καὶ συνταπεινοῦσθαι τῷ ποταμῷ τὸ ἐν τῷ φρέατι ὕδωρ. Εἰσὶν οὖν ἐν τῷ τοίχῳ τοῦ φρέατος παραγραφαί, μέτρα τῶν τελείων, καὶ τῶν ἄλλων ἀναβάσεων.

Syene vero et Elephantina : altera quidem in finibus est Æthiopiæ et Ægypti urbs; altera insula dimidio stadio in Nilo ante Syenem posita, inque ea urbs quæ Cnuphidis templum habet, et Nilometrium. Hoc autem est puteus quidam in Nili ripa ex integro lapide constructus, in quo et maxima et minima et mediocria Nili incrementa adnotantur; nam putei aqua cum Nilo pariter crescit et decrescit. Suntque in putei pariete notæ quædam insculptæ incrementorum, et perfectorum et aliorum. (Strabonis Rerum Geographicarum libri XVII; Lutetiæ Parisiorum, typis regiis, 1620; lib. XVII, p. 817.)

Une note très-curieuse de Casaubon sur ce passage, nous apprend qu'il a été corrompu dans tous les exemplaires de Strabon, tant manuscrits qu'imprimés, par des demi-savans, qui ont changé le sens de cet auteur, en lui faisant dire que le nilomètre d'Éléphantine était un édifice monolithe, tandis que Strabon n'avait pas voulu dire autre chose, sinon que ce puits était construit de cette espèce de matériaux que les architectes romains désignaient sous le nom de *saxi quadrati*, ou de pierres de taille.

Voici cette note :

* PAG. DCCCXVII. καὶ Νειλομέτριον (καθάπερ Μέμφις). *Addidimus ex veteribus libris verba illa* κατάπερ Μέμφις. *Sic Heliodorus, qui totum hunc Strabonis locum descripsisse videtur,* οἱ δὲ τὴν τε φρεατίαν τὸ Νειλομέτριον ἐδείκνυσαν τῷ κατὰ τὴν Μέμφιν παραπλήσιον. *De hoc puteo vide etiam Aristidem in Ægyptio.*

Ἔστι δὲ τὸ Νειλομέτριον σὺν μονολίθῳ κατεσκευασμένον ἐπὶ τῇ ὄχθῃ τοῦ Νείλου φρέαρ. *Ita habetur hic locus*

« Syène et Éléphantine : la première, ville située sur les confins de l'Égypte et de l'Éthiopie; la seconde, île placée dans le Nil, à un demi-stade et vis-à-vis de Syène,

in omnibus codicibus scriptis editisque: mendosissimè; quod facilè nos animadvertimus, quorum aures ferre non poterant hoc loquendi genus σὺν μονολίθῳ κατεσ. non nobis magis quàm Græco solo universo inauditum. Poteramus fortasse falli nisi remansisset illud σὺν, cùm μονολίθων ædificiorum etiam paulò antè sit facta mentio : verùm ea nihil ad hunc locum; legendum enim est συννόμῳ λίθῳ κατεσκευασμένον. Nam etiam libro quinto eamdem vocem à librariis fuisse corruptam ostendimus; neque hoc tantùm, sed etiam apud Heliodorum, libro nono, quo loco videtur Strabonis hæc verba descripsisse, idem error est commissus. Sic ille, οἱ δὲ τὴν τε Φρεατίαν τὸ Νειλομέτριον ἐδείκνυσαν, τῷ κατὰ τὴν Μέμφιν παραπλήσιον, σὺν νόμῳ μὲν καὶ ξεστῷ λίθῳ κατεσκευασμένον. Legendum hîc quoque est συννόμῳ: neque dubitamus apud Strabonem quoque priùs fuisse scriptum συννόμῳ λίθῳ ut apud Heliodorum; quod postea semidoctus aliquis corrigere voluit et in μονολίθῳ mutavit. Porrò συννόμους λίθους interpretatur Suidas μεγάλους, ὁμοίους, et affert hoc exemplum incerti auctoris, ἐξηριθμήσατο τοὺς δόμους· ἦν γὰρ ἐκ συννόμων λίθων ᾠκοδομημένος ὥστε καὶ λίγεν εὐσυλλόγιστον εἶναι τὴν ἀπὸ γῆς τῶν ἐπάλξεων ἀπόστασιν. Mihi videtur Heliodorus, cùm addit καὶ ξεστῷ, explicare voluisse quid esset σύννομος λίθος: est igitur quod à Latinis architectis saxum quadratum vocatur.

Quoique le passage d'Héliodore dont il est question à la fin de la note précédente, s'applique littéralement au nilomètre de Syène, il est hors de doute que cet auteur a voulu parler de celui de l'île d'Éléphantine, le même que Strabon a décrit. On ne peut supposer en effet que deux édifices destinés absolument au même usage aient été établis sur les deux rives du fleuve, en face l'un de l'autre et à la distance d'un demi-stade seulement. C'est ainsi que la plupart des voyageurs modernes ont appelé *nilomètre du Kaire* celui qui est placé à l'extrémité méridionale de l'île de Roudah.

Voici le passage d'Héliodore :

Postquam autem intra muros elephanto tanquam curru invectus est, statim in res sacras et cultum divinum gratiarum actionis ergo animum intendit; quæ esset origo festorum Nili, et si quid admiratione aut spectaculo dignum in urbe ostendere possent, interrogans. Illi autem puteum Nilum mensurantem ostenderunt, similem ei qui est Memphi, ex secto quidem et polito lapide exstructum, lineas verò ulnæ interstitio exsculptas continentem : in quem aqua fluviatilis subterraneo meatu impulsa, et in lineas incidens, incrementa Nili et diminutiones indigenis monstrat, numero tectorum aut nudatorum characterum, rationem exundationis aut defectús aquæ mensurantium. (Heliod. de rebus Æthiop., édition de Bourdelot; Lutetiæ Parisiorum, 1619; lib. IX, pag. 443.)

Il y a là une ville qui possède un temple de Cneph et un nilomètre. Ce nilomètre est un puits construit en pierres de taille sur la rive du fleuve, et dans lequel sont marqués les plus grands, les moindres et les médiocres accroissemens du Nil; car l'eau de ce puits croît et décroît comme le fleuve, et l'on a gravé sur sa paroi l'indication de ces diverses crues. »

Le témoignage aussi précis d'un témoin oculaire[1] ne laisse, comme on voit, aucun doute sur la position du nilomètre. En effet, il dit formellement qu'il était situé dans la ville d'Éléphantine, sur les bords du Nil, avec lequel il devait communiquer par un aqueduc, puisque les eaux qui y étaient introduites, et celles du fleuve, croissaient et décroissaient simultanément. Je devais donc chercher ce nilomètre dans la partie des ruines de l'ancienne ville d'Éléphantine baignée par les eaux du fleuve; et, comme cette ville ne s'étendait pas jusque sur les rochers dont l'île est bordée au sud, et que le reste de son enceinte se trouve dans l'intérieur de l'île, à l'exception de la partie qui regarde l'orient, et qui est revêtue d'un mur de quai construit en blocs de grès équarris, c'était évidemment sur la longueur de cet ancien ouvrage, c'est-à-dire sur une étendue de 160 mètres seulement, que je pouvais espérer de retrouver le monument que je recherchais.

En parcourant les bords extérieurs de l'île, je remarquai, à l'extrémité septentrionale de ce mur de quai,

---

[1] On sait que Strabon voyagea en Égypte et remonta jusqu'au-dessus de la première cataracte avec Elius Gallus, qui était gouverneur de cette province dans les premières années de l'ère chrétienne.

une porte rectangulaire de deux mètres soixante-un centimètres de hauteur, et d'un mètre seize centimètres de largeur (pl. 33, fig. 1 et 2). Le Nil, qui avait déjà commencé à croître à cette époque, était sur le point d'en affleurer le seuil. Je reconnus qu'elle conduisait dans une espèce de galerie couverte ayant pour parois, d'un côté, le mur de quai, et, de l'autre, un mur parallèle construit des mêmes matériaux; mais je la trouvai, dès son entrée, tellement obstruée de terres que le Nil y avait déposées, qu'il me fut impossible d'y pénétrer. Je jugeai cependant qu'elle se prolongeait vers le sud; et je m'assurai que, dans toute la partie de sa longueur où la plate-bande qui la couvrait autrefois avait été enlevée, elle avait été remplie de décombres provenant, tant de la démolition des parties supérieures du mur de quai, que de celle de quelques édifices voisins (pl. 33, fig. 1 et 3).

Je pensai dès-lors que cette galerie n'était autre chose que l'aqueduc du nilomètre, lequel, suivant l'idée que je m'en étais formée, consistait en un puits dont les parois, dressées verticalement, portaient les mesures de l'inondation.

J'étais arrêté sur cette idée, lorsqu'en visitant les ruines de l'ancienne ville, je remarquai, à vingt-six mètres de distance de l'aqueduc que je viens d'indiquer, une petite chambre à-peu-près carrée, de seize décimètres de côté, ouverte au sud, et dont les murs, composés d'assises régulières de grès, paraissent avoir été liés autrefois à des édifices adjacens. Le parement intérieur de celui qui forme le fond de cette espèce de réduit, est encore chargé d'hiéroglyphes et d'un tableau allégorique, où l'on distingue une figure de femme versant de l'eau sur une plante de lotus. Je reconnus en outre, par les arrachemens qui terminent ce mur et le mur parallèle, que l'un et l'autre se prolongeaient vers l'est perpendiculairement au fleuve; direction suivant laquelle, à partir du pavé de la chambre, le sol couvert de décombres s'inclinait jusqu'au sommet du mur de revêtement.

Le soin mis dans la construction de cette chambre, malgré son peu d'étendue, me convainquit qu'elle avait appartenu à quelque monument important; et je jugeai, tant par sa position relativement à l'entrée de l'aqueduc, que par l'allégorie sculptée sur l'une de ses parois, qu'en suivant l'issue qu'elle présentait à l'est, on devait arriver sur la bouche du puits que je supposais toujours servir de nilomètre.

Ces conjectures réunies étaient plus que suffisantes pour me déterminer à pousser mes recherches plus loin. Je fis en conséquence enlever les décombres sous lesquels on pouvait espérer de retrouver les restes de cet ancien édifice.

On ne tarda pas à reconnaître qu'il était composé de deux galeries rampantes, disposées entre elles à angles droits, ou plutôt d'un seul escalier qui, partant de la chambre que j'ai décrite, se dirigeait d'abord perpendiculairement au mur du quai, parallèlement auquel il descendait ensuite jusqu'à la porte ouverte sur le fleuve (pl. 33, fig. 1); de sorte que, n'ayant point trouvé le puits vertical à l'existence duquel j'avais jusqu'alors attaché celle du nilomètre, j'aurais été porté à croire que cet escalier ne servait qu'à conduire au bord du Nil, si la découverte des mesures qui indiquaient l'accroissement du fleuve, tracées sur l'une des parois de la galerie inférieure, n'eût démontré que cet édifice avait une destination particulière, et qu'il était véritablement le nilomètre dont les anciens ont fait mention.

On conçoit, en effet, qu'en restreignant l'idée de puits à celle d'un réservoir revêtu de parois verticales, je m'étais assujetti à une condition gratuite, puisque cette idée, prise dans toute son étendue, est indépendante de l'inclinaison plus ou moins grande des parois du réservoir auquel on l'applique.

Je viens d'exposer sommairement les motifs qui m'ont déterminé à entreprendre la recherche du nilomètre d'Éléphantine; j'ai rapporté les observations successives qui m'ont dirigé dans cette recherche; et ce que j'ai dit, suffit pour en faire apprécier le succès. Il me reste maintenant à faire voir comment la découverte de ce monument fournit la solution des deux questions énoncées au commencement de ce mémoire; et ceci exige que j'en fasse, avant d'aller plus loin, une description plus détaillée.

L'espèce de chambre par laquelle on y était introduit, n'est, en effet, que le palier supérieur d'un escalier de 15 décimètres de largeur entre deux murs verticaux. On descend d'abord dix-neuf degrés, formant ensemble une hauteur verticale de 3 mètres, et l'on arrive sur un second palier de 7 mètres de long, à l'extrémité nord-est duquel on remarque une porte qui paraît avoir servi de communication avec un bâtiment voisin. On descend ensuite vingt-trois autres marches formant une hauteur de 355 centimètres; où se trouve alors immédiatement derrière le mur de quai sur un troisième palier rectangulaire, d'où l'on passe, en tournant carrément à gauche, dans la seconde partie de l'escalier parallèle à ce mur. Cette seconde partie, qui diffère de la première en ce qu'elle est de 2 décimètres plus étroite, est composée de cinquante-trois marches, ayant ensemble 8 mètres de hauteur. Elle conduit sur un quatrième et dernier palier, qui se trouve précisément de niveau avec le seuil de la porte ouverte sur le fleuve, à 17 mètres 55 centimètres au-dessous du pavé de la chambre supérieure (pl. 33, fig. 1).

On se formera une idée exacte du plan de tout le nilomètre, si l'on conçoit un escalier construit sur les côtés d'un angle droit, dont le premier, perpendiculaire au cours du Nil, a 23 mètres 65 centimètres de longueur, et le second 171 décimètres seulement.

Il est à remarquer cependant que la trace horizontale du premier côté de cet angle est mixtiligne, et présente, dans une partie de sa longueur, un arc de courbe de 5 décimètres de flèche sous-tendu par une corde de 12 mètres, irrégularité dont il est aujourd'hui difficile de rendre raison.

Tous les murs latéraux de cet édifice sont construits d'assises horizontales et régulières de blocs de grès équarris : leur parement est bien conservé dans les parties qui sont restées constamment à sec; mais on y remarque quelques exfoliations là où il s'est trouvé enfoui sous les décombres, et où les eaux ont pu le submerger et le laisser à découvert alternativement.

De grands sommiers de grès et de granit posés les uns à côté des autres, et dont les extrémités portaient sur les murs de cette galerie, formaient autrefois, dans toute sa longueur, un plafond continu. Sa partie en retour parallèlement au mur de quai, était éclairée par deux fenêtres, ou plutôt deux abat-jours pratiqués dans ce mur, le premier à 97 décimètres de distance horizontale du troisième palier, le second à 3 mètres au-delà; enfin, lors des basses eaux, elle recevait encore le jour par la porte ouverte sur le fleuve (pl. 33, fig. 2).

Tout ce que je viens de décrire avait été observé avec le plus grand soin, lorsqu'en faisant nettoyer la paroi de l'escalier opposée au mur de quai, je découvris, gravée sur cette paroi, une rainure verticale comprise entre deux lignes parallèles, distantes l'une de l'autre de 7 à 8 centimètres, et portant deux grandes divisions, dont chacune était sous-divisée en quatorze parties (pl. 33, fig. 3).

Ces deux premières divisions se trouvent à 97 décimètres de distance horizontale du troisième palier, et précisément en face de la première fenêtre pratiquée dans le mur de quai.

Je trouvai à 3 mètres plus loin en descendant, c'est-à-dire en face de la deuxième fenêtre, une seconde rainure verticale de même longueur que la première, et semblablement divisée.

Enfin, en continuant de descendre, je remarquai encore une troisième rainure correspondante à l'ouverture de la porte sur le Nil. Celle-ci diffère des deux précédentes, en ce qu'elle porte trois grandes divisions au lieu de deux.

Les divisions et sous-divisions qu'elles présentent, ne sont point indiquées par de simples traits gravés sur le mur : mais leur coupe verticale sur le milieu de chaque rainure offre à l'œil une espèce de crémaillère (pl. 33, fig. 7), dont chaque dent est formée par la rencontre de la ligne horizontale qui mesure la profondeur de la rainure et de la ligne inclinée joignant les extrémités diagonalement opposées de deux horizontales consécutives; de sorte que les divisions et sous-divisions dont il s'agit, se trouvent marquées par l'arête saillante de chacune des dents de cette espèce de crémaillère.

Les trois rainures ont environ un centimètre de profondeur : l'extrémité inférieure de l'une, et l'extrémité supérieure de celle qui la suit immédiatement en descendant, se trouvent de niveau; de sorte que les accroissemens du Nil sont indiqués successivement sur chacune d'elles.

Il n'était pas possible de révoquer en doute l'usage auquel ces mesures avaient été destinées; et, comme on ne pouvait espérer, ainsi que je l'ai fait voir, de retrouver le nilomètre de Strabon ailleurs que sur la rive du fleuve, et seulement là où elle est revêtue de constructions de maçonnerie, je devais le reconnaître dans le monument dont je viens de donner la description; à moins de supposer que deux établissemens semblables, très-voisins l'un de l'autre, eussent existé à-la-fois dans la même ville; ce qui n'aurait eu aucun but d'utilité, et ce qu'on ne peut raisonnablement admettre.

On voit encore, gravés à l'extrémité de quelques-unes des coudées, les caractères numériques grecs servant à marquer le rang qu'elles occupaient dans la série de celles qui étaient comprises entre les plus basses et les plus hautes eaux.

La première, en commençant par le terme de l'inondation, est marquée du nombre KΔ (24); la seconde est indiquée par KΓ (23) : les nombres des deux coudées suivantes sont effacés; la cinquième est marquée du nombre K (20). Ainsi l'ordre naturel ne se trouve point interverti[1].

Outre ces caractères numériques tracés en lettres majuscules, on voit encore, vis-à-vis des deux premières coudées seulement, d'autres caractères plus petits, qui probablement servaient à exprimer les mêmes nombres dans l'ancienne écriture égyptienne.

La coudée la plus élevée étant indiquée sous le nombre KΔ (24), il s'ensuit qu'à l'époque où l'on faisait usage de ce nilomètre, les plus grandes inondations montaient à 24 coudées, hauteur à laquelle elles parviennent encore aujourd'hui.

Il restait à déterminer la longueur des grandes divisions, dont chacune représentait indubitablement la coudée qui était en usage pour mesurer la crue du Nil;

---

[1] On remarque encore le numéro d'ordre de la 19ᵉ coudée, lequel est évidemment IΘ (19). Si l'on n'a pas fait cette restitution sur la planche même, c'est parce que l'on s'est assujetti à donner une copie rigoureusement exacte du monument, et de toutes ses parties dans leur état actuel.

DE L'ILE D'ÉLÉPHANTINE.

nous nous attachâmes, mes compagnons de voyage [1] et moi, à mettre la plus grande exactitude dans cette opération, dont voici les résultats :

Ire Rainure (pl. 33, fig. 4).

24e Coudée.................... 0,536 millimètres.
23e............................ 0,518.
　　　　Somme.............. 1,054.
Demi-somme, longueur réduite de la coudée, ci........................ 0,527 millimètres.

IIe Rainure (pl. 33, fig. 5).

22e Coudée.................... 0,527.
21e............................ 0,527.
　　　　Somme.............. 1,054.
Demi-somme, longueur réduite de la coudée, ci........................ 0,527 millimètres.

IIIe Rainure (pl. 33, fig. 6).

20e Coudée.................... 0,543.
19e............................ 0,529.
18e............................ 0,509.
　　　　Somme.............. 1,581.
Tiers de la somme, longueur réduite de la coudée, ci........................ 0,527 millimètres.

On voit, en parcourant ce tableau, que toutes les coudées prises séparément ne sont point égales entre elles, mais que leur somme sur chacune des trois rainures est précisément proportionnelle au nombre de coudées qui y est tracé; de sorte qu'en divisant leur longueur totale

---

[1] MM. Jollois, Devilliers et Duchanoy, ingénieurs des ponts et chaussées; MM. Descotils, Rozière et Dupuis, ingénieurs des mines.

par le nombre de coudées qu'elles portent, on trouve pour chacune d'elles 527 millimètres, quantité équivalente à 19 pouces 6 lignes du pied de France[1].

Quant aux quatorze divisions de chaque coudée, elles ne sont pas toutes égales dans le même système; ce qui provient d'une cause unique à laquelle on doit aussi attribuer l'inégalité de quelques-unes des coudées prises séparément.

Toutes les personnes qui ont parcouru la haute Égypte, ont eu occasion de remarquer que la partie des monumens qui est exposée aux alternatives de la sécheresse et de l'humidité, est dégradée, quelle que soit la nature des matériaux employés dans leur construction. Ce phénomène, que les physiciens ont depuis long-temps expliqué, a dû se manifester plus particulièrement sur les parois du nilomètre, lesquelles, par la nature même de l'édifice, devaient être alternativement exposées à l'air sec et submergées par les eaux de l'inondation. Il est donc arrivé que le parement du mur sur lequel les coudées étaient tracées, s'est exfolié dans quelques endroits; quelques-unes des divisions sont tombées; et, comme il importait de les faire reparaître, on les a gravées de nouveau sur une surface qui, n'étant plus parfaitement plane, n'a pas permis de s'assujettir rigoureusement au tracé primitif. L'erreur qui en est provenue, s'est répétée toutes les fois qu'il a été nécessaire de

---

[1] Pour faire cette réduction et toutes celles qui sont indiquées dans la suite de ce mémoire, nous nous sommes servis des *Tables de comparaison entre les mesures anciennes* et celles qui les remplacent dans le *nouveau système métrique*, publiées par ordre du ministre de l'intérieur en l'an x.

rendre ces divisions plus apparentes; de là, l'inégalité observée entre les divisions et sous-divisions de chaque rainure. Si leurs extrémités seules sont restées fixes, c'est que, par leur disposition, la surface de l'eau introduite dans le nilomètre devant affleurer en même temps la première et la dernière division de deux systèmes consécutifs, on a toujours pu les vérifier l'un par l'autre : il est même à remarquer que la possibilité de cette vérification est due à cette disposition, et qu'elle n'aurait pu avoir lieu si toutes les coudées eussent été tracées sur la même verticale; ce qui prouve de la part des constructeurs une sorte d'attention et de prévoyance qu'on pourrait ne pas leur accorder au premier aperçu.

Un avantage non moins précieux qu'offre cette disposition par échelons, est celui de rapprocher de l'observateur placé sur l'escalier, les mesures successives de l'accroissement du fleuve.

Peut-être demandera-t-on ici pourquoi cet accroissement total étant de 24 coudées à Éléphantine, on n'a gravé que les sept dernières dans le nilomètre qui y est établi. La réponse à cette question se présente naturellement : il est, en effet, certain qu'en divisant la hauteur des plus grandes inondations en quatre parties égales, les trois premières peuvent être considérées comme une quantité commune à toutes les crues annuelles, tandis que les différences qui existent accidentellement entre elles ne portent que sur le dernier quart de cette hauteur, le seul par conséquent qu'il importait d'observer, si, comme on est fondé à le croire, l'imposition territoriale de l'Égypte était, dans ces temps reculés, réglée sur l'étendue de l'inondation, comme elle est encore censée l'être aujourd'hui.

D'un autre côté, le gouvernement, intéressé à percevoir la plus grande somme de tributs, l'était également à publier des crues exagérées : ainsi chaque nilomètre, ouvert seulement à quelques individus attachés par leurs fonctions au culte de Sérapis, était une espèce de sanctuaire dont on interdisait l'entrée quand les circonstances l'exigeaient[1].

Je passe maintenant à l'examen de la question relative à l'exhaussement du lit du Nil et du sol de la vallée d'Égypte.

Le lit d'un fleuve ne peut acquérir de stabilité que dans la supposition où ses eaux ne charrient aucune substance étrangère, et coulent entre des rives indestructibles : ainsi les matières plus ou moins pesantes que le Nil transporte des parties supérieures de son cours, et celles qu'il enlève continuellement à ses rives, étant déposées en différens endroits de son lit, en font varier sans cesse les dimensions.

---

[1] On sait que le Nil fut un des premiers objets du culte des anciens Égyptiens. Cause unique de la fertilité du pays qu'ils habitaient, ils lui consacrèrent des temples et des villes entières. Il avait ses prêtres, ses pompes sacrées, et ses fêtes que l'on célébrait tous les ans vers le solstice d'été. Jablonski, qui a recueilli avec soin tous les témoignages de l'antiquité relatifs à ce culte, pense que le Sérapis terrestre, représenté portant sur la tête une coudée et un *modius*, n'est autre que le Nil considéré sous le rapport de son débordement et de la fertilité qui en est la suite. Il pense même que le mot *Sérapis*, dans l'ancienne langue des Égyptiens, signifie littéralement *la colonne sur laquelle on comptait les degrés d'accroissement du Nil*, c'est-à-dire le *nilomètre* ou *niloscope* des Grecs. (Jabl. *Pantheon Ægyptiorum*, lib. IV, cap. I, *de Nilo flumine*; lib. IV, cap. 3, *de Serapi terrestri vel Nilotico*. Prolegomena, §. XXXII.)

La loi suivant laquelle s'opèrent ces changemens, est prescrite par les forces mêmes qui modifient le mouvement des eaux courantes à la surface de la terre; mais la complication de ces forces et leur variabilité s'opposent à ce qu'on entreprenne d'en calculer rigoureusement les effets.

Cependant, si les changemens insensibles qui s'opèrent à chaque instant dans le lit d'un fleuve, ne peuvent être soumis au calcul, l'esprit saisit les résultats généraux de ces changemens, et peut assigner l'ordre successif dans lequel ils se présentent.

En effet, lorsque les eaux d'un fleuve qui charrie des troubles, coulent avec une vitesse uniforme, telle qu'elle en permette le dépôt, on conçoit que ce dépôt s'effectue d'abord dans la partie supérieure du cours de ce fleuve; d'où résultent l'exhaussement de son lit dans cette partie, l'augmentation de sa pente, et par conséquent de la vitesse de ses eaux, qui vont déposer plus bas les matières qu'elles abandonnaient précédemment plus haut.

Ce dépôt effectué dans les parties inférieures, la pente primitive se trouve à peu près rétablie; les dépôts s'accumulent de nouveau vers le sommet du plan incliné, qui représente le lit du fleuve, jusqu'à ce que, par un nouvel accroissement de pente, ils se déposent plus loin, circonstance qui rétablit une seconde fois l'ancien ordre, et ainsi indéfiniment : de sorte que le fond du lit des fleuves oscille sans cesse autour d'un certain état d'inclinaison auquel il ne peut s'arrêter.

Ce que je viens de dire du lit des fleuves, doit s'entendre, sans aucune restriction, des plaines qu'ils submergent dans leurs débordemens : ainsi le sol de la vallée d'Égypte, en s'élevant de plus en plus, tend à ensevelir les édifices qui couvrent sa surface, de même que les fameuses cataractes s'abaissent continuellement, et deviennent moins apparentes par l'exhaussement du lit du Nil.

Un nilomètre aussi bien conservé que celui d'Éléphantine aurait pu remplir jusqu'à présent le but auquel il avait été destiné, si, par une suite nécessaire de ce phénomène, il n'avait pas été mis hors de service. En effet, la quantité d'eau qui descend de l'Abyssinie, étant supposée constante, et la largeur du Nil devant Éléphantine n'ayant point varié, puisqu'il est resserré entre des rochers de granit, la hauteur du dernier terme de ses crues a suivi l'exhaussement de son lit : il est donc arrivé une époque où la trace des plus grandes inondations s'est projetée au-dessus de la dernière coudée du nilomètre, qui dès-lors n'a plus été d'une utilité constante; il est enfin devenu entièrement inutile, lorsque la trace des inondations moyennes a dépassé l'extrémité de cette dernière coudée, et c'est probablement alors qu'il a été abandonné. On trouve cependant, à 9 décimètres au-dessus de cette extrémité, quelques marques tracées grossièrement sur la même paroi, pour suppléer apparemment aux mesures inférieures que certaines inondations surmontaient : mais elles ne s'y rattachent en aucune manière; et l'inégalité des divisions et le défaut de rectitude des lignes qui les renferment, tracées comme au hasard, annoncent assez qu'on eut recours à cet expédient dans un siècle où la lumière des sciences était éteinte en Égypte, et la pratique des arts oubliée.

Quoique le phénomène de l'exhaussement du lit des fleuves se manifeste dans toutes les contrées de la terre, c'est en Égypte surtout qu'on a dû le remarquer : aussi est-on fondé à croire, par le passage d'Hérodote sur la formation du *Delta* [1], qu'il avait été observé par les anciens Égyptiens, tandis qu'il échappa vraisemblablement dans la suite aux étrangers dont ce pays devint la conquête; ce qui ne doit point étonner, si l'on fait attention qu'ils étaient beaucoup moins avancés que nous dans la connaissance des lois de l'hydraulique, et que nous avons vu, dans le dernier siècle, un savant distingué contester l'existence du phénomène dont il s'agit [2].

Ainsi, pendant que les Romains tenaient garnison

---

[1] « Menès, dit Hérodote d'après les renseignemens qu'il avait reçus des prêtres d'Héliopolis, fut le premier homme qui eût régné en Égypte. De son temps, toute l'Égypte, à l'exception du nome Thébaïque, n'était qu'un marais; alors il n'y paraissait rien de toutes les terres qu'on y voit aujourd'hui au-dessous du lac Mœris, quoiqu'il y ait sept jours de navigation depuis la mer jusqu'à ce lac en remontant le fleuve.

« Ce qu'ils me dirent de ce pays me parut très-raisonnable. Tout homme judicieux qui n'en aura point entendu parler auparavant, remarquera, en le voyant, que l'Égypte, où les Grecs vont par mer, est une terre de nouvelle acquisition et un présent du fleuve. Il portera aussi le même jugement de tout le pays qui s'étend au-dessus de ce lac jusqu'à trois journées de navigation, quoique les prêtres ne m'aient rien dit de semblable : c'est un autre présent du fleuve. La nature de l'Égypte est telle, que, si vous y allez par eau, et qu'étant encore à une journée des côtes, vous jetiez la sonde en mer, vous en tirerez du limon à onze orgyies de profondeur : cela prouve manifestement que le fleuve a porté de la terre jusqu'à cette distance. » (Hérodote, liv. II; traduction de M. Larcher, t. II, p. 4.)

[2] *Mémoire de Fréret sur l'accroissement et l'élévation du sol de l'Égypte par le débordement du Nil.* Académie des inscriptions, t. XVI, pag. 333.

dans Syène et consultaient le nilomètre d'Éléphantine, ils dûrent regarder l'extrémité supérieure de la vingt-quatrième coudée comme le terme invariable de la plus haute inondation; et si, à cette époque, quelque crue vint à surmonter ce terme en vertu des lois de la nature, ce fut pour eux le signe indubitable de la faveur du ciel pour l'empereur régnant et le gouverneur de la colonie; objets d'une prédilection toute particulière, dont il entrait dans les mœurs antiques de transmettre les noms à la postérité avec la mémoire de l'événement heureux qu'on attribuait à leur fortune.

Ces conjectures sont appuyées d'un témoignage précieux, conservé dans une inscription grecque, gravée immédiatement au-dessus de la vingt-quatrième coudée, à la suite d'un trait horizontal représentant la limite même d'une inondation extraordinaire dont on a voulu conserver le souvenir :

ΛΟΥΚΙΟΥ ΣΕΠΤΙμΙΟΥ ΣΕΟΥΗΡΟΥ
ΕΥΣΕΒΟΥΣ ΠΕΡΤΙΝΑΚΟΣ ΣΕΒΑΣΤΟΥ
ΤΟΥ ΚΥΡΙΟΥ ΕΠΙ ΟΥΛΠΙΟΥ ΠΡΙΜΙΑΝΟΥ
ΤΟΥ ΛΑμΠΡΟΤΑΤΟΥ ΗΓΕμΟΝΟΣ.
. . . . ΠΑΛΑΙΣΤΟΙ Δ ΔΑΚΤΥ.

Cette inscription, traduite littéralement, signifie :

Sous l'empire de Lucius Septime-Sévère, Pieux, Pertinax, Auguste, et le gouvernement d'Ulpius Primianus,................................
Quatre palmes............doigts.

Une seconde inscription, au commencement de laquelle quelques lettres sont effacées, et qui porte le nom d'un certain Lucius, gouverneur de l'Égypte sous l'un des Antonins, était sans doute relative à quelque grande inondation qui eut lieu sous cet empereur.

```
............ΠΗ.....
ΛΥ    ΕΟΣ ΤΟΥ ΚΥΡΙΟΥ
ΕΠΙ ΛΟΥΚΙΟΥ
ΕΠΑΡΧΟΥ ΑΙΓΥΠΤΟΥ...Δ...
ΑΝΤΩΝΙΝΟΥ Κλ
```

Mais ce n'est pas seulement parce que ces inscriptions constatent une époque où l'on se servait du nilomètre d'Éléphantine, qu'elles méritent d'être recueillies, c'est particulièrement aussi parce qu'elles fournissent un moyen certain d'assigner la quantité dont le fond du Nil s'est exhaussé depuis cette époque.

On en conclut, en effet, que, pendant le règne de Septime-Sévère, quelques inondations surmontaient l'extrémité de la dernière coudée, extrémité qui, lors de la construction du nilomètre, marquait sans doute leur plus grande hauteur : or nous avons reconnu, par un nivellement exact, que cette extrémité se trouve aujourd'hui à 241 centimètres au-dessous des plus fortes crues; d'où il suit que le fond du Nil s'est exhaussé de cette quantité depuis l'érection du monument, ou d'environ 211 centimètres depuis la date de l'inscription.

Septime-Sévère parvint à l'empire l'an 193, et mourut l'an 211 de l'ère vulgaire : si donc on suppose que l'inscription ait été gravée vers le milieu de son règne, le fond du Nil, en face de Syène, se sera élevé de 211 centimètres en seize cents ans; ce qui donne 132 millimètres d'exhaussement par siècle.

Quoique les plus hautes inondations surpassassent déjà l'extrémité de la dernière coudée dès le temps de cet empereur, on continua néanmoins de faire usage du nilomètre d'Éléphantine, tant qu'il indiqua les crues moyennes, dont le retour est le plus fréquent. Il paraît même qu'il servit encore lorsque l'Égypte eut embrassé le christianisme; c'est du moins ce que semble indiquer une croix copte gravée au-dessus de la vingtième coudée, où les premiers chrétiens la placèrent peut-être comme une espèce de talisman contre des inondations trop faibles.

Quant à la construction de cet édifice, je ne crois pas qu'on puisse en faire remonter la date au-delà des Ptolémées. Les caractères numériques qui distinguent chaque coudée, prouvent qu'il est l'ouvrage des Grecs, sans qu'on puisse s'autoriser des hiéroglyphes et de l'allégorie sculptée sur un des murs de la chambre supérieure, pour lui donner une plus haute antiquité.

L'usage d'un nilomètre marquant les plus hautes inondations lors de son établissement, doit nécessairement se borner à l'espace de cinq ou six cents ans, passé lesquels on sera obligé de l'abandonner ou d'ajouter de nouvelles divisions au-dessus des anciennes, pour racheter les divisions inférieures devenues inutiles par l'exhaussement du lit du fleuve et du sol de la vallée.

Ici les faits s'accumulent; et je pourrais, anticipant sur une matière dont je dois m'occuper dans une autre occasion, rapporter ceux que j'ai recueillis à dessein de constater la quantité de cet exhaussement : mais ce serait m'écarter de l'objet spécial de ce mémoire, et l'étendre, par une discussion prématurée, au-delà des bornes que je dois lui prescrire. Je garantis l'exactitude des observations qu'il contient; cependant comme, malgré le soin extrême et le vif intérêt que j'ai mis à les rassembler, il pourrait m'en être échappé qui serviraient utilement soit à l'éclaircissement de quelque point d'histoire, soit aux progrès de la théorie des fleuves, j'appelle sur le nilomètre de l'île d'Éléphantine l'attention des voyageurs de toutes les nations, qui seront à portée de le visiter.

SECTION DEUXIÈME.

Preuves de l'antiquité de la coudée d'Éléphantine, tirées de sa division en sept parties, et de son emploi dans les Pyramides.

Les inscriptions retrouvées dans le nilomètre d'Éléphantine prouvent évidemment que, sous le règne de Septime-Sévère, les coudées qui y sont tracées servaient à mesurer l'accroissement du Nil : ces dernières offrent donc, en vertu de ce témoignage, l'étalon le plus authentique des mesures usitées en Égypte à cette époque; mais est-on pour cela fondé à conclure qu'elles représentent d'anciennes coudées égyptiennes ? et puisque le rang que chacune d'elles occupe dans le nilomètre est indiqué par des caractères grecs, n'est-il pas permis de supposer que ces coudées ont elles-mêmes une origine grecque, et que les Ptolémées les introduisirent en Égypte?

J'entreprends d'éclaircir tous les doutes qui pourraient s'élever à cet égard, et de prouver que la coudée du nilomètre d'Éléphantine est la coudée antique des Égyptiens, c'est-à-dire, une unité de mesure dont l'usage remonte au-delà des temps historiques.

Quelques hommes justement célèbres m'ont précédé dans la discussion où je vais m'engager; mais, parce qu'ils ont déduit de données incertaines la solution du problème dont ils s'occupaient, ou parce qu'ils se sont laissés entraîner au désir de la faire coïncider avec le système qu'ils avaient adopté, je me trouverai rarement d'accord avec eux. Cependant, si, convaincu par l'évidence, je suis forcé de m'écarter des opinions qu'ils publièrent, l'étendue de leur savoir, les services qu'ils rendirent aux lettres, et la réputation méritée qui leur a survécu, ne permettent pas de rejeter leurs opinions sans examen : je les soumettrai donc à une critique impartiale, ou plutôt je ferai voir comment ils n'ont pu éviter d'être induits en erreur ; ce qui me conduira à une digression sur les mesures modernes de l'Égypte, par laquelle je terminerai cet écrit.

Dans le temps où les hommes n'avaient encore entre eux qu'un petit nombre de rapports sociaux, et où les besoins de la vie n'exigeaient pas, comme aujourd'hui, une uniformité parfaite dans les mesures usuelles, on rapportait à la longueur de l'avant-bras et de la main étendue toutes les longueurs que l'on voulait déterminer ; procédé simple et naturel, auquel chacun pouvait, sans embarras, recourir à chaque instant, et que suivent encore les tribus d'Arabes pasteurs et la plupart des paysans de l'Égypte.

Le travers ou la largeur de la main, que l'on désigna sous le nom de *palme*, et les quatre doigts qui la composent, fournirent les divisions et sous-divisions de la coudée naturelle. On avait, en effet, reconnu qu'elle contenait six palmes ou vingt-quatre doigts [1] ; mais cette division, quoiqu'extrêmement commode, ne fut pas la première employée.

[1] *Cubitumque animadverterunt (antiqui) ex sex palmis constare, digitisque viginti-quatuor.* (Vitr. lib. III, cap. 1.)

Pour s'en convaincre, que l'on remonte au temps où l'on ne connaissait point encore de mesures portatives, réglées sur un étalon légal ; et que l'on se représente, pendant un instant, celui qui était obligé de rapporter à la longueur de sa propre coudée les intervalles qu'il avait à mesurer.

Lorsque ces intervalles avaient plus d'une coudée de longueur, il fallait appliquer sur eux, plusieurs fois de suite, l'unité de mesure : ainsi, en partant de l'une des extrémités de la ligne à mesurer, comme d'un point fixe, et posant le coude sur ce point, on appliquait le long de cette ligne l'un des avant-bras et la main étendue ; ce qui formait la longueur d'une première coudée naturelle.

L'opération, pour être continuée, exigeait l'application d'une seconde coudée à la suite de la première ; il était donc nécessaire de rendre fixe l'extrémité de celle-ci : or, il est évident que le moyen le plus naturel d'y parvenir consistait à poser transversalement à cette extrémité un ou plusieurs doigts de l'autre main, au-delà desquels on appliquait la même coudée qui avait été posée en-deçà ; on rapportait de nouveau les doigts transversaux à l'extrémité de cette seconde coudée, et ainsi de suite jusqu'à ce qu'on eût atteint la dernière limite de l'intervalle dont on voulait déterminer la longueur.

Il suffit de la moindre attention pour reconnaître, dans cette manière de mesurer, un procédé indiqué par la nature elle-même, et le seul que l'on pût employer avant l'invention des mesures portatives ; mais on voit en même temps qu'en opérant ainsi, l'unité de mesure, au lieu d'être égale à la coudée naturelle seulement, était cette même coudée augmentée de la largeur des doigts que l'on avait posés transversalement pour servir de point de départ à l'unité de mesure suivante.

Observons ici que le nombre de ces doigts ajoutés à la coudée naturelle ne fut point arbitraire. Il convenait, en effet, que cette longueur additionnelle fût constante et représentât une partie aliquote de la coudée; et comme on savait qu'elle contenait six palmes, tandis qu'il aurait été peut-être difficile de dire combien de fois la largeur de chacun des doigts, pris séparément, y était contenue, on trouva plus simple et plus commode d'y ajouter un palme entier, que d'y ajouter un doigt seulement ou une fraction quelconque du palme.

Ainsi l'unité de mesure primitive fut composée de sept palmes, ou de vingt-huit doigts; savoir, des six palmes de la coudée naturelle, et du palme additionnel que fournissait le travers de l'autre main.

Si maintenant on se rappelle que la coudée du nilomètre d'Éléphantine se retrouve divisée en quatorze parties, on sera naturellement conduit à y reconnaître les sept palmes et les vingt-huit doigts qui composaient l'unité de mesure primitive; et cette division, toute singulière qu'elle paraît au premier aperçu, offrira, d'après l'analyse précédente, un témoignage irrécusable de sa haute antiquité.

Les proportions du corps humain, dont les anciens avaient fait une étude particulière, s'il est permis d'en juger par les statues admirables échappées à l'injure des siècles, fournissent une nouvelle preuve de ce que je viens d'avancer. On sait, en effet, qu'ils regardaient la coudée naturelle comme la quatrième partie de la hauteur du corps [1]. Il s'ensuivrait de là que le type de la coudée d'Éléphantine, de 527 millimètres, aurait été fourni par un individu haut de 2 mètres 108 millimètres (6 pieds 8 pouces), stature véritablement gigantesque, tandis que, si l'on diminue cette coudée d'un septième, *ou du palme additionnel*, on la réduira à 450 millimètres; et la hauteur de l'individu qui l'aura fournie, ne sera plus que de 1 mètre 80 centimètres (5 pieds 6 pouces 6 lignes), taille avantageuse, à la vérité, mais qui n'a rien d'extraordinaire.

Voilà donc la division de l'unité de mesure primitive en sept parties, ou l'addition d'un palme à la coudée naturelle, attestée tout-à-la-fois et par le procédé qu'on fut obligé de suivre en l'employant, et par les justes proportions de la stature humaine.

A ces preuves nous devons ajouter les traditions qui constatent l'emploi de la coudée septénaire. Plusieurs passages des livres hébreux dans lesquels ces traditions sont conservées, n'ont point échappé aux recherches de ceux qui se sont occupés de la détermination des mesures anciennes : mais les uns ont négligé d'en faire usage; et parmi les autres, les passages dont il s'agit ont reçu des interprétations différentes.

L'identité des mesures égyptiennes et des mesures hébraïques est un point sur lequel on est plus générale-

---

[1] *Pes verò altitudinis corporis sexta, cubitus quarta.* (Vitr. lib. III, cap. 1.)

ment d'accord[1]. La plupart des critiques conviennent que les Juifs, pendant leur captivité, adoptèrent les usages des Égyptiens, et qu'ils les transportèrent dans la Palestine. Si donc la tradition d'une coudée septénaire se retrouve parmi eux, il est tout simple d'en conclure qu'ils avaient emprunté cette coudée d'un peuple plus ancien, aux mœurs duquel ils avaient été obligés de se conformer, et dont ils avaient si fortement contracté les habitudes, qu'ils ne purent jamais y renoncer tout-à-fait, malgré les menaces de leur législateur et les punitions qu'il leur infligea[2].

C'est pour exprimer les dimensions d'un temple et d'un autel, que les livres hébreux font mention de la coudée septénaire.

« Je vis, dit Ézéchiel[3], un homme qui tenait dans

[1] *An Essay towards the recovery of the Jewish measures and weights*, by Richard Cumberland (Lond. 1686); Isaaci Newtoni *Opuscula*, t. III, pag. 493 et seq. (Laussannæ et Genevæ, 1744); Johannis Eisenschmidii *De ponderibus et mensuris*, pag. 116 (Argentor. 1708); *De tabernaculo fœderis*, etc., auct. Bern. Lamy (Parisiis, 1720); Caroli Arbuthnotii *Tabulæ antiquorum nummorum, mensurarum et ponderum*, pag. 62 et seq. (Trajecti ad Rhenum, 1756); *Traité des mesures itinéraires*, par d'Anville, pag. 29 et suiv. Paris, 1769); *Essai sur les mesures longues des anciens*, par Fréret (Mémoires de l'Académie des inscriptions, tom. XXIV, pag. 475). L'opinion admise par tous les critiques qui viennent d'être cités, sur l'identité des coudées égyptienne et hébraïque, se trouve encore appuyée par le passage d'Hérodote (liv. II), dans lequel il dit que la coudée d'Égypte était la même que celle de Samos. Samuel Bochard a prouvé, en effet, que cette île avait été peuplée par une colonie de Phéniciens, qui se servaient probablement des mêmes mesures que celles qui étaient usitées en Palestine et dans toute la Syrie. (*Geographiæ sacræ pars altera, de coloniis et sermone Phœnicum*, Cadomi, 1646, l. 1, c. 8, p. 406 et seq.)

[2] L'adoration du veau d'or est évidemment un retour du peuple hébreu au culte des animaux sacrés de l'Égypte : *Rursusque ait Dominus ad Moïsen : Cerno quòd populus iste duræ cervicis sit.* (Exod. cap. XXXII, vers. 9.)

[3] *Et ecce murus forinsecùs in cir-*

sa main une canne ou mesure longue de six coudées; chacune de ces coudées contenait une coudée et un palme. »

Il dit ailleurs [1], après avoir indiqué les dimensions de l'autel des holocaustes : « Ces mesures de l'autel sont

cuitu domûs undique, et in manu viri calamus mensuræ sex *cubitorum et palmo.* (Cap. xl, vers. 5.) Hebraïcè in cubito et palmo, *id est, qui cubitus continebat cubitum vulgarem cum palmo.* (*Biblia* Vatabli, Salamanticæ, 1564; t. ii, p. 160.)

[1] *Istæ autem mensuræ altaris in cubito verissimo, qui habebat cubitum et palmum.* (Cap. xliii, v. 13.) Hebraïcè cubitus, cubitus et pugillus, *q. d. Cubitus de quo loquor est cubitus sacer, qui profanum pugillo excedit.* (*Biblia* Vatabli, tom. ii, pag. 63.) On peut voir aussi, sur ces passages d'Ézéchiel, les Commentaires de Dom Calmet. Il regarde la coudée sacrée des Juifs comme étant d'un palme plus longue que la coudée naturelle. Cette opinion, fondée sur le texte même de la Bible, a été suivie par Robert Ceneau, George Agricola, Daniel Engelhardt et Charles Arbuthnot. Voici comment ils s'expliquent :

Cubitus verò sanctuarii, qui verissimus et perfectus ab Ezechiele vocatur, cap. xliii, *septem palmos habet.* (*De verâ mensurarum ponderumque ratione opus de integro instauratum à* Roberto Cenali, Parisiis, 1547; pag. 40.)

Cubitum autem Hebræis fuit duplex : alterum sex palmorum, alterum septem palmorum. (Georgius Agricola *de mensuris quibus intervalla metimur,* pag. 224.) *Qui præterea cubitum dicunt esse quinque palmorum, in ejus longitudine lapsi sunt de via : etenim vulgare sive commune cubitum Hebraïcum pariter cum Græco et Romano fuit sex palmorum, augustum verò illud et perfectum septem.* (Ibid. pag. 225; Basileæ, 1550.)

Cubitum autem Hebræis fuit duplex : alterum sex palmorum, quod amah nominant, vel simpliciter, vel ad mensuram cubiti virilis manûs (Deuteron. c. iii, vers. 11); *alterum septem palmorum, sive* xxviii *digitorum, atque ita uno digito longius quàm regium Herodoti, quod idcirco amah vatopah, cubitum et palmum, sive palmi cubitum, vocant. Hieronymo verissimum et perfectum cubitum appellatur.* (Daniëlis Angelocratoris (Daniel Engelhardt) *Doctrina de ponderibus, mensuris et monetis,* Marpurgi Cattorum, 1617; pag. 29.)

Nobis quidem manifestum videtur duplicem eos (Hebræos) *cubitum, sacrum habuisse atque profanum sive vulgarem...... Vulgarem cubitum* sex *palmis aut* xviii *pollicibus constitisse à nemine in dubium revocatur; quæ ratio sacro* vii *palmos sive* xxi *pollices attribuit.* (Caroli Arbuthnotii *Tabulæ antiquorum nummorum, mensurarum,* etc., pag. 64 et 65.) Nous aurons bientôt occasion d'indiquer comment quelques autres métrologues, entraînés par l'autorité du rabbin Moïse Maimonide et d'Arias Montanus, ont fait la cou-

exprimées en une coudée qui contient une coudée et un palme. »

Or, il est évident que la coudée qui, augmentée d'un palme, formait la coudée *sacrée* d'Ézéchiel, est la coudée *naturelle* ou *virile*. Cette coudée virile et la coudée du sanctuaire sont, en effet, les seules que l'on trouve définies dans les livres hébreux [1] : d'où il suit naturellement qu'elles étaient les seules usitées parmi les Juifs; et comme la première est de six palmes, il reste démontré que la seconde, d'un palme plus longue, était la coudée septénaire des Égyptiens, telle que nous l'avons retrouvée à Éléphantine.

On conservait un étalon portatif de cette coudée du nilomètre dans les temples de Sérapis, divinité à laquelle les anciens Égyptiens attribuaient le bienfait des inondations [2]. Soit que la garde de ce type sacré de la coudée donnât quelques priviléges à ceux qui en étaient chargés, soit que le lieu où il était déposé devînt par cela seul, aux yeux de la multitude, l'objet d'une plus grande vénération, l'empereur Constantin en déposséda les temples de Sérapis en faveur des églises chrétiennes [3]. Les pré-

dée naturelle ou vulgaire de cinq palmes; ce qui réduisait à six palmes seulement la coudée du sanctuaire.

[1] *Solus quippe Og rex Basan restiterat de stirpe gigantum. Monstratur lectus ejus ferreus, qui est in Rabbath filiorum Ammon, novem cubitos habens longitudinis, et quatuor latitudinis,* ad mensuram cubiti virilis manûs. (Deuteron. cap. III, vers. 11.)

[2] *Mensuræ servabantur in templo Serapidis; quod constat de cubito quo incrementum Nili mensurabatur: hunc jussu Constantini in Christianorum ecclesiam deportatum Julianus Apostata eduxit in templum Serapidis; refert Sozomenus,* lib. v, cap. III. (*De antiquis mensuris in apparatum templi,* lib. I, cap. VII, sect. 3. Jablonski, *Pantheon Ægyptiorum,* lib. IV, cap. III, *Serapis Niloticus.*)

[3] Le culte public des anciennes divinités égyptiennes ayant été aboli par l'empereur Théodose, les pre-

tres du nouveau culte, devenus possesseurs de la *coudée de justice*, continuèrent de la garder comme l'étalon authentique d'une mesure primitive, opinion que plusieurs siècles avaient consacrée, et à laquelle la religion avait en quelque sorte prêté son appui.

Ceci conduit à expliquer une particularité remarquable que présente la Vulgate dans le second passage d'Ézéchiel, qui vient d'être cité : *Istæ autem mensuræ altaris*, dit l'auteur de cette traduction, *in cubito* VERISSIMO, *qui continebat cubitum et palmum*. L'épithète *verissimo*, donnée ici à la coudée septénaire, ne se trouve ni dans le texte hébreu, ni dans la para-

---

miers chrétiens, dans l'excès de leur zèle, mutilèrent, comme autant d'objets d'idolâtrie, tout ce que les temples renfermaient, et enveloppèrent les coudées sacrées dans cette dévastation générale. Ce fut probablement alors que l'on substitua en Égypte les mesures romaines aux anciennes mesures, dont l'usage se trouva proscrit, et par la haine des prosélytes pour tout ce qui leur paraissait avoir une origine païenne, et par les ordonnances des empereurs, qui voulurent, à cette époque, établir un système métrique uniforme dans toutes les parties de l'empire. Cependant le droit de mesurer et de proclamer l'inondation du Nil fut maintenu parmi les attributions des prêtres chrétiens, jusqu'à ce que les Arabes ayant conquis l'Égypte, ces prêtres furent remplacés dans l'exercice de ce droit par des cheykhs de la religion musulmane, entre les mains desquels il est encore aujourd'hui. C'est ainsi que, malgré les vicissitudes politiques dont l'Égypte a été le théâtre, le privilége de présider à la mesure de l'inondation a constamment été laissé aux ministres des diverses religions qui y ont successivement dominé.

Quant à la dénomination de *coudée de justice*, donnée par Clément d'Alexandrie (*Stromatum* lib. VI) à la coudée que le prêtre appelé Στολιστής portait dans les pompes sacrées, elle doit s'appliquer à un étalon légal, auquel toutes les mesures usuelles pouvaient être comparées au besoin : c'est indubitablement dans ce sens qu'il est recommandé aux Hébreux d'avoir des *balances de justice*, des *poids de justice*, des *mesures de justice*. — *Fons de verbo ad verbum redditur : bilances justitiæ, lapides justitiæ*, epheth *justitiæ* et hin *justitiæ erunt vobis*. (*De antiquis mensuris in apparatum templi*, auct. B. Lamy, p. 9.)

phrase chaldaïque de la Bible; mais il faut se rappeler que l'auteur de la Vulgate, l'un des hommes les plus érudits de son siècle, passa quelque temps à Alexandrie après le règne de Constantin. Ainsi, en ajoutant à la coudée d'Ézéchiel la dénomination de *très-véritable*, il aura voulu la caractériser d'une manière plus précise, et consigner, pour ainsi dire, en un seul mot, les traditions unanimes qu'il avait été à portée de recueillir en Égypte sur l'authenticité, ou, ce qui est ici la même chose, sur l'antiquité de la coudée sacrée.

L'origine simple et naturelle que nous avons attribuée à la coudée septénaire, fut probablement bientôt oubliée après l'invention des mesures portatives : peut-être alors ne vit-on plus, dans la division de la coudée en vingt-huit doigts et en sept palmes, que certains rapports avec le nombre de jours du mois lunaire et celui des jours de chacune des quatre semaines qui le composent; mais ces rapports mystérieux, loin d'affaiblir la tradition qui avait maintenu cette division, la rendirent d'autant plus respectable aux Égyptiens, qu'elle paraissait dériver des premières observations astronomiques, et que les phénomènes dont ces observations avaient constaté le retour, furent toujours, ainsi que l'histoire et les monumens l'attestent, les principaux sujets de leurs fêtes commémoratives et des cérémonies de leur culte [1].

Je crois avoir suffisamment justifié l'antiquité de la coudée d'Éléphantine par sa division en sept palmes et

---

[1] On peut consulter, sur les nombres sacrés des Égyptiens, et notamment sur le nombre *sept*, l'*OEdipe* de Kircher, tom. II, et l'*Origine des cultes*, de M. Dupuis.

en vingt-huit doigts : je vais maintenant prouver l'emploi de cette même coudée dans la construction des plus anciens monumens connus.

Parmi les différens moyens à l'aide desquels on peut arriver à la connaissance des mesures anciennes, il en est un qui consiste à supposer les dimensions de certains édifices exactement divisibles par l'unité de mesure qu'il s'agit de déterminer, et à chercher ce diviseur exact entre des limites plus ou moins rapprochées.

Quoique ce moyen paraisse d'abord purement conjectural, je pense qu'employé avec les précautions d'une critique éclairée, il doit conduire à des résultats aussi certains que la découverte d'un étalon. Quand aucun motif ne semble, en effet, avoir obligé les constructeurs d'un édifice à faire entrer dans ses dimensions principales une quantité fractionnaire de l'unité de mesure dont ils se servaient, il est très-vraisemblable que cette unité est contenue exactement un certain nombre de fois dans ces dimensions, et l'on peut aisément distinguer entre tous leurs diviseurs exacts celui qui doit satisfaire à la question.

Aussi les savans qui se sont occupés de la détermination des mesures anciennes, n'ont-ils pas négligé d'employer ce moyen; l'on doit particulièrement à Newton d'avoir indiqué un des premiers le parti qu'on pouvait en tirer[1].

---

[1] Isaaci Newtoni *Dissertatio de sacro Judæorum cubito, atque de cubitis aliarum gentium nonnullarum, in qua ex maximæ Ægyptiacarum pyramidum dimensionibus qua*les Johannes Grævius invenit, antiquus Memphis cubitus definitur. (Is. Newtoni *Opuscula mathematica et philosophica*, t. III, p. 493.)

J. Greaves, professeur d'astronomie à Oxford, ayant visité en 1638 les pyramides d'Égypte, remarqua que la forme primitive de la chambre sépulcrale pratiquée dans la plus grande n'avait souffert aucune altération, malgré l'antiquité de l'édifice. Convaincu par cette observation que sa durée se prolongerait indéfiniment dans l'avenir, il pensa que le moyen le plus sûr de conserver à la postérité la véritable longueur de nos mesures actuelles, serait de les rapporter aux côtés de cette chambre. Ce fut à dessein de mettre cette idée à exécution, qu'il les mesura en pieds anglais avec la plus grande exactitude. Il trouva que le plan de la chambre sépulcrale était un rectangle dont le plus grand côté avait 34 pieds anglais et $\frac{38}{100}$, et le moindre, précisément sous-double, 17 pieds et $\frac{19}{100}$. Or, si l'on suppose, avec Newton, que ces deux côtés soient, l'un de 20 coudées, et l'autre de 10, on obtient, pour la longueur de la coudée, 1 pied et $\frac{719}{1000}$, quantité égale à 523 millimètres $\frac{76}{100}$ [1].

Greaves trouva de même que la largeur de la grande galerie inclinée qui conduit dans la chambre du sépulcre, était de 6 pieds anglais $\frac{87}{100}$, lesquels divisés par 4 donnent précisément 1 pied $\frac{7175}{10000}$, ou 523 millimètres $\frac{3}{10}$, pour la longueur de la coudée.

MM. Le Père, architecte, et Coutelle, membres de l'Institut d'Égypte et de la Commission des arts, ayant répété, avec la plus grande précision, les mesures de Greaves, ont trouvé, comme lui, que le plan de la chambre était un rectangle dont un des côtés est double

[1] Suivant le rapport assigné par MM. Pictet et Prony, le pied anglais est de $0^m,304692$.

de l'autre ; le plus grand, de 32 pieds 4 pouces de France, et le moindre, de 16 pieds 2 pouces. Admettant la supposition de Newton sur le nombre des coudées contenues dans chacune de ces dimensions, et réduisant les anciens pieds et pouces français en nouvelles mesures, on obtient pour la longueur de la coudée précisément 525 millimètres.

Nos collègues ont retrouvé dans les dimensions de la galerie inclinée, et dans celles de plusieurs autres parties intérieures de la pyramide, les mêmes mesures que Greaves en avait publiées. Ainsi les conclusions auxquelles Newton fut conduit par l'examen et la discussion de ces mesures, se déduisent naturellement du nouveau travail de MM. Le Père et Coutelle ; et l'emploi d'une coudée de 524 ou 525 millimètres dans la construction de ce monument reste définitivement constaté : or cette coudée ne diffère de celle d'Éléphantine que de deux ou trois millimètres, différence qui disparaît en quelque sorte sur la longueur totale d'une unité de mesure qui n'avait pas de sous-division inférieure au doigt, ou à la quatrième partie du palme, équivalente à 19 millimètres environ ; d'où il suit évidemment qu'à l'époque de la construction des pyramides, c'est-à-dire, pendant une période antérieure aux temps historiques, la coudée du nilomètre d'Éléphantine était déjà employée en Égypte.

SECTION TROISIÈME.

Premier système métrique des Égyptiens. — Coudée d'Éléphantine retrouvée dans la mesure du côté de la base de la grande pyramide; — dans la mesure du degré terrestre attribuée à Ératosthène.

Les unités de mesure dont se servent les historiens de l'antiquité pour exprimer les distances itinéraires, et les dimensions des monumens qu'ils ont décrits, reçoivent communément des dénominations différentes, suivant que la longueur des lignes auxquelles on les applique est plus ou moins considérable; mais, comme il existe entre ces diverses unités des rapports déterminés, il suffit de connaître la grandeur absolue de l'une d'entre elles, pour obtenir la grandeur absolue de toutes les autres.

Si la connaissance du premier système métrique des Égyptiens devait être indispensablement puisée dans le témoignage d'écrivains de cette nation, il faudrait renoncer à l'espérance d'y parvenir, puisque la langue de cet ancien peuple est aujourd'hui perdue, et que le petit nombre de manuscrits qu'on a retrouvés écrits en cette langue est demeuré jusqu'à présent inexplicable. Heureusement une circonstance particulière rend ici superflus les témoignages positifs qui nous manquent, et dont il est vraisemblable qu'on entreprendrait inutilement la recherche. C'est, en effet, comme nous l'avons vu, une opinion généralement admise, que les Hébreux empruntèrent des Égyptiens les mesures dont ils faisaient usage. Le système métrique de ceux-là, conservé dans les livres et les traditions hébraïques, est donc également le système métrique de ceux-ci : ainsi l'on peut, d'après ces livres et ces traditions, définir exactement les différentes mesures de longueur que les anciens Égyptiens dérivèrent de la coudée.

Avant d'en présenter la série, qui fut originairement composée d'un très-petit nombre de termes, il convient d'indiquer comment, par l'invention des mesures portatives, on fut conduit à la former.

Les progrès de la civilisation ayant établi parmi les hommes des relations plus multipliées, ils reconnurent l'inconvénient d'employer dans leurs conventions mutuelles une unité de mesure variable suivant les proportions de chaque individu : ils choisirent donc une certaine valeur de la coudée, et, l'adoptant généralement dans toute l'étendue d'un pays soumis aux mêmes lois, ils tarirent la source des difficultés auxquelles avait donné lieu l'inégalité de celles qu'ils avaient employées jusqu'alors. Telle est indubitablement l'origine de la première mesure portative[1] : elle eut pour type, en

---

[1] Le mot *ammah* אמה, qui, en hébreu, signifie *coudée*, ne se retrouve point dans plusieurs des langues qui ont une origine commune avec la langue hébraïque. On pourrait même douter qu'il ait jamais signifié réellement chez les Hébreux ce qu'expriment le mot grec πῆχυς et le mot latin *cubitus*, c'est-à-dire l'avant-bras depuis l'angle extérieur du coude jusqu'à l'extrémité de la main étendue, si cette signification ne paraissait établie par ce passage du Deutéronome (ch. III, vers. 11) : *Monstratur lectus ejus ferreus..... novem cubitos habens longitudinis, et quatuor latitudinis, ad mensuram cubiti virilis manús*; ou, comme porte littéralement le texte hébreu, *ad cubitum viri*, באמת איש. Mais une observation qui n'a point encore été faite, et qui est cependant très-

Égypte, une coudée de sept palmes, dont il est probable que l'on régla la longueur sur le palme et la coudée naturelle de l'individu le plus distingué par l'autorité qu'il exerçait [1].

Il est également probable que la division en sept palmes et en vingt-huit doigts fut conservée pendant quelque temps sur cette mesure portative : mais il fallait passer, sans diviseurs intermédiaires, du quatorzième au quart, et du quart à la moitié de cette coudée ; ce qui rendait tout-à-fait incommode l'emploi fréquent qu'en exigeaient les différens besoins de la société.

---

essentielle, parce qu'elle confirme l'origine égyptienne de la coudée hébraïque, c'est que le mot *ammah* אמה est certainement égyptien. En copte, *mahi* ⲙⲁϩⲓ signifie et l'avant-bras et la mesure que nous nommons coudée. Dans la version copte des livres de Moïse, faite, comme l'on sait, d'après le grec des Septante, le passage du Deutéronome que je viens de citer est rendu ainsi : ⲛ̄ ⲙⲁϩⲓ ⲧⲉ-ⲧⲉϥϣⲓⲏⲛⲉⲙⲙⲁϩⲓ ⲛ̄ⲛⲉϥⲟⲩⲱⲓϣⲥ ϧⲉⲛ ⲟⲩ-ⲙⲁϩⲓ ⲛ̄ⲣⲱⲙⲓ. Dans le vocabulaire copte publié par Kircher, on trouve plusieurs fois le mot ⲙⲁϩⲓ traduit en arabe par الذراع *l'avant-bras*, et cela notamment dans le chapitre qui contient les noms de toutes les parties du corps (*Ling. Ægypt. restituta*, pag. 77). Il ne peut donc point rester de doute que *mahi* ⲙⲁϩⲓ, ou, avec le préfixe ⲙ̄, *ammahi* ⲙ̄ⲙⲁϩⲓ, ne signifiât dans l'ancienne langue égyptienne *l'avant-bras et une coudée*, et que ce mot en passant dans la langue hébraïque n'y ait conservé cette double signification.

Peut-être aussi le mot hébreu *zéreth* זרת (*spithama*), qui semble d'origine étrangère, vient-il primitivement de la langue égyptienne : car, dans le copte, *ertó* ⲉⲣⲧⲱ, ou *tertó* ⲧⲉⲣⲧⲱ, signifie la même chose ; et l'on sait que le *z*, le *d* et le *t* se substituent fréquemment l'un à l'autre dans les langues de l'Orient. (*Note communiquée par M.* Silvestre de Sacy.)

[1] Les dénominations de *coudée royale* et de *pied de roi*, employées en Orient et chez quelques nations modernes pour désigner des mesures portatives, nous semblent rappeler le premier type de ces mesures. Peut-être aussi ces dénominations viennent-elles de ce que les étalons des mesures dont il est question étaient déposés dans le palais des rois.

Il n'en était pas ainsi de la coudée naturelle : on savait, en effet, qu'elle contenait six palmes ou vingt-quatre doigts; ce qui lui donnait huit diviseurs exacts, c'est-à-dire deux de plus que n'en avait la coudée septénaire. L'idée d'appliquer à celle-ci la division de celle-là s'étant donc présentée, l'unité de mesure primitive, composée de sept palmes naturels, fut, pour l'usage ordinaire, et, notamment, pour en faciliter l'emploi dans la construction des édifices de pierre ou de charpente, divisée en six palmes fictifs, dont chacun fut sous-divisé lui-même en quatre parties égales, auxquelles on conserva le nom de *doigts*, moins pour exprimer leur grandeur absolue que pour rappeler leur origine.

Cependant cette division de la coudée, que l'on pourrait en quelque sorte appeler *division civile*, ne fut point généralement adoptée. Les prêtres égyptiens, religieusement attachés aux usages que la tradition leur avait transmis, continuèrent d'employer cette même unité de mesure, divisée, suivant le système primitif, en sept palmes et en vingt-huit doigts; et, comme elle servait entre leurs mains, sous le nom de *coudée sacrée*, à mesurer les accroissemens du Nil, accroissemens sur lesquels reposait l'espérance du bonheur commun, elle devint enfin elle-même l'objet d'une espèce de culte.

Au reste, la division d'une même unité de mesure, suivant deux systèmes différens, n'est point sans exemple dans l'antiquité. L'on sait que le pied romain, partagé originairement en seize doigts, le fut dans la suite en douze portions égales appelées *onces* ou *pouces*; et l'on

DE L'ÎLE D'ÉLÉPHANTINE.

sait encore qu'il conserva tout-à-la-fois les deux divisions.

La moitié de la coudée égyptienne, de vingt-quatre doigts, fournit une nouvelle unité de mesure portative d'un emploi commode, par la division duodécimale qu'elle présentait : c'est le *zéreth* des Hébreux.

Lorsque les longueurs qu'on avait à mesurer étaient considérables, la superposition d'une unité de mesure aussi courte que la coudée aurait entraîné beaucoup de temps et de difficultés : on prévint ce double inconvénient, en formant avec une *canne* ou roseau une mesure de six coudées.

L'ancien système métrique des Égyptiens et des Hébreux eut donc pour élémens,

    1°. Le doigt, qui était la plus petite des mesures de longueur.......................... $0^m.021957$.
    2°. Le palme, composé de quatre doigts........ 0. 08783.
    3°. Le zéreth, de trois palmes.................. 0. 2635.
    4°. La coudée, de deux zéreths................. 0. 527.
    5°. La canne ou calame, de six coudées........ 3. 162.

Il y eut, comme nous aurons occasion de le dire ailleurs, une canne de sept coudées; mais elle était exclusivement destinée à mesurer les surfaces, et il n'est ici question que des mesures de longueur.

On voit que parmi les mesures portatives des anciens Égyptiens, aucune ne fut connue sous la dénomination de *pied*. La coudée servit de base au système métrique de tous les peuples de l'Orient, tandis que, chez les Grecs, les Romains, et, en général, chez tous les peuples occidentaux, on appela *pied* l'unité de mesure d'où toutes les autres furent dérivées.

Notre objet n'est point ici de rechercher l'origine de cette dernière unité de mesure : il nous suffira de remarquer avec d'Anville[1] que, selon toute apparence, elle eut pour type la longueur naturelle du *pied*, c'est-à-dire la septième partie de la stature humaine. Si donc les Grecs et les Romains, qui avaient généralement connaissance de ce rapport, trouvèrent, en Égypte, une unité de mesure d'une longueur à peu près égale à la septième partie de la taille ordinaire de l'homme, ils durent la faire passer dans leur langue en lui appliquant la dénomination de *pied*[2] : ainsi ils traduisirent par ce mot le *zéreth* des Égyptiens et des Hébreux, lequel, répété sept fois, donne 1 mètre 844, ou cinq pieds huit pouces trois lignes, hauteur à peu près équivalente au quadruple de la coudée naturelle[3].

Tous les historiens de l'antiquité qui ont décrit les pyramides, et dont les témoignages nous sont parvenus,

---

[1] Traité des mesures itinéraires anciennes et modernes, par d'Anville, pag. 2 et suiv. (Imprimerie royale, 1769.)

[2] L'opinion de d'Anville donne ici un très-grand poids à la nôtre. « Les Grecs, dit cet illustre critique, pour s'expliquer sur les mesures égyptiennes, auront employé les termes de leur langue qu'ils croyaient mieux correspondre à ces mesures. » (*Mémoire sur le schène égyptien*. Académ. des inscriptions, tome XXVI, pag. 87.)

Quelques passages des livres hébreux où il est question d'unités de poids et mesures, fournissent des exemples de méprises semblables qu'on a commises en faisant passer d'une langue dans une autre les dénominations de ces différentes unités. Ainsi l'on a traduit par *boisseau* (Bible de Sacy, Lévitique, ch. XIX, vers. 36) le *modius* de la Vulgate, par lequel on avait traduit le χοῦς de la version des Septante, qui était lui-même la traduction de l'*ephah* du texte. Cependant, l'*ephah* des Hébreux, le χοῦς des Grecs, le *modius* des Latins et notre *boisseau*, sont autant de mesures de capacités différentes. La plupart des relations des voyageurs modernes présentent des erreurs de ce genre.

[3] *Voyez* ci-dessus, pag. 27, l'indication de la taille ordinaire de l'homme, dérivée de la coudée naturelle.

étaient grecs ou romains : ils devaient par conséquent indiquer les dimensions de ces monumens en *pieds*, soit qu'ils employassent l'espèce de *pied* particulière à leur pays, soit qu'ils traduisissent par un mot usité dans leur langue l'expression d'une longueur qui leur avait paru la plus approchante de la longueur du pied naturel, ou de l'unité de mesure qu'ils désignaient sous le nom de *pied*.

Hérodote ne pouvait omettre, dans un ouvrage destiné à être lu aux jeux olympiques, la description des pyramides, qui, par les merveilles qu'on en racontait, devaient présenter à l'imagination des Grecs un objet d'un très-grand intérêt : aussi annonce-t-il qu'il les a mesurées lui-même, afin qu'on ne révoque point en doute sa narration.

« La grande pyramide coûta, dit-il, vingt années de travail; elle est carrée; chacune de ses faces a huit pléthres de largeur, sur autant de hauteur; elle est en grande partie de pierres polies, parfaitement bien jointes ensemble, et dont il n'y en a pas une qui ait moins de trente pieds [1]. »

Ce passage d'Hérodote est important, non-seulement parce qu'on y trouve une mesure de la pyramide, mais, surtout, parce qu'il indique d'une manière positive l'existence d'un revêtement de pierres polies, dont une partie de la surface de ce monument était couverte.

Philon de Byzance, qui vivait à Alexandrie environ cent cinquante ans avant l'ère chrétienne, confirme ce témoignage. On lit dans le traité qu'il a composé sur les

---

[1] Hérodote, liv. II; traduction de M. Larcher, tom. II, pag. 103.

sept merveilles du monde : « La hauteur de la plus grande pyramide est de trois cents coudées, et son périmètre de six stades (3600 pieds). Au reste, il y a tant d'art dans leur construction, et leurs faces sont si bien dressées, que le tout semble ne former qu'une seule pierre[1]. »

Diodore de Sicile ne fait qu'une mention très-succincte des pyramides : « La base de la plus grande est, dit-il, un carré dont chaque côté est de sept cents pieds[2]. »

Strabon ne donne qu'un stade au côté de la même base[3].

Pomponius Mela rapporte qu'elle occupait une superficie de quatre jugères[4].

Enfin, suivant Pline le naturaliste, « les trois pyramides sont situées, du côté de l'Afrique, sur un rocher stérile, entre la ville de Memphis et la partie de l'Égypte qu'on appelle *le Delta*, à une distance du Nil moindre de quatre mille pas, et à sept mille de Memphis, près

---

[1] *Memphiticas pyramides haud possibile referre supra fidem est : montes enim montibus superædificati immensitatesque quadratorum lapidum mentis aciem perstringunt, adeò ut quibus viribus tanta operum pondera subvecta sunt intelligat nemo. Stat quadrata basis ; defossi fundamentis lapides uniuscujusque molis quam terra sustinet celsitudini respondent. Gracilescit paulatim opus, et in conum gnomonisque speciem extenuatur. Trecentorum cubitorum altitudo est, ambitusque stadiorum sex. Ita verò compaginatur arte structura levigaturque, ut solidus esse lapis videatur.* (Philo Byzantius, *De septem orbis miraculis.*)

[2] Diodore de Sicile, traduit par l'abbé Terrasson, tom. 1er, p. 134.

[3] *Earum (pyramidum) tres memorabiles sunt. Duæ inter septem orbis miracula adnumerantur. Singulæ altitudine stadii, figurâ quadratâ ; altitudinem habentes paulò majorem quolibet latere, et mole se paululum excedentes : in media ferè laterum altitudine lapis exemtilis est, eoque sublato obliqua fistula usque ad loculum.* (Strab. Geogr. liv. XVII, p. 808.)

[4] *Pyramides tricenûm pedum lapidibus exstructæ, quarum maxima (tres namque sunt) quatuor ferè soli jugera suâ sede occupat.* (Pompon. Mela, *De situ orbis*, l. 1, p. 47.)

d'un village appelé *Busiris*, dont les habitans sont accoutumés à les gravir.

« La plus grande est bâtie de pierres tirées de la montagne arabique. Elle a été construite, dans l'espace de vingt ans, par trois cent soixante-seize mille hommes. On a employé soixante-dix-huit ans et quatre mois à les élever toutes les trois. Les auteurs qui en ont écrit, sont Hérodote, Evhemère, Duris de Samos, Aristagoras, Dionysius, Artémidore, Alexandre Polyhistor, Butorides, Antisthène, Démétrius, Demotelès, Appion. Ils ne sont point d'accord entre eux sur les noms de ceux qui les construisirent; juste effet des lois de la destinée, qui n'a pas laissé parvenir jusqu'à nous les noms de ceux qui élevèrent les monumens d'un si grand orgueil!

« La base de la plus grande des pyramides occupe huit jugères. Ses quatre angles, à distances égales les uns des autres, sont éloignés de 883 pieds. Elle a 15 pieds de largeur au sommet[1]. »

Nous venons de réunir tous les témoignages de l'antiquité sur les dimensions de la grande pyramide. Le côté de sa base avait de longueur,

Suivant Hérodote......................... 800 pieds.
Suivant Philon de Byzance.................. 900
Suivant Diodore de Sicile.................... 700
Suivant Strabon, environ.................... 600
Enfin, suivant Pline........................ 883

Toutes ces expressions de la même ligne sont indubitablement rapportées à des unités de mesures différentes. Malheureusement les anciens nous ayant laissé

[1] Plin. *Histor. natur.* lib. xxxvi, cap. 12.

ignorer les rapports qui existaient entre ces unités, on se trouverait réduit à appuyer sur des conjectures plus ou moins hasardées les tentatives auxquelles on se livrerait pour ramener à l'identité les expressions précédentes. D'un autre côté, pour garantir l'exactitude des résultats qu'on pourrait obtenir, il faudrait supposer aux anciens, dont le récit aurait servi de base aux calculs qu'on aurait entrepris, le projet formé de laisser à la postérité une donnée certaine, propre à faire connaître les mesures qu'on employait de leur temps; autrement ils n'auront pas eux-mêmes vérifié celles qu'ils indiquent, et se seront bornés souvent à recueillir des bruits populaires. Cela paraît d'autant plus vraisemblable, que la plupart des voyageurs de l'antiquité ne s'attachaient pas à mettre dans leurs narrations une précision rigoureuse : plus occupés de conserver les annales des peuples, de décrire leurs mœurs et leurs usages, que de noter les dimensions des monumens qu'ils visitaient, il leur aura suffi d'exprimer ces dimensions en nombres faciles à retenir et qui en donnassent une grande idée à leurs lecteurs.

Mais, si l'on est fondé à porter ce jugement des différentes mesures du côté de la base de la grande pyramide, indiquées en nombres ronds par Hérodote, Philon de Byzance, Diodore de Sicile, et Strabon, il n'en est pas ainsi de la mesure que Pline en a rapportée.

En effet, lorsqu'il attribue au côté de la base de la grande pyramide, précisément 883 pieds de longueur, sans négliger le petit nombre d'unités qui rend cette expression en quelque sorte irrégulière, il manifeste l'intention formelle de donner, non pas une indication vague, susceptible de se graver facilement dans la mémoire du commun des lecteurs, mais une détermination rigoureuse, dont l'exactitude satisfît ceux qui s'occupaient alors des sciences : classe peu nombreuse et choisie, à l'usage de laquelle son ouvrage était spécialement destiné.

Cette considération seule établit en faveur du texte de Pline une probabilité de précision dont les autres narrations sont dénuées ; il faut ajouter que parmi les auteurs originaux qu'il cite, il se trouvait quelques Égyptiens dont il dut naturellement adopter le témoignage, de préférence à tout autre[1].

Ainsi tout porte à croire que la longueur du côté de la grande pyramide, telle qu'il la rapporte, est la traduction d'une ancienne mesure, exprimée en unités auxquelles les Grecs et les Romains appliquèrent la dénomination de *pied*, particulière à leur langue.

Or, de toutes les unités de mesure usitées en Égypte, la demi-coudée ou le *zéreth* était la seule à laquelle cette dénomination pût convenir : on est donc fondé à conclure que les 883 pieds attribués par Pline au côté de la base de la grande pyramide, sont 883 *zéreths*, équivalens à 232^m 6702.

Nous allons rechercher maintenant si les mesures de la même ligne que les modernes ont publiées, justifient cette conclusion.

Jacques Ziegler, auteur d'une Description de la Palestine, de l'Arabie et de l'Égypte, imprimée en 1536, paraît être le premier qui, depuis la renaissance des lettres en Europe, ait donné une description des pyramides.

[1] Notamment Appion, auteur d'une Histoire d'Égypte.

Le passage de son livre où il en est question, mérite d'être rapporté, parce qu'il confirme l'existence d'un revêtement de pierres polies dont la plus grande était couverte, et qu'il indique par qui les dernières pierres de ce revêtement ont été enlevées et l'usage qu'on en a fait. « Les pyramides, dit Ziegler, sont bâties sur le sommet d'une éminence, au nord et à quarante stades de la ville de Memphis. Deux des trois principales sont comptées parmi les sept merveilles du monde. Le côté de la plus grande a sept cent soixante-quinze pieds géométriques. Elle était recouverte de marbre taillé, dont les pierres avaient sept pieds de longueur. Les soudans d'Égypte les ont fait enlever, et les ont fait transporter près du Kaire pour en construire un pont. L'entrée de cette pyramide est du côté du levant : elle conduit par une pente assez douce dans l'intérieur, où se trouvent deux chambres qui contiennent un grand sarcophage et deux plus petits [1]. »

Cet auteur ne voyagea point : son ouvrage, purement géographique, paraît être extrait de Strabon, de Pline, de Ptolémée, et de quelques géographes arabes.

Le premier voyageur moderne qui ait lui-même mesuré les pyramides, est un médecin français du XVIe siècle, nommé *Jean Belon*. « Nous avons, dit-il, mesuré la base de la grande pyramide, qui a trois cent trente-quatre pas d'un coin à l'autre, lesquels comptâmes, étendant un peu les jambes [2]. »

---

[1] *Terræ sanctæ quam* Palæstinam *nominant,* Syriæ, Arabiæ, Ægypti, *doctissima descriptio*, auctore Jacobo Zieglero Landavo-Bavaro; Argentorati, 1536.

[2] Belon, l. II, fol. 113. Paris, 1555.

Cette mesure de trois cent trente-quatre pas a été adoptée par Christophe Furer, qui voyageait en 1565, et par Pietro della Valle[1].

Le prince Radziwill, dans une relation de son pélerinage en Terre-sainte, fait en 1583, suppose la hauteur de la grande pyramide égale au côté de sa base, auquel il donne, suivant le rapport qui lui en avait été fait, trois cents coudées de long[2].

Prosper Alpin, médecin célèbre, né dans l'État de Venise, et qui fut long-temps attaché au consul de cette république en Égypte, mesura le côté de la grande pyramide, et trouva qu'il était de cent vingt-cinq pas vénitiens, unité de mesure particulière[3].

M. de Brèves, ambassadeur à Constantinople, ayant fait le voyage d'Égypte en 1605, annonça que chacune des faces de la grande pyramide avait quatre cents pas de longueur d'un angle à l'autre[4].

Le même intervalle fut trouvé de trois cents pas, en 1610, par un Anglais nommé *Sandys*[5], et de trois cent soixante, en 1628, par César Lambert, négociant de Marseille[6].

Jean Greaves, professeur d'astronomie à Oxford, que

---

[1] *Itinerarium Ægypti*, pag. 26. Voyage de Pietro della Valle, t. 1, pag. 24.

[2] *Altera pyramis tamen excellit, quæ tam in latitudine quàm in altitudine 300 habere cubitos dicitur.* (Principis Radzivilii *Jerosol. Peregrinatio.*)

[3] *Totius verò pyramidis quadraturæ basis circuitum exstitisse quingentorum passuum deprehendimus.* (Prosperi Alpini, *Rerum Ægyptiarum* lib. 1, cap. 6.)

[4] Voyage de M. de Brèves, ambassadeur du roi à Constantinople, en 1605.

[5] *Every square being 300 single paces in length.* (*A Relation of a journey begun in* 1610, by Sandys.)

[6] César Lambert, de Marseille, voyageait en 1628-1632.

nous avons eu occasion de citer dans la section précédente, pour avoir mesuré le premier, en 1638, les galeries et les chambres sépulcrales pratiquées dans la plus grande des pyramides, mesura aussi le côté de sa base, qu'il trouva de six cent quatre-vingt-treize pieds anglais [1].

La même opération, répétée deux fois, en 1647, par un Lyonnais, nommé *Monconys,* donna, pour la longueur de ce même côté, six cent quatre-vingt-deux pieds de France [2].

Corneille Le Bruyn la mesura de nouveau en 1675. Voici le compte qu'il rend de son opération : « Après être descendu du sommet de la pyramide avec bien de la peine, j'allai d'un coin à l'autre, savoir, par-devant, et je comptai trois cents bons pas. Alors je donnai à deux Arabes une corde que j'avais pour cet effet prise avec moi, et je leur fis mesurer la distance de ces coins, qui se trouva de cent vingt-huit brasses, qui font sept cent quatre pieds, la brasse étant de cinq pieds et demi [3]. »

Chazelles, ingénieur hydrographe, qui avait été envoyé dans le Levant pour reconnaître la position des principaux ports de la Méditerranée, remonta d'Alexandrie au Kaire, et profita, en 1694, du séjour qu'il y fit, pour visiter et orienter les pyramides. Cassini, à qui il communiqua le résultat de ses opérations, rapporte qu'il

---

[1] *Pyramidograph.* by John Greaves. Cet ouvrage a été traduit par Thévenot, et se trouve dans sa Collection de voyages.

[2] La première pyramide a 520 pieds de hauteur et 682 pieds de face. (*Voyage de Monconys.*)

[3] Corneille Le Bruyn visita aussi l'intérieur de la pyramide en 1675.

trouva la base de la grande pyramide de six cent quatre-vingt-dix pieds de France, mais en la mesurant par un terrain inégal; ce qui détermina cet astronome à réduire cette base à six cent quatre-vingts pieds seulement [1].

On trouve dans le Voyage de Charles Perry, imprimé à Londres en 1743, une mesure de ce monument, qui s'éloigne beaucoup de toutes les précédentes. « Nous avons mesuré, dit l'auteur, le côté méridional et le côté occidental de la grande pyramide, à sa base, avec toute la précision dont nous avons été capables. Nous avons trouvé que le premier avait sept cent quatre-vingts pieds de longueur, et le second sept cent quatre-vingt-neuf; mais nous ne saurions dire si cette différence provient ou d'une inégalité réelle entre ces côtés, ou d'un défaut d'exactitude dans nos opérations [2]. »

Enfin, Niebuhr, qui voyageait dans le Levant en 1762, trouva que le côté austral de la grande pyramide avait cent quarante-deux pas doubles, qu'il évalue à sept cent dix pieds danois [3].

On sera peut-être étonné que Maillet, Norden et Pococke, qui ont écrit sur l'Égypte les ouvrages les plus volumineux [4], n'aient point répété les opérations faites jusqu'à eux, pour connaître la base de la grande pyramide. Maillet s'est borné à mesurer, d'une manière

[1] Mémoires de l'Académie des sciences, année 1702.
[2] *A View of the Levant*, by Charles Perry; London, 1743.
[3] Description de l'Égypte et de l'Arabie, par Niebuhr.
[4] Description de l'Égypte, etc., composée sur les Mém. de M. Maillet; Paris, 1735. Voyage d'Égypte et de Nubie, par Frédéric-Louis Norden; Paris, 1798. *Description of the East*, by Richard Pococke.

très-détaillée, à l'exemple de Greaves, les chambres intérieures de ce monument et les galeries qui y conduisent. Norden a repris quelques articles de la Pyramidographie du professeur d'Oxford. Enfin Pococke s'est contenté de présenter, dans un tableau, les dimensions des chambres et des galeries, d'après Greaves, le P. Sicard, Maillet et ses propres observations.

Telles étaient les notions acquises sur la grandeur de la première pyramide, lorsque l'occupation de l'Égypte par une armée française a permis de se livrer avec sécurité et de consacrer le temps nécessaire à des opérations suivies, que des voyageurs isolés ne pouvaient entreprendre. Mais, avant d'en rendre compte, il convient de rappeler et de soumettre à un court examen les différens témoignages des voyageurs modernes que nous avons rapportés jusqu'ici.

Les premiers qui visitèrent les pyramides, mesurèrent simplement au pas le côté de leur base. Ce moyen grossier suffisait pour donner une idée de la grandeur de ces monumens à ceux qui liraient leurs relations; et c'était le seul objet qu'ils dussent se proposer dans un temps où l'on n'avait point encore pensé à déterminer rigoureusement la longueur de cette ligne, pour en conclure le rapport des mesures anciennes aux mesures modernes.

On juge bien que le moyen employé par les voyageurs dont il est question, devait fournir des résultats aussi différens entre eux que l'unité de mesure dont ils firent usage est variable. En effet, le côté de la pyramide a de longueur,

DE L'ILE D'ÉLÉPHANTINE. 53

Suivant
{
Belon.......................... 324 pas.
de Brèves...................... 400.
Sandys......................... 300.
Lambert........................ 360.
Corneille Le Bruyn............. 300.
}

La longueur moyenne entre toutes celles qui précèdent est de 336 pas $\frac{4}{5}$, laquelle, en supposant le pas de voyageur de 694 millimètres $\frac{6}{10}$, conformément à l'évaluation de Romé de l'Isle, équivaut à $233^m,94$.

Le pas vénitien, dont Prosper Alpin se servit pour mesurer la base de la pyramide, est de $1^m,733$. Ainsi la mesure qu'il en rapporte, équivaut à $216^m,62$.

Réduisant de la même manière en mesures françaises celles qui sont données par les autres voyageurs que nous avons cités, elles se présentent dans l'ordre suivant:

Par
{
Greaves........................ $211^m, 36^c$.
Monconys....................... 221, 16.
Chazelles...................... 224, 06.
Charles Perry.................. 239, 27.
Niebuhr........................ 230, 23.
}

Si l'on compare maintenant entre elles les différentes longueurs attribuées au côté de la pyramide, on observe que celles qui ont été trouvées par les voyageurs qui la mesurèrent au pas, sont, en général, supérieures à celles que lui donnent les voyageurs qui ont voulu depuis la déterminer avec plus de précision; parce qu'en effet celles-ci ont été prises en appliquant le long de l'assise inférieure de la pyramide l'unité de mesure dont on s'est servi, tandis qu'on n'a pu obtenir celles-là qu'en s'éloignant à une certaine distance de cette même assise pour faire, sans obstacle, le tour de l'édifice, ou du moins marcher d'un angle à l'autre.

On voit, au reste, qu'il existe, entre les mesures modernes du côté de sa base, des différences prodigieuses, puisque les résultats de la moindre et de la plus grande sont de deux cent onze et de deux cent trente-neuf mètres ; et comme aucun des voyageurs qui les ont prises, n'a assez détaillé ses opérations pour faire disparaître tout soupçon d'erreur dans les procédés qu'il a suivis, il ne semble pas que l'on puisse admettre le témoignage de l'un préférablement au témoignage de l'autre : d'où il suit qu'on n'a pu tirer, jusqu'à présent, que des conséquences hasardées de ces mesures, pour la détermination du système métrique des anciens Égyptiens.

Dans cet état de choses, c'était, en quelque sorte, une obligation imposée à l'Institut d'Égypte, de s'assurer enfin de la véritable grandeur du côté de la pyramide, en le mesurant de nouveau avec toutes les précautions propres à garantir l'exactitude et l'authenticité de cette opération. Mais cette opération exigeait un travail de plusieurs jours, et il a fallu attendre que les circonstances, après avoir réuni les personnes qui devaient s'en occuper, leur permissent d'aller s'établir au pied des pyramides. Cette réunion eut lieu au mois de frimaire de l'an VIII (1799). Elle a fourni à plusieurs membres de l'Institut du Kaire et de la Commission des arts, l'occasion d'entreprendre d'importantes recherches, qui ne sont point encore publiées. Je n'anticiperai pas sur le compte qui doit en être rendu ; je rappellerai seulement ici que M. Nouet, astronome, trouva, par une suite d'opérations trigonométriques, rapportées dans un cahier de la Décade égyptienne, que la base de la grande pyramide, mesurée du côté du nord, avait de longueur, entre les extrémités apparentes de la première assise, 227^m,25 [1].

Pendant ce temps-là, M. le colonel Grobert, de retour en France, y publiait une description des pyramides de Gyzeh. Il annonce, dans cette description, avoir reconnu que le côté de la base de la plus grande était de sept cent vingt-huit pieds, ou de 236 mètres; mais, par les observations qui accompagnent cette indication, il est aisé de s'apercevoir que l'auteur lui-même ne la regardait pas comme aussi précise qu'il l'aurait désiré [2].

Quoique l'excursion faite aux pyramides en l'an VIII (1799) n'ait point eu la durée qu'on lui avait prescrite, cependant elle donna le temps de recueillir, sur la construction de ces monumens, des observations échappées jusqu'alors aux voyageurs qui les avaient visitées. M. Coutelle, membre de la Commission des arts, s'en étant particulièrement occupé, les consigna dans un mémoire très-détaillé qu'il communiqua, quelque temps après, à l'Institut du Kaire.

L'irrégularité du parement actuel de la grande pyramide, l'intention présumée de ses constructeurs d'en cacher l'entrée, les décombres amoncelés à son pied, enfin le revêtement de la seconde et de la troisième, revêtement dont l'existence ne peut être mise en doute,

---

[1] Décade égypt., Kaire, an VIII, tome III, page 110.

[2] Description des pyramides de Ghizèh, par M. Grobert; Paris, an IX.

sont autant de probabilités qui, réunies, conduisent à conclure que la première était également, autrefois, recouverte d'un parement extérieur, dressé suivant l'inclinaison de ses faces; ce qui s'accorde non-seulement avec le récit d'Hérodote et des historiens de l'antiquité, mais encore avec celui des auteurs arabes, que Ziegler, cité plus haut, paraît avoir emprunté.

L'existence de ce revêtement restant incontestablement prouvée, il était naturel d'admettre que son épaisseur avait été comprise dans la longueur du côté de la grande pyramide mesurée par les anciens, tandis que les modernes n'y avaient eu jusqu'alors aucun égard. Il était donc nécessaire, pour établir l'égalité entre les expressions qu'ils en donnent, et déduire de ces expressions égales le rapport entre les unités de mesure employées par les uns et les autres, de déterminer sur le sol l'espace que ce revêtement occupait.

Ces considérations, et l'intérêt qu'offraient à la curiosité générale les recherches dont l'emplacement de l'ancienne ville de Memphis pouvait être le théâtre, firent proposer d'entreprendre une nouvelle excursion aux pyramides de Gyzeh et de Saqqârah. L'Institut d'Égypte indiqua, sur le rapport d'une Commission, les questions qui paraissaient les plus importantes. Enfin l'un de ses membres, M. Le Père, architecte, fut chargé, avec M. Coutelle, de diriger les opérations qui devaient conduire à leur solution.

On doit à leur zèle et aux soins minutieux qui caractérisent leur travail, une *pyramidographie* beaucoup plus détaillée que celle de Maillet et du professeur

DE L'ILE D'ÉLÉPHANTINE.

Greaves. En attendant qu'elle soit complétement publiée, je dirai, d'après la communication qu'ils ont bien voulu m'en donner, comment ils sont parvenus à retrouver les angles de l'ancien revêtement des faces de la pyramide, et quels procédés ils ont suivis pour en mesurer l'intervalle.

Après avoir fait enlever les décombres dont le sol était couvert aux deux extrémités de la face septentrionale, on reconnut que la surface du rocher avait été dressée de niveau à ces extrémités, et qu'on l'avait creusée d'environ deux décimètres, pour y former une espèce d'encastrement, dans lequel les pierres angulaires de l'assise inférieure du revêtement furent posées. Ces pierres ont été déplacées; mais l'espèce de mortaise qui les recevait est d'une conservation parfaite. Les angles de la première assise, ainsi fixés d'une manière inébranlable, servirent à régler la pose des pierres intermédiaires de la même assise. Quand celle-ci fut arasée, on suivit le même procédé pour la pose de l'assise suivante; c'est-à-dire qu'on en établit les pierres angulaires dans des mortaises pratiquées sur la première, et ainsi de suite, jusqu'au sommet de l'édifice. Par cette disposition, les pierres qui constituaient chacune des quatre arêtes de la pyramide, s'emboîtant les unes dans les autres, retenaient comme encaissées toutes les assises horizontales du parement; ce qui a forcé de les briser avec des coins quand on a voulu les enlever.

Il m'a paru utile de rappeler ces procédés de construction, afin de lever tous les doutes qui pourraient rester sur la destination primitive des encastremens pratiqués aux extrémités de la face septentrionale de la pyramide : ce sont les témoins irrécusables du revêtement dont elle était couverte ; il est évident que, puisqu'ils recevaient les pierres angulaires de sa première assise, ils en déterminent précisément la longueur.

Il ne s'agissait plus que de mesurer cette longueur avec la précision convenable : pour cela, on a tracé d'abord, au moyen de jalons verticaux, une ligne droite entre les deux angles extérieurs des deux encastremens ; et, comme le sol n'était point de niveau dans toute la longueur de cette ligne, on lui a mené, à quelque distance, une parallèle égale. Cette parallèle ayant été tracée sur un terrain uni, on a tendu horizontalement entre ses extrémités un cordeau, le long duquel on a appliqué successivement l'unité de mesure qu'on employait.

Cette opération, aussi simple que rigoureusement exacte, a donné pour la longueur cherchée 716 pieds 6 pouces de France, ou $232^m,6678$.

Or, nous avons trouvé que les 883 pieds attribués par Pline à la même ligne équivalaient à $232^m,6702$, en supposant que ces pieds fussent des *zéreths* ou des demi-coudées : il existe donc, en admettant cette supposition, une identité parfaite entre la mesure de Pline et celle de MM. Le Père et Coutelle ; d'où il suit, d'après tous les caractères de précision qu'elles offrent l'une et l'autre, que la moitié de la coudée égyptienne, appelée *zéreth* par les Hébreux, et désignée par les Grecs et les Romains sous le nom de *pied*, avait de longueur 0,2635, c'est-à-dire que la coudée entière était précisément de 0,527, telle que nous l'avons retrouvée à Éléphantine.

L'emploi du *zéreth* comme unité de mesure se remarque encore dans la chambre sépulcrale de la grande pyramide. La hauteur de cette chambre est de 5^m,52226 (17 pieds de France); ce qui équivaut à 21 *zéreths*, la coudée étant de 0^m,5258.

Il paraît d'abord étonnant que les constructeurs de la grande pyramide aient donné au côté de sa base un nombre de demi-coudées aussi irrégulier que celui de 883; mais cette irrégularité dans l'expression de la longueur du côté de cette base n'est-elle pas la suite nécessaire du dessein des fondateurs de ce monument, qui voulurent lui faire occuper sur le sol un nombre exact d'unités de mesure superficielles? On doit observer, en effet, que parmi les auteurs de l'antiquité qui ont parlé de la grande pyramide, plusieurs ont rapporté la superficie de sa base à un certain nombre de *jugères* [1].

Quoique ce mot ne soit dans leurs écrits qu'une expression générique par laquelle ils traduisent l'expression particulière de quelque unité de mesure agraire usitée en Égypte, on est cependant fondé à conclure, des témoignages dont il s'agit, que les constructeurs de la pyramide eurent l'intention de renfermer entre les côtés de sa base une surface déterminée; intention qui deviendra tout-à-fait manifeste, et dont il ne sera plus permis de douter, si la superficie qu'elle occupe, exprimée par les anciens en jugères, coïncide avec cette même

---

[1] *Amplissima (pyramis) octo jugera obtinet soli.* (Plin. *Histor. natur.* lib. XXXVI, cap. 12.)

superficie exprimée en unités de mesure agraire que l'on sache avoir été employées autrefois en Égypte, ou que l'on y retrouve aujourd'hui.

Pline rapporte que la grande pyramide couvrait une surface de huit jugères. Cet auteur, que nous avons trouvé si parfaitement instruit de la longueur du côté de sa base, le serait-il moins dans l'expression qu'il donne de sa superficie?

MM. Le Père et Coutelle ont trouvé, comme nous venons de le dire, $232^m,67$ pour la longueur de ce côté: la surface de la base de la pyramide est, par conséquent, de $54135^m,3289$, dont la huitième partie, formant le jugère de Pline, équivaut à $6766^m,91$ de surface.

Or, l'unité de mesure agraire usitée encore aujourd'hui dans plusieurs cantons de la basse Égypte, et notamment dans la province de Damiette, contient en superficie $6877^m,48$; c'est-à-dire ne diffère du jugère de Pline que de 110 mètres carrés, ou de la 62e partie de ce jugère[1]; différence peu sensible, et qui s'explique aisément par l'altération inévitable que les mesures de longueur ont pu souffrir pendant un laps de dix-huit siècles.

Ainsi les observations modernes se réunissent pour confirmer le compte rendu par Pline des dimensions de la grande pyramide, soit qu'il assigne le côté de sa base, soit qu'il en indique la surface.

Un degré de précision aussi remarquable porte natu-

---

[1] *Voyez* mon Mémoire sur l'aménagement des terres de la province de Damiette, imprimé au Kaire en l'an VI, tom. 1er de la Décade égyptienne.

rellement à croire que la même exactitude se retrouve dans le passage de cet auteur où il parle de la deuxième et de la troisième pyramides. Mais ce n'est pas ici le lieu de nous engager dans la discussion à laquelle l'examen de ce passage pourrait nous conduire; il nous suffit d'avoir, par celle qui précède, fait connaître l'authenticité des mémoires où Pline a puisé les renseignemens que nous lui devons sur les plus anciens monumens de l'Égypte.

Il fallait, pour restituer au témoignage de cet historien la confiance qu'il mérite, retrouver un étalon de l'ancienne coudée égyptienne. La connaissance de cette coudée va nous conduire encore à fixer enfin l'opinion sur la mesure de la terre attribuée à Ératosthène.

Ce philosophe, auquel l'école d'Alexandrie doit une partie de sa célébrité, y fut appelé par Ptolémée-Évergète. Revêtu, pendant quarante-cinq ans, de la dignité de président du musée et de la bibliothèque qui étaient établis dans cette ville, il recueillit, dans les annales des sciences dont il était dépositaire, les connaissances des temps antérieurs, et devint l'homme le plus érudit de son siècle : géographe, astronome, historien, il écrivit sur la chronologie, composa un traité des sections coniques, et donna une solution qui lui est propre, du problème fameux de la duplication du cube [1].

Des travaux aussi multipliés, sur des objets aussi différens, lui procurèrent la grande réputation dont il a joui : mais il la doit surtout à l'opération par laquelle il

[1] *Voyez* la Bibliothèque grecque de Fabricius, à l'article d'*Ératosthène.*

entreprit de mesurer la longueur d'un arc du méridien terrestre; opération dont la hardiesse étonna l'antiquité, et que Pline regardait comme appuyée de combinaisons si subtiles, qu'il aurait été honteux de ne pas croire à l'exactitude de ses résultats [1].

La perte des ouvrages d'Ératosthène nous laisse malheureusement aujourd'hui dans l'ignorance presque absolue des précautions de détail qu'il prit pour imprimer à sa mesure de la terre le caractère de précision qui lui fut généralement accordé. On est réduit à recueillir, dans les récits isolés de différens auteurs, les principales circonstances et les procédés fondamentaux de cette opération.

Les anciens astronomes employaient, pour déterminer la distance du soleil au zénith, un hémisphère concave, sur le fond duquel s'élevait verticalement un gnomon qui avait son extrémité supérieure au centre même de l'hémisphère. Le soleil étant parvenu au méridien, l'ombre du gnomon couvrait, sur l'intersection du plan de ce grand cercle et de l'hémisphère concave, un arc précisément égal à celui qui était compris entre le zénith du lieu de l'observation et le centre du soleil, puisque cet arc mesurait évidemment l'angle formé par la verticale et les rayons solaires.

Au moyen de cet instrument, appelé *scaphé*, Ératosthène observa, le jour du solstice d'été, à Alexandrie, que le soleil était éloigné du zénith d'un arc égal à la cinquantième partie de la circonférence. Il avait observé

---

[1] *Improbum ausum, verùm ita subtili computatione comprehensum, ut pudeat non credere.* (Plin. *Hist. nat.* lib. II, cap. 108.)

d'ailleurs que, ce jour même, à Syène, le gnomon ne donnait point d'ombre; c'est-à-dire que le soleil, à midi, correspondait au zénith de cette ville; et comme il la supposait sous le même méridien qu'Alexandrie, il en conclut que l'arc terrestre compris entre ces deux villes était aussi la cinquantième partie de la circonférence entière, c'est-à-dire de sept degrés douze minutes.

Cléomède, qui nous a conservé ces deux observations d'Ératosthène [1], remarque que, suivant l'opinion reçue, l'ombre solsticiale du gnomon pouvait être nulle sur un arc du méridien terrestre de trois cents stades de développement; ce qui aurait laissé quelque incertitude sur la vraie position de Syène par rapport au solstice, si l'on se fût borné à la déterminer par une seule observation : mais il ajoute qu'Ératosthène, ayant observé les projections méridiennes de l'ombre du gnomon dans le *scaphé* à Alexandrie et à Syène, le jour du solstice d'hiver, reconnut que la différence de ces deux projections était le cinquantième de la circonférence entière; et, comme cette différence devait être constamment la même, et qu'il put s'en assurer par des observations journalières faites d'un solstice à l'autre pendant plusieurs années, on doit admettre que cet astronome connut l'étendue en degrés de l'arc compris entre Alexandrie et Syène, avec toute la précision que comportait l'instrument qu'il employait.

Il ne restait, pour déterminer la grandeur de la terre, qu'à mesurer, par une opération géodésique, l'arc terrestre compris entre les deux points dont les latitudes

---

[1] *Cleomedis Meteora*, l. 1, c. 10, *de terræ magnitudine*.

avaient été observées. Cléomède ne dit point quels furent les procédés d'Ératosthène pour connaître la distance d'Alexandrie à Syène; il dit seulement qu'elle était de cinq mille stades[1]. Ainsi, en supposant l'arc compris entre ces deux villes de sept degrés douze minutes, la longueur d'un degré du méridien terrestre aurait été trouvée de six cent quatre-vingt-quatorze stades quatre neuvièmes, et, par conséquent, la circonférence entière de deux cent cinquante mille stades.

[1] Il paraît qu'Ératosthène ne fit pas seulement servir à la mesure de la terre qu'on lui attribue, la détermination de l'arc céleste compris entre Alexandrie et Syène, mais encore, ce qui n'a pas été généralement connu, la détermination de l'arc compris entre Syène et Méroé. Cette dernière ville, réunie, comme on sait, au domaine des princes qui gouvernèrent l'Égypte, devint en quelque sorte la limite de leur empire; et sa position fut déterminée par des observations astronomiques, dont Strabon et Pline nous ont conservé quelques-unes. (Strab. *Geogr.* lib. II; Plin. *Histor. natur.* lib. II.)

C'était l'opinion d'Ératosthène et d'Hipparque (traduction française de Strabon, t. 1ᵉʳ, pag. 311 et 312, Paris, 1805), que l'arc céleste compris entre le zénith de Méroé et celui de Syène était égal à l'arc céleste compris entre le zénith de Syène et celui d'Alexandrie. Il était donc indifférent, en supposant égaux entre eux tous les degrés d'un même méridien, de mesurer la distance géodésique de Méroé à Syène, ou celle de Syène à Alexandrie, pour connaître la longueur totale comprise entre la première et la dernière de ces villes.

Nous ne savons point si la distance d'Alexandrie à Syène fut mesurée à cette occasion : mais Marcianus-Capella dit formellement (*De nuptiis Philologiæ et Mercurii*, l. VI, cap. 1), que l'on mesura celle de Syène à Méroé, et que les arpenteurs royaux de Ptolémée la trouvèrent de 5000 stades; ce dont ils rendirent compte à Ératosthène. Si l'on considère cependant que l'Égypte avait été arpentée dès la plus haute antiquité, et qu'on avait eu souvent occasion de vérifier les distances d'un lieu à un autre, on sera fondé à croire qu'Ératosthène connaissait déjà celle d'Alexandrie à Syène, et qu'en faisant mesurer l'arc terrestre de Syène à Méroé, il profita du crédit dont il jouissait auprès des Ptolémées, pour étendre le champ de son opération, et lui donner par-là le degré de précision qui la rendit célèbre. Il convient même d'observer que les trois villes de Méroé, de Syène et d'Alexandrie, avaient été tellement liées par cette opération d'Ératosthène, que Strabon et Pline citent rarement l'une d'entre elles sans rapporter leurs distances et leurs latitudes respectives telles qu'elles avaient été observées.

Cependant Hipparque, Strabon, Vitruve, Pline, Censorin, Macrobe et Marcianus-Capella[1], qui tous ont cité la mesure de la terre d'Ératosthène, s'accordent à lui donner deux cent cinquante-deux mille stades de circonférence, c'est-à-dire sept cents stades au degré; ce qui fait croire que Cléomède a tiré son récit de mémoires peu authentiques, ou du moins antérieurs à quelques corrections que subirent les résultats d'une première opération.

Notre opinion sur ce point acquiert d'autant plus de consistance, qu'elle coïncide avec celle que M. Gosselin a émise et discutée dans son Analyse de la géographie des Grecs, et avec les savantes observations dont il vient d'enrichir la traduction française de Strabon[2]. Admettant donc avec lui toutes les preuves qu'il en a rapportées, nous posons ici comme constant qu'Ératosthène donnait précisément sept cents stades au degré terrestre.

---

[1] Traduction française de Strabon, Paris, 1805; pag. 311.

Si autem animadverterint, orbis terræ circuitionem per solis cursum et gnomonis æquinoctialis umbras ex inclinatione cœli, ab Eratosthene Cyrenæo, rationibus mathematicis et geometricis methodis esse inventam ducentorum quinquaginta duum millium stadiorum, etc. (Vitruvius, *de Architectura*, lib. I, cap. 6.)

Universum autem hunc (terræ) circuitum Eratosthenes, in omnium quidem litterarum subtilitate, et in hac utique præter cæteros solers, quem cunctis probari video 252000 *stadiorum, prodidit.* (C. Plin. *Hist. nat.* lib. II, cap. 108.)

Nam ut Eratosthenes geometricâ ratione colligit, maximum terræ circuitum esse stadiorum 252000. (Censorinus, *de Die natali*, cap. 13.)

Habet autem totus ipse ambitus terræ stadiorum ducenta quinquaginta duo millia. (Macrobius, *in Somnium Scipionis*, lib. II, c. 6.)

Circulum quidem terræ ducentis quinquaginta duobus millibus stadiorum, ut ab Eratosthene doctissimo gnomonicâ supputatione discussum. (Marciani Capellæ, *de Nuptiis Philologiæ et Mercurii*, l. VI, c. 1.)

[2] Observations préliminaires et générales sur la manière de considérer et d'évaluer les stades itinéraires, etc., par M. Gosselin.

D'un autre côté, tous les auteurs cités plus haut s'accordant aussi sur la distance de cinq mille stades comptés par Ératosthène entre Alexandrie et Syène, distance que ce géographe mesurait évidemment dans la direction du méridien, puisqu'il portait à cinq mille trois cents stades celle de Syène à la mer, en suivant le cours du Nil[1], il s'ensuit qu'il supposait l'arc céleste compris entre ces deux villes, non de 7° 12', comme l'avance Cléomède, mais de 7° 8' 34" $\frac{2}{7}$. Or, d'après les observations de M. Nouet, membre de l'Institut du Kaire, cet arc est de 7° 4' 14", c'est-à-dire de 4' 19" $\frac{2}{7}$ seulement, moindre que celui d'Ératosthène; et comme cette différence est extrêmement petite, eu égard à la perfection des instrumens modernes, comparés à ceux dont les anciens faisaient usage, il faut reconnaître dans les observations de l'astronome d'Alexandrie une exactitude singulière, qui seule autoriserait à accorder à sa mesure géodésique une égale précision, lors même qu'on n'aurait pas acquis la preuve de celle qu'il parvint véritablement à lui donner.

Cette preuve se déduit immédiatement de la détermination du stade qu'il employa, et de la grandeur connue du méridien terrestre.

En effet, les Grecs, qui ne connaissaient d'autres mesures itinéraires que des stades de six cents pieds, ayant appliqué, comme nous l'avons vu, la dénomination de *pied* au *zéreth* des Hébreux, ou à la demi-coudée égyptienne, furent naturellement conduits à former de six cents *zéreths* un stade particulier, équivalent, sui-

[1] Strabon, liv. xvii.

vant le rapport de Pline[1], à la quarantième partie d'une mesure itinéraire appelée *schène*, qui était propre à l'Égypte et contenait douze cents coudées.

Le stade d'Ératosthène de six cents *zéreths* étant donc de $158^m,1$, on a, pour le degré terrestre de sept cents stades, 110,670 mètres.

Or, on sait que Bouguer trouva, sous l'équateur, le degré du méridien terrestre de 110,577 mètres, et que MM. Delambre et Méchain l'ont trouvé, dans ces derniers temps, de 111,074 mètres à la latitude moyenne de quarante-cinq degrés. Le degré d'Ératosthène, mesuré sous le tropique, est donc de 93 mètres plus long que celui de Bouguer sous l'équateur, et de 404 mètres plus court que celui de MM. Delambre et Méchain, au milieu de la zone tempérée; ce qui s'accorde à-la-fois avec l'irrégularité remarquée entre la longueur des degrés terrestres et la loi discontinue de leur décroissement de l'équateur aux pôles.

Snellius[2], Riccioli, et la plupart des modernes qui ont essayé d'évaluer la mesure de la terre d'Ératosthène, n'ayant point connu le stade égyptien dont il se servit pour l'exprimer, ont supposé qu'il avait employé le stade grec olympique, ou même un stade particulier qu'on a cru retrouver en Perse et dans la Gaule[3]: égarés par leurs conjectures, ils ont attribué à cet astro-

---

[1] Schœnus *patet Eratosthenis ratione stadia* XL. (*Natur. Histor.* lib. XII, cap. 14.)
[2] Snellii *Eratosthenes Batavus.* Académie des inscriptions, t. XXIV, Mémoire de Fréret, pag. 513; *ibid.*
t. XXVI, Dissertation de d'Anville sur la mesure de la terre par Ératosthène, p. 92.
[3] Histoire de l'astronomie moderne, de Bailly, tom. 1, pag. 457 et suiv.

nome les erreurs les plus grossières. Il ne fallait, pour justifier la réputation qu'il obtint par l'exactitude de son opération, que déterminer la véritable expression de ses résultats, et je crois y être parvenu.

SECTION QUATRIÈME.

Système métrique des Égyptiens sous les princes grecs. — Longueur de la coudée égyptienne, déduite de celle du pied romain.

Les Grecs, qui firent la conquête de l'Égypte, y trouvèrent établi le système métrique que nous avons exposé dans la section précédente. Soit qu'ils attachassent peu d'importance à substituer leurs propres mesures à celles des Égyptiens, soit qu'ils regardassent cette substitution comme impraticable chez un peuple religieusement attaché au maintien de ses anciennes habitudes, il ne paraît pas que les Ptolémées aient essayé de lui faire adopter l'usage des mesures grecques; ils se bornèrent à dériver de la coudée égyptienne, par de nouvelles divisions, ou en la répétant un certain nombre de fois, des unités de mesure qui eussent avec cette coudée les mêmes rapports que des unités de mesure portant le même nom avaient avec la coudée grecque. Ainsi le peuple conquis continua d'employer celles dont il connaissait de temps immémorial la grandeur absolue, et le peuple conquérant se les appropria, en quelque sorte, en leur appliquant des dénominations qui lui étaient familières.

Héron d'Alexandrie, qui vivait sous Héraclius, nous a transmis, dans un traité d'arpentage dont il est l'auteur[1], le tableau des mesures romaines employées de son

[1] Le fragment de Héron sur les mesures égyptiennes se trouve traduit dans les *Analecta Græca* de Montfaucon, p. 308 et suiv. Cette

temps en Égypte, et l'exposition d'un système métrique plus ancien, dont il paraît que l'on faisait encore quelque usage à l'époque où il écrivait. Il donne le rapport entre leurs bases respectives; ce qui en rend la comparaison facile.

Le tableau des mesures, présenté par Héron comme l'ancien système, est, en effet, le système métrique des anciens Égyptiens, modifié par les Ptolémées. Les unités qu'ils y intercalèrent ayant été prises dans la série des mesures grecques, il convient de rappeler succinctement celles-ci :

La plus petite de ces unités était le *doigt*.
Quatre doigts composaient le *palme*.
Le *spithame* était formé de trois palmes ou de douze doigts;
Le *pied*, de quatre palmes;
La *coudée*, de six [1];
L'*orgyie*, de quatre coudées;
Le *plèthre*, de cent pieds;
Le *stade*, de six plèthres.

On voit figurer, dans ce système, un spithame de douze doigts, et un pied de quatre palmes, lequel servait à composer le plèthre et le stade.

---

traduction a été faite d'après le manuscrit de la Bibliothèque royale coté 1670. Le même fragment se retrouve encore dans le manuscrit coté 2649.

[1] La coudée des Grecs était la coudée naturelle, dont le rapport à la coudée septénaire était celui de 6 à 7 ou de 24 à 28. Ceci explique pourquoi Plutarque, dans son Traité d'Isis et d'Osiris (p. 106, traduction D. Ricard), et Aristide le rhéteur (*Oratione Ægyptiaca*, p. 611, interprete *Guilielmo Cantero*), rapportent que le Nil croissait, à Éléphantine, de 28 coudées. Cette mesure est exprimée en coudées grecques ou naturelles, précisément équivalentes aux 24 coudées septénaires que nous avons retrouvées indiquées dans le nilomètre d'Éléphantine. Aristide ne laisse aucun doute à cet égard, *quos (cubitos) supputant Græci*.

Voici maintenant le tableau des mesures de longueur usitées anciennement en Égypte, suivant Héron :

Le *doigt*, que l'on divisait, suivant le besoin, en parties plus petites;
Le *palme*, de quatre doigts;
Le *dichas*, de deux palmes;
Le *spithame*, de trois palmes ou de douze doigts;
Le *pied* appelé *royal* ou *philétéréen*, composé de seize doigts ou de quatre palmes;
Le *pied italique*, de treize doigts et un tiers;
Le *pygon*, de cinq palmes;
La *coudée*, de six palmes ou de vingt-quatre doigts : on l'appelait *xylopristique*, ou *coudée propre à mesurer le bois scié* [1];
Le *pas*, qui contenait une coudée et deux tiers, ou dix palmes;
Le *xylon*, de trois pieds;
L'*aune*, de quatre coudées, de six pieds philétéréens, ou de sept pieds italiques et un cinquième;

[1] Nous avons vu, au commencement de la section III de ce mémoire, qu'après l'invention des mesures portatives, la coudée septénaire fut divisée en vingt-quatre doigts pour les usages ordinaires de la vie civile. Cette division fit bientôt oublier l'ancienne; et les Juifs, après leur dispersion, ne conservèrent que la tradition d'une coudée de six palmes, qui était celle du sanctuaire. D'un autre côté, comme ils savaient, par les livres d'Ézéchiel, que cette coudée sacrée était d'un palme plus longue que la coudée naturelle, ils furent conduits à supposer celle-ci de cinq palmes seulement; erreur dans laquelle il leur fut d'autant plus facile d'être entraînés, que, le Décalogue leur ayant défendu de faire des statues et de tailler des images, ils restèrent dans une ignorance absolue des proportions du corps humain, dont les Égyptiens et les Grecs avaient fait une étude approfondie.

Ce sont les rabbins Moyse Maïmonide, Bartenora, Godolias, etc., cités par Édouard Bernard (*De ponderibus et mensuris antiquorum*, p. 215), qui paraissent avoir imaginé les premiers une coudée naturelle de cinq palmes. Cette opinion erronée, adoptée par Arias Montanus (*De mensuris sacris*, Lugduni Batavorum, 1593, pag. 115), par le jésuite Jean Mariana (*De ponderibus et mensuris*, Toleti, 1599, p. 121), par Jacques Capelle (*De mensuris intervallorum*, Francofurti, 1607, pag. 24), a été également suivie depuis par Villalpande, Édouard Bernard, B. Lamy, Fréret, Paucton, et plusieurs autres métrologues : mais il est évident que, la coudée naturelle étant composée de six palmes, la coudée sacrée ou du sanctuaire, d'un palme plus longue, devait en contenir sept, ainsi que l'ont pensé Robert Ceneau, George Agricola, Daniel Engelhardt et Charles Arbuthnot.

La *canne* ou *acène*, de six coudées deux tiers, de dix pieds philétéréens, ou de douze pieds italiques;

L'*ammah*, de quarante coudées, de soixante pieds philétéréens, ou de soixante-douze pieds italiques;

Le *plèthre*, de dix acènes, de soixante-six coudées deux tiers, de cent pieds philétéréens, et de cent vingt pieds italiques;

Le *jugère*, de deux plèthres, de vingt acènes, de cent trente-trois coudées un tiers, et de deux cents pieds philétéréens, ou de deux cent quarante pieds italiques;

Le *stade*, de six plèthres, de soixante acènes, de quatre cents coudées, de six cents pieds philétéréens, et de sept cent vingt pieds italiques;

Le *diaule*, de douze plèthres ou de deux stades, de cent vingt acènes, de huit cents coudées, de douze cents pieds philétéréens, et de mille quatre cent quarante pieds italiques;

Le *mille*, de sept stades et demi, de quarante-cinq plèthres, de quatre cent cinquante acènes, de sept cent cinquante aunes, de mille huit cents pas, de trois mille coudées, de quatre mille huit cents pieds philétéréens, ou cinq mille quatre cents pieds italiques;

Enfin le *schène* de quatre milles, ou de trente stades.

Malgré les lois portées par les empereurs pour l'introduction des mesures romaines en Égypte, les habitans de cette province, ennemis de toute nouveauté, continuèrent d'employer entre eux celles qui leur avaient été transmises de génération en génération depuis une longue suite de siècles : aussi voit-on, dans le tableau précédent, les différentes unités de mesure qu'il contient, exprimées tout-à-la-fois en pieds philétéréens et en pieds italiques, afin que chacun pût au besoin, en y recourant, traduire facilement ces unités de mesure les unes par les autres.

Ce même tableau indique évidemment que la coudée cessa d'être la base du système métrique des Égyptiens, après qu'il eut été modifié par les Ptolémées. Ils substituèrent à cette unité de mesure primitive le *pied royal* ou *philétéréen*, qui en était les deux tiers, de même que le pied du stade olympique était les deux tiers de la coudée grecque.

Ainsi la *canne* ou *acène* des arpenteurs, dont la longueur avait été jusqu'alors de sept coudées, fut réduite, par les auteurs du système métrique qui vient d'être exposé, à six coudées deux tiers, ou à dix pieds philétéréens[1], nombre rond que l'on ne put obtenir qu'en diminuant d'un tiers de coudée la longueur de la canne.

---

[1] Quelques personnes, et notamment M. Sevin (Mémoires de l'Académie des inscriptions, tome XII, page 209), ont pensé que le nom de *philétéréen* donné au pied égyptien de Héron était dû à Philétère, premier roi de Pergame. Cependant les longues inimitiés qui divisèrent les successeurs d'Alexandre, dûrent s'opposer à ce que les princes qui gouvernèrent l'Égypte, y introduisissent une unité de mesure à laquelle un de leurs rivaux avait donné son nom. Il me semble que la dénomination de *philétéréen* trouve une explication plus vraisemblable dans la traduction faite en grec par Ératosthène du catalogue des rois de Thèbes, et les annotations de Jablonski sur ce catalogue.

Voici ce qu'on lit dans la Chronologie sacrée de Desvignoles, t. II, p. 738 et 739:

Thebæorum rex quartus, DIABIES, *filius Athonis, qui dicitur humanior, annis 19, anno mundi* 3053.

Ératosthène ayant traduit le nom égyptien *Diabies* par le grec Φιλέταιρος, Jablonski fait de cette traduction l'analyse suivante :

Nomen regis nostri Ægyptiacum, si scriptura Syncelli sincera est, videtur significare mellitum, suavem. *Nam* ЄΒΙѠ, *quæ vox oppidò frequenter occurrit, mel dicitur;* ΤΙЄΒΙѠ (*al.* ЄΒΙѠ), *dans* mella, *id est,* mellitus, jucundus. *Eratosthenes id interpretatur* Φιλέταιρον, *quasi dicas* amantem amicorum, vel suavem et humanum. *Cæterùm observari adhuc velim,* 1. ΤΙЄΒΙѠ *hodieque ab Ægyptiis non aliter quàm sic pronuntiari, ut Eratosthenes extulit,* Diabio; 2. *explicationem meam confirmari ex Ægyptiorum doctrina hieroglyphica. Testem do Amm. Marcellin.* (l. XVII, pag. 91, ed. Lindenb.) : *Per speciem Apis, mella conficientis, indicant regem; moderatori cum jucunditate aculeos quoque innasci debere, his signis ostendentes.* (Chronologie sacrée, *à l'endroit cité; Pauli Ernesti Jablonskii Opusc.* Lugd. Bat. 1804, tom. I, pag. 62.)

Admettant donc, avec Ammien-Marcellin, que les Égyptiens aient représenté un roi par la figure d'une abeille, et avec Jablonski, que Φιλέταιρος soit la traduction d'un mot égyptien signifiant littéralement *qui*

Quant à la longueur absolue de ce pied, il suffit, pour la retrouver, de déterminer précisément celle du *pied italique*, puisque, suivant l'indication de Héron, ces deux unités de mesure étaient entre elles dans le rapport de 16 à 13 $\frac{1}{3}$, ou de 6 à 5.

Il faut remarquer d'abord que la dénomination d'*italique* était spécialement attribuée aux mesures romaines dans l'antiquité. Censorin appelle, en effet, *stade italique* une mesure itinéraire de six cent vingt-cinq pieds[1]. Or, le stade grec de six cents pieds olympiques équivalait à six cent vingt-cinq pieds romains, suivant toutes les évaluations données du stade par Vitruve, Strabon, Columelle et Pline[2]. Le stade de Censorin, de six cent vingt-cinq pieds, n'est donc appelé *italique* que pour indiquer l'espèce particulière de pied dont il était composé, c'est-à-dire le pied *italique* ou *romain*.

Plusieurs étalons de pieds romains ont été mesurés en 1756 par M. l'abbé Barthélemy et le P. Jacquier[3].

donne du miel, ne s'ensuit-il pas que le nom générique *philétéréen* était synonyme du mot *royal* ? ce que confirme d'ailleurs le témoignage de Héron, qui appelle le pied alexandrin de seize doigts, *pied royal* ou *philétéréen*.

[1] *Stadium autem in hac mundi mensura, id potissimùm intelligendum est quod Italicum vocant; pedum sexcentorum viginti quinque.* (Censorinus, *de die natali*, c. 13.)

[2] Vitruve, en parlant de la mesure de la terre d'Ératosthène, l. 1, cap. 6, évalue le mille romain à huit stades, c'est-à-dire suppose six cent vingt-cinq pieds romains égaux à six cents pieds grecs. Il confond au reste, dans ce passage, le stade d'Ératosthène avec le stade grec. Pline est tombé dans la même erreur.

Strabon, liv. vii, p. 322, évalue aussi le mille romain à huit stades.

Stadium habet passus cxxv, *hoc est, pedes* dcxxv; *quæ octies multiplicata, efficit mille passus; sic veniunt quinque millia pedum.* (Columella, lib. v, cap. 1.)

Stadium centum viginti quinque. (Plinii *Histor. nat.* lib. ii, cap. 23 et 108.)

[3] *Voyage en Italie*, de M. Barthélemy; Paris, an x (1802); p. 384 et suiv.

Soit que l'usage qu'on avait fait de ces pieds eût altéré leur longueur, soit que les anciens ne missent pas le même soin que nous dans l'étalonnage de leurs mesures, les modèles dont il s'agit, connus depuis long-temps des antiquaires, ne sont point égaux entre eux. Le moindre est de 128 lignes $\frac{83}{100}$ du pied de France, et le plus grand, de 130 lignes $\frac{75}{100}$; ce qui donne, pour leur longueur moyenne, 129 lignes $\frac{79}{100}$, ou $0^m,2926$.

Représentant par cette quantité le *pied italique* de Héron, dont le rapport au pied philétéréen ou royal était celui de 5 à 6, on obtient, pour ce dernier, $0^m,3511$; et, comme il était les deux tiers de la coudée égyptienne, on trouve pour celle-ci, déduite du pied romain, $0^m,5266$, valeur qui, à quatre dixièmes de millimètre près, est précisément égale à celle de la coudée du nilomètre d'Éléphantine.

Avant que les Ptolémées eussent introduit en Égypte un système de mesures analogue à celui des Grecs, on avait traduit par *pied* le *zéreth* ou la demi-coudée égyptienne. On retrouve, comme nous l'avons vu, cette unité de mesure sous la dénomination de *pied*, dans l'expression du côté de la base de la grande pyramide conservée par Pline, et dans le stade d'Ératosthène. Ce pied antique occupant dans le système métrique alexandrin la même place que le spithame dans le système des Grecs, il était naturel de lui affecter la même désignation. Il est à remarquer aussi que les Septante ont traduit par le mot *spithame* celui de *zéreth*, dans tous les endroits de la Bible où il se rencontre [1].

[1] Le mot *zéreth* se trouve dans plusieurs chapitres de la Bible.

De même, après l'adoption du *pied royal* ou *philétéréen*, il se forma, de six cents de ces pieds, un nouveau stade appelé *stade alexandrin*, lequel était à celui d'Ératosthène dans le rapport réciproque des pieds dont ils étaient composés, c'est-à-dire dans le rapport de 4 à 3.

Ces deux stades ayant été souvent confondus par les Grecs et les Latins, il en est résulté qu'ils ont attribué différentes longueurs à la mesure itinéraire connue dans l'antiquité sous le nom de *schène* : mais, puisque l'ancien pied, ou le *zéreth*, était formé de douze doigts, et le pied philétéréen de seize doigts de la coudée égyptienne, il est évident que la mesure dont il s'agit devait contenir quarante stades d'Ératosthène [1], et trente stades alexandrins, comme le porte l'exposition de Héron; ce qui concilie les prétendues contradictions que l'on avait cru remarquer dans le témoignage des anciens géographes sur la valeur du schène, et fixe définitivement sa longueur à 6324 mètres [2].

I Rois, chap. xvii, vers. 5; Isaïe, ch. xl, vers. 12; Exod. ch. xxviii, vers. 17, et ch. xxix, vers. 9; I Samuel, ch. xvii, vers. 4; Ézéchiel, ch. xliii, vers. 13.

[1] *Voy.* la note [1] ci-devant, p. 67.
[2] Strabon (*Lutetiæ Parisiorum, typis regiis*, 1620, lib. xi, p. 518, et l. xvii, p. 804) assure, d'après ses propres observations et le témoignage d'Artémidore, que la longueur du schène n'était point uniforme en Égypte. D'Anville a combattu cette opinion avec succès dans son Traité des mesures itinéraires, pag. 90, et dans deux mémoires insérés parmi ceux de l'Académie des inscriptions, t. xxvi, pag. 82 et 92. On peut consulter encore, sur le schène égyptien, un mémoire de M. de la Barre, t. xix de la même collection, pag. 547.

SECTION CINQUIÈME.

Causes et examen critique des erreurs commises jusqu'à présent dans l'évaluation de l'ancienne coudée égyptienne.

On vient de voir comment le tableau systématique des mesures égyptiennes, dressées par Héron d'Alexandrie, conduit immédiatement de la connaissance du pied romain à la détermination de la coudée du nilomètre d'Éléphantine. Ni la découverte de ce monument, ni la comparaison que nous avons faite des mesures anciennes de la grande pyramide, et d'un degré du méridien terrestre, aux mesures modernes de ces mêmes grandeurs, n'étaient donc absolument nécessaires pour assigner la valeur précise de la coudée égyptienne. D'un autre côté, le passage de Héron, que nous avons cité, ayant été généralement connu de tous ceux qui se sont occupés de recherches métrologiques, pourquoi n'a-t-il pas servi de base aux évaluations qu'ils ont données de cette ancienne coudée? Cette question se présente naturellement ici, et trouve sa solution dans le simple exposé des travaux successifs auxquels cette recherche a donné lieu.

Les pieds romains que l'on voit gravés à Rome sur les tombeaux de Cn. Cossutius et de Statilius, tous les deux sculpteurs ou architectes, avaient déjà été donnés comme des étalons de cette ancienne mesure, dans le xvie siècle, par Léonard Porci, de Vicence, et G. Philander, l'un des commentateurs de Vitruve[1], lorsque Luca Peto, jurisconsulte romain[2], observa que les pieds dont il s'agit devaient être regardés moins comme des mesures précises, que comme une simple représentation des instrumens employés par Cossutius et Statilius dans la profession qu'ils exerçaient. S'appuyant sur cette considération, il prétendit que plusieurs pieds de bronze, trouvés plus ou moins bien conservés, étaient seuls propres à donner une juste idée de l'ancien pied romain. Il en compara trois les uns avec les autres, et, les ayant reconnus sensiblement égaux entre eux, il les fit graver sur une table de marbre qui fut placée dans la cour du palais des Conservateurs[3] : ce module est connu des antiquaires, sous le nom de *pied romain de Luca Peto*.

Ces différens pieds ont été le sujet de plusieurs dissertations qu'il est inutile de rappeler ici : il nous suffira de faire observer que ceux des tombeaux de Cossutius et de Statilius, et ceux de bronze de Luca Peto et de M. Bottari, sont précisément les mêmes que M. l'abbé Barthélemy et le P Jacquier mesurèrent, et dont la longueur moyenne, trouvée par eux de 0^m,2926, nous a servi à déterminer celle de la coudée égyptienne.

---

[1] *De ré pecuniaria antiqua, sestertio, talentis, ponderibus et mensuris, etc.*, auctore Leonhardo Portio Vicentino; Colon. 1551; p. 160. M. Vitruvii Poll. *de Architectura*, etc., adjunctis Gulielmi Philandri annotationibus; Argentorati, 1550; pag. 143.

[2] Lucæ Pæti juriscons. *de mensuris et ponderibus Romanis et Græcis cum iis quæ hodie Romæ sunt collatis*, lib. 1, fol. 5, verso; *Venetiis*, 1573.

[3] Voyage de M. l'abbé Barthélemy en Italie, pag. 389.

On voit que, dès le xvie siècle, on pouvait parvenir à cette détermination, en employant les mêmes données dont nous avons fait usage; mais quelques suppositions hasardées par des savans distingués ont égaré l'opinion de ceux qui se sont occupés depuis de la même matière, et ont été la source de toutes les erreurs qui l'ont obscurcie jusqu'à présent.

Lorsque Jean Greaves visita l'Égypte en 1638, il conçut, ainsi que nous l'avons dit, l'idée de rapporter aux dimensions de la chambre sépulcrale de la grande pyramide la longueur des différentes unités de mesure modernes, afin de laisser à la postérité un moyen facile de retrouver les rapports qui existaient entre elles : il forma un tableau de ces rapports, que l'on trouve à la suite de sa Pyramidographie et dans son Traité du pied romain, imprimé en 1647. On y voit que le *derâ'* ou coudée du Kaire est au pied anglais comme 1824 est à 1000[1]; c'est-à-dire en prenant le rapport de ce pied au mètre, que la coudée mesurée par le professeur d'Oxford était de $0^m,5557$, ou d'un pied huit pouces sept lignes : mais il est essentiel de remarquer que, ni dans sa Description des pyramides, ni dans aucun autre de ses ouvrages, Greaves ne spécifie la coudée égyptienne dont il fait mention ; il se borne à la désigner sous la dénomination de *coudée du Kaire*, sans indiquer que ce soit celle du nilomètre, ou toute autre unité de mesure usitée dans le pays.

---

[1] *A Discourse of the Romane foot and denarius, from whence, as from two principles, the measures and weights used by the ancients may be deduced;* by John Greaves, professor of astronomy in the university of Oxford; London, 1647; pag. 41.

La recherche des relations qui liaient entre elles les diverses unités de mesures hébraïques, et leur évaluation en mesures modernes, furent l'objet principal des premiers travaux métrologiques entrepris chez les différentes nations de l'Europe.

En Allemagne, George Agricola et Daniel Engelhardt; en Espagne, Arias Montanus, Mariana et Villalpande; en France, Robert Ceneau, Jacques Capelle et Bernard Lamy, se sont occupés successivement de ces mesures, et en ont traité avec plus ou moins d'étendue.

Il paraît aussi qu'à l'époque où la Société royale de Londres se forma, l'érudition de ses membres se dirigea spécialement sur les questions que pouvaient présenter certains passages de la Bible; et, parmi ces questions, celle qui avait pour objet de déterminer les dimensions des divers édifices qui y sont décrits, semble avoir excité particulièrement leur attention. Sa solution exigeait, comme on voit, la connaissance de la coudée hébraïque; c'est-à-dire, suivant l'opinion de tous les critiques, la détermination de l'ancienne coudée égyptienne.

Ce fut à cette occasion que Newton composa la dissertation latine *de Cubitis*, dans laquelle, des dimensions de la chambre sépulcrale et de celles des galeries pratiquées dans la grande pyramide, il déduisit la valeur de cette ancienne coudée, qu'il trouva, comme nous l'avons dit, d'un pied anglais et sept cent treize millièmes, ou de 0,523 millimètres.

Nous ignorons l'époque précise à laquelle la dissertation de Newton fut connue; on peut assurer seulement qu'elle est d'une date postérieure aux ouvrages de

Greaves, et antérieure au Traité d'Édouard Bernard *de ponderibus et mensuris*, qui parut pour la première fois en 1684. Cet auteur, dont l'ouvrage rassemble toutes les autorités que l'on peut citer sur les poids et mesures des anciens, indique, dans une de ses tables, le rapport donné par Greaves du pied anglais à la coudée du Kaire, qu'il définit par cette phrase :

Cubitus aut DERAGA *Cahiræ in Ægypto, pro linteis et sericis*[1].

L'usage auquel elle était employée, se trouve ainsi désigné sans aucune équivoque, et il reste constant que la coudée de $0^m,5557$ dont il est question, servait au Kaire à mesurer les toiles de lin et les étoffes de soie : c'était par conséquent l'unité de mesure appelée *pik* ou *derâ' beledy*, quoique celle dont Greaves prit la longueur fût altérée, et plus courte d'environ neuf lignes qu'elle ne doit l'être en effet, ainsi que nous le verrons bientôt.

Nous observerons ici, à l'appui du témoignage d'Édouard Bernard, que, dans la supposition où la coudée évaluée par Greaves eût été celle du nilomètre, ce voyageur n'eût pas manqué d'en avertir formellement : il est même hors de doute qu'accoutumé à noter jusqu'aux moindres dimensions des monumens anciens qu'il visitait, il aurait apporté le plus grand soin à décrire cet édifice, s'il y avait pénétré.

Le Traité d'Édouard Bernard *de ponderibus et mensuris* ne semble pas avoir été connu de Richard Cum-

---

[1] Eduardi Bernardi, *de mensuris et ponderibus antiquis*, lib. III, p. 200 et 201; *Oxoniæ*, 1688.

berland, évêque de Pétersborough, qui publia, en 1686, un Essai sur la découverte des mesures hébraïques [1]. Cet auteur suppose que la coudée usitée en Égypte n'a point varié depuis le temps où les Israélites y étaient en captivité; hypothèse dont il prétend fonder la preuve sur ce que l'histoire n'a point affirmé positivement le contraire, et, notamment, sur ce que le géographe de Nubie et quelques autres auteurs arabes, auxquels se joint le P. Kircher, affirment que le nilomètre actuellement existant a été érigé par le patriarche Joseph. Ainsi, en admettant pour base de son système une tradition évidemment absurde, et qu'on doit reléguer parmi les fables dont les Arabes ont mélangé toutes leurs histoires, il donne comme l'ancienne coudée nilométrique, celle que Greaves avait mesurée, et dont Édouard Bernard venait récemment d'indiquer l'emploi.

Cette assertion purement conjecturale, et qu'on doit regarder comme la première source des erreurs dans lesquelles on est tombé depuis sur la valeur de l'ancienne coudée d'Égypte, fut combattue par Charles Arbuthnot, qui fit paraître, en 1707, de nouvelles dissertations sur les poids et mesures. Cet auteur admet bien, avec Cumberland, l'identité des mesures hébraïques et égyptiennes; mais il rejette son opinion sur l'identité de l'ancienne coudée égyptienne et de la coudée actuelle. Il adopte en entier le sentiment de Newton, cite ses propres paroles [2], et regarde comme l'ancienne coudée

[1] *An Essay towards the recovery of the Jewish measures and weights*; by Richard Cumberland; London, 1686.

[2] Caroli Arbuthnotii *Tabulæ antiquorum nummorum, mensurarum et ponderum*, pag. 59 et seq.

DE L'ILE D'ÉLÉPHANTINE. 83

d'Égypte, celle que fournissent les dimensions de la chambre sépulcrale de la grande pyramide. Il ajoute enfin aux preuves qu'il emprunte de Newton, celles qu'il tire du passage de Héron rapporté au commencement de la section précédente. En faisant servir le pied italique à la détermination du pied philétéréen, et, par conséquent, à celle de la coudée dont ce dernier était les deux tiers, il trouve, pour la valeur de celle-ci, 20 pouces $\frac{8874}{10000}$ de pied anglais[1], quantité équivalente à 530 millimètres, laquelle ne diffère que de $0^m,003$ seulement de la coudée d'Éléphantine; et cette différence provient de ce que, dans l'évaluation précédente, Arbuthnot suppose le pied romain plus grand de deux millimètres qu'il n'est réellement, comme on s'en est assuré depuis.

Arbuthnot est le premier qui ait déterminé la coudée égyptienne par le pied italique; mais il n'est pas le seul qui soit parvenu à cette détermination par la même voie. MM. Picard et Auzout, dans le sixième volume de l'ancienne collection de l'Académie des sciences, l'avaient, en quelque sorte, déjà indiquée, en adoptant le rapport donné par Héron entre le pied romain et le pied d'Alexandrie. Enfin Eisenschmidt, dans le Traité des poids et mesures, qu'il publia en 1708[2], admet, avec tous les auteurs qui l'ont précédé, l'identité des coudées égyptienne et hébraïque, tire leur valeur commune de celle du pied romain, et la trouve de $0^m,532$;

[1] Caroli Arbuthnotii *Tabulæ antiquorum nummorum, mensurarum et ponderum*, pag. 62.
[2] Joannis Casp. Eisenschmidii, *de ponderibus et mensuris veterum Romanorum, Græcorum, Hebræorum*, etc., sect. III, cap. IV, p. 117.

quantité trop grande de 5 millimètres, parce que, dans cette évaluation, le pied romain est supposé d'environ 4 millimètres trop long.

Les conjectures hasardées de Cumberland ayant été combattues et détruites par Eisenschmidt et Arbuthnot, il n'était plus possible de confondre la coudée égyptienne de Greaves avec la coudée nilométrique. Cependant Fréret lut à l'Académie des inscriptions, en 1723[1], un mémoire sur les anciennes mesures de longueur, dans lequel il avance que le sol de l'Égypte ne s'exhausse point par les inondations du Nil, et qu'il présente aujourd'hui le même aspect que du temps de Sésostris. Quoique les lois de l'hydraulique et les effets naturels du cours des fleuves, observés dans toutes les contrées de la terre, démentent cette assertion, l'auteur la regarde comme une conséquence nécessaire de ce que le Nil n'atteint aujourd'hui le terme de l'inondation en un point déterminé de son cours, qu'après s'être élevé du même nombre de coudées dont il s'élevait autrefois au même point. Il tire ainsi d'une proposition vraie une conséquence fausse, parce que, ses occupations habituelles l'ayant éloigné de l'étude des sciences physiques, il ignorait que le fond du Nil et le sol de la vallée qu'il arrose s'exhaussent simultanément de quantités à peu près égales; ce qui rend nécessairement constante la hauteur des inondations moyennes au-dessus des terres de cette vallée, malgré leur exhaussement progressif.

Cette erreur sur la permanence du sol de l'Égypte au

---

[1] Essai sur les mesures longues des anciens, par Fréret. (*Académ.* *des inscriptions*, tom. XXIV, p. 433 et suiv.)

même niveau n'est pas la seule que Fréret ait commise : il regarde la coudée nilométrique actuelle comme étant restée la même depuis la plus haute antiquité; et la confondant avec la coudée du Kaire mesurée par Greaves, il fait revivre les conjectures de Cumberland, que des travaux ultérieurs avaient fait oublier.

Quoique le mémoire de Fréret dont il est question ici ait été connu dès l'année 1723, cependant l'auteur en suspendit la publication, soit qu'il y eût aperçu des erreurs qu'il avait dessein de corriger, soit qu'il voulût appuyer ses opinions de nouvelles preuves : il n'a été imprimé qu'en 1756, comme ouvrage posthume, dans le tome XXIV des Mémoires de l'Académie des inscriptions.

L'examen attentif d'un autre mémoire[1], lu en 1742, et inséré dans le XVIe volume de la même collection, conduit à penser que Fréret était revenu sur quelques-unes des propositions avancées en 1723, à l'occasion des mesures de longueur. On y voit, en effet, qu'il ne regardait plus comme coudée nilométrique actuelle celle de Greaves, mais une autre coudée dont la longueur avait été envoyée par le consul français au Kaire. On y voit aussi, et ceci renverse tout ce qu'il avait avancé précédemment, qu'il évaluait le pied de l'ancienne coudée égyptienne à treize pouces de France, valeur exacte du pied philétéréen, d'où l'on déduit immédiatement celle de la coudée, de dix-neuf pouces six lignes, ou de $0^m,527$, précisément telle que nous l'avons retrouvée.

[1] De l'accroissement ou élévation du sol de l'Égypte par le débordement du Nil. (*Acad. des inscriptions*, t. XVI, p. 333; *ibid.* p. 357.)

Cependant, comme ce second mémoire n'avait pour objet que la question de l'exhaussement du sol de l'Égypte, tandis que le premier était un travail spécial sur les mesures de l'antiquité, celui-ci paraît avoir été le seul consulté par ceux qui, depuis, ont traité ce point de critique. La vaste érudition de Fréret, l'espèce de hardiesse qui caractérise ses opinions, et l'art avec lequel elles sont présentées, inspirèrent assez de confiance à ses lecteurs pour les faire admettre sans examen : aussi l'erreur que contient son ouvrage, a-t-elle été consacrée par des écrits non moins répandus. L'illustre historien de l'astronomie a surtout contribué à la propager, parce que la longueur de vingt pouces six lignes, attribuée par Cumberland et Fréret à la coudée sacrée ou nilométrique des anciens Égyptiens, s'est trouvée, par hasard, propre à ramener à une sorte d'identité et d'origine commune quelques mesures itinéraires de l'Asie; ce qui ouvrait une nouvelle source de conjectures sur l'existence de l'ancien peuple que Bailly regardait comme le premier et le seul instituteur des nations [1].

Le quatrième livre de l'Histoire de l'astronomie moderne, et le troisième des éclaircissemens qui y sont joints, offrent tous les rapprochemens et toutes les combinaisons dont on pouvait appuyer l'antiquité de la coudée mesurée par Greaves. L'auteur y présente d'ailleurs l'opinion qui lui est propre, avec le talent dont brillent ses ouvrages : ainsi il n'est point étonnant qu'entraînés par son autorité et celle de Fréret, Paucton et Romé de

[1] Histoire de l'astronomie moderne, pag. 146 et suiv.

l'Isle[1] aient reconnu la coudée sacrée des Égyptiens dans celle de vingt pouces six lignes, et en aient fait la base des tables métrologiques qu'ils ont publiées.

Nous avons indiqué comment la coudée en usage dans les marchés du Kaire a été confondue avec celle du nilomètre de Roudah. On peut s'assurer, en compulsant les relations de tous les voyageurs, qu'aucun d'eux n'avait mesuré cette dernière coudée avant l'expédition d'Égypte. Enfin les observations dont il nous reste à rendre compte, prouveront que, dans le cas même où elle aurait été trouvée de la longueur précise qu'on lui a attribuée jusqu'à présent, tous les raisonnemens fondés sur l'hypothèse de son invariabilité depuis une longue suite de siècles, devaient conduire à des résultats erronés.

[1] Métrologie de Paucton; Paris, 1784. Métrologie de Romé de l'Isle; Paris, 1789.

SECTION SIXIÈME.

*Des mesures de longueur usitées aujourd'hui en Égypte.
— Conclusion de ce mémoire.*

On emploie aujourd'hui en Égypte trois unités de mesure différentes, dont les longueurs ont été prises avec la plus grande précision: la première est appelée *pyk beledy*, ou coudée du pays; la deuxième est la coudée du *meqyâs* ou du nilomètre actuel; la troisième est le *pyk* de Constantinople.

La longueur du *pyk beledy* a été trouvée, par M. Costaz, notre collègue à l'Institut du Kaire, de 0,5775 [1], c'est-à-dire environ de deux centimètres plus grande que celle dont Greaves a assigné le rapport au pied anglais, et que Richard Cumberland donna, quelques années après, pour l'ancienne coudée nilométrique. Une différence aussi considérable pourrait faire soupçonner que le *pyk beledy* de M. Costaz et celui du docteur Greaves sont deux unités différentes, si Édouard Bernard, en désignant l'emploi de ce dernier *pro linteis et sericis*, n'avait pas indiqué l'identité de ces deux mesures, et si, d'un autre côté, la propension des marchands orientaux à altérer celles qu'ils emploient, n'expliquait pas comment les voyageurs qui nous ont précédés, dénués de tous les moyens que les circonstances mettaient à notre disposition, et souvent obligés de s'en tenir à des renseignemens inexacts, ont pu être induits en erreur

---

[1] Annuaire de la république française, imprimé au Kaire, pag. 46.

dans les évaluations qu'ils ont essayé de faire des mesures de l'Égypte. Il convient donc, par cette considération, d'admettre pour la longueur du *pyk beledy* celle de 0^m,5775, quantité double, à 0,003 près, de la longueur de plusieurs anciens pieds romains mesurés par l'abbé Barthélemy et le P. Jacquier, d'où l'on conclut que le *pyk beledy* fut originairement composé de deux de ces pieds. On doit même être étonné de le retrouver aussi peu altéré, vu la perte des étalons primitifs et le peu de soin qu'on met, en général, à y suppléer sous le gouvernement ottoman.

Ce *pyk*, ou coudée de deux pieds romains, est indiqué par Héron dans le tableau où il nous a conservé la série des mesures dont on faisait usage en Égypte à l'époque où il écrivait[1]. La preuve que les mesures romaines y

---

[1] En terminant l'exposition des mesures égyptiennes, que nous avons rappelée ci-dessus, page 70 et suivantes, Héron ajoute : « Le tableau qui précède est celui des anciennes mesures; quant à celles qui sont en usage aujourd'hui, nous en avons fait l'énumération au commencement de ce livre. »

On lit en effet au commencement de son Traité d'arpentage :

« La plus petite de toutes les mesures est le *doigt*.

« Viennent ensuite,

« Le *condyle*, de deux doigts;

« Le *palme*, de deux condyles;

« Le *dichas*, de deux palmes;

« Le *spithame* ou *dodrans*, de trois palmes;

« Le *pied*, de quatre palmes;

« La *coudée*, de deux pieds ou de trente-deux doigts;

« Le *pas simple*, de deux pieds et demi;

« Le *pas double*, de cinq pieds.

« La *coudée* employée pour mesurer les ouvrages de maçonnerie et de charpente, est composée d'un pied et demi ou de vingt-quatre doigts. »

On voit que Héron, dans l'énumération qu'il fait de ces mesures, conserve au *spithame* la dénomination latine de *dodrans*, sous laquelle il était connu des Romains; ce qui prouve évidemment l'origine romaine de cette unité de mesure et de tout le système dont elle fait partie.

La coudée de deux pieds, de la série précédente, est le *dupondium* de Columelle. *Animadvertendum est antiquos pedem pro asse sive pondo habuisse, quòd in duodecim æquas*

étaient introduites, se tire de diverses lois des empereurs d'Orient, par lesquelles il fut ordonné de placer dans les églises et autres lieux publics les étalons que les provinces recevaient de Constantinople[1]. Ces lois ont pour objet de réprimer les fraudes et les exactions que commettaient les percepteurs de l'impôt, en abusant de l'ignorance où le peuple était des nouvelles mesures dont on avait ordonné l'emploi; ignorance dont on n'aurait point eu à prévenir les effets, si chaque province eût conservé ses anciennes mesures. Au reste, l'introduction du pied romain eut lieu en Égypte comme dans les Gaules, où nous le retrouvons encore aujourd'hui formant exactement le quart de notre aune française.

Après avoir conclu l'origine du *pyk beledy*, de la détermination de sa longueur, nous allons essayer de remonter, par une marche analogue, à l'origine de la coudée du nilomètre actuel.

Les travaux de Fréret et de Bailly ont donné tant de célébrité à cette coudée, que l'Institut du Kaire, à l'instant même de sa formation, reconnut l'importance d'en assigner le rapport aux mesures françaises. Notre collègue M. Le Père, inspecteur divisionnaire des ponts et

---

partes divideretur, unde Columella, lib. vi, cap. 18, *dupondium dixit pro duobus pedibus.* (Annotationes Gulielmi Philandri in M. Vitruvii Poll. de Architectura, lib. v; *Argentorati*, anno 1550, pag. 238.) *Pes qui as et pondo habetur (unde dupondium Columellæ,* lib. v, c. 1, et lib. xii, c. 2), *sedecim sesquuncas continet.* (Ibid. p. 298.) Georgii Agricolæ, *de mensuris quibus intervalla metimur,* p. 213 et 214. *Doctrina de ponderibus et mensuris,* auctore Dan. Angelocratore, p. 33.

[1] *Voy.* le Code théodosien, t. iv, p. 551 et 552, et la novelle 128, chap. xv du Digeste.

chaussées, s'en est occupé le premier. Je n'anticiperai point sur la description détaillée du nilomètre de Roudah, qu'il publiera bientôt; je dirai seulement que les accroissemens du fleuve y sont mesurés sur une colonne de marbre à base octogone, divisée en seize parties légèrement inégales entre elles, mais dont la longueur réduite fut trouvée, par M. Le Père, précisément équivalente à vingt pouces du pied de France, ou à $0^m,5412$. Ce résultat fut confirmé, quelque temps après, par différentes personnes qui répétèrent cette opération. Enfin, ayant mesuré moi-même, au mois de prairial an ix (juin 1801), la colonne du meqyâs, j'ai remarqué que les huit coudées inférieures étaient ensemble de $4^m,346$, et les huit supérieures de $4^m,315$; ce qui donne pour chacune de ces parties deux coudées réduites, dont l'une est de $0^m,54325$, et l'autre de $0^m,53937$, entre lesquelles la coudée moyenne est, ainsi que l'avait trouvé M. Le Père, de $0^m,5412$.

Il reste donc incontestablement prouvé que la coudée du nilomètre n'avait point été mesurée avant l'expédition des Français en Égypte, et qu'elle a toujours été supposée de six lignes trop longue dans les différens systèmes métrologiques le plus généralement adoptés.

Parmi les khalifes qui protégèrent les sciences et qui les cultivèrent, les historiens arabes citent particulièrement *Al-Mâmoun*, dont le règne commença l'an 814 de l'ère vulgaire. Ce khalife introduisit l'usage d'une nouvelle coudée, à laquelle on rapporte qu'il donna la longueur de la coudée naturelle d'un esclave éthiopien employé près de lui, d'où elle reçut le nom de *coudée noire*, qui rappela son origine[1].

Édouard Bernard dit formellement, d'après le témoignage de plusieurs écrivains orientaux, que la coudée noire servait à mesurer les ouvrages d'architecture, les marchandises précieuses, et les accroissemens du Nil[2]. Golius nous apprend de plus, dans ses notes sur l'Astronomie d'Alfergan, que le meqyâs actuellement existant à la pointe méridionale de l'île de Roudah fut commencé sous le règne d'*Al-Mâmoun*, et terminé par son successeur *Al-Moutewakkel*[3]; circonstance d'où l'on doit naturellement conclure que les coudées qui y sont tracées sont les coudées noires du premier.

Le même Golius cite ailleurs le passage d'un auteur arabe qui, définissant la canne ou *qasab* employée dans l'arpentage, dit qu'elle est composée de sept coudées noires et un neuvième[4]. Il suffit donc, pour déterminer la valeur de cette coudée, de connaître exactement celle de la *qasab* dont il vient d'être fait mention. J'ai mesuré avec le plus grand soin, dans toutes les parties de l'Égypte, celle qui est employée à l'arpentage des terres : sa longueur, que j'ai indiquée dans mon Mémoire sur l'agriculture et le commerce du Say'd[5], est de six *pyks beledy* et deux tiers, ou de $3^m,85$, qui, divisés par 7 et $\frac{1}{9}$, donnent, pour la valeur de la coudée noire de l'arpenteur citée par Golius, $0^m,541$; quantité précisément

---

[1] *Notæ Jacobi Golii ad Alfergan.* Amstelodami, 1669; pag. 75.

[2] *Eduardi Bernardi, de ponderibus et mensuris antiquorum*, p. 217.

[3] *Notæ Golii ad Alfergan.* p. 156.

[4] *Notæ Golii ad Alfergan.* p. 74 et 75.

[5] Décade égyptienne (au Kaire, an VIII), tom. III, pag. 42.

égale à la longueur moyenne des coudées tracées sur la colonne du meqyâs, lesquelles sont, par conséquent, des coudées noires du khalife *Al-Mâmoun*, ainsi que nous venons de l'avancer.

Quant au *pyk stambouly*, ou coudée de Constantinople, la date de son introduction en Égypte, parfaitement connue, ne remonte qu'à la conquête de ce pays par le sultan Sélym, en 1517. Elle sert, dans les marchés du Kaire, à mesurer les draps importés d'Europe, tandis que le *pyk beledy* est exclusivement employé à mesurer les toiles de lin ou de coton et les étoffes de soie de fabrique égyptienne. M. Costaz a trouvé que la longueur du pyk de Constantinople était de $0^m,677$, ou de 7 millimètres, plus grande que celle trouvée par le docteur Greaves, qui en a donné le rapport au pied anglais égal à celui de 11 à 5.

On peut maintenant, en résumant les recherches qui précèdent, tracer l'histoire des mesures de longueur usitées en Égypte depuis la plus haute antiquité jusqu'à nos jours; ce que nous croyons d'autant moins dénué d'intérêt, que si l'on entreprenait d'assigner les variations successives que ces mesures ont éprouvées chez les différentes nations de l'Europe, l'on remonterait à peine au-delà de quelques siècles; et peut-être encore trouverait-on l'ordre de ces variations interrompu par quelques lacunes.

On est naturellement conduit à regarder la coudée septénaire du nilomètre d'Éléphantine comme la plus ancienne de toutes les mesures de longueur, puisque sa division même rappelle le procédé de mesurage que l'on était obligé de suivre avant l'invention des mesures portatives.

Cette invention, suite nécessaire des progrès de la civilisation et des relations multipliées d'échange et de commerce qui s'étaient établies, fit bientôt imaginer une nouvelle division de la coudée : on substitua aux vingt-huit doigts naturels dont elle était composée, vingt-quatre doigts fictifs; ce qui en rendit l'emploi plus commode, par le plus grand nombre de diviseurs qu'elle présenta.

On dériva de cette coudée de vingt-quatre doigts l'ancien pied égyptien, ou le *zéreth* des Hébreux. Ce fut, selon toute apparence, le premier type de la division duodécimale, laquelle a, comme on sait, été jusqu'à nos jours généralement appliquée aux différentes mesures usuelles.

Les successeurs d'Alexandre qui régnèrent en Égypte, y introduisirent l'usage du pied royal ou philétéréen, de seize doigts, qui était à l'ancienne coudée du pays ce que le pied du stade olympique était à la coudée des Grecs.

Il faut avoir vécu dans un siècle où, pour la première fois, chez une nation éclairée de toutes les lumières de la science, on a voulu établir sur une base invariable un système de mesures universel, et avoir été témoin des obstacles que l'habitude, plus forte que la loi, a opposés à cette heureuse réforme, pour concevoir l'idée des difficultés insurmontables que l'on aurait éprouvées en Égypte si l'on avait entrepris de substituer une nouvelle mesure à la coudée des nilomètres, dont l'usage remontait au-delà des siècles historiques, et qui était devenue, en quelque sorte, un objet sacré pour la multitude.

On parvint, il est vrai, à changer le mode de ses sous-divisions; mais on n'essaya pas d'en altérer la longueur. Ce n'est qu'à l'époque où les empereurs d'Orient, devenus chrétiens, détruisirent les temples de l'Égypte, et proscrivirent ses coudées sacrées, que les mesures romaines y furent introduites, sans néanmoins effacer le souvenir des anciennes, comme l'attestent les fragmens de l'ouvrage de Héron qui nous ont été conservés.

Il paraît que les mesures romaines étaient les seules employées en Égypte lorsque les Arabes en firent la conquête. Les khalifes avaient aussi un système métrique qui leur était propre; mais, plus tolérans que les princes chrétiens, ils se bornèrent à prescrire l'usage de la *coudée noire* dans la construction des nilomètres et l'arpentage des terres, sans user de violence pour la faire adopter dans les relations commerciales entre les particuliers, qui ont continué, jusqu'à présent, à se servir du pied romain.

Ce n'est que depuis environ trois siècles que les Égyptiens ont commencé à faire usage de la coudée de Constantinople; encore en ont-ils borné l'emploi spécial à mesurer les étoffes qu'ils tirent de cette ville et des autres parties du Levant.

Je termine ici les recherches auxquelles la découverte du nilomètre d'Éléphantine m'a conduit. Je crois n'avoir laissé subsister aucun doute sur la véritable grandeur de l'ancienne coudée des Égyptiens. On a vu qu'ils conservèrent à cette unité de mesure primitive le nom de la partie du corps humain qui lui servit de type : il en est de même dans tout l'Orient. Si, au contraire, la base de quelque système métrique eût été dans cette région du monde le résultat d'opérations entreprises pour connaître la grandeur de la terre, ainsi que plusieurs savans l'ont pensé, cette unité de mesure fondamentale nous aurait été transmise sous une dénomination qui en aurait rappelé l'origine : mais on fut obligé de rapporter les mesures de longueur à un étalon pris dans la nature et à notre portée, long-temps avant de soupçonner la possibilité d'assigner les dimensions du globe ; et quand dans ces temps reculés ces mesures devenues portatives eurent été consacrées par l'usage, il aurait fallu, pour former et exécuter le projet de leur en substituer de nouvelles dérivées de la grandeur de la terre, que les sciences exactes se fussent élevées déjà à un degré de perfection qu'elles n'atteignirent jamais chez aucun peuple de l'antiquité.

SYSTÈME MÉTRIQUE DES ÉGYPTIENS SOUS LES PTOLÉMÉES,
Suivant Héron d'Alexandrie.

DOIGTS.	PALMES.	DICHAS.	SPITHAMES.	PIEDS PHILÉTÉRÉENS.	PIEDS ITALIQUES.	PYGONS.	COUDÉES.	PAS.	XYLONS.	AUNES.	CALAMES ou ACÈNES.	AMMAH.	PLÉTHRES.	JUGÈRES.	STADES.	DIAULES.	MILLIAIRES.
1.	»	»	»	»	»	»	»	»	»	»	»	»	»	»	»	»	»
4.	1.	»	»	»	»	»	»	»	»	»	»	»	»	»	»	»	»
8.	2.	1.	»	»	»	»	»	»	»	»	»	»	»	»	»	»	»
12.	3.	»	1.	»	»	»	»	»	»	»	»	»	»	»	»	»	»
16.	4.	2.	»	1.	»	»	»	»	»	»	»	»	»	»	»	»	»
13 $\frac{1}{3}$.	5.	»	»	»	1.	»	»	»	»	»	»	»	»	»	»	»	»
20.	5.	»	»	»	»	1.	»	»	»	»	»	»	»	»	»	»
24.	6.	3.	2.	»	»	2.	1.	»	»	»	»	»	»	»	»	»	»
40.	10.	5.	»	»	»	»	»	1.	»	»	»	»	»	»	»	»	»
72.	18.	9.	»	4 $\frac{1}{2}$.	7 $\frac{1}{5}$.	3.	»	»	1.	»	»	»	»	»	»	»	»
»	»	»	»	6.	12.	4 $\frac{2}{3}$.	»	»	»	1.	»	»	»	»	»	»	»
»	»	»	»	10.	»	6 $\frac{2}{3}$.	»	»	»	»	1.	»	»	»	»	»	»
»	»	»	»	60.	72.	40.	»	»	»	»	»	1.	»	»	»	»	»
»	»	»	»	100.	120.	66 $\frac{2}{3}$.	40.	»	»	»	»	»	1.	»	»	»	»
»	»	»	»	600.	720.	400.	133 $\frac{1}{3}$.	»	»	»	»	6.	»	»	»	»	»
»	»	»	»	1200.	1440.	800.	400.	»	»	750.	450.	12.	2.	1.	»	»	»
»	»	»	»	4500.	5400.	3000.	1800.	»	»	»	»	»	6.	»	1.	»	»
»	»	»	»	»	»	»	»	»	»	»	»	»	»	7 $\frac{1}{2}$.	2.	1.	»
»	»	»	»	»	»	»	»	»	»	»	»	»	»	30.	»	15.	1.
»	»	»	»	»	»	»	»	»	»	»	»	»	»	30.	»	15.	4.

VALEURS ABSOLUES EN MÈTRES.

DOIGTS	PALMES	DICHAS	SPITHAMES	PIEDS PHILÉTÉRÉENS	PIEDS ITALIQUES	PYGONS	COUDÉES	PAS	XYLONS	AUNES	CALAMES	AMMAH	PLÉTHRES	JUGÈRES	STADES	DIAULES	MILLIAIRES
0.021955	0.087833	0.175666	0.2635	0.35133	0.2927	0.439	0.527	0.878	1.561	2.108	3.5133	21.080	35.133	70.266	210.798	421.596	1581

GROTTES D'ELETHYIA.

MÉMOIRE

SUR L'AGRICULTURE, SUR PLUSIEURS ARTS ET SUR PLUSIEURS USAGES CIVILS ET RELIGIEUX DES ANCIENS ÉGYPTIENS,

Par M. COSTAZ,

Membre de l'Institut d'Égypte.

Les peintures des grottes d'*Elethyia* fournissent sur les arts et sur les habitudes des anciens Égyptiens plus de lumières, peut-être, qu'aucun autre monument connu jusqu'à ce jour. Les voyageurs qui nous ont précédés ne les ont pas vues; nous devons croire du moins qu'ils n'en ont pas senti tout le prix, puisqu'ils nous ont laissé le soin de faire connaître à l'Europe savante ces monumens aussi curieux qu'instructifs.

La ville d'*Elethyia* tirait son nom d'une déesse qui y recevait un culte particulier; c'était Lucine, nommée *Elethyia* par les Grecs. Ptolémée nous apprend que cette ville était située dans la préfecture Thébaine, sur la rive orientale du Nil : Strabon la place entre *Latopolis* et la grande *Apollinopolis*. On trouve, dans la Thébaïde, les ruines d'une ancienne ville auprès d'un lieu qui réunit toutes les conditions par lesquelles ces deux géographes ont déterminé la position d'*Elethyia*. Ce lieu porte le nom d'*el-Káb*; il est placé du côté arabique ou oriental, à deux myriamètres au-dessous d'Edfoû, qui est l'ancienne *Apollinopolis*, et à cinq myriamètres au-dessus d'Esné, qui correspond à *Latopolis*.

Nous arrivâmes devant el-Kâb le 20 septembre 1799, à la pointe du jour : nous nous répandîmes aussitôt dans la campagne, attirés par des restes d'antiquités que nous apercevions du rivage. L'emplacement où l'ancienne ville a existé nous fut indiqué par une enceinte carrée bâtie en briques séchées au soleil, et par les ruines de quelques temples égyptiens. Ces monumens sont disséminés dans une plaine spacieuse, comprise entre le Nil et la chaîne arabique : à cette hauteur, les montagnes cessent d'être calcaires, et l'on commence à trouver de chaque côté du Nil les masses de grès qui se prolongent au sud jusque vers Syène ; ce sont ces rochers de grès qui ont fourni les matériaux de presque tous les édifices antiques de la haute Égypte, de Thèbes même, bâtie à douze myriamètres plus bas, au pied de deux montagnes calcaires. En jetant les regards sur un banc de rochers assez élevé qui couronne la montagne du côté du nord, nous y aperçûmes plusieurs ouvertures qui sembloient annoncer des grottes creusées de main d'homme : nous résolûmes de les visiter. Des habitans du pays, que nous nous étions rendus favorables par la distribution de quelques pièces d'une petite monnaie appelée *medin*, nous servaient de guides : ils nous conduisirent d'abord à la grotte la moins considérable ; là, ils nous dirent que, si nous voulions leur faire un présent, ils nous montreraient une autre grotte plus belle. Le présent fut aussitôt accordé : nos guides nous firent parcourir successivement plusieurs grottes, en renouvelant dans chacune l'annonce de choses encore plus curieuses et la demande d'un présent. Nous arrivâmes ainsi à une grotte plus grande que toutes celles que nous avions vues jusqu'alors; elle était couverte de peintures bien conservées et consacrées à des scènes familières : c'était la première fois que nous voyions de ces sortes de représentations; nous les parcourions avec avidité et avec toutes les démonstrations d'une curiosité exaltée. Quand nos guides nous virent bien animés, ils dirent que nous étions dans la grotte du *Vizir;* mais que celle du *Sultan,* que nous n'avions pas vue, lui était infiniment supérieure en grandeur et en beauté. Nous leur demandâmes où elle était; ils répondirent qu'il n'était pas permis de la montrer. Nous les conjurâmes d'avoir cette complaisance; ils résistèrent encore pour irriter notre désir : quand enfin ils furent sûrs d'obtenir tout ce qu'ils demanderaient, ils firent connaître le prix qu'ils mettaient au service qu'ils allaient nous rendre; nous leur accordâmes facilement ce prix, qu'ils croyaient excessif. Dès qu'il eut été promis, on nous conduisit vers la grotte du Sultan; elle était à trois pas de là : nos conducteurs nous en montrèrent l'entrée en souriant, reçurent leur paiement, et allèrent partager le produit des impôts qu'ils avaient levés avec tant de talent sur notre impatiente curiosité.

La grotte *Soultâny* est effectivement plus grande que celle du *Vizir;* elle est aussi plus riche en peintures. En la comparant avec l'autre, il nous sembla que les dénominations par lesquelles on les a distinguées marquent assez bien la prééminence de la première sur la seconde. L'assimilation à la dignité de sultan et à celle de vizir est une manière de parler que les Arabes emploient souvent pour marquer les degrés de comparaison : on serait dans l'erreur si, regardant ces dénominations comme l'indice d'un souvenir transmis d'âge en âge, on pensait que les deux grottes ont été creusées et décorées, l'une par les ordres d'un roi, et l'autre par les soins de son ministre.

On se fera une idée de la grandeur et de la forme de la grotte Soultány, en jetant un coup d'œil sur la pl. 67, où l'on a gravé une vue de son intérieur, et en examinant le plan et les deux coupes qui se trouvent pl. 71. La forme de la coupe numérotée 17 règne dans toute la profondeur de la grotte; elle en représente l'entrée, par laquelle la lumière du jour trouve un large passage qui lui permet d'éclairer toutes les parties de l'intérieur. Dans un réduit pratiqué au fond de la grotte, l'on voit trois figures assises; elles sont en ronde-bosse, et presque entièrement détachées du rocher dans lequel elles ont été taillées et auquel elles tiennent encore : elles sont assez bien conservées, à l'exception de celle qui est assise à la gauche, dont la face a été entièrement mutilée.

Les grottes d'*Elethyia* n'égalent ni en grandeur ni en magnificence celles de Thèbes, qui, à proprement parler, sont de vastes palais souterrains, où l'architecture est exécutée, dans l'ensemble et dans les plus petits détails, avec un soin et une correction admirables. Les deux grottes qui nous occupent, tirent tout leur prix des peintures dont leur surface est ornée. Ces peintures représentent des scènes champêtres, des occupations domestiques, des cérémonies de divers genres et les procédés de plusieurs arts; c'est comme un livre que les anciens Égyptiens nous ont laissé pour nous instruire d'une grande partie des habitudes et des travaux qui composaient chez eux l'économie de la vie civile.

L'intérieur des grottes est recouvert d'un enduit ou stuc sur lequel les figures sont sculptées en relief. La gravure fait très-bien sentir le genre de ce relief peu saillant et presque entièrement plat; les figures humaines sont, sauf quelques exceptions, dans la proportion de vingt-cinq centimètres. Tout le bas-relief est peint: mais le coloris se réduit à un petit nombre de teintes plates et crues; on n'y voit ni ombres ni demi-teintes. La pl. 70 donne une idée fort juste de cette sorte de peinture.

Le bas-relief le plus important se trouve dans la grotte Soultâny, sur le parement qui est à gauche en entrant. On en a fait une copie qui a été gravée pl. 68. Ce tableau, et généralement tous ceux qui existent, soit en relief, soit en couleur, sur les monumens de l'ancienne Égypte, présentent des fautes choquantes de dessin, une violation continuelle ou plutôt une ignorance absolue des règles de la perspective; on y remarque que les artistes égyptiens réussissaient mieux à la représentation des animaux qu'à celle des hommes. Malgré tous ces défauts, ils expriment nettement ce qu'ils ont intention d'exprimer, et leurs compositions sont pleines d'action et de chaleur.

Ce bas-relief présente une grande variété d'objets ; on y compte près de deux cents personnages. L'explication que je vais entreprendre serait pénible à suivre, si nous ne nous faisions pas une méthode pour reconnaître et pour indiquer avec précision, au milieu de cette multitude de figures, celle qui sera le sujet du discours. Il faut remarquer d'abord que le tableau se divise en cinq bandes horizontales qui en comprennent toute la hauteur. Pour distinguer ces bandes, on a placé des chiffres romains sur les marges latérales, aux extrémités des lignes sur lesquelles reposent les figures. Si l'on parcourt dans le sens horizontal les bandes dont la planche est composée, on y verra que les sujets changent assez souvent, et que le bas-relief est l'assemblage de plusieurs tableaux contenant la représentation d'actions différentes. Afin d'être en état de désigner sans équivoque les sujets que je voudrai considérer, j'ai fait placer, dans les marges supérieure et inférieure, des lettres pour indiquer des points de démarcation d'où partent des lignes verticales qui existent dans les peintures originales aussi bien que dans la gravure, et qui font dans ce sens la délimitation des différens tableaux; enfin, pour plus de précision, j'ai donné un numéro à chaque figure ou groupe. Le lecteur ne doit pas perdre de vue que ces numéros sont étrangers au bas-relief, et qu'ils ont été mis sur la gravure pour la commodité de l'explication.

TABLEAUX RELATIFS A L'AGRICULTURE.

Quatre tableaux représentent les travaux de l'agriculture; je vais les considérer suivant l'ordre de succession que les travaux ont dans la nature.

Le premier tableau représente le labourage et l'ensemencement des terres [1];

Le deuxième, la récolte [2].

Le troisième représente la rentrée de la récolte [3].

Dans le quatrième on voit la vendange et la fabrication du vin [4].

Labourage.

Il faut d'abord remarquer dans le tableau du labourage deux groupes de deux hommes chacun, qui tiennent à la main une houe avec laquelle ils travaillent la terre [5]. Cette houe est composée de deux pièces inégales assemblées par leurs extrémités, de manière à faire un angle aigu. La plus courte des deux pièces tient lieu de manche; l'autre, légèrement recourbée en dedans et aiguisée par le bout, forme le bec de l'instrument et sert pour frapper la terre. Afin que la percussion ne fatigue pas trop l'assemblage des deux membres de la machine, on y a mis une traverse qui les assujettit l'un à l'autre.

Cet instrument est important à connaître : sa figure

---

[1] Bande III, entre les verticales b et k.

[2] Bande II, entre les verticales b et c.

[3] Bande I, entre les verticales b et c.

[4] Bande I, entre les verticales e et f.

[5] Figure 66, 67.

se reproduit continuellement dans les antiquités égyptiennes; elle a été gravée sur une foule de petits monumens, aussi bien que sur les obélisques et sur les plus grands édifices; plusieurs divinités la portent comme un de leurs attributs; on en trouve souvent de petits modèles en bois déposés dans les tombeaux à côté des momies; enfin cette image est fréquemment employée comme un des symboles de la langue hiéroglyphique. Un signe répété avec tant de profusion a dû attirer l'attention des savans; il a effectivement excité leur curiosité, et ils se sont appliqués à découvrir sa signification.

Kircher imagina que ce signe était le monogramme du bon génie protecteur de l'Égypte. Il en donne une singulière raison; c'est qu'on peut y retrouver les deux lettres A et Δ, initiales des deux mots grecs *Agathos Dæmon* (Ἀγαθὸς Δαίμων), qui signifient le bon génie[1]. Cette conjecture porterait sur un fondement bien peu solide, quand même il serait certain que ce bon génie avait en langue égyptienne les mêmes noms qu'en grec, ou au moins des noms qui auraient pour initiales les lettres A et Δ: cependant rien n'est moins prouvé. Kircher, pour confirmer son explication, fait un raisonnement encore plus frivole; il raconte que, lorsque l'Égypte inférieure, accrue par les dépôts successifs du limon que le Nil apportait d'Éthiopie, commença à se dégager des eaux, Osiris fit creuser des canaux, et réduisit le fleuve à couler dans des lits constans; alors des terrains qui avaient été long-temps cachés sous les eaux, purent être soumis à la culture : mais la corruption de la vase

---

[1] Voyez *Prodromus Coptus*, pag. 231 et suiv.

engendra une multitude innombrable de serpens, qui ne permettaient pas aux hommes d'habiter ces nouvelles terres. Une armée d'ibis envoyée par Osiris détruisit ces reptiles : pleins de reconnaissance pour ce service, les Égyptiens placèrent l'ibis au nombre des oiseaux regardés comme sacrés et de bon augure; et il devint l'emblème du génie protecteur de l'Égypte. Or, dit Kircher, lorsque cet oiseau écarte les jambes et qu'il met son bec en travers, il dessine précisément la figure en question; donc cette figure est le monogramme de l'*Agathos Dæmon*, ou bon génie.

Nous devrons aux peintures d'*Elethyia* d'avoir connu la véritable signification de ce symbole. Il est évidemment l'emblème du labourage : on le voit, dans la même grotte, employé comme hiéroglyphe en deux endroits différens [1]; sa figure est absolument semblable à celle des houes que les quatre laboureurs tiennent à la main.

Cette houe, qui nous a été utile pour découvrir la signification long-temps cherchée d'un symbole hiéroglyphique, présente, sous un autre rapport, un intérêt d'un ordre supérieur; elle a été le germe de la charrue, de cet instrument qui a eu une si grande influence sur les destinées du genre humain.

En effet, portons nos regards en avant des laboureurs qui travaillent à la houe, nous y verrons une charrue tirée par quatre hommes attelés deux à deux [2]. Cette charrue n'est autre chose que la houe avec les mo-

---

[1] Bande II, au-dessous des fig. 12 et 13 de la bande I; et bande III, derrière la tête de la fig. 81.
[2] Fig. 68, 69 et 70.

difications suivantes : le bec de la houe fait fonction de soc ; le manche a été allongé en timon pour faciliter l'attelage et donner les moyens de maîtriser la direction ; auprès du sommet de l'angle on a fiché une pièce de bois sur laquelle un homme pèse avec la main pour enfoncer le soc : la pression est le seul effet que cet homme puisse produire, il n'a aucun moyen d'influer sur la direction ; ce soin paraît appartenir exclusivement aux hommes du timon.

En Égypte, les terres sont légères, et n'opposent au labourage qu'une faible résistance, surtout à l'époque de l'ensemencement, qui se fait immédiatement après la saison où elles ont été ramollies et fécondées par le débordement des eaux du Nil. On a donc pu labourer avec l'appareil que nous venons d'examiner; la nature même du sol a dû inviter à essayer cette manière de travailler : il est probable que l'idée n'en serait pas venue dans un pays où les terres auraient été plus difficiles à diviser.

Après que les hommes eurent inventé ce procédé, il ne leur restait qu'un pas à faire pour se délivrer de la partie la plus pénible du travail de la terre, et pour en rejeter le poids sur les animaux. Le même tableau nous apprend de quelle manière ce résultat fut obtenu ; on y voit deux charrues où le tirage est exécuté par des bœufs[1] : quoique construites avec plus de soin que la première, elles lui sont cependant semblables; les hommes placés à l'arrière y remplissent la même fonction, celle d'enfoncer le soc, sans influer sur la direction

[1] Fig. 61, 63.

du tirage. Le bœuf avait bien pu remplacer l'homme dans la partie de son action qui ne suppose que de la force : mais, pour suivre une direction demandée, la force seule ne suffit pas; il faut une volonté éclairée par l'intelligence. Ainsi les charrues attelées de bœufs étaient, sous ce rapport, inférieures à celle qui était traînée par des hommes; le laboureur n'y avait aucun moyen d'assurer la direction de son sillon : le fouet employé pour hâter les bœufs [1], soit qu'il fût manœuvré par le laboureur lui-même, soit qu'il fût entre les mains d'un aide, pouvait, à la vérité, maintenir l'attelage sur une direction déterminée; mais il ne remplissait cet objet qu'imparfaitement, et la nécessité de modifier la construction de la charrue, pour la mettre en état de satisfaire à ce nouveau besoin, subsistait toujours. Les peintures de la grotte du Vizir offrent plusieurs modèles de charrues qui font connaître les divers moyens successivement imaginés pour résoudre ce problème.

On pratiqua d'abord un trou annulaire, ou plutôt une anse, à la partie supérieure de la pièce de bois sur laquelle s'exerçait la pression [2]; en saisissant fortement cette anse, le laboureur remplit le double objet d'enfoncer le soc et d'empêcher les mouvemens irréguliers que l'inégalité de la résistance du terrain pourrait occasioner.

Enfin l'on imagina de construire à la partie postérieure deux cornes écartées l'une de l'autre, arquées en arrière, et faisant par un assemblage solide un même corps avec le soc. Cette construction, dont on a gravé quatre

---

[1] Planche 68, fig. 61, 64.   [2] Planche 71, fig. 12.

figures¹, donnant au laboureur la facilité d'employer les deux mains et d'agir sur un levier plus considérable, augmente beaucoup sa puissance pour tracer le sillon à une profondeur uniforme et pour le diriger suivant une ligne déterminée. Dans ce dernier état, la charrue égyptienne diffère peu de celle qu'en France nous appelons *araire*. Nous ne pouvons douter que les anciens Égyptiens n'aient connu l'usage des roues; cependant ils ne les ont pas appliquées à la charrue, du moins je n'en ai vu aucun exemple sur leurs monumens : la facilité du labourage les a dispensés d'ajouter à la charrue ce perfectionnement, dont nous-mêmes nous ne faisons usage que dans les contrées où les terres sont fortes et tenaces. La charrue des Égyptiens modernes est également sans roues; elle m'a paru moins bien construite que celle des pl. 69 et 70.

A voir la charrue dont le dessin se trouve pl. 71, il semblerait que le soc avait une armature de fer, d'airain ou de quelque autre métal : lorsque j'étais sur les lieux, j'examinai cette partie avec soin; je n'aperçus, ni dans le dessin, ni dans le coloris, rien qui indiquât l'existence d'une pareille armature.

Les deux figures qui sont dans les pl. 69 et 70, ne montrent pas de quelle manière les bœufs étaient attelés; mais on voit distinctement dans le grand bas-relief gravé pl. 68, et dans la fig. 12 de la pl. 71, qu'ils étaient attelés par les cornes.

Nous savons donc actuellement quelle fut l'origine de la charrue; nous connaissons la suite des transforma-

¹ Planche 69, fig. 4; planche 70, fig. 4.

tions par lesquelles une simple houe devint l'instrument qui est encore aujourd'hui le premier et le plus important de tous ceux que l'agriculture emploie; les grottes d'*Elethyia* nous en ont conservé une explication complète. Il est à regretter que nous manquions de données pour fixer l'époque de cette invention. L'histoire du genre humain ne présente pas d'événement plus important : la charrue, en procurant aux hommes des moyens de nourriture plus abondans, leur a permis de se multiplier; elle a favorisé le développement des sentimens doux et sociables, en faisant cesser l'incertitude des subsistances, qui rend les hommes inquiets et brigands, comme la faim les rend féroces et anthropophages.

Quel est donc le peuple à qui le genre humain doit ce bienfait? Les bas-reliefs d'*Elethyia* établissent en faveur des Égyptiens une présomption bien forte. Comment, en effet, un peuple qui n'aurait pas été l'inventeur, aurait-il si bien connu ce que cette machine fut dans l'origine, et par quelle progression de perfectionnemens on en a fait ce qu'elle est aujourd'hui ? Nous-mêmes nous l'ignorerions encore, si les Égyptiens ne nous l'avaient appris; on ne peut leur contester l'honneur de cette découverte, qu'en supposant une tradition qui aurait fait parvenir chez eux des connaissances acquises par un autre peuple : il faudrait supposer de plus que cet autre peuple aurait habité un sol semblable à celui de l'Égypte; car les instrumens aratoires que nous venons d'examiner, et les modifications qu'ils ont successivement subies, sont parfaitement en harmonie avec la nature du sol baigné par le Nil : mais ce peuple, s'il existe, n'a pas encore produit ses titres. Les seuls Éthiopiens auraient peut-être quelques prétentions à faire valoir, s'il est vrai, comme le rapporte Diodore de Sicile, que leurs prêtres fussent, aussi bien que ceux d'Égypte, dans l'usage de porter des sceptres façonnés en forme de charrue. Cette hypothèse n'est pas dépourvue de probabilité : d'autres circonstances semblent indiquer que c'est par une colonie éthiopienne que l'Égypte a été peuplée. Mais, en supposant démontrée l'opinion qui attribuerait aux Éthiopiens l'honneur d'avoir inventé la charrue, il demeurerait toujours constant que cette découverte a été faite sur les bords du Nil. A proprement parler, la longue vallée que le Nil arrose ne forme qu'un seul pays ; le sol y est un présent du fleuve ; les circonstances qui influent sur la végétation y sont partout uniformément les mêmes ; dans tous les temps les peuples qui l'habitent ont communiqué ensemble ; il est vraisemblable que leurs procédés de labourage étaient peu différens.

En continuant d'étudier le même tableau, nous y apercevons trois hommes occupés de l'ensemencement[1] ; ils tiennent de la main gauche une poche à bretelles, dans laquelle ils puisent la semence pour la lancer à la volée. Il y a dans la fig. 71 une circonstance qui pourrait faire douter qu'elle représente un semeur ; la ligne parcourue par le grain qui sort de sa main, est convexe vers la terre : or, le grain abandonné à lui-même suivrait une ligne dont la convexité serait tournée en sens contraire. Il faut regarder cela comme une faute du

---

[1] Planche 68, fig. 62, 65 et 71.

dessin; la poche à bretelles que cet homme tient à la main gauche, et la peinture, qui, ainsi que je m'en suis assuré sur les lieux, est absolument la même que pour la semence lancée par les deux autres semeurs, lèvent toute incertitude à cet égard.

Tous les personnages de ce tableau paraissent agir et se mouvoir sur la même ligne : par exemple, les deux semeurs, 62 et 65, paraissent jeter le grain en avant des charrues, comme s'ils se proposaient de le faire enterrer dans le sillon qui va s'ouvrir; au contraire, l'autre semeur paraît jeter la semence dans le sillon même derrière la charrue : mais ce sont là des imperfections de dessin qui prouvent que les Égyptiens ignoraient les moyens que fournit la perspective pour représenter les figures vues dans le lointain. Si toutes les figures du tableau étaient en effet sur la même ligne, les hommes qui traînent la charrue viendraient heurter les quatre hommes qui travaillent à la houe; ceux-ci seraient foulés aux pieds par les bœufs qui sont derrière eux; les deux charrues qui marchent à la suite l'une de l'autre, ne traceraient qu'un seul sillon. Il faut donc concevoir que toutes les scènes du tableau sont disséminées, sur la surface du champ, à des distances différentes. La même remarque trouve son application dans les autres parties du bas-relief.

A l'extrémité du champ, vers la gauche, on aperçoit un homme qui tient en main les rênes de deux chevaux attelés à un char[1]. La seule roue de ce char qui soit visible, est représentée par un cercle évidé; elle n'a que

[1] Planche 68, fig. 60.

quatre rais, qui sont disposés perpendiculairement entre eux. Ce n'est pas ici le lieu d'entreprendre la description des chars égyptiens : on en trouve des représentations plus grandes, plus complètes et très-bien conservées, sur les grands édifices de Thèbes; on les y voit en mouvement et en repos sous des points de vue variés. La description qui en a été faite, prouve que les Égyptiens avaient porté assez loin l'art de fabriquer les chars; la légèreté et l'élégance sont, en général, les caractères qu'ils ont donnés à ce genre de construction : l'équipement de leurs chevaux, quoique compliqué, était bien entendu, et ils avaient une bride au moins aussi habilement combinée que la nôtre.

Avant de passer à un autre sujet, je ferai remarquer,

En premier lieu, que ce n'est pas sans fondement que j'ai précédemment avancé que l'usage des roues a été connu des anciens Égyptiens, quoiqu'ils n'en aient pas fait l'application à la charrue;

En second lieu, que la roue à quatre rais figure parmi les symboles hiéroglyphiques. On la voit en effet dans la cinquième colonne des hiéroglyphes sculptés au commencement de la bande supérieure[1]. Nous connaîtrons donc désormais la valeur de ce symbole, et nous saurons que le cercle, avec quatre rayons perpendiculaires, signifie une roue, et probablement, par extension, un char.

[1] Bande I, entre les verticales a et b.

D'ELETHYIA.

Récolte[1].

Le tableau de la récolte se divise en deux scènes, parce qu'on y a représenté en même temps la récolte du blé et celle du lin.

La première scène occupe la partie droite du tableau. Une teinte jaune marque que le blé est parvenu à maturité; on voit, dans la partie du champ occupée par les figures 49, 50 et 51, qu'il est plus grand que les hommes. J'ai bien positivement remarqué qu'il est barbu; mon attention s'est fixée sur ces caractères, parce qu'il reste encore beaucoup d'incertitude sur l'espèce de blé qui était cultivée par les anciens Égyptiens : la même considération m'a fait examiner avec soin la forme des grains qui sortent de la main des figures 62 et 65; j'ai observé que cette forme est aiguë par les deux bouts, et semble se rapprocher de celle de l'orge. Je ne suis pas le seul qui ait observé que ce blé est barbu; M. Coquebert, jeune naturaliste très-instruit et bon observateur, qui a été enlevé aux sciences par une mort prématurée, avait consigné la même observation dans son journal, dont j'ai sous les yeux un extrait écrit de sa main. La forme aiguë des grains a été aussi remarquée par le savant botaniste M. Delile. D'après cette forme, je ne balançai pas à croire que c'était de l'orge; mais on m'a fait observer, avec raison, que les Égyptiens ne dessinaient pas assez correctement pour qu'on pût croire qu'ils ont représenté avec une précision propre à décider une ques-

[1] Bande II, entre les verticales b et c.

tion de botanique, les caractères distinctifs d'un corps aussi petit que le grain du blé.

Les moissonneurs, armés de faucilles, saisissent des poignées de blé, qu'ils coupent près de l'épi, sans se baisser; derrière eux, une femme et un enfant recueillent les épis et les mettent dans des poches à bretelles[1].

On aperçoit, au bout du champ, des jarres posées sur de petits échafaudages, semblables à ceux qu'on emploie encore aujourd'hui en Égypte pour le même objet : l'action de l'un des moissonneurs, qui a suspendu son travail pour boire dans un vase de terre, explique clairement quel est l'usage de ces jarres; il est évident qu'elles contiennent une provision d'eau pour désaltérer les moissonneurs. Cet appareil prouve, comme on le verra bientôt, que les anciens Égyptiens connaissaient la propriété qu'ont certains vases de rafraîchir l'eau qu'ils contiennent. Ces vases sont de terre cuite; leurs parois minces et d'un tissu poreux permettent à l'eau de transsuder d'une manière imperceptible, de sorte que la surface extérieure est toujours couverte d'une couche humide qui s'évapore à chaque instant, et se renouvelle sans cesse aux dépens de l'eau contenue dans le vase : cette continuité d'évaporation produit un abaissement de température qui se transmet à l'intérieur. Ces vases ont été connus des Grecs, sous le nom d'*hydries*.

Ce moyen d'abaisser la température de l'eau est précieux dans un pays où l'homme est sans cesse tourmenté par les ardeurs d'une soif continuellement renaissante, que ne saurait calmer l'eau du Nil, presque

[1] Planche 68, fig. 44, 45, 46, 47, 49 et 5o.

toujours tiède : les Égyptiens modernes en font un grand usage; ils n'ont pas d'autre moyen pour se procurer des boissons fraîches, la glace étant tout-à-fait inconnue dans leur pays. Les vases employés à rafraîchir l'eau présentent beaucoup de variété dans leurs dimensions et dans leurs formes. Celui qu'on appelle *qoulleh* ou *bardaque* est le plus connu : il est léger, portatif et d'une forme élégante; sa construction est combinée de manière qu'elle offre beaucoup de facilité pour boire l'eau qu'il contient; on le trouve si commode, qu'il est peu d'individus qui ne s'en servent dans leurs maisons et en voyage : sa forme est de la plus haute antiquité; il en existe un dessin très-correct, plusieurs fois répété, dans les tombeaux des rois à Thèbes.

Une expérience que je fis à Edfoû, qui n'est éloigné d'*Elethyia* que de deux myriamètres, peut donner la mesure du pouvoir réfrigérant des bardaques. C'était le 18 septembre 1799 : il faisait excessivement chaud; le thermomètre de Réaumur, placé à l'ombre, en plein air, marquait trente-cinq degrés pendant la plus grande partie du jour. Au coucher du soleil, l'eau du Nil était à la température de vingt-deux à vingt-trois degrés; j'en remplis une bardaque, que je plaçai sur le tillac d'une barque qui nous servait en même temps de voiture et de logement. Le lendemain, à la pointe du jour, la température du fleuve était encore la même : mais celle de l'eau mise dans la bardaque était descendue à treize degrés; plus de la moitié de cette eau s'était dissipée par l'évaporation.

L'expérience dont je viens de rendre compte, avait été faite dans les circonstances les plus favorables; nous étions en plein air, très-près du niveau du Nil, dans une région atmosphérique où l'évaporation continuelle qui s'opère à la surface du fleuve, et un courant d'air presque permanent, entretiennent une fraîcheur particulière. Il est vraisemblable que l'on n'obtiendrait pas un abaissement égal de température, en faisant l'expérience dans l'intérieur d'une maison, à moins que l'on n'imitât cet homme de notre tableau, qui tient un éventail à la main[1] : en agitant son éventail, il renouvelle continuellement l'air, favorise l'évaporation et accélère le refroidissement. L'action de ce personnage est remarquable : elle caractérise la destination de l'appareil; elle fait voir qu'on employait les jarres comme moyen de rafraîchir l'eau, et prouve que les anciens Égyptiens ont connu ce procédé. L'emploi de l'éventail pour augmenter l'effet des vases réfrigérans semble être tombé en désuétude; du moins je ne l'ai pas vu pratiquer dans l'Égypte moderne.

La faucille des anciens Égyptiens a beaucoup de ressemblance avec la faux dont nous nous servons en France : son manche est beaucoup plus court; mais sa lame est presque la même. Cette faucille est intéressante à connaître; sa figure a été employée dans l'écriture sacrée; elle est quatre fois parmi les hiéroglyphes du grand bas-relief[2] : on ne peut douter que nous n'ayons trouvé là le symbole de la moisson.

Derrière les deux personnes occupées à ramasser les

[1] Planche 68, fig. 51.
[2] Bande I, quatrième colonne d'hiéroglyphes, entre les verticales a et b.

Bande I, sixième colonne d'hiéroglyphes, entre les verticales a et b.

Bande II, à l'extrémité du bâton

épis, est une femme qui appartient aussi à la scène de la moisson ; elle avance vers les moissonneurs, chargée de deux vases qui contiennent vraisemblablement de l'eau, pour remplacer dans les jarres réfrigérantes celle qui a été consommée. Cette femme porte, suspendue à sa main droite, une poche à bretelles, qui annonce que bientôt elle s'occupera de recueillir les épis, comme les deux autres figures qui sont devant elle. Son sexe est caractérisé par la saillie qui se remarque à sa poitrine, sous le bras gauche, et encore plus par la couleur de sa carnation et par son vêtement : ces deux circonstances sont uniformes dans toutes les figures du même sexe ; les femmes y sont toujours représentées avec une carnation jaune semblable à l'ocre ; elles sont vêtues d'une tunique blanche, qui est attachée au-dessous des mamelles, et descend jusqu'au bas de la jambe ; leur chevelure est enveloppée par une toile blanche. Chez les hommes, la carnation est rouge comme la sanguine, et tout le vêtement consiste en une seule pièce de toile blanche, attachée au-dessus des hanches, faisant le tour du corps, et descendant près du genou ; leur chevelure est noire et frisée, sans être courte et crépue comme celle des nègres : la pl. 70 en présente une idée complète, sous le rapport du dessin et sous celui du coloris.

Le costume actuel des femmes de la haute Égypte a très-peu de rapports avec celui qui est peint dans les grottes ; mais celui des laboureurs est encore le même à la différence de la chevelure, que les Égyptiens mo-

de la fig. 57, entre les verticales e et f.

Bande IV, derrière la tête de la fig. 116, entre les verticales e et f.

dernes sont dans l'usage de raser. Ils se couvrent la tête d'une calotte de feutre blanc ou fauve : cette calotte est un supplément nécessaire de la chevelure; une tête dépouillée de ses cheveux ne pourrait résister à l'action directe du soleil ardent auquel ces hommes sont exposés pendant toute l'année. J'ai vu plusieurs habitans du Sa'yd avec leur chevelure : elle est noire et frisée, comme celle des peintures d'*Elethyia;* ce qui, avec d'autres traits de ressemblance, autorise à penser que c'est toujours la même race qui, depuis la plus haute antiquité, est en possession de cultiver les bords du Nil.

Le lin se fait reconnaître à sa hauteur, qui ne dépasse pas la hanche des hommes; à la couleur de sa tige, qui est verte; à la forme et à la teinte de sa graine, qui est ronde et jaune. Quatre hommes et une femme sont occupés à l'arracher; un ouvrier le met en javelles, pendant qu'un autre le porte à un travailleur chargé de l'égrener[1] : celui-ci est établi à l'ombre d'un arbre; il se sert d'un peigne dont les dents sont assez espacées pour recevoir dans leurs intervalles la tige du lin, mais trop serrées pour donner passage à la graine. Le talon du peigne pose sur le sol; le côté des dents est relevé par un support : l'ouvrier consolide le tout et le maintient en place avec son pied. Il prend une poignée de lin; et tenant le sommet de la plante où est la graine, tourné vers le bas, il engage le lin entre les dents du peigne et retire à lui : la graine, ne pouvant passer dans les intervalles des dents, se sépare de la tige, sans que celle-ci soit endommagée. Ce procédé antique n'est pas inconnu

[1] Planche 68, fig. 40, 41, 42, 39, 38 et 37.

en France; on le pratique dans plusieurs de nos provinces.

Les écrivains de l'antiquité paraissent avoir confondu le coton avec le lin proprement dit; les expressions qu'ils ont employées pour désigner ces matières, sont si diverses et si incertaines, que des savans modernes ont pensé que, lorsque nous lisons dans les ouvrages de ces écrivains que les prêtres égyptiens étaient vêtus de robes de lin, nous devons entendre que ces robes étaient en coton : effectivement, en examinant les bandelettes qui enveloppent les momies conservées dans quelques cabinets, on a reconnu qu'elles sont de toile de coton. Il est certain de plus que le coton est cultivé en Égypte; il paraît même que sa blancheur et sa souplesse lui avaient fait donner la préférence pour le vêtement des prêtres égyptiens : mais il ne faut pas conclure de ce fait, que le lin proprement dit était inconnu en Égypte; il est démontré au contraire que les anciens habitans de cette contrée en faisaient usage, puisqu'ils le cultivaient.

Rentrée de la Récolte[1].

L'action commence à la droite : un homme tenant une palme qu'il porte d'une manière triomphale, marche vers la gauche; son action, son geste, la vivacité de son mouvement, tout annonce qu'il se réjouit de l'heureuse récolte, et qu'il en célèbre l'abondance. Il est précédé par deux hommes qui portent un large et profond panier rempli d'épis et suspendu à une perche,

[1] Bande I, entre les verticales b et c, fig. 21, 20, 19, 18.

dont leurs épaules soutiennent les extrémités; ils plient sous le poids, et avancent vers l'aire où l'on doit battre les épis. Ils rencontrent en route deux travailleurs occupés comme eux du transport de la récolte; ceux-ci reviennent de l'aire, après s'être déchargés de leur fardeau; l'un rapporte le panier vide, l'autre le suit avec la perche : le panier est à claire-voie, avec une carcasse qui l'empêche de s'affaisser; il devait y avoir près de son bord deux ouvertures ou deux anses diamétralement opposées, pour recevoir la perche.

Le battage est fait par des bœufs : le peintre en a représenté cinq qui foulent aux pieds le blé réuni sur l'aire; un homme armé d'un fouet les tient en haleine, et ne leur permet pas de ralentir leur mouvement; un enfant ramasse avec un balai les épis qui ont été dispersés par les pieds des bœufs, et il les ramène vers l'aire.

Le Deutéronome fait allusion à cette manière de battre le blé, lorsqu'il dit : *Non ligabis os bovis terentis in area fruges tuas.* « Tu ne lieras point la bouche du bœuf qui foule tes moissons sur l'aire [1]. »

Il paraît que la coutume de faire travailler les pourceaux au battage, coutume dont Hérodote a conservé la mémoire [2], ne s'était pas étendue jusque dans la Thébaïde, et qu'elle a été particulière aux peuples qui habitaient au-dessous de Memphis, aussi bien que l'usage d'employer ces animaux pour enfoncer les semences dans les terres labourées; il est certain du moins que je n'en ai vu aucune trace dans les grottes d'*Elethyia* : je n'y ai rien aperçu non plus qui donne l'idée

---

[1] Deutéronome, chap. xxv, v. 4. [2] Hérodote, livre ii, §. 14.

du traîneau à rondelles dont les Égyptiens modernes se servent pour faire sortir le grain de l'épi.

L'atelier du vannage est auprès de l'aire, vers la gauche. On laisse tomber le grain au travers d'un courant d'air qui emporte au loin la balle et la poussière, pendant que le grain, plus pesant, retombe à terre, débarrassé des impuretés qui le souillaient. Les vanneurs exécutent cette manœuvre au moyen d'une calebasse évidée, qui a été divisée, suivant sa plus grande dimension, en deux parties égales; chaque main en tient une moitié, qu'elle saisit avec aisance, au moyen de l'étranglement qui se trouve naturellement à cette sorte de courge. Un ouvrier s'est baissé pour prendre du blé au tas; il a écarté les deux parties de la calebasse; lorsqu'elles seront remplies, il les serrera l'une contre l'autre, et se redressera pour laisser tomber le blé, comme font ses deux compagnons : la charge de rassembler les grains éparpillés par l'opération est donnée à un quatrième ouvrier, qui s'en acquitte au moyen de deux rameaux de palmier.

La méthode de vannage dont le bas-relief présente l'image, suppose que le vent souffle constamment et avec modération : cette condition manque rarement en Égypte; une brise agréable s'y fait sentir régulièrement tous les jours pendant la plus grande partie de l'année, et surtout dans la saison de la récolte.

Tout le grain vanné est réuni dans un tas; des hommes paraissent occupés à le mettre dans des sacs et à le porter vers une maison dans l'intérieur de laquelle il y a déjà beaucoup de blé : on y aperçoit deux hommes; l'un vide un sac; l'autre, après avoir vidé le sien, se dispose à sortir pour aller prendre une nouvelle charge.

Au-dessus du tas de blé est un homme accroupi; il tient à la main un style avec lequel il écrit sur un livre : sa position ne diffère pas de celle que les habitans actuels de l'Égypte prennent pour écrire; il enregistre les mesures de blé qui sont emmagasinées. Il y a auprès du tas deux hommes qui paraissent avoir pour fonction d'aider à remplir et à charger les sacs : l'un d'eux est retourné du côté de l'écrivain; il élève ses regards vers lui, et semble lui adresser la parole; il l'avertit, sans doute, d'inscrire les sacs qui viennent d'être emportés. Cette peinture prouve que les Égyptiens faisaient usage de l'écriture dans les détails de l'économie privée, et fortifie les motifs que l'on a de penser qu'indépendamment de l'écriture hiéroglyphique, qui était réservée pour les choses sacrées, ce peuple avait une écriture cursive dont il se servait pour exprimer ce qui était relatif aux affaires de la vie civile.

Vendange et fabrication du vin [1].

Dans le tableau de la vendange, on voit sous une treille deux hommes et une femme occupés à cueillir des raisins qu'ils mettent dans des paniers. Le raisin est caractérisé par la forme sphérique du grain et par sa couleur bleue. La treille est figurée par un massif de feuillage disposé en berceau, colorié en vert, et soutenu

[1] Bande I, entre les verticales e et f, fig. 27, 28, 29.

sur des tiges qui sont contournées comme celles de la vigne; les feuilles présentent sur leurs bords des découpures semblables à celles du pampre.

A mesure que les paniers sont remplis, ils sont portés vers une auge plate dans laquelle on rassemble le produit de la vendange : six hommes, disposés en deux groupes, sont debout dans l'auge; ils foulent le raisin, et expriment son jus en faisant avec les pieds des mouvemens vifs et fréquens. Pour exécuter cette opération avec plus d'aisance, ils se tiennent à des cordes pendantes attachées à une traverse horizontale placée au-dessus de leur tête et soutenue par deux poteaux terminés en fourche. Cette manière de fouler le raisin n'est pas oubliée dans l'Orient; elle est encore en usage à Chyrâs, où Chardin l'a vu pratiquer[1] : elle a peut-être quelque chose de plus commode que la nôtre; les fouleurs, n'étant pas obligés de se plonger dans une cuve où la fermentation a formé une grande quantité d'acide carbonique, sont moins exposés au danger d'être asphyxiés. Le procédé qui vient d'être décrit, donne lieu de conjecturer que les Égyptiens ne faisaient pas fermenter les raisins dans des cuves avant d'en extraire le vin, et qu'ils en exprimaient le jus à mesure qu'on les apportait de la vigne : c'est la pratique que nous suivons en France pour faire les vins blancs.

On aperçoit, sur un plan plus éloigné, un homme occupé à ranger des jarres destinées sans doute à conserver le vin qui vient d'être fait. Ces jarres ont des

---

[1] Voyages du chevalier Chardin, *Amst.* 1711, 3 vol. in-4°; tom. III, en Perse et autres lieux de l'Orient; pag. 145, col. 1.

anses; elles paraissent fermées avec soin pour empêcher le vin de s'éventer. Leur figure se retrouve deux fois parmi les hiéroglyphes dans le cadre même du tableau qui nous occupe[1] : mais, ces vases étant susceptibles de beaucoup d'usages différens, il serait téméraire de leur assigner une signification déterminée, dans l'écriture sacrée.

Parmi les nombreux détails donnés par Hérodote sur le régime des Égyptiens, on trouve celui-ci : *Comme ils n'ont point de vignes, ils boivent de la bière*[2]. Notre bas-relief prouve à-la-fois que les Égyptiens cultivaient la vigne et qu'ils faisaient du vin. Plusieurs critiques avaient déjà remarqué que cette observation d'Hérodote manquait d'exactitude.

Scènes pastorales[3].

Nous terminerons cet examen des travaux rustiques, en arrêtant un moment notre attention sur une partie du bas-relief qui paraît principalement consacrée à des scènes pastorales.

On aperçoit d'abord des troupeaux de bêtes à cornes qui jouent en se rendant aux champs; des veaux courent en avant et bondissent, pendant que plusieurs de leurs compagnons, couchés à terre et les pieds liés sous le ventre, sont au moment d'être égorgés par deux hommes accroupis auprès d'un grand feu qui semble préparé

---

[1] Bande I, à droite de la verticale d, au-dessous du premier épervier; bande II, près du bâton de la fig. 57, au-delà de la faucille.

[2] Livre II, §. 79.

[3] Bandes IV et V, entre les verticales g et h.

pour rôtir la chair de ces animaux. Dans la partie inférieure du tableau, on a représenté plusieurs ânes qui vont aux champs vers le même côté que les bêtes à cornes : un d'entre eux s'arrête pour brouter une herbe; celui qui précède lui détache une ruade, un autre lui saute sur le dos. A la gauche on voit des groupes de pasteurs qui paraissent jouer à différens jeux. Toute cette composition est gracieuse; les formes des animaux y sont assez bien rendues, et leurs mouvemens parfaitement exprimés.

Il y a une partie du tableau qu'on n'a pas eu le loisir de dessiner; elle est fort dégradée : il y reste cependant des fragmens de figures au moyen desquels on a pu reconnaître qu'on avait représenté dans cette partie des troupeaux de brebis et de chèvres avec leurs chevreaux, qui joutent en se heurtant front contre front. Plus loin, un lion se jette sur une brebis; le berger, saisi d'effroi, n'a pas la force de secourir son troupeau, et se laisse tomber par terre. Voilà tout ce que nous pûmes reconnaître de cette partie du tableau.

TABLEAUX

RELATIFS A LA PÊCHE, A LA CHASSE, AU COMMERCE
ET A LA NAVIGATION.

Pêche[1].

Le tableau de la pêche est peu compliqué; on y voit deux groupes d'hommes qui tirent avec effort des cordes

[1] Bande IV, entre les verticales k et l, fig. 109 et 110.

attachées aux deux bouts d'un grand filet. Le bas-relief a souffert, dans cette partie, une dégradation qui a fait disparaître une figure placée entre les deux groupes; on voit encore ses deux mains; elles ne sont point employées à retirer le filet : il paraît que le personnage auquel elles ont appartenu, était le chef des pêcheurs, et qu'il dirigeait leur manœuvre. Le produit de la pêche est porté vers un homme assis, qui prend les poissons l'un après l'autre, les appuie contre une planche inclinée, et les fend avec un instrument tranchant. Sur un plan plus éloigné, des poissons ouverts et vidés sont étendus, ou pour recevoir la salaison, ou pour être séchés au soleil.

A la droite de cette scène, un homme barbu semble occupé de faire, ou plutôt de raccommoder un filet; en face se trouve un aide, qui dévide de la ficelle : aucune partie de leur action ne fait connaître les moyens qu'on employait pour exécuter le nœud du filet.

Chasse[1].

La chasse dont nous trouvons la représentation dans la grotte Soultâny, est dirigée contre les oies sauvages. Le tableau est dégradé dans la partie qui représente le piége dont on se servait pour prendre ces oiseaux; il ne paraît même pas que cet appareil ait jamais été représenté avec des détails suffisans pour faire reconnaître son mécanisme : mais on trouve sous le portique du temple d'Esné un bas-relief[2] qui représente le même

[1] Bande V, entre les verticales k et l.
[2] *Voyez* pl. 74.

appareil. A la forme des têtes, aux coiffures et aux attributs des personnages de ce bas-relief, on juge facilement qu'ils sont symboliques ; ce sont des prêtres qui accomplissent une cérémonie religieuse, et non des chasseurs, comme ceux de notre grotte, qui exécutent une opération réelle : mais ce bas-relief n'en est pas moins intéressant pour notre objet ; malgré de légères dégradations, il indique clairement la construction et le jeu du piége. Le surplus de l'opération est beaucoup mieux représenté à *Elethyia*, où la couleur concourt avec le dessin et la sculpture pour mieux caractériser les objets.

Le piége est tendu dans le Nil près du rivage ; les eaux du fleuve sont représentées par des lignes ondulées recouvertes d'une teinte bleue ; les chasseurs, de peur d'effrayer leur proie, se tiennent cachés derrière une touffe de plantes aquatiques figurées par des lotos. Après avoir attiré les oiseaux dans le piége, on fait tomber sur eux deux nappes de filet : le mouvement de ces nappes est semblable à celui de deux volets fermés ensemble et brusquement ; les chasseurs l'opèrent en tirant avec vivacité une corde arrangée pour produire cet effet. Un homme caché comme eux derrière les lotos, mais qui se tient plus près du piége afin d'épier le moment favorable, leur donne le signal avec les mains ; ils se sont hâtés d'obéir ; leurs attitudes animées prouvent qu'ils viennent de faire un mouvement subit et brusque ; le piége est fermé : quelques oies seulement ont échappé, prennent le vol et s'enfuient. Celles qu'on a surprises sont livrées à un homme chargé de les plumer ; celui-ci les transmet à un autre homme, qui leur ouvre le ventre probablement pour en tirer les intestins; après cela, elles passent entre les mains d'un troisième homme, qui les dépèce et en met les quartiers dans des pots.

Hérodote rapporte : « Les Égyptiens vivent de poissons crus séchés au soleil, ou mis dans de la saumure; ils mangent crus pareillement les cailles, les canards et quelques petits oiseaux qu'ils ont soin de saler auparavant[1]. » Ce récit s'accorde avec ce que notre bas-relief nous apprend des préparations que les Égyptiens donnaient aux poissons et aux oies; il nous fait connaître que c'est pour saler les oies qu'on les met en pot.

Aucun signe, peut-être, n'est aussi souvent répété parmi les hiéroglyphes que la ligne ondulée. Le tableau que nous venons d'examiner prouve jusqu'à l'évidence que, dans l'écriture sacrée, cette ligne était le symbole de l'eau. On trouve sur les monumens égyptiens de nombreux exemples qui conduisent à la même conclusion, et l'on peut regarder ce fait comme parfaitement établi.

Commerce [2].

Le tableau dont nous allons nous occuper, contient sur la navigation plus de détails que sur le commerce.

Nous voyons d'abord un peseur qui s'applique à mettre une balance en équilibre; il est accroupi : c'est une position dont l'habitude s'est conservée; elle est familière aux peseurs dans l'Égypte moderne. La balance est supportée par un poteau fourchu; le fléau paraît mo-

---

[1] Livre II, §. 77, traduction de M. Larcher.
[2] Bande IV et V, entre les verticales i et k.

bile sur la fourche, et rien ne garantit que le point d'appui est au milieu. Avec une construction aussi imparfaite, la justesse du pesage dépend beaucoup de l'adresse et de la bonne foi du peseur : aussi voyons-nous que l'appui occupe beaucoup celui-ci. On vendait des animaux vivans au poids; car l'un des plateaux de la balance contient un lièvre ou un lapin en vie. La forme annulaire qu'on donne aux poids dans toute l'Égypte moderne, se retrouve dans ceux dont le peseur charge l'autre plateau : elle est encore celle des poids qui remplissent cinq bassins placés près du lieu où se fait l'opération du pesage. Un homme debout, que l'on voit à la gauche, semble être le vendeur : il est vêtu à la manière des cultivateurs. Vis-à-vis est un groupe de quatre hommes dont le vêtement est plus distingué ; l'attention qu'ils donnent à la pesée, fait présumer qu'ils sont les acheteurs.

A droite de cette scène, on aperçoit plusieurs barques ; quatre sont arrêtées près du bord du fleuve : l'une, dont on fait le chargement, communique avec le rivage par une planche sur laquelle passent des porte-faix chargés de marchandises. Plus loin, trois bateaux prennent le large; des bateliers placés sur la proue poussent à la perche pour les écarter du rivage; un homme, dont on n'aperçoit que le bras, puise de l'eau au moyen d'un vase suspendu à une corde. L'eau du fleuve n'est point figurée ici par les lignes ondulées dont on a vu un exemple dans le tableau de la chasse; le peintre l'a représentée par une teinte unie et bleue, semblable à celle que l'on voit au-dessous des barques de la pl. 70 (fig. 3 et 5).

Dans la bande immédiatement inférieure sont peintes deux barques faisant route : celles-ci ne sont point destinées à transporter des marchandises, elles sont arrangées pour recevoir des voyageurs; une chambre est construite à cet effet dans leur milieu. Ces deux barques font route dans des sens opposés. Il en est une qui ne porte point de voile, son mât est abattu; c'est le grément d'une barque qui descend le fleuve : vue d'*Elethyia*, elle doit paraître marcher vers la droite, et c'est effectivement de ce côté que sa proue est tournée. Quoique sa marche soit retardée par le vent, la seule force du courant est capable de la faire descendre avec une vitesse moyenne d'un demi-myriamètre par heure : cette vitesse doit être sensiblement augmentée par les efforts de six rameurs placés à chaque bord. L'autre barque avance vers la gauche, poussée par le vent qui enfle sa voile : quand on connaît la navigation du Nil, on n'hésite point à prononcer que le peintre a voulu représenter là une barque montante.

En effet, pendant plus des trois quarts de l'année, le vent souffle de la partie du nord, et pousse en sens contraire du cours du Nil, qui descend du sud pour se jeter dans la Méditerranée. Avec la voilure employée par les Égyptiens modernes, ce vent fait parcourir à peu près un myriamètre par heure, et l'on remonte le Nil deux fois plus vite qu'on ne le descend : de sorte que cet heureux fleuve qui répand la fertilité sur l'Égypte, lui procure encore l'avantage d'une navigation extrêmement facile dans les deux sens; il n'est jamais nécessaire d'y employer les animaux pour le remontage des bateaux :

on y rencontre, il est vrai, quelques sinuosités où les matelots sont obligés de mettre pied à terre pour tirer à la cordelle; mais, hors ces passages très-courts, les barques montantes vont toujours à la voile. Pour descendre, au contraire, les mariniers ferment les voiles, et abaissent, autant que possible, les parties élevées du grément et du chargement qui pourraient donner de la prise au vent du nord et retarder la marche du bâtiment.

L'examen des diverses parties qui composent ces embarcations, et l'étude des manœuvres exécutées par les hommes qui les conduisent, nous donneront quelques lumières sur le degré d'avancement auquel l'art de la navigation était parvenu dans l'ancienne Égypte : nous serons aidés dans ces recherches par d'autres représentations de barques, dont nous parlerons bientôt. Fixons d'abord notre attention sur la voilure.

La voile est carrée : elle est attachée par son bord supérieur à une vergue horizontale suspendue au mât; son bord inférieur est tendu sur une autre vergue. La figure de la voile carrée se retrouve fort souvent, en Égypte, dans les bas-reliefs des monumens anciens; on la voit même parmi les hiéroglyphes [1], où elle est probablement le symbole du navire : cependant l'usage de cette sorte de voile est aujourd'hui inconnu dans la navigation du Nil; on ne la voit plus qu'auprès des embouchures à Damiette et à Rosette, où elle est employée

---

[1] Elle se retrouve dans notre bas-relief, aux deux endroits suivans : Bande IV, dans la colonne au-dessus de la main gauche de la fig. 100; bande II, au-dessus de la fig. 48.

sur de très-petits canots; mais cet usage cesse dès qu'on s'éloigne de la mer de plus d'un myriamètre. La voile triangulaire, dont la figure ne se trouve jamais sur les monumens, est aujourd'hui la seule que l'on connaisse sur le Nil : donnant plus qu'aucune autre la facilité de courir près du vent, cette voile est avantageuse pour avancer au travers des serpentemens que présente toujours le cours des fleuves. La voilure du navire représenté dans les grottes d'*Elethyia* ne paraît commode que pour courir vent arrière, ou très-près de cette direction. Je fais cette conjecture d'après la manière dont la voile est installée.

En examinant le bâtiment sous voile qui est peint dans la grotte principale, nous n'y trouvons aucune trace de haubans : on sait que ce nom désigne des cordages qui sont attachés par un bout au sommet du mât, et par l'autre à différens points des deux bords; ces cordages, fortement tendus, assurent la position du mât en résistant aux efforts que fait sur lui la voile lorsqu'elle est chargée de vent. Un bas-relief qui se trouve dans la seconde grotte[1], est moins incomplet sous ce rapport. On y voit une barque dessinée sur une plus grande échelle : elle porte du côté de la poupe, entre la chambre et le gouvernail, quatre poteaux assemblés dans leurs parties supérieures par des traverses auxquelles sont attachées deux cordes bien tendues qui vont chercher le sommet du mât. Tant que le vent soufflera de l'arrière, ces deux cordes soutiendront tout son effort; mais, dès que la barque lui présentera le travers, le

[1] Planche 70, fig. 3.

mât, que rien ne soutient dans les sens latéraux, courra risque d'être renversé à droite ou à gauche. Il paraît que la crainte de cet événement avait empêché de fixer l'une des extrémités inférieures de la voile, et qu'elle avait fait imaginer la manœuvre dont est chargé cet homme que l'on voit assis sur l'avant du bâtiment, tenant entre ses mains deux cordes qu'il tire pour orienter la voile et pour lui faire prendre le vent : si le mât était menacé, il suffirait de lâcher les cordes pour le sauver; car dès-lors la voile cesserait d'être tendue et de fatiguer le sommet du mât. Dans la barque du grand bas-relief, on voit un marinier chargé de la même fonction [1]; il a devant lui deux poteaux auxquels il peut attacher le cordage qu'il tient à la main : il est possible qu'il prenne ce parti lorsqu'on a ce que les marins appellent *un temps fait*, et lorsqu'on est certain que la partie du fleuve que l'on va parcourir suit une direction à peu près constante, et n'a point de contour où le bâtiment doive recevoir le vent par le travers. Il faut remarquer que cette barque est la seule où de pareils poteaux existent du côté de la proue.

La construction du gouvernail n'a pas été uniforme : on peut remarquer, par exemple, que les gouvernails des deux barques représentées dans la fig. 5 de la pl. 70, ont très-peu de rapport avec celui de la fig. 3 et des autres embarcations dont nous nous sommes déjà occupés. Le gouvernail de la fig. 5 se retrouve souvent sur des tableaux représentés dans les bas-reliefs de divers monumens. On a le dessin de deux bateaux de ce genre

[1] Planche 68, fig. 122.

dans les pl. 11 et 37. Un bas-relief de Thèbes[1] en contient deux autres où ce gouvernail est représenté avec des développemens qui nous mettent en état de concevoir son mécanisme et son jeu.

Sur l'arrière du bâtiment, très-près des deux bords, on a fait passer à travers la carène deux avirons dont les nageoires vont plonger dans l'eau : ces avirons sont ajustés pour basculer autour d'un axe planté dans le bordage, et peuvent être mis en mouvement indépendamment l'un de l'autre. Abandonnés à leur propre poids, ils prennent naturellement la position verticale : quand on veut les écarter de cette position, on abaisse le bras supérieur vers l'intérieur du bateau. La pl. 11 montre que le pilote se sert d'une corde pour opérer ce mouvement. Il est actuellement facile de comprendre comment, à l'aide de ce mécanisme, on peut modifier la direction du bâtiment.

Supposons la barque en mouvement, et les deux avirons levés de manière que leurs nageoires soient tout-à-fait hors de l'eau ; la barque continuera à se mouvoir sans être détournée de la direction qu'elle avait d'abord prise : mais, si on laisse tomber dans l'eau l'un des deux avirons, celui de droite, par exemple, sa nageoire y rencontrera une résistance qui ralentira son mouvement ; alors le côté droit de la barque ne pourra plus avancer avec la même vitesse que le côté gauche : cette différence de vitesse fera tourner la barque vers la droite. On peut varier d'une infinité de manières la position des deux

[1] *Voyez* la planche de bas-reliefs de Karnak renfermant deux barques et une marche de prisonniers.

avirons; mais il arrivera toujours que le bateau tournera vers le côté où la nageoire plongera le plus profondément dans l'eau.

Il fallait d'assez grands efforts pour manœuvrer ces deux avirons : c'est probablement ce qui a fait inventer le gouvernail qui nous reste à examiner. En observant celui-ci dans la barque descendante du bas-relief de la grotte principale [1], où toutes les parties sont présentées sans confusion, il est aisé de reconnaître sa structure : on voit qu'il est composé d'un aviron terminé en nageoire, et plongeant dans l'eau à quelque distance de l'arrière du bâtiment. L'aviron porte sur un poteau vertical, et se prolonge jusqu'à une barre horizontale, à laquelle il paraît assujetti par un fort assemblage. Au moyen de cette barre, le pilote peut à volonté porter la nageoire de l'aviron vers la droite ou vers la gauche, et produire ainsi le même effet qu'avec le gouvernail à deux avirons. Pour faciliter les mouvemens, l'extrémité de la barre est garnie d'une roue qui roule sur le toit de la chambre : le timonier avait son poste sur ce toit; on l'y voit en activité de service. Un homme placé sur la poupe, auprès du gouvernail, semble être le patron de la barque, posté là pour indiquer au timonier et à l'équipage les manœuvres qu'ils doivent exécuter.

Le gouvernail à barre étant plus avantageux et plus commode que le gouvernail à deux avirons, il est naturel de penser qu'il appartient à une époque plus récente : cette conjecture est confirmée par d'autres considérations. Les bateaux qui se trouvent dans les bas-reliefs

[1] Bande V, à gauche de la verticale k.

consacrés à des représentations symboliques, ne portent jamais que le gouvernail à deux avirons; l'autre gouvernail semble en être exclu : on sait que les Égyptiens se faisaient un devoir religieux de conserver la forme primitive des anciens symboles; toute innovation dans cette partie leur paraissait un sacrilége, et ils la repoussaient avec horreur. On doit donc présumer que le gouvernail admis dans les représentations symboliques est celui qu'ils ont connu le premier.

Les barques qui font de nos jours la navigation du Nil, ont des gouvernails construits sur les mêmes principes que ceux dont on fait usage en Europe.

Remarque sur les figures colossales.

On a dû observer que toutes les figures humaines du bas-relief de la grotte principale ne sont pas de la même hauteur. On voit, par exemple, dans la partie gauche du bas-relief, un homme dont la taille est gigantesque, relativement à celle des personnes qui sont représentées dans les tableaux voisins; une autre figure placée à la droite du tableau du labourage, sans avoir une taille aussi élevée que la première, excède cependant la proportion ordinaire : un troisième personnage, représenté debout à droite et dans la partie inférieure du tableau, est d'une stature intermédiaire entre les deux autres[1]. Ces différences de taille n'indiquent pas des êtres hors de la nature humaine; il paraît que, dans la peinture et dans la sculpture égyptiennes, il était convenu que la

[1] Planche 68, fig. 2, 72 et 117.

supériorité de force corporelle, ou de puissance, ou de rang, ou de qualités morales, serait exprimée par la supériorité de stature : cela se voit clairement à Thèbes dans des bas-reliefs qui représentent des batailles et des triomphes; parmi les combattans, les Égyptiens ont la plus grande taille; après eux, ce sont les guerriers les plus audacieux de l'ennemi. Il est même des bas-reliefs où la subordination des grades se reconnaît aussi bien à la taille des hommes qu'aux fonctions qu'ils remplissent [1]. Il est naturel de penser que c'est par une conséquence de ce principe, que les anciens Égyptiens ont été conduits à représenter leurs héros et leurs rois sous des formes colossales.

En appliquant ces données au cas actuel, je suis porté à croire que la grande figure de la gauche représente le propriétaire de la terre de qui dépendent tous les hommes qui font le travail représenté dans les trois tableaux relatifs à l'agriculture. La figure qui est à l'extrémité du champ labouré, pourrait être ou le fils du propriétaire, ou un intendant chargé de l'inspection des travaux. Quant au personnage qui est vers la droite à la partie inférieure du tableau, je présume qu'il est le chef des pêcheurs et des chasseurs : un de ceux-ci lui fait effectivement hommage d'un héron qui paraît avoir été pris dans le même filet que les oies.

[1] *Voyez* la marche des prisonniers citée dans la note [1] de la page 134.

Observation inexacte d'Hérodote sur un usage égyptien.

Quelques voyageurs ont donné la description et même le dessin d'une manière de porter qui est pratiquée en Égypte, et qui semble particulière à ce pays. On tient l'avant-bras dans une position presque verticale, le poignet à la hauteur de l'épaule, et la main ouverte et renversée en arrière; la chose que l'on veut porter, est posée en équilibre sur la paume de cette main : c'est ainsi que les femmes du peuple transportent habituellement les vases remplis d'eau ou de lait. Plusieurs exemples de cette manière de porter, dessinés dans notre bas-relief, prouvent qu'elle était en usage dès les temps les plus reculés. Un vendangeur soutient ainsi sur sa main droite un panier rempli de raisins qu'il porte au pressoir. Dans les tableaux qui sont au-dessous de la vendange, on voit deux hommes qui font usage de cette façon de porter. Enfin cette femme que nous avons déjà eu occasion de remarquer dans le tableau de la moisson, porte de la même manière les deux vases dont elle est chargée [1].

Hérodote faisant l'énumération des oppositions qu'il a observées entre les usages des Égyptiens et ceux des autres nations, cite celle-ci : *En Égypte, les hommes portent les fardeaux sur la tête, et les femmes sur les épaules* [2]. Cet historien, respectable à tant d'égards, paraît, dans cette occasion, avoir trop écouté le plaisir

---

[1] Planche 68, fig. 32, 54, 87, 43.
[2] Hérodote, livre II, §. 35, traduction de M. Larcher.

de faire ressortir des contrastes : nous ne trouvons, à la vérité, dans notre bas-relief, aucune femme qui porte une charge sur sa tête; mais les exemples d'hommes portant des fardeaux sur les épaules y sont très-multipliés[1], et il n'y en a qu'un seul du portage sur la tête; il se voit au tableau de la vendange, où un homme porte ainsi une jatte pleine de raisins.

TABLEAUX RELIGIEUX.

Les peintures qui nous restent à examiner dans les deux grottes, ne présentent pas des actions susceptibles d'explications aussi positives que celles que nous avons données jusqu'ici; elles offrent cependant des circonstances dignes de curiosité, et propres à accroître nos connaissances sur les usages observés par les anciens égyptiens dans leurs cérémonies religieuses, dans les funérailles et dans les sacrifices.

Offrandes à Isis et à Orus son fils.

On voit, dans le grand bas-relief de la grotte principale, plusieurs figures d'une stature supérieure à la proportion commune; elles sont assises et élevées sur des estrades : cette position, les offrandes qu'on leur présente, le culte enfin qu'on leur rend, tout porte à croire que ce sont des divinités. L'une d'elles[2] paraît être Isis avec son fils Orus; des figures qui ont disparu par l'ou-

---

[1] Bande I, fig. 5, 6, 17, 18, 19, 20; bande II, fig. 38; bande III, fig. 86; bande IV, fig. 99, 104, 105, 106, 111, 112.
[2] Bande I, entre les verticales d et e.

trage du temps, et dont il ne reste que les mains, lui présentent des vases qui contiennent probablement de l'eau du Nil, objet d'une vénération religieuse parmi les Égyptiens, et l'un des présens les plus agréables qu'on pût faire à cette déesse : d'autres personnages sont devant elle avec des lotos dans les mains; cette offrande lui était également chère.

L'inscription hiéroglyphique placée auprès de cette scène religieuse présente une particularité digne de remarque ; on y trouve un globe surmonté d'une croix et une croix isolée. Ces deux signes sont dans la colonne d'hiéroglyphes qui est immédiatement à droite de la verticale d ; leur figure est absolument la même que celle de la croix du christianisme [1].

Les deux divinités qui sont assises au fond du tableau, vers la droite, reçoivent une offrande presque entièrement composée de fruits de la terre. Un homme apporte un panier rempli de raisins, et une plante cultivée en pot, et qui paraît être l'aloès; devant lui sont deux autres hommes, dont l'un présente des vases, et l'autre tient des tiges de lotos et un trépied sur lequel repose une hydrie propre à rafraîchir l'eau : il porte aussi deux guirlandes que l'on croirait formées de fleurs de lotos incomplétement épanouies, s'il était permis d'en juger d'après un dessin dans lequel on s'est plus appliqué, sans doute, à montrer la plante sous ses formes symboliques qu'avec ses caractères botaniques.

[1] Le globe surmonté de la croix se trouve encore dans la seconde colonne des hiéroglyphes qui sont au-dessus des fig. 57 et 58, bande II, à gauche de la verticale f.

Au-dessous de ces trois supplians, on en voit trois autres qui font aussi des offrandes. Celui qui est le plus près des divinités, leur présente des tiges de lotos dont le calice a la forme d'une cloche renversée, avec un melon d'eau, fruit très-rafraîchissant, abondant en Égypte, où il est connu sous le nom de *pastèque* : le suivant offre un panier rempli de raisins et de lotos à calice découpé, avec une hydrie placée sur son trépied : le dernier vient faire hommage aux dieux des prémices de sa chasse; son épaule est chargée d'un bâton aux extrémités duquel sont suspendues des oies semblables à celles que prennent au filet les hommes représentés dans la bande inférieure du bas-relief. On dirait que ces deux divinités président au jardinage, aux vendanges et à la chasse.

Cérémonie funéraire et sacrifice.

Dans la grotte Soultâny, à droite du grand bas-relief qui vient de nous occuper, existe un tableau qui représente une cérémonie funéraire; on n'a pas eu le loisir de le dessiner : on s'est attaché de préférence à une représentation pareille qui est figurée dans la grotte voisine dite *du Vizir*; la peinture y est beaucoup mieux conservée, et les détails y sont présentés avec plus de netteté. La copie qu'on en a faite, a été gravée pl. 70, n°. 5.

Je vais examiner successivement les cinq rangées dont ce tableau est composé.

Dans la rangée supérieure, vers la gauche, on voit deux hommes qui portent un coffre auprès duquel est un enfant; devant eux, une femme enveloppée d'une draperie est assise sur un traîneau que deux hommes tirent après eux au moyen d'une corde : on peut croire que cette femme est la veuve du mort, et que l'enfant est son fils. Vers la droite, on aperçoit un traîneau mis en mouvement par des bœufs attachés à l'extrémité d'une longue corde; deux hommes placés très-près du traîneau soutiennent la corde, et l'empêchent de balayer la terre; un autre, placé immédiatement derrière les bœufs, tient aussi la corde, et paraît diriger le tirage : entre eux est un groupe de six personnes alternativement femmes et hommes, dont les gestes expriment l'affliction. Un personnage est sur le traîneau et s'y tient debout; il porte dans sa main gauche un volume de papyrus, sur lequel est, sans doute, écrite l'oraison funèbre du mort. Un homme qui se trouve devant lui et qui tient une urne, fait sur ses pieds une aspersion abondante, pour le rendre plus pur et plus digne du ministère qu'il va remplir.

Trois personnages que l'on voit au-devant des bœufs, ont une coiffure particulière qui les rend remarquables; je n'hésite pas à prononcer qu'ils appartiennent à l'ordre sacerdotal. Deux circonstances m'autorisent à le penser : premièrement, on retrouve, vers la gauche de la seconde rangée, des hommes coiffés de la même manière, qui sont admis dans l'intérieur du temple, pendant que tous les assistans sont au-dehors; secondement, ces hommes sont les seuls qui aient la tête rasée : or, nous savons par Hérodote[1] que les prêtres égyptiens avaient

[1] Hérodote, livre II, §. 36.

coutume de se raser la tête. Ceux-ci paraissent présider aux obsèques; ils vont à la rencontre du cortége, et tendent les bras de son côté : il y a dans leur démarche un balancement et un mouvement cadencé qui lui donnent le caractère d'une danse. Le conducteur du cortége élève vers eux un rameau qu'il semble leur présenter : ne serait-ce point là le type du fameux rameau d'or sans lequel on ne pouvait pénétrer aux enfers ?

Dans la seconde rangée, deux barques mues à la rame s'avancent vers la gauche : elles portent le gouvernail à deux avirons. Cette particularité, ainsi que nous l'avons déjà observé, caractérise une représentation symbolique, et fait connaître que les deux barques ont un emploi dérivé de la religion. Au milieu de chaque nacelle s'élève une chambre où sont deux figures enveloppées, comme les morts, dans des suaires. Soit que ces figures représentent des corps réels, soit qu'on ne doive les considérer que comme des emblèmes peints sur les faces extérieures de la chambre, elles annoncent le lugubre ministère des deux barques destinées à conduire les morts vers leur dernière demeure, et employées, suivant l'expression des Égyptiens, à transporter ceux qui passaient le lac [1]; le terrible nocher Charon est assis auprès du gouvernail, et préside à ce passage qui se fait sans retour.

De l'autre côté du lac on voit un personnage entièrement nu, sur lequel deux hommes répandent l'eau à grands flots : il paraît que c'est celui que nous avons déjà observé dans la rangée supérieure, et qui est pu-

[1] Diodore de Sicile, livre 1er.

rifié de nouveau par une ablution plus abondante et plus complète que la première. On a représenté plus loin un cadavre étendu sur un lit ; il est enveloppé de la même manière que les momies qui se sont conservées jusqu'à nos jours dans les grottes sépulcrales des anciens Égyptiens. Un homme placé auprès du corps tient entre ses mains un rouleau de bandelettes : on voit que c'est lui qui a enveloppé la momie. Aux pieds du mort est une femme debout qui paraît éplorée ; son attitude est celle de la plus profonde douleur : trois autres femmes accroupies derrière elle donnent également des signes d'affliction. L'expression forcée et les gestes symétriques de ces quatre femmes n'annoncent pas une tristesse véritable : ce sont sans doute des pleureuses à gages, qui, suivant l'usage immémorial de l'Orient, ont été appelées aux funérailles pour simuler la douleur et les larmes.

Un officier des embaumemens, armé d'un couteau, fait sur la momie posée debout à côté du temple, une dernière opération dont l'objet n'est pas indiqué. Le temple est représenté par son plan : la cour qui le précède, est ornée de deux obélisques ; on y voit des arbres, une avenue de palmiers, et un bassin rempli d'eau : il faut remarquer qu'un bassin pareil subsiste encore de notre temps devant les ruines du temple qui se trouvent sur l'emplacement d'*Elethyia*. Ce bassin est incontestablement de construction antique. L'eau qu'il contenait lorsque je le vis, était fortement salée : comme elle ne peut provenir que du Nil, dont les eaux sont singulièrement pures, cette circonstance a besoin d'être expliquée. Le sol de l'Égypte est imprégné d'une grande quantité de sels; l'eau du fleuve, en se filtrant dans les terres, dissout quelques parties de ces sels, en sorte qu'elle a perdu sa pureté lorsqu'elle arrive au bassin. Le soleil ardent de ce pays, une atmosphère constamment sèche et presque toujours agitée, donnent à l'évaporation une grande activité : l'eau évaporée est aussitôt remplacée par celle qui vient du Nil, et qui, dans son passage au travers des terres, s'est chargée de nouvelles parties de sel. On conçoit que ces effets, continués depuis plus de vingt siècles, ont dû produire, à la longue, une liqueur saline très-concentrée.

La rangée inférieure contient la représentation du sacrifice d'un bœuf : Hérodote nous expliquera cette partie du bas-relief; nous n'aurons qu'à suivre son récit dans le lieu où il décrit les cérémonies qui s'observent dans les sacrifices. Après avoir fait connaître les formalités avec lesquelles on procédait au choix des *bœufs mondes*, les seuls qu'il fût permis de sacrifier, cet historien ajoute[1] :

« On conduit l'animal ainsi marqué à l'autel où il doit être immolé; on allume du feu; on répand ensuite du vin sur cet autel, et près de la victime, qu'on égorge après avoir invoqué le dieu; on en coupe la tête, et on dépouille le reste du corps; on charge cette tête d'imprécations........ : Parmi les imprécations qu'ils font sur la tête de la victime, ceux qui ont offert le sacrifice prient les dieux de détourner les malheurs qui pour-

[1] Livre II, §. 39, traduction de M. Larcher.

raient arriver à toute l'Égypte ou à eux-mêmes, et de les faire retomber sur cette tête. »

On voit effectivement dans notre tableau le feu allumé sur l'autel, et un homme qui porte, suspendus aux extrémités d'un levier, deux seaux dans lesquels se trouve vraisemblablement le vin nécessaire pour les libations. Le bœuf est étendu auprès de l'autel; sa tête a été coupée : un sacrificateur travaille avec activité à dépecer les membres. L'action du sacrificateur est décrite dans Hérodote[1].

« On coupe les cuisses, dit-il, la superficie du haut des hanches, les épaules et le cou.......... Pendant que la victime brûle, ils se frappent tous; et lorsqu'ils ont cessé de se frapper, on leur sert les restes du sacrifice. »

Parmi les figures de la rangée inférieure, il y a cinq pleureuses dont les mouvemens peuvent faire croire qu'elles se frappent; mais les autres femmes sont dans une immobilité complète.

Il n'est pas facile de deviner ce qui est contenu dans le coffre que quatre hommes portent sur leurs épaules à l'aide d'un brancard. Il est à remarquer que ce coffre et celui de la rangée supérieure ne sont pas aussi longs que la momie que l'on voit dans la rangée moyenne : par conséquent cette momie ne pourrait y être contenue, à moins qu'on ne l'eût pliée dans les articulations; ce qui est sans exemple parmi les nombreuses momies qui ont été retrouvées jusqu'à présent. Un passage de Porphyre, que je vais transcrire d'après la traduction qui en a été

---

[1] Livre II, §. 40, traduction de M. Larcher.

faite par M. Larcher[1], jettera peut-être quelque jour sur la destination de ce coffre :

« Lorsqu'on embaume les cadavres des gens de qualité, on en tire les intestins, on les met dans un coffre; et entre autres choses que l'on fait pour le mort, on prend le coffre, on atteste le soleil, et l'un des embaumeurs lui adresse pour le mort ces paroles, qu'Euphantus a traduites de sa langue maternelle : *Soleil, souverain maître, et vous tous dieux, qui avez donné la vie aux hommes, recevez-moi, et permettez que j'habite avec les dieux éternels. J'ai persisté, tout le temps que j'ai vécu, dans le culte des dieux que je tiens de mes pères; j'ai toujours honoré ceux qui ont engendré ce corps; je n'ai tué personne; je n'ai point enlevé de dépôt : je n'ai fait aucun autre mal. Si j'ai commis quelque autre faute dans ma vie, soit en mangeant, soit en buvant, ce n'a point été pour moi, mais pour ces choses.* L'embaumeur montrait, en achevant ces mots, le coffre où étaient les intestins. On jetait ensuite le coffre dans le fleuve. Quant au reste du corps, quand il était pur, on l'embaumait. »

On peut conjecturer, d'après ce passage, que le coffre de notre tableau contient les intestins du mort; mais il faut avouer que cette conjecture laisse encore beaucoup de place au doute.

Remarquons, avant de quitter la scène funéraire, que plusieurs personnages y sont costumés de la façon qui est décrite par Hérodote dans le lieu où il parle des formes du deuil chez les anciens Égyptiens : « Les femmes, dit-il, se découvrent le sein; et ayant attaché

---

[1] Note 300 sur le §. 86 du liv. II d'Hérodote, tom. II, pag. 353.

leur habillement avec une ceinture, elles se frappent la poitrine...... D'un autre côté, les hommes attachent de même leurs habits et se frappent la poitrine[1]. »

Toutes les figures de femmes du tableau que nous venons d'examiner, sont en effet, à l'exception d'une seule, vêtues de robes attachées au-dessous du sein par des ceintures. Six hommes placés dans la rangée inférieure, et l'enfant que l'on voit au-dessous du coffre, dans la rangée d'en-haut, sont représentés avec des vêtemens attachés de la même manière.

Des Sacrifices humains.

Si l'on en croit le témoignage de quelques écrivains de l'antiquité, les autels d'*Elethyia* ont été souillés du sang des hommes. Parmi les historiens dont les écrits sont parvenus jusqu'à nous, Diodore de Sicile est le plus ancien qui ait accusé les Égyptiens d'avoir offert aux dieux des victimes humaines. Voici comment il s'exprime[2] :

« On dit même que les anciens rois d'Égypte sacrifiaient sur le tombeau d'Osiris tous les hommes qui avaient le poil roux. »

Diodore ne cite aucune autorité à l'appui de cette assertion : mais, en rapprochant son récit d'un passage de Plutarque sur le même sujet, on voit que le fait a été puisé dans Manéthon, écrivain égyptien, grand-prêtre de Sébennyte et greffier des archives sacrées,

---

[1] Hérodote, liv. II, §. 85.
[2] Tome I*er*, pag. 187, traduction de Terrasson, Paris, 1737.

qui vivait sous Ptolémée Philadelphe. Plutarque s'exprime à peu près dans les mêmes termes que Diodore; mais il a l'attention de citer l'auteur sur l'autorité duquel il se fonde, et cet auteur est Manéthon.

« Les Égyptiens, dit Plutarque, brûlaient dans la ville d'*Elethyia*, ainsi que l'a écrit Manéthon, des hommes vivans qu'ils appelaient *typhoniens*, et ils jetaient leurs cendres au vent[1]. »

On appelait *typhoniens* les hommes dont les cheveux étaient roux; les Égyptiens croyaient que Typhon, le mauvais génie, les avait de cette couleur.

Un autre passage de Manéthon, dont le sens a été conservé par Porphyre[2], apprend qu'on immolait aussi des hommes à Héliopolis : on en sacrifiait trois tous les jours. Cette abomination dura jusqu'au roi Amosis, qui ordonna de substituer aux hommes trois figures de cire de grandeur naturelle. Avant cette ordonnance, les hommes typhoniens étaient choisis et marqués avec les mêmes soins et les mêmes formalités que les veaux destinés aux sacrifices. Ces formalités devaient peu différer de celles que l'on observait dans le choix des bœufs mondes, et dont Hérodote nous a transmis le détail[3].

« Il y a, dit cet historien, un prêtre destiné pour cette fonction : s'il trouve sur l'animal un seul poil noir, il le regarde comme immonde; il le visite et l'examine debout et couché sur le dos; il lui fait ensuite tirer la langue, et il observe s'il est exempt des marques dont font mention les livres sacrés...... Il considère aussi

[1] Traité d'Isis et d'Osiris.
[2] *De Abstinentia*, lib. II.
[3] Livre II, §. 38, traduction de M. Larcher.

si les poils de la queue sont tels qu'ils doivent être naturellement. Le bœuf a-t-il toutes les conditions requises pour être réputé monde, le prêtre le marque avec une corde d'écorce de byblos, qu'il lui attache autour des cornes; il y applique ensuite de la terre sigillaire, sur laquelle il imprime son sceau.... Il est défendu, sous peine de mort, de sacrifier un bœuf qui n'a point cette empreinte. »

Hérodote, que je viens de citer, n'est point favorable à l'opinion de ceux qui pensent que les Égyptiens ont sacrifié des victimes humaines; il soutient formellement que jamais ils n'ont admis cet usage horrible. Loin de sacrifier des hommes, ce peuple, dit-il, osait à peine sacrifier des animaux; et le nombre de ceux qu'il lui était permis d'immoler, était très-borné. Ce raisonnement ne me paraît point convaincant; l'expérience a prouvé, dans mille circonstances, que les esprits frappés de superstition peuvent admettre les idées les plus absurdes et allier les usages les plus contradictoires. Semble-t-il vraisemblable, par exemple, que des hommes qui, par principe de religion, ont horreur du meurtre d'une vache et craignent de donner la mort à un insecte, tiennent, également par principe de religion, à une coutume qui force les femmes à se brûler vives lorsque leur époux vient à mourir? c'est cependant ce qui existe, et ce que l'on voit tous les jours sur les bords du Gange. Il n'est donc pas contraire à la nature humaine de supposer que le même peuple qui répugnait à sacrifier certains animaux, a pu immoler des hommes. Les témoignages historiques que j'ai cités, ont déterminé, contre le sentiment d'Hérodote, l'opinion de presque tous ceux qui ont examiné la question. Cependant on ne connaissait pas des preuves encore plus fortes et plus incontestables que nous pouvons alléguer aujourd'hui; les Égyptiens eux-mêmes ont pris soin de les conserver en les gravant sur la pierre : j'ai trouvé, dans presque tous leurs monumens, la représentation de cérémonies où des hommes sont sacrifiés.

Un tableau placé du côté de l'ouest, sur l'un des pylônes[1] du grand temple de Philæ, représente quatre hommes couchés sur le ventre; leurs mains sont passées derrière le dos, et liées avec leurs pieds, que l'on a ramenés, pour cet effet, vers les reins : un sacrificateur debout, tourné vers une figure décorée des attributs ordinaires aux divinités, a transpercé avec une lance les corps de ces quatre hommes. Si l'on entre dans le temple, on voit, sur une colonne, la représentation d'un sacrificateur qui enfonce une lance dans le crâne d'un malheureux dont un autre sacrificateur a déjà percé le corps; les deux exécuteurs sont vêtus et mitrés comme les figures qui, dans les autres bas-reliefs, remplissent les fonctions de prêtres.

A Thèbes, parmi les sculptures de la belle porte devant laquelle se trouvait une longue avenue de sphinx et de beliers, qui conduisait de Louqsor à Karnak, on remarque un sacrificateur dont la main droite, armée d'une massue, est levée pour assommer un homme que l'on tient prosterné devant deux divinités dont les ornemens et les attributs annoncent Osiris et Isis. Aux

[1] Ce pylône est représenté pl. 12, fig. 1.

vêtemens et à la barbe de la victime, on reconnaît qu'elle appartient à une nation dont les combats contre les Égyptiens, et la défaite, sont sculptés en bas-relief sur les murs du grand édifice de Karnak. Dans un autre tableau qui se trouve sur une porte située à l'opposite de la précédente, vers le nord, un homme de la même nation est immolé devant un serpent.

Au temple de Denderah, sur la face qui regarde l'est, quatre victimes sont immolées devant Isis et Osiris; elles sont à genoux et enchaînées : le sacrificateur enfonce le crâne de l'une d'elles avec une pique. Un spectacle encore plus horrible est représenté parmi les sculptures d'une porte isolée qui subsiste debout, à quelque distance du grand monument de Denderah. Deux hommes enchaînés par les coudes sont agenouillés devant un dieu; le sacrificateur les assujettit dans cette position en appuyant son pied sur leurs jambes, et il s'apprête à enfoncer sa pique dans leur tête. Un lion est placé entre les jambes du sacrificateur pour dévorer les victimes; déjà sa gueule a saisi le bras d'un de ces infortunés.

Ces sculptures me semblent prouver qu'il fut un temps où les Égyptiens immolaient des victimes humaines, et que même, après avoir renoncé à cette barbare coutume, ils n'ont pas cru leur honneur intéressé à en abolir le souvenir. On peut objecter, il est vrai, que, pour être autorisé à tirer une pareille induction de ces bas-reliefs, il faudrait mieux connaître l'intention dans laquelle ils ont été sculptés; que, peut-être, ces tableaux n'étaient que des symboles dont nous ignorons aujourd'hui la signification; que l'action que je prends pour un sacrifice, pourrait n'être que le supplice d'un criminel condamné par les lois, et que l'on met à mort avec un appareil solennel, propre à faire sur la multitude une impression salutaire.

Ces raisonnemens disparaissent devant un passage de Plutarque qui fait connaître l'empreinte du sceau avec lequel on marquait les bœufs mondes choisis pour les sacrifices. Voici ce passage, traduit par Amyot : « Les prêtres, qui se nomment *les scelleurs*, venaient marquer le bœuf de la marque de leur sceau, qui était, comme l'écrit Castor, l'image d'un homme à genoux ayant les mains liées derrière et l'épée à la gorge [1]. » L'analogie de cette image avec les attitudes des victimes dans les tableaux que je viens de citer, lève, je crois, toute espèce de doute sur l'intention dans laquelle ces tableaux ont été faits et sur leur véritable sens. Cette intention paraît si clairement dans l'empreinte du sceau, que des savans à qui les monumens dont je viens de parler étaient inconnus, n'ont pas balancé à regarder cette empreinte comme formant une preuve décisive de l'ancien usage d'immoler des hommes.

Le savant Jablonski, tout disposé qu'il était à disculper les Égyptiens de cette barbarie, n'a pu cependant désavouer les faits attestés par les historiens ; mais il s'est efforcé de les expliquer dans un sens favorable à ce peuple : il a supposé que les sacrifices humains furent introduits, contre le gré du corps sacerdotal, à l'époque très-éloignée où les rois pasteurs établirent en Égypte

[1] Traité d'Isis et d'Osiris, §. 28, traduction d'Amyot, édit. de M. Clavier, Paris, 1802.

leur domination tyrannique et cruelle. Jablonski aurait, sans doute, abandonné cette explication, s'il avait connu les sculptures que je viens de citer; les sacrifices humains y sont mêlés avec les scènes religieuses les plus respectées : ce rapprochement suffisait pour les sanctifier aux yeux de la multitude, et pour en perpétuer l'usage. Les prêtres n'y auraient pas consenti, si les sacrifices humains leur avaient paru aussi abominables et aussi sacriléges qu'à nous; et s'il était arrivé que la tyrannie des rois pasteurs leur eût forcé la main à cet égard, ils n'auraient pas manqué, dès que cette tyrannie se fût évanouie, d'effacer ces monumens de la servitude des Égyptiens et de la profanation de leurs temples.

Il paraît donc démontré, s'il est permis d'employer ce mot en de semblables matières, il paraît démontré, dis-je, que la religion des anciens Égyptiens a admis l'immolation des victimes humaines.

MÉMOIRE
SUR LE LAC DE MŒRIS

COMPARÉ

AU LAC DU FAYOUM[1],

Par E. JOMARD.

Parmi les questions d'antiquité qui ont exercé beaucoup d'écrivains, et qui, par leurs difficultés et leur nature, méritaient les plus savantes recherches, on peut assigner un des premiers rangs à celle que présente l'emplacement du lac de Mœris; mais c'est en même temps l'une des questions où le défaut de notions exactes sur les localités pouvait égarer le plus : aussi les hypothèses plus ou moins ingénieuses que l'on a imaginées jusqu'ici pour rapprocher des descriptions des anciens les récits des voyageurs modernes, se trouvent aujourd'hui dénuées de fondement. S'il n'eût fallu dans cette matière que de l'érudition et de la sagacité, elle serait depuis long-temps éclaircie : mais rien, dans un pareil problème, ne peut remplacer la description géographique du local; et c'est ce secours qui a manqué à d'Anville,

---

[1] De nouvelles observations recueillies depuis la rédaction de ce mémoire n'ayant pu y trouver place, on a préféré d'indiquer dans les notes plusieurs de ces observations, et de publier cet écrit tel qu'il a été lu à l'Institut d'Égypte, le 8 octobre 1800, sauf un petit nombre d'additions.

à Gibert et à une foule d'autres savans, qui n'avaient pour base dans leurs travaux que des relations vagues et des observations infidèles.

Les connaissances précises qu'on vient de recueillir sur le territoire entier de l'Égypte, et, pour ainsi dire, pied à pied, font espérer de pouvoir résoudre les difficultés que présente l'étude de ce pays, plus fameux que bien connu; elles en rectifieront surtout la géographie, bien qu'elle fût moins défigurée que tout le reste, grâce à l'habileté et à la pénétration de d'Anville.

C'est d'après de pareilles notions, acquises par des voyages faits dans le Fayoum et dans l'Égypte moyenne, que j'entreprends d'examiner ce qui regarde le lac de Mœris. Après avoir exposé mon sentiment, je rendrai compte des opinions de plusieurs critiques; ce que j'ai cru indispensable à cause de leur autorité en matière de géographie, et aussi parce que tant de recherches avaient fini par obscurcir la question. Il me faudra aussi, pour atteindre le but que je me propose, produire au lecteur d'une manière complète les témoignages des anciens écrivains[1] : ce qui me paraît la voie la plus sûre pour démêler le vrai dans un sujet d'antiquité; car on n'a que trop souvent tronqué les passages des anciens, pour les ajuster en quelque sorte à un cadre imaginaire fourni par des relations inexactes.

[1] Les textes mêmes des principaux auteurs sont rapportés à la fin du mémoire.

§. I. *Du Fayoum, et du Bahr-Yousef, ou canal de Joseph.*

Au couchant de Beny-Soueyf, et à deux myriamètres (quatre lieues[1]) environ de cette ville, s'ouvre une gorge étroite dans la chaîne de montagnes qui suit la rive gauche du Nil. Cette ouverture, dirigée du levant au couchant, ne s'élargit qu'au bout de deux lieues; alors la chaîne s'écarte brusquement vers le nord et le sud, pour former à l'ouest de l'Égypte un vaste bassin qui a près de vingt-cinq myriamètres (cinquante lieues) de circuit. On ignore encore aujourd'hui si ce bassin est réellement ouvert du côté de la Libye, dans l'endroit où toutes les cartes marquent l'origine du *Bahr-belâ-mâ*, ou mer sans eau. Au nord-est et vers Tamyeh, est une coupure qui mène au Kaire à travers le désert; vers le sud, la chaîne s'ouvre encore, et, par un contour qu'elle forme, donne naissance à un nouveau bassin[2]. L'espace compris dans ces développemens de la montagne constitue la province du Fayoum, la même que le nome d'Arsinoé, ville dont les ruines se voient encore près de la capitale actuelle. Cette province reçoit les eaux du Nil par le *Bahr-Yousef*, ou canal de Joseph, qui, à l'entrée de la gorge, fait un coude à angle droit pour y pénétrer. Arrivé à Medynet el-Fayoum, il se

---

[1] Je me sers, dans tout ce mémoire, de la lieue de 25 au degré.

[2] Ce bassin renferme le lac appelé *Garâh*, dont les eaux sont douces et servent à l'irrigation; elles lui viennent du Nil. *Voyez*, dans l'Atlas géographique d'Égypte, la carte du Fayoum, où l'on a tracé la reconnaissance faite au nord du lac et dans le sud du Fayoum par M. Mârtin, membre de la Commission des sciences et arts, éditeur des *Recherches sur les costumes des anciens peuples*.

divise en un grand nombre de canaux qui, par une distribution bien entendue, vont arroser et fertiliser tous les villages. Cette province est encore, comme chez les anciens, une des mieux cultivées et des plus riches de l'Égypte; et les campagnes, à quinze lieues du Nil, y sont aussi fertiles que les parties voisines du fleuve. Mais la négligence apportée dans l'entretien des canaux a enlevé à l'agriculture une moitié des terres cultivables. Le bassin renferme plus de cent lieues carrées, et, sur environ soixante que l'on pourrait mettre en production, l'on en compte à peine trente qui soient cultivées. Les terres abandonnées se sont peu à peu couvertes de sable; et la partie occidentale du Fayoum, qui a dû autrefois être cultivée, puisqu'on y voit des restes considérables d'habitations, est transformée aujourd'hui en un désert absolu.

Le mauvais état des canaux et l'ensablement des terres ont amené un autre changement non moins funeste à la culture. Il n'y a maintenant dans les trente lieues cultivées qu'environ soixante villages. Vansleb, qui voyageait en 1673, en a compté soixante-deux[1]; et Granger, en 1730, n'en a compté que soixante-un[2]. Il n'y a donc dans le Fayoum, depuis assez long-temps, que deux villages par lieue carrée[3]; tandis qu'il y en a trois dans les autres provinces fertiles de l'Égypte, et en particulier dans celle du Kaire, où l'on compte, dans

---

[1] Relation d'un voyage en Égypte, par le P. Vansleb; Paris, 1777; pag. 257.

[2] Voyage de Granger, Paris, 1745; pag. 149.

[3] Sur les anciens registres, l'on compte quatre-vingt-huit villages dans le Fayoum.

quarante-quatre lieues carrées, cent trente-six villages non moins peuplés que ceux du Fayoum.

Malgré cette dépopulation, le territoire du Fayoum est encore un des meilleurs de la contrée. Les champs sont couverts de grains, de légumes de tout genre et de cultures précieuses[1]. Outre les arbres communs au reste de l'Égypte, on y trouve abondamment de beaux oliviers, des figuiers, et les jardins fournissent des fruits de plusieurs espèces. Tout le monde sait qu'il y a de grandes plantations de rosiers dans cette province de l'Égypte, et qu'elle est là seule qui ait des vignobles. Elle diffère aussi des autres par la variété de ses campagnes, par l'aspect assez pittoresque du sol, souvent coupé de ravins et de canaux, ainsi que par ses villages beaucoup mieux bâtis, et par un certain air d'aisance qui est généralement répandu.

Je n'ajouterai rien de plus sur le Fayoum, parce que d'autres personnes feront connaître en détail l'état de cette province, et que mon objet est seulement de faire voir qu'il y a encore quelques rapports entre son état actuel et celui du nome Arsinoïte du temps de Strabon. « Cette préfecture, dit le géographe, surpasse toutes les autres par son aspect, sa fertilité et sa culture. C'est la seule qui produise de bonnes olives; et avec du soin, l'on y recueille de l'huile excellente : elle fournit aussi

---

[1] Les principales plantes cultivées sont le coton, l'indigo, le lin et le tabac; et parmi les plantes alimentaires, le dourah et les autres grains; le sucre, les fèves, le lupin, les lentilles, et le guilban (espèce de gesse) : l'opuntia s'y trouve en grande quantité, surtout près de Fydymyn, formant des haies de jardin, ainsi que le grand asclépias appelé *gigantea*, en arbrisseau.

beaucoup de vin, de bons fruits, de blé, de légumes et de grains de toute espèce[1]. »

Cette description aurait fait retrouver à elle seule la position du nome Arsinoïte, si on ne l'eût connue d'ailleurs.

Le canal qui arrose le Fayoum, conserve de l'eau toute l'année. Ses bords, garnis de saules, de tamariscs et de plantes diverses, offrent une verdure agréable, surtout aux environs d'Haouârah el-Lahoun, où la proximité du désert donne encore plus d'agrément aux rives du canal. Ce village, situé en dedans du coude que fait le Bahr-Yousef pour entrer dans la gorge, est bâti sur les bords du canal. Un peu au-dessus, l'on remarque un premier pont en pierre, de trois arches, par où les eaux s'écoulent, en formant une chute d'un mètre environ dans les basses eaux; au nord est une chaussée qui s'appuie sur la montagne à el-Lahoun, et le long de laquelle s'écoulent en partie les eaux du canal dans le temps de l'inondation : ces eaux continuent de longer, vers le nord, le pied de la chaîne libyque, et reçoivent, dans leur cours, divers canaux du Nil. Cette direction doit avoir été celle d'une ancienne branche du fleuve, comme on le verra plus tard. Ce qui est digne de remarque, c'est qu'entre Haouârah et Medynet el-Fayoum on trouve plusieurs points où le rocher sert de lit aux eaux du canal.

Arrivé au village d'Haouârah-el-Soghayr, le canal de Joseph se détournait autrefois vers le nord par une branche fort large, et il se rendait par Tamyeh dans le

---

[1] Strab. l. xvii. (Voyez *infrà*.)

lac qui occupe la partie septentrionale de cette province, et qu'on appelle *Birket-Qeroun*[1]. Il s'y portait aussi par une autre branche, dont l'origine est à trois mille mètres (quinze cents toises) au-dessous d'Haouârah, et qui se dirigeait vers l'ouest jusqu'au sud d'el-Nazleh, village où elle prenait son cours vers le nord pour tomber perpendiculairement dans le lac. Ces deux bras du Bahr-Yousef ont été digués à leur origine, depuis que ce canal, à cause de l'exhaussement progressif de son lit, a cessé d'apporter dans le Fayoum autant d'eaux qu'autrefois, et que, pour en éviter la déperdition dans un réservoir devenu inutile, on les a fait refluer par de nouvelles routes dans l'intérieur de la province.

Ces anciennes branches du canal sont aujourd'hui deux ravins profonds, presque à sec. Celui qui passe à el-Nazleh a environ cent mètres (cinquante toises) de

---

[1] Ce nom est celui que j'ai recueilli sur les lieux. Plusieurs voyageurs et écrivains emploient le nom de *Birket-Caroun*, et le traduisent par *lac de Caron*. Je ne connais aucune autorité qui appuie une dénomination pareille : car les fables des Arabes ne sont point ici une autorité ; il en est question dans la description des antiquités du Fayoum. Je me borne à faire observer ici que Paul Lucas, ou plutôt l'abbé Banier, qui a accrédité ce nom de *lac Caron*, ne l'appelle ainsi que dans le troisième Voyage : dans le premier, qu'a rédigé Baudelot, le lac est appelé *Querron*; ce qui approche beaucoup du nom que j'ai entendu de la bouche des Arabes. C'est aux idées de l'abbé Banier qu'on doit cette transformation; et l'on sait que ce troisième Voyage de Paul Lucas a renchéri sur les deux autres en exagérations et en infidélités. Vansleb se sert du nom de *lac Kern*. Le major Rennell a adopté le nom de *Kaïroun*. Il est remarquable qu'Abou-l-fedâ, el-Edrîcy, Murtadi, et d'autres écrivains, ne lui donnent pas de nom; A'bd el-Rachyd l'appelle *Bahyret el-Fayoum*. J'ai vu écrire son nom dans le pays, *Birket el-Qern* ou *Qeroun* بركة القرن. Je l'ai ouï nommer aussi *Birket el-Qeroun*. Ce nom serait concluant contre celui de *lac Caron*, les noms propres ne pouvant avoir d'article en arabe. Je n'emploierai que le nom de *Birket-Qeroun* dans le cours de ce mémoire.

large, et huit à dix mètres (vingt à trente pieds) de profondeur : ses bords sont coupés à pic, et présentent dans certains endroits six à sept mètres (vingt pieds) de terre végétale au-dessus du banc calcaire. Au mois de pluviôse an 7 (février 1799), c'est-à-dire dans les basses eaux, il y avait encore dans le fond un ruisseau de cinq mètres (quinze pieds) de large, qui s'écoulait dans le lac. Le sol des environs de ce ravin est tout entr'ouvert, et on le trouve, à chaque pas, rempli de profondes crevasses, formées par la retraite des terres qui aujourd'hui ne sont plus humectées.

§. II. *Du Birket-Qeroun, ou lac du Fayoum.*

J'ai suivi jusqu'à son extrémité le ravin que je viens de décrire; il n'a plus que six mètres (trois toises) de large aux abords du lac : il est bordé de roseaux; la terre y est inculte et couverte de soudes. En face de l'embouchure du canal est une petite île à fleur d'eau, remplie de joncs. Les bords du lac y sont presque de niveau avec le sol environnant, et couverts au loin d'une croûte saline très-blanche, large d'environ cent mètres (cinquante toises). Nous avons marché pendant près de deux heures sur cette rive, du côté de l'est. Dans cette partie du lac, on voit aboutir un ruisseau venant du grand ravin, et qui est entouré de buissons de tamariscs fort épais. Ensuite on trouve une pointe où ce lac n'avait plus, à cause des basses eaux, qu'environ deux mille mètres (une demi-lieue) de largeur : là, il est encaissé entre la chaîne de montagnes et une dune de sable qui, dans les hautes eaux, doit former une île; après quoi il se rétrécit tellement, qu'il paraît ne plus avoir que deux cents mètres (cent toises) de large : mais il reprend ensuite une largeur beaucoup plus grande, en continuant de baigner la montagne pendant un myriamètre et demi (trois lieues) vers l'est. A partir de ce même point, et du côté du couchant, il la suit pendant cinq myriamètres (dix lieues), en se contournant avec elle au sud-ouest. On peut estimer à environ un myriamètre (deux lieues) sa plus grande largeur dans ce dernier espace.

En-dedans de la pointe dont j'ai parlé, et derrière la dune de sable, le sol tremble sous les pieds; la croûte saline cède sous le poids du corps; et si l'on avance davantage, on court risque d'enfoncer entièrement. Paul Lucas parle d'endroits sur le bord du lac où il n'y a plus d'eau, et dont le fond est devenu un sable mouvant où s'engloutissent quelquefois les hommes et les bestiaux [1]. Nos guides avaient connaissance de ces prétendues terres mouvantes, et faisaient leurs efforts pour nous faire marcher loin des bords; mais nous avions le dessein de faire le tour du lac, et nous nous approchâmes : bientôt on fut obligé de s'arrêter; les chameaux enfonçaient jusqu'au ventre, et ne pouvaient se débarrasser qu'avec la plus grande peine. En effet, il y avait de l'eau sous le sol à moins de huit décimètres (deux pieds et demi) de la surface, et tout le terrain n'était qu'une boue liquide formée de sable et de limon. Il peut être fort dangereux d'y marcher quand la croûte de sel n'est pas encore formée par l'évaporation, et que le sel n'a pas

---

[1] Paul Lucas, 3e Voyage; Rouen, 1724; tome III, page 6.

pris de consistance : alors les abîmes dont parlent les Arabes, doivent avoir quelque réalité. La croûte saline qui suit les bords du lac, prouve qu'ils sont inondés quand il est grossi par les pluies et par le Nil; et c'est au long séjour des eaux qu'il faut attribuer le peu de fermeté du sol dans les endroits dont j'ai parlé.

Les autres observations que j'ai recueillies sur le Birket-Qeroun, se retrouveront dans la comparaison que je vais en faire avec le lac de Mœris [1].

§. III. *Comparaison du Birket-Qeroun avec le lac de Mœris.*

Quand on lit dans les anciens que ce lac avait un *circuit* de trois mille six cents stades, ou de quatre cent cinquante *milles*, on est porté à soupçonner de l'exagération ou de l'erreur dans une étendue aussi considérable. Pour expliquer l'invraisemblance de cette mesure, les uns ont appliqué les descriptions des auteurs au canal de Joseph; les autres ont eu recours à un lac Bathen, sans existence; on a été jusqu'à transformer une mesure de circuit en mesure de surface : enfin quelques-uns ont exagéré l'étendue du Birket-Qeroun; Bossuet a avancé et soutenu que le lac de Mœris avait eu cent quatre-vingts lieues de contour [2]; d'autres écrivains, en se tenant au sentiment de Pomponius Mela, qui n'attribue

---

[1] Le lac de Mœris est appelé par les divers auteurs, tantôt Μύριδος, tantôt Μοίριδος λίμνη. Hérodote lui-même a écrit de ces deux manières. Il y a des exemples qui font voir que ce n'est là qu'un seul et même nom; on cite celui de *Mysie*, qui s'écrivait indistinctement Μυσία et Μοισία.

[2] Discours sur l'histoire universelle.

que vingt *milles* de circuit au lac de Mœris[1], ce qui ne suppose que trois lieues de longueur, ont donné dans un excès contraire : ils avaient pour eux une mesure de trente à quarante *milles* de circuit assignée au lac du Fayoum par Paul Lucas[2], qui d'ailleurs a exagéré sur tout le reste, et une de sept lieues de longueur fournie par Granger[3], qui, avec le P. Sicard, lui a donné le nom de *lac du roi Mendès*, lac dont il n'est fait aucune mention dans l'antiquité. Quant à la mesure de cinquante *milles* de longueur donnée par Sicard[4], et adoptée par Pococke, elle est un peu forte; mais le premier avait sans doute vu le lac dans le temps de l'inondation : aussi le voyageur anglais, qui l'avait visité quatre mois et demi après les plus hautes eaux, n'avait estimé cette mesure qu'à trente *milles*[5]. Les douze lieues de longueur indiquées par d'Anville et de Pauw approchent de la vérité[6].

Parmi tant de contradictions entre les anciens ainsi qu'entre les modernes, il n'est pas facile, au premier abord, de fixer l'incertitude; mais, à mesure que l'on applique les descriptions au local actuel, et qu'on laisse de côté les écrits des auteurs modernes, qui n'ont fait qu'embarrasser la question, on voit s'évanouir successivement les difficultés.

Le lac du Fayoum a des limites fort variables en

---

[1] Pompon. Mela, *De situ orbis*, l. 1, c. 9. (Voyez *infrà*.)
[2] Paul Lucas, 3ᵉ Voy., t. III, p. 63.
[3] Granger, Voyage en Égypte.
[4] Mémoires des missions dans le Levant, tom. II et V.
[5] *Descript. of the East*, by Rich. Pococke, tom. I.
[6] Mémoires sur l'Égypte, p. 151; Recherches philosophiques sur les Égyptiens, etc.

raison des inondations et de la sécheresse. Nous l'avons visité quatre mois après les plus hautes eaux ; sa longueur était d'environ six myriamètres (douze lieues), et son circuit de treize à quatorze (vingt-huit lieues) : mais entre ses bords actuels et les terres cultivées est un terrain bas, crevassé, marécageux dans les inondations [1]. Son bassin est séparé du reste de la province par une crête sensible, qui désigne manifestement l'ancienne limite du lac. La dépression qui est très-visible le long d'une ligne menée à l'est et à l'ouest de Senhour el-Medyneh, est fortement marquée à ce village, qui est, ainsi que ses environs, beaucoup au-dessus de l'emplacement bas dont je parle : j'ai estimé à six à sept mètres (vingt pieds) la différence de niveau. Si donc on admet que la limite du lac était jadis à cette ligne, qu'il faut prolonger au couchant par Abchouây el-Roummân jusqu'aux ruines de Beled-Qeroun et de Qasr-Qeroun, au levant par Roudah et Tamyeh, et qu'on mesure ensuite son circuit entre cette ligne et la chaîne du nord dont il est actuellement éloigné, on trouve environ vingt myriamètres (quarante lieues), qui reviennent à dix-huit cents petits stades d'Hérodote, ou soixante schœnes de trente stades chacun [2].

Or, pour former ce nouveau lac, il n'y aurait qu'à

---

[1] Au couchant, le terrain est couvert de sables et de cailloux roulés, mais encore anguleux, qui dénotent le séjour et l'action des eaux. Cet espace est actuellement occupé par des camps arabes. *Voyez* pag. 163.

[2] Nous avons conservé, dans cette extension donnée au Birket-Qeroun, un assez grand espace à la province, pour répondre à ce que dit Strabon du nome Arsinoïte ; l'étendre davantage serait en quelque sorte submerger le Fayoum, et contredire à-la-fois les anciens et le témoignage des lieux.

SUR LE LAC DE MOERIS.

ouvrir les digues qui servent à barrer les deux grands ravins de Tamyeh et d'el-Nazleh. Un petit nombre d'inondations apporteraient l'eau nécessaire, comme on peut s'en convaincre en considérant la grande largeur et la profondeur de ces canaux. Cet ancien état du lac ne remonte même pas à une époque très-éloignée. Il paraît, d'après la relation du P. Vansleb, que les villages de Senhour et Sennouris étaient fort proches de ses bords en 1673 : « C'est à Senhour, dit-il, qu'il faut s'embarquer pour passer de l'autre côté du lac, et que se tiennent les pêcheurs qui y conduisent[1]. »

Cela posé, observons que l'on a souvent confondu deux espèces de schœnes, qui étaient composés l'un de soixante et l'autre de trente stades. La parasange avait aussi trente stades : c'est pour cela qu'on l'a prise pour le schœne, et que, dans les anciennes mesures citées par Héron d'Alexandrie, ces deux mesures n'en font qu'une[2]. Il est donc aisé de concevoir qu'Hérodote a pu prendre un schœne pour l'autre, et compter, par conséquent, trois mille six cents stades au lieu de dix-huit cents. Que l'erreur soit de son fait, ou qu'elle vienne des personnes qu'il consultait, c'est ce qu'il importe peu d'examiner.

On pourrait penser, il est vrai, qu'Hérodote a lui-même, à dessein, abusé de l'équivoque des diverses mesures en usage, pour donner à son récit un air plus

---

[1] Voyage en Égypte, pag. 269.
[2] *Voyez* Hérodote, Artémidore, Strabon, Marcien, Ptolémée, Hésychius, Héron, S. Épiphane, etc. Il serait déplacé d'exposer ici plus en détail ce qui regarde ces diverses mesures ; je traite de cet objet dans un écrit particulier *sur le système métrique des anciens Égyptiens*, écrit auquel je renverrai dans le cours de ce mémoire, et qui fait l'une des bases du travail que j'ai entrepris sur la géographie comparée de l'Égypte.

merveilleux, et servir en quelque sorte les Grecs dans leur goût; mais cette supposition est superflue : l'erreur dont il s'agit est dans la nature des choses; et ce qui la rend plus probable encore, c'est la différence des langues. Il faut se ressouvenir qu'Hérodote recueillait ses renseignemens par des interprètes égyptiens, dont le roi Psammétique avait fondé un collége à l'usage des étrangers [1].

Il est essentiel maintenant de faire voir que les mesures attribuées par les anciens au lac de Mœris dérivent toutes de celle d'Hérodote. Diodore, en premier lieu, qui donne trois mille six cents stades, paraît l'avoir copié [2]. Pline compte deux cent cinquante *milles*, qui (à dix *milles* près) font trois mille six cents petits stades d'Hérodote [3]. Le même écrivain parle d'une mesure de quatre cent cinquante *milles*, compte qui vient de trois mille six cents stades appelés communément *olympiques*, ou de huit au *mille* [4], et il l'attribue à Mutien, auteur d'un Recueil sur l'histoire et la géographie de l'Orient, souvent cité par lui. C'est ainsi qu'on a confondu successivement deux schœnes et deux stades presque sous-doubles, en conservant seulement le nombre des schœnes

---

[1] Herod. l. II, cap. 154. (Voyez *infrà*.)
[2] Diod. lib. I. (Voyez *infrà*.)
[3] Pline, lib. V, cap. 9. (Voyez *infrà*.)
[4] Il est évident que les trois mille six cents stades d'Hérodote ne sont pas des stades olympiques; il a pris soin lui-même de les définir par soixante schœnes, qui faisaient de son temps la longueur des côtes de l'Égypte, comme ils la font encore aujourd'hui. (Voyez *infrà*.) Or, le stade qui entre soixante fois dans ce schœne, est reconnu par les savans pour avoir été fort usité en Égypte, et ne vaut qu'un peu plus de la moitié de l'autre. Cependant plusieurs modernes n'ont pas fait difficulté de supposer qu'il s'agit de trois mille six cents stades de huit au *mille* : mais cette mesure excède toute vraisemblance, et même en quelque sorte les bornes de l'Égypte; ce qui, comme on le sait, a fourni à Voltaire un sujet de plaisanterie.

et celui des stades; et que tous les écrivains se sont accordés, pour ainsi dire, à faire entrer dans leurs descriptions ce qui pouvait donner une plus haute idée du lac de Mœris; mais le récit d'Hérodote est la source commune de tous les autres.

Strabon ne donne aucune mesure au lac de Mœris; il se borne à comparer son étendue à celle d'une mer. Quoique cette expression soit exagérée, elle peut cependant convenir sous plusieurs rapports à un espace de plus de huit myriamètres (dix-sept lieues) de longueur, et large de deux myriamètres (quatre lieues), tel que celui qu'occupait ce lac autrefois. Une surface d'eau douce d'environ soixante lieues carrées, dans l'intérieur du territoire, et presque dans le désert, était assez grande pour sembler un golfe et justifier l'épithète d'*admirable* que lui donne Strabon.

La dernière mesure que nous trouvions dans les anciens, est celle de Pomponius Mela, qui ne donne au Mœris que vingt *milles* de circuit[1] : cette mesure est évidemment trop faible, et les savans s'accordent à dire que le texte est corrompu. Dans l'édition de Vossius, elle est corrigée par cinq cents *milles*, j'ignore sur quel fondement. Il est préférable de croire que le mot de *centum* a été oublié par les copistes; et si le nombre était d'abord en chiffres dans les manuscrits, la supposition serait encore plus probable : or, cent vingt *milles* font, à très-peu de chose près, le circuit du lac de Mœris, tel que nous l'avons assigné[2].

---

[1] Pomp. Mela, l. 1, c. 9. (Voyez *infrà*.)

[2] Le *mille* dont il s'agit, comme je le ferai voir ailleurs, vaut environ

Quant aux sentimens des modernes sur ce point, il serait impossible d'en faire l'examen, et même l'énumération ; la plupart ont embrassé une opinion où la grandeur du lac de Mœris est exagérée. J'ai cité Bossuet ; je citerai aussi l'auteur d'un ouvrage sur *les merveilles du Nil*[1], qui s'exprime ainsi, d'après Sabellicus : *Vastitatem hujus lacûs inde est conjicere, quòd, Nilo senis mensibus expoto, vix expleri potuerit ; quòd septem dierum navigatione, adverso Nilo, à mari navigatus sit.* Ce n'est pas là le passage le moins étrange de ce livre singulier.

Pour discuter le reste du passage d'Hérodote, j'examinerai en premier lieu ce qu'il dit de la *direction* du lac de Mœris. Après avoir observé que sa longueur va du nord au midi, il ajoute plus bas qu'il forme un coude à l'occident, se porte vers le milieu des terres, le long de la montagne, au-dessus de Memphis, et se décharge, au rapport des habitans du pays, dans la syrte de Libye, par un canal souterrain[2].

La première partie de cette description présente une grande difficulté contre le Birket-Qeroun ; car la plus grande dimension de ce lac n'est pas du nord au sud. Mais, pour s'être trop attachés à la lettre de ce passage, plusieurs ont établi des hypothèses qui conviennent sous un seul point de vue, et qui pèchent sous tous les autres. On n'a pas fait attention qu'Hérodote était le seul qui prolongeât le Mœris du nord au sud, et que Diodore,

---

quatorze fois et huit dixièmes le petit stade égyptien ; donc cent vingt *milles* font, à vingt stades près, les dix-huit cents stades dont il s'agit.

[1] *Marc. Frid. Wendelini Archipalatini Admiranda Nili*, Francofurti, 1623.

[2] Herod. lib. II, cap. 149 et 150. (Voyez *infrà*.)

Strabon, Pline, Ptolémée, Mela et les autres anciens n'en ont pas parlé : cependant plusieurs, et Strabon entre autres, se sont étendus sur ce lac; s'il y eût eu quelque remarque à faire sur sa direction, le géographe ne l'aurait peut-être pas négligée.

Richard Pococke fait observer, dans une dissertation latine sur la géographie de l'Égypte, qu'on ne doit pas s'arrêter à cette assertion d'Hérodote, et qu'on ne peut en conjecturer rien autre chose, sinon que le lac était, dans l'origine, répandu dans la vallée du Bahr-belâ-mâ, et que c'est là l'issue qu'il avait dans la syrte de Libye, derrière les montagnes de Memphis[1]. Mais il est tout aussi vraisemblable qu'Hérodote, n'ayant pas observé par lui-même ce canton reculé, et n'ayant pas vu le lac au-delà de la ville des Crocodiles, aura été trompé sur sa direction, ou peut-être qu'il en aura jugé par celle du large et ancien ravin qui va aujourd'hui d'Haouârah à Tamyeh, se dirigeant en effet du sud au nord, et qu'il pouvait considérer comme une partie du lac[2].

Par la même raison, le coude qu'il attribue au lac de Mœris, vers l'occident, doit se prendre au point de Tamyeh, à l'ancienne embouchure du ravin; car, à ce point, le lac se porte effectivement *à l'ouest, vers le milieu des terres, et le long de la chaîne de montagnes, au-dessus de Memphis.*

Ceux qui cherchent le Mœris dans un canal parallèle au Nil, ne peuvent se flatter de satisfaire ainsi à la condition qu'impose le passage d'Hérodote : et l'opinion de Gibert, qui distingue soigneusement un canal

---

[1] Pococke, *de Geogr. Ægyp.*   [2] Voy. *A. D.*, ch. *XVII*, 2ᵉ part.

et un lac, est principalement ici en défaut[1]; car c'est bien du *lac*, et non point du *canal*, que notre auteur indique la direction du nord au midi[2].

Si l'on ne peut détruire en entier la difficulté que présente ce passage à cause de la contradiction qu'il renferme, plusieurs considérations très-simples peuvent la diminuer de beaucoup : la première, c'est qu'on ne saurait trouver ailleurs que dans le lac du Fayoum une convenance essentielle avec le Mœris, celle de se porter à l'occident, le long de la montagne de Libye, et de communiquer avec la syrte d'Afrique; en second lieu, comment trouver dans l'Égypte supérieure, ou même comment imaginer un lac qui puisse à-la-fois *se diriger du nord au sud et se jeter dans les sables de la Libye, après avoir suivi, vers l'ouest, une chaîne de montagnes placée au-dessus de Memphis?* Admettant une contradiction dans le passage d'Hérodote, il doit être permis, suivant les règles d'une saine critique, de s'en tenir à ce qui est conforme à la disposition de l'Égypte, en négligeant ce qui n'a aucune vraisemblance. Est-il à croire, en effet, que, dans le dessein de rendre un service à l'agriculture, on lui ait enlevé un espace considérable, en creusant du midi au septentrion un lac immense dans une vallée si étroite? En outre, n'était-il pas plus facile à notre auteur de se méprendre sur la direction générale d'un lac qui se contourne de l'est vers le sud-ouest, que sur sa proximité par rapport à telle ville ou telle montagne? Ainsi le pas-

[1] Mémoires de l'Académie des inscriptions, in-4°, t. XXVIII.
[2] Herod. l. II, cap. 149. (Voyez *infrà*.)

sage entier dont il est question, s'accorde avec le local de l'Égypte, et convient au Birket-Qeroun, excepté un seul point qui ne convient à aucun lac existant ou ayant laissé de véritables traces de son existence. Il résulte de cet examen, que si, dans le passage d'Hérodote, on omet ce qui choque la vraisemblance, le lac du Fayoum satisfait à tout le reste; ce qui pourrait demeurer d'incertitude, s'évanouira facilement par les preuves suivantes.

Recherchons maintenant si l'*emplacement* du Birket-Qeroun convient à celui que donne Hérodote au lac de Mœris. Il y avait, selon lui, sept jours de navigation depuis la mer jusqu'à ce lac, en remontant le fleuve[1]. Comme il fixe la journée de navigation à neuf schœnes[2], cette distance était donc de soixante-trois schœnes.

Les opérations très-exactes faites pour mesurer le cours du Nil donnent deux cent quarante-quatre mille mètres du boghâz de Rosette à Boulâq; il y a quatre-vingt-quinze mille mètres de Boulâq à Zâouy; total sur le Nil, trois cent trente-neuf mille mètres; de Zâouy à el-Lahoun[3], vingt-quatre mille mètres, et d'el-Lahoun à l'origine du grand ravin, quinze mille mètres; total de la distance de la mer au grand ravin du lac de Mœris,

---

[1] Herod. l. II, c. 4. (Voyez *infrà*.)
[2] Herod. l. II, c. 9.
[3] Ces distances sont mesurées selon les contours du fleuve. Je suppose que l'on compte la distance du village de Zâouy à celui d'Haouârah el-Lahoun, sur le canal qui sort du Nil un peu au-dessus du premier, et qui va rejoindre le Bahr-Yousef au-dessous de la gorge du Fayoum; on pourrait également se servir du canal de Bouch, ou de celui de Beneadeh. Ces canaux sont navigables dans les hautes eaux, et Gibert a tort de prétendre qu'on ne doit pas compter les sept journées de navigation sur des canaux intermédiaires entre le Fayoum et le Nil: dans l'inondation, on peut communiquer du canal de Joseph au fleuve par chacun de ces canaux. (Mémoires de l'Acad. des inscriptions, tom. XXVIII.)

trois cent soixante-dix-huit mille mètres : or c'est précisément soixante-trois schœnes d'Hérodote, de six mille mètres chacun[1]. Pouvait-on s'attendre à un rapport plus satisfaisant ?

La distance de soixante-douze *milles*, indiquée par Pline, entre Memphis et le lac de Mœris, convient également bien[2] ; cette distance répond à douze myriamètres (vingt-quatre lieues), intervalle qu'on trouve depuis l'emplacement de Memphis jusqu'au ravin d'Haouârah, en suivant le Nil et les canaux.

On voit donc que les distances indiquées par les anciens pour fixer la position géographique du lac de Mœris, conviennent au Birket-Qeroun; mais il ne restera plus aucun doute, si l'on consulte Strabon, Pline, Ptolémée, Étienne de Byzance. Le premier place positivement le Mœris dans le nome Arsinoïte[3] ; Pline dit qu'il est entre le nome d'Arsinoé et celui de Memphis[4] ; Ptolémée l'indique dans la Libye, à l'ouest de l'Arsinoïte[5] ; Étienne rapporte que la ville des Crocodiles fut bâtie par Menès, près du lac de Mœris[6] ; Diodore dit lui-même, en parlant de ce fait, qu'elle en est à peu de distance[7] ; et enfin Hérodote nous apprend que le labyrinthe fut construit par les douze rois, un peu au-dessus du lac de Mœris, et près de la ville des Crocodiles[8], ce qui suppose que la

---

[1] *Voyez* le *Mémoire sur le système métrique des anciens Égyptiens.* Je suppose la tête du grand ravin en un point où se trouvent plusieurs ruines importantes, en face de la grande pyramide d'Haouârah.

[2] Plin. l. v, c. 9. (Voyez *infrà*.)

[3] Strab. l. xvii. (Voyez *infrà*.)

[4] Plin. l. v, c. 9. (Voyez *infrà*.)

[5] Ptolem. *Geogr.* lib. iv.

[6] Stephan. Byzantin. *au mot* Κροκοδείλων πόλις.

[7] Diod. l. i.

[8] Herod. lib. ii, cap. 148 et 149. (Voyez *infrà*.)

ville était proche du lac : or il est incontestable que les ruines très-étendues qui se trouvent au nord-ouest de Medynet el-Fayoum, sont celles d'Arsinoé, et par conséquent de Crocodilopolis, ville qui, sous Ptolémée Philadelphe, changea de nom, pour prendre celui de la sœur de ce prince [1].

Il faut joindre à toutes ces preuves un autre passage d'Hérodote, qui n'est pas moins décisif, et dont on n'a point fait usage. Je cite d'autant plus volontiers cet auteur, qu'on l'a cru plus contraire à l'opinion que je défends. « Ceux qui habitent, dit-il, aux environs du lac de Mœris, ont beaucoup de vénération pour les crocodiles. » Ce passage seul empêche que le Mœris ne soit ailleurs que dans le nome Arsinoïte, puisque le crocodile n'était honoré que dans ce nome et dans les parties reculées de la Thébaïde; il s'oppose surtout à ce qu'on le transporte, comme l'a fait d'Anville [2], dans le nome Héracléotique, dont les habitans, dit-on, avaient autant d'horreur pour le crocodile que ceux de *Tentyra*, et révéraient l'ichneumon, qu'on regardait comme son ennemi. Strabon, qui nous apprend ces détails, fait remarquer l'opposition qu'il y avait, à l'égard des cultes, entre les peuples de ces deux préfectures [3].

Une autre preuve du genre positif est la position géographique du lac de Mœris, fixée par Ptolémée à la hauteur de 29° 20′ : telle est la situation des terrains que nous avons dit être sur l'ancienne rive du lac; c'est aussi celle de Qasr-Qeroun [4]. Le même auteur enfin,

---

[1] Strab. l. xvii. (Voyez *infrà*.)
[2] Mémoires sur l'Égypte, p. 155.
[3] Strab. l. xviii. (Voyez *infrà*.)
[4] Il est essentiel d'avertir que,

place *autour du lac de Mœris*, deux villes, qu'il appelle *Bacchis* et *Dionysias*, l'une à la latitude de 29° 40′, l'autre à 29° 0′; ce qui suppose encore 29° 20′ pour la position du lac de Mœris, qui était situé entre elles deux [1].

Quant à la *forme* du lac de Mœris, le sens du mot employé par tous les auteurs est assez clair; et il me dispenserait d'en parler, si l'on n'avait donné à leurs passages une fausse interprétation. L'on a prétendu qu'ils avaient indiqué dans le Mœris un canal étroit et long; mais tous au contraire l'appellent un *lac*, c'est-à-dire un grand amas d'eau, dont le bassin doit avoir une certaine

dans la nouvelle carte d'Égypte, on a donné à la capitale du Fayoum une latitude plus haute que celle de 29° 17′ environ, qui résulte des reconnaissances que j'ai faites entre Beny-Soueyf et le Fayoum, et qui est d'accord avec celle donnée par Abou-l-fedâ, savoir 29° 15′ D'Anville, en l'élevant à 29° 28′, s'est trompé, ainsi que l'a déjà remarqué Michaëlis. Deux mesures d'auteurs arabes confirment la position que j'assigne à la ville du Fayoum : 1°. les quarante-huit *milles* en ligne droite qui, selon A'zyzy, la séparent de Fostât ; 2°. les soixante-cinq *milles* que compte el-Edricy en cinq distances. Si l'on avançait plus au nord el-Lahoun et le Fayoum, il arriverait que ces deux mesures, qui sont fort exactes en partant de la plus petite estimation du *mille* arabe, se trouveraient absolument fausses. L'autorité de Murtadi et les relations des P. Vansleb et Sicard appuient cette même évaluation, ainsi qu'une carte manuscrite de Lenoir du Roule, dressée au Kaire en 1715, et qui m'a été communiquée par M. de Tersan. Enfin les renseignemens des naturels et les marches de l'armée française coïncident également avec une distance de huit lieues que j'ai trouvée entre Beny-Soueyf et Medynet el-Fayoum, el-Lahoun étant au milieu de la route. Je me bornerai à citer le témoignage de M. Malus, chef de bataillon du génie. Il est à regretter qu'on n'ait pu faire dans le Fayoum d'observations astronomiques.

[1] D'Anville, en plaçant ces deux points sur deux méridiens éloignés, n'a pas fait attention qu'ils ont même longitude dans Ptolémée, le seul auteur par qui on les connaisse tous les deux. La Notice de l'empire, qui place une aile de troupes d'élite à *Dionysias*, n'y est pas contraire. Selon le commentaire de la Notice, c'était un poste situé entre le lac de Mœris et la petite Oasis.

largeur. C'est la seule manière d'entendre le terme de λίμνη et celui de *lacus* qu'emploient les auteurs grecs et latins, à moins qu'on ne soit prévenu en faveur d'un système particulier. Nous avons déjà cité leurs passages[1], et, pour fixer l'idée qu'on doit attacher à la forme du Mœris, il suffit de rappeler que Strabon le décrit comme semblable à une *mer*, et que son emplacement, suivant Mela, avait jadis été celui d'une *campagne*. Quel autre lieu dans la Thébaïde inférieure peut satisfaire à ces descriptions que le bassin du Fayoum, et quel autre amas d'eau que celui qui s'y voit encore de nos jours? Où trouver ailleurs un bassin aussi étendu dans les deux sens, et qui réunisse aussi bien toutes les conditions attachées à l'idée qu'on doit se faire d'un lac?

Il résulte de ce qu'on vient de dire, que les géographes et les historiens de l'antiquité sont tous d'accord sur l'emplacement du lac de Mœris, près d'Arsinoé, ou dans le nome Arsinoïte, et que le lac du Fayoum lui convient sous les divers rapports qu'on a examinés.

§. IV. *Objet du lac de Mœris.*

Si le géographe reconnaît nécessairement les restes du Mœris dans le Birket-Qeroun, il ne lui est pas aussi facile d'y retrouver rien qui retrace les anciens avantages de ce lac fameux. L'histoire ancienne retentit des éloges prodigués au roi Mœris, pour avoir creusé un réservoir immense, qui recevait dans son sein les eaux

---

[1] Il faut y joindre le passage d'Aristide rapporté pag. 187 de ce mémoire.

surabondantes de l'inondation, tandis que leur trop long séjour sur les terres eût empêché de les ensemencer dans la saison convenable, et développé des exhalaisons nuisibles; ce lac devait aussi fournir, par des canaux, de quoi arroser les terres voisines, quand la crue du fleuve avait été trop faible.

On ne peut guère expliquer, sans le secours du lac de Mœris, ce que Strabon dit de l'état de l'Égypte sous le gouvernement de Pétrone : « Avant lui, dit cet auteur, il y avait disette quand le Nil ne s'élevait qu'à huit coudées [1]; mais, sous Pétrone, douze coudées suffisaient pour procurer l'abondance, et la disette ne se fit point sentir dans une crue de huit coudées seulement [2]. » Strabon fait observer que, par le secours des canaux et des digues, on arrosait ainsi, dans les crues du Nil, autant de terrains que dans les plus grandes [3].

Du temps de ce géographe, « le lac de Mœris était capable, à cause de son étendue et de sa profondeur, de recevoir l'inondation pendant les accroissemens du Nil, et empêchait ainsi les eaux de couvrir les champs et les habitations. Quand le fleuve baissait, il rendait par les deux embouchures d'un canal, et pour aller servir aux irrigations, l'eau qui s'était amoncelée dans son bassin. On avait construit, à chaque embouchure, des barrières au moyen desquelles les architectes maîtrisaient les eaux qui affluaient dans le lac, et celles qui en sortaient [4]. » Ce sont les termes de Strabon. Il dit

---

[1] Strab. l. xvii. (Voyez *infrà*.)
[2] *Voyez* page 183.
[3] Strab. l. xvii. (Voyez *infrà*.)
[4] Strab. l. xvii. (Voyez *infrà*.)

plus haut[1] que « la préfecture d'Arsinoé renferme un lac digne d'admiration et portant le nom de *Mœris*, comparable à une mer pour son étendue, la couleur de ses eaux et l'aspect de ses rivages, tellement, dit-il, qu'on peut faire les mêmes conjectures sur ce lieu que sur les environs du temple d'Ammon. » Il croyait que ce temple avait été originairement sur le bord de la mer, ainsi que tout le pays qui s'étend de l'Oasis au lac Sirbonides. Le lac du Fayoum serait, dans cette hypothèse, une trace de l'ancien lit de la Méditerranée, aussi bien que les lacs de Natroun; les pluies et les sources les auraient entretenus jusqu'à nos jours. Il est certain (à part les systèmes géologiques) que le lac du nome Arsinoïte a dû exister de tout temps[2] : il est situé dans un bas-fond, disposé pour recevoir les écoulemens des eaux pluviales et des eaux du Nil. Aujourd'hui que le fleuve n'y apporte que très-peu d'eau, il en reçoit annuellement des pluies qui tombent sur la chaîne de montagnes. Ces montagnes contiennent beaucoup de sel gemme, au rapport des habitans du pays qui l'exploitent : c'est à cette cause que les eaux du lac doivent leur salure; et ses bords, les croûtes salines qu'on y remarque. On demandera comment il a pu servir autrefois à abreuver les Arsinoïtes et à la culture de leurs champs, puisque les pluies ont toujours dû y amener des eaux salées; la réponse est facile : le Nil fournissait de l'eau abondamment par plusieurs embouchures; au-

---

[1] *Ibidem.* (Voyez *infrà*.)
[2] Le lac de Mœris remonte à la plus haute antiquité, puisque Menès, que tous les historiens s'accordent à regarder comme le premier roi d'Égypte, fonda Crocodilopolis près de ses bords, suivant Diodore de Sicile et Étienne de Byzance.

jourd'hui on y laisse à peine couler deux ruisseaux, et le sel y domine nécessairement[1] ; encore l'eau est-elle douce aux abords des canaux, comme l'a observé Pococke, de même que Granger, qui assure que les eaux du lac sont bonnes à boire dans le temps de la crue du Nil.

On ne saurait douter, après les témoignages des anciens, que le Mœris ait pu, dans son ancien état, fournir des eaux pour l'irrigation des terres, quand le Nil était rentré dans son lit : en effet, il avait acquis, pendant l'inondation, le niveau des plus hautes eaux ; et ce niveau s'était soutenu au moyen des digues, des barrières et de l'encaissement naturel du lac. Si l'on venait à ouvrir les digues[2] après la retraite du Nil, les eaux refluaient alors nécessairement par les embouchures du canal, et retournaient vers l'Égypte. Il est facile de voir que le Mœris pouvait, à cette époque, arroser les terres des environs de Memphis, puisque ses eaux, en entrant, près du lieu nommé aujourd'hui *el-Lahoun*, dans le bras du Nil qui bordait la montagne libyque, s'y élevaient,

---

[1] J'ai rapporté au Kaire de l'eau puisée dans le lac. M. Regnault en a fait l'analyse chimique ; voici la note qu'il a eu la complaisance de me fournir :

« Cette eau est limpide ; elle est légèrement alcaline ; elle n'a pas d'odeur. L'ammoniaque y occasione un abondant précipité ; l'eau de chaux la trouble ; le muriate de baryte la précipite abondamment : les nitrates d'argent, de mercure, de plomb, y occasionent un précipité. On a fait évaporer une livre quatre onces trente-six grains de cette eau ; le résidu sec pèse quatre onces cinq gros quarante-huit grains.

« L'alcool a dissous six gros vingt-huit grains de muriate terreux ; le résidu n'était presque que du sel marin. »

[2] On ne peut traduire κλεῖθρα (*claustra*) de Strabon par *écluses* : les écluses n'étaient pas en usage dans ces temps reculés, quoi qu'en aient dit Granger, Gibert et d'autres écrivains.

à la pente près, jusqu'au niveau de l'inondation [1] : ce bras du Nil, dont les vestiges subsistent encore sous le nom de *Canal occidental*, et même de *Bahr-Yousef*, jusque dans la Bahyreh, recevait de nouvelles eaux d'une dérivation qui prenait sa source à *Iseum* [2], et de plusieurs autres encore.

Si Hérodote assure que les eaux coulaient, pendant six mois, du Nil dans le lac de Mœris, et pendant les

[1] Ce lac pouvait fournir, pour l'irrigation annuelle, un volume d'eau considérable, équivalent à plusieurs fois celui de la branche de Rosette.

Quelques personnes ont douté que le lac de Mœris ait pu fournir des eaux à l'Égypte, parce que les ravins de Tamyeh et de Nazleh sont trop profonds, et aussi parce qu'il y a une chute de trois pieds à el-Lahoun; mais les choses n'ont-elles pas dû changer depuis les temps antiques, et faut-il juger de ce qui se passait alors, par ce que nous voyons de nos jours? La plaine d'Égypte s'est exhaussée aux environs d'el-Lahoun, comme partout ailleurs; de là la chute du canal. Le sol du Fayoum s'est élevé aussi, et les bords des deux ravins se sont exhaussés d'autant; les débris des anciennes levées de terre qui servaient à les encaisser, et qui, sans doute, étaient très-hautes, ont dû contribuer encore à leur élévation, et par conséquent à la profondeur actuelle des ravins. Mais, à l'époque où le lac remplissait sa destination, on fermait les digues du côté de l'Égypte, dès que le Nil commençait à croître et jusqu'à ce qu'il eût atteint le *maximum* de son accroissement. Quand le fleuve baissait, les eaux se maintenaient au même niveau dans le lac et le canal; le temps étant venu, on ouvrait les digues, et les eaux s'écoulaient du lac à el-Lahoun (l'ancienne *Ptolemaïs*), dans des canaux peu profonds, tracés à la surface du sol, et non dans des branches aussi profondes que les ravins actuels. D'el-Lahoun, elles entraient dans le canal occidental, lequel était plus élevé que le milieu de la vallée, mais inférieur au niveau du lac; et de là on les dirigeait à volonté dans la plaine des Pyramides.

Le major Rennell regarde aussi le mouvement alternatif des eaux du Nil vers le lac et du lac vers le fleuve, comme une chose très-admissible, *perfectly reasonable* (*The geographical system of Herodotus*).

[2] L'Itinéraire d'Antonin marque une ville de *Isiu* au-delà de Memphis; Étienne de Byzance dit que *Iseum* est une ville d'Égypte, ainsi nommée d'*Isis*, et que ses habitans sont tous adonnés au commerce. *Záouy*, port sur le Nil, a plusieurs fabriques et rassemble beaucoup de barques; ce peut être un reste d'*Iseum* ou *Isiu*, dont il retrace assez bien le nom. *Voy*. la *Carte ancienne de l'Égypte*, et les *Mémoires sur la géographie comparée*.

autres six mois du lac dans le fleuve[1], il a sans doute voulu indiquer le temps de la crue du Nil et celui de son décroissement; mais la crue ne dure en effet qu'environ trois mois, du solstice d'été à l'équinoxe d'automne, et le fleuve décroît toujours pendant le reste de l'année : cependant le canal de communication ne laissait pas de fournir au lac de Mœris pendant l'intervalle de l'équinoxe d'automne au solstice d'hiver; jusqu'à cette époque, il y avait encore environ huit coudées d'élévation au-dessus des plus basses eaux. C'est au solstice d'hiver qu'on ouvrait les digues, et que le lac rendait par deux embouchures les eaux qu'il avait reçues pendant l'inondation.

Je ne dois pas négliger de faire ici mention du fameux passage d'Hérodote par lequel nous apprenons qu'il fallait, de son temps, une crue de quinze ou seize coudées pour arroser *le pays de Memphis,* tandis que sous Mœris huit coudées avaient suffi. Il ne faut pas aller chercher bien loin l'explication de ce passage qui a tourmenté tant d'écrivains. Hérodote parle de ce qui se passait sous Mœris : or, ce roi avait exécuté un ouvrage dont l'objet était précisément de suppléer aux basses crues. Comme le réservoir du lac s'ouvrait ou se fermait à volonté, et qu'on y maintenait les eaux au niveau des inondations moyennes, il était facile, quand le fleuve ne s'élevait qu'à huit coudées, c'est-à-dire, moitié trop bas, d'arroser les environs de Memphis en ouvrant les digues.

D'un autre côté, au temps d'Hérodote, les Perses,

[1] Herod. l. II. (*Voyez infrà.*)

qui venaient de dévaster l'Égypte, avaient négligé l'entretien des digues et des canaux du lac de Mœris. Il n'est donc pas étonnant qu'à cette époque il fallût, pour arroser le pays, la même crue que celle qui était nécessaire avant l'ouvrage de ce roi, et qui toujours, depuis ce temps jusqu'à nous, a été indispensable.

C'est ainsi que s'explique ce qui est arrivé du temps de Pétrone, préfet d'Égypte sous Auguste, qui fit curer les canaux avec tant de soin, que, dans une crue de huit coudées seulement, l'on ne ressentit pas de famine[1] : mais ce fait ne peut s'entendre que du pays inférieur au nome Arsinoïte.

La *pêche* abondante qu'on faisait dans le lac, à l'époque des basses eaux, n'était pas un de ses moindres avantages : elle rendait alors, chaque jour, au trésor du prince, un talent d'argent; pendant l'autre moitié de l'année, vingt mines[2]; ce qui produisait, pour le revenu annuel de la pêche du lac de Mœris, deux cent quarante talens[3], ou 1,800,000 francs de notre monnaie[4]. Ce revenu était destiné, suivant Diodore, à payer la parure de la reine et les parfums dont elle faisait usage. On ajoute, pour rendre probable un rapport si grand, que le lac renfermait vingt-deux espèces de poissons, et en si grande quantité, qu'à peine pouvait-on trouver le nombre d'hommes nécessaire pour les saler.

---

[1] Voyez *suprà*, pag. 178, et *infrà*, pag. 185. *Voyez* aussi le *Mémoire sur le système métrique des anciens Égyptiens*, où l'on donne l'évaluation des coudées dont parle Hérodote, et celle de la quantité de la crue du Nil observée à différentes époques sur les divers nilomètres.

[2] Herod. l. II. (*Voyez infrà.*)

[3] Hérodote parle encore de ce revenu, à l'occasion du tribut imposé par les rois de Perse, l. III, c. 91.

[4] Paucton, Métrologie, p. 318.

Strabon est le seul qui ne parle pas de la pêche du lac de Mœris. Celle du lac du Fayoum était encore considérable au temps où voyageaient Paul Lucas, Vansleb, Granger, Pococke, et faisait un revenu important de la province. Aujourd'hui, selon le récit des habitans, il n'y a plus de poissons dans le lac : aussi n'y avons-nous pas vu une seule barque de pêcheur[1]. Les habitans attribuent la disparition des poissons à une cause ridicule; mais ne serait-elle pas due à la salure des eaux, qui a toujours été en augmentant depuis que celles du Nil ont cessé d'arriver dans le lac avec affluence? Les poissons du fleuve ne pourraient y vivre aujourd'hui; ils restent dans le Bahr-Yousef, et ne passent pas les digues.

§. V. *États successifs du lac depuis l'antiquité jusqu'à nos jours.*

Nous avons jusqu'ici discuté les passages d'Hérodote et de Strabon sur les divers usages auxquels était appliqué le lac de Mœris : Diodore de Sicile en parle à peu près de la même manière. « Les débordemens du Nil, dit Diodore, n'étant avantageux qu'autant qu'ils gardent une certaine mesure, le lac de Mœris donnait un écoulement aux eaux, lorsque leur abondance les faisait séjourner dans les campagnes. Ce lac, ajoute-t-il, subsiste encore aujourd'hui, et rend aux Égyptiens les mêmes services qu'autrefois[2]. »

---

[1] Nous avons trouvé sur le sable, à soixante mètres (trente toises) des bords du lac, les restes d'une barque depuis long-temps abandonnée, et couverte de dépôts salins laissés par les hautes eaux.

[2] Diodore, lib. 1, cap. 8. (Voyez *infrà*.)

Mais il est remarquable que Pline, qui vivait dans le premier siècle, ne dit rien de ses avantages ni de son objet; il faut croire qu'il avait éprouvé de son temps beaucoup d'altération, puisque cet auteur en parle comme s'il n'existait déjà plus. Voici comme il s'exprime:

« Entre le nome d'Arsinoé et celui de Memphis, *il y a eu* un lac de deux cent cinquante mille pas de circuit, ou, suivant Mutien, de quatre cent cinquante mille, et de cinquante pas de profondeur. Il est creusé de main d'homme, et appelé du nom du roi Mœris qui l'avait fait faire[1]. » Et ailleurs : « Il y a une pyramide dans le nome Arsinoïte, deux dans celui de Memphis, non loin du labyrinthe. Il y en a autant dans le lieu où *fut* le lac de Mœris[2]. »

Pline était probablement mal instruit; et s'il eût voyagé en Égypte, il aurait certainement vu ce lac: mais ce qu'il dit donne lieu de penser que les canaux de communication s'étaient comblés par la négligence des gouverneurs de l'Égypte, et qu'il avait perdu tous ses avantages ainsi qu'une grande partie de son étendue.

Pomponius Mela, qui a écrit peu avant Pline, en parle d'une manière différente. « Le lac de Mœris, dit-il, jadis une campagne, aujourd'hui un lac, de vingt mille pas de circuit[3]. » Comment Pline, qui vivait dans le même temps, semble-t-il supposer que le lac était desséché?

Quoi qu'il en soit, il paraît bien que l'on avait négligé l'entretien des canaux depuis le temps où Auguste

---

[1] Plin. l. v, c. 9. (Voyez *infrà*.)
[2] *Id.* l. xxxvi, c. 12. (Voy. *infrà*.)
[3] Pomp. Mela, l. 1, c. 9. (Voyez *infrà*.)

voyagea en Égypte¹. Pendant son séjour, ce prince avait pris, au rapport de Strabon et de Suétone², tous les soins possibles pour augmenter la fertilité du pays, et réparer les malheurs causés par les derniers rois d'Égypte. Il avait fait nettoyer par ses troupes tous les canaux, qui, depuis long-temps, étaient obstrués par des amas de limon.

Vespasien et Titus allèrent en Égypte, où l'on sait qu'ils consultèrent les oracles, mais non pas qu'ils se soient occupés de travaux d'irrigation. Adrien voyagea plus long-temps dans ce pays; il monta dans la Thébaïde, où l'on sait qu'il fonda une ville en l'honneur de son favori; et l'histoire, qui mentionne les travaux et les édifices qu'il a fait exécuter dans les provinces romaines³, ne dit nullement qu'il ait fait travailler aux digues ou aux canaux dans celle-ci⁴.

¹ Suétone, *Vie d'Auguste*. Le mal remonte encore plus haut. Sous la dynastie des Lagides, comme sous le gouvernement des Perses, rien n'annonce qu'on se soit appliqué à l'entretien des canaux et du lac de Mœris. L'histoire garde, à cet égard, le plus profond silence; et ce qu'elle rapporte de l'état de guerre continuel où les Ptolémées ont vécu, ne permet pas de croire qu'ils aient donné des soins à la conservation des ouvrages publics, entreprise qui veut tant de constance et tant de prospérité intérieure. Les trois premiers rois qui ont le moins démérité de l'Égypte, ont été engagés dans des guerres de famille ou des conquêtes lointaines : Philadelphe et Évergète ont porté leurs armes à des distances immenses, et dans des lieux jusqu'alors ignorés; presque tous les autres se sont rendus odieux au pays, ou par des vices ou par des crimes de toute espèce*. L'inscription de Rosette, il est vrai, attribue quelques travaux de ce genre au jeune Ptolémée Épiphane, alors âgé de treize ans : mais c'est là une nouvelle preuve que l'inscription de Rosette est un monument d'adulation. (*Voy.* Polybe, Strabon, etc.)

* *Hist. Ptol. Æg. reg.* à Sebast. Vaillant, Amstelod. 1701.

² Suétone, *ibid*.

³ Le Nain de Tillemont, Histoire des empereurs, t. II, p. 281 et 260. — Crevier, Histoire des empereurs, t. VIII.

⁴ Adrien avait fait du bien aux habitans de l'Égypte; il avait rétabli et augmenté leurs priviléges, comme

SUR LE LAC DE MOERIS.

Ptolémée, qui vivait sous Adrien et Marc-Aurèle, ne dit rien de l'objet du lac de Mœris; il se contente d'en désigner l'emplacement avec précision, comme nous l'avons dit.

Nous avons dans Aristide le rhéteur un passage sur le lac de Mœris, qui n'est pas sans intérêt, et dont aucun critique n'a fait usage. Le voici tel qu'il est traduit dans l'édition d'Oxford :

Quæ prope fluvium et in Ægypto sunt paludes, non à se quidem, verùm à fluvio ducunt initium, rivulis in ipsas delatis... Nam et Mœris palus (Μοιριδος λιμνη), *et inferiores* ad Græciam [1], *et quæ priùs ultra Pharum, nunc post Alexandriam visitur, Maria, cùm Nili sunt sinus, tum incrementum participant, fluminis parte per rivos delatâ* [2].

Aristide voyageait vers l'an 155 avant Jésus-Christ; il avait quatre fois parcouru l'Égypte, et il avait pris par lui-même des connaissances locales très-étendues. il l'apprend lui-même dans une lettre qu'on a conservée. Il leur reproche, à cet égard, l'insolence et l'ingratitude, et porte sur eux le même jugement qu'Ammien Marcellin a porté plus de trois siècles après. Voici les paroles de ce dernier :

Homines autem Ægypti..... ad singulos motus excandescentes, controversi et reposcones acerrimi. Erubescit apud eos, si quis non inficiando tributa, plurimas in corpore vibices ostendat. (Amm. Marcel. Paris, 1681, pag. 346.)

Pollion, Polybe, Pline le jeune, Hérodien, Libanius et d'autres auteurs s'expriment de même sur le compte des Égyptiens de leur temps.

Quant à la lettre d'Adrien, elle est rapportée partout : elle lui fournissait bien l'occasion de parler des travaux dont il s'agit, s'il en eût fait exécuter; mais elle n'en dit rien. Le canal de Trajan, attribué par quelques-uns à Adrien, n'a rien de commun avec cette question.

[1] Il y a dans le texte, καὶ αἱ πρὸς τοῖς Ἕλλησι κάτω, καὶ, etc., dont le sens offre quelque difficulté. Dans ses commentaires sur la Notice d'Hiéroclès, au mot ΕΛΕΑΡΧΙΑ, Wesseling corrige ce passage, et lit τοῖς ἕλεσι, qui signifie *ad paludes* ; mais on peut s'en tenir au texte.

[2] Æl. Arist. Oxon. 1722, t. II, p. 350.

Malheureusement ses livres ont péri, comme il nous l'apprend dans son discours intitulé Αἰγύπτιος, le seul qui traite de l'Égypte en détail, et celui d'où j'ai tiré ce passage. Il est donc très-probable qu'Aristide ne se serait pas exprimé si positivement, si le lac de Mœris eût alors été desséché, si même il eût cessé de recevoir les crues du Nil. Ce passage curieux confirme ce que nous avons dit de la nature et de l'objet du lac, aussi bien que de sa forme; et il fournit encore cette remarque, c'est que le Mœris, le Maréotis et les divers lacs d'Égypte, étaient tous, du moins selon notre auteur, *des épanchemens, des golfes du Nil*, τῦ Νείλυ κόλποι, destinés à recevoir les eaux des crues au moyen des dérivations du fleuve.

Étienne de Byzance, qu'on soupçonne avoir vécu dans le ve siècle, et avant Justinien, ne parle du lac de Mœris que pour placer auprès la ville des Crocodiles, et raconter, à ce sujet, une fable sur le roi Menès, qu'il est superflu de rapporter ici[1].

Sous le Bas-Empire, on fut obligé de porter des lois très-sévères pour l'entretien des canaux; tant l'on avait négligé les anciennes pratiques du pays. Le désordre de cette partie de l'administration était arrivé à un tel point, que, sous Honorius et Théodose, au commencement du ve siècle, on décerna la peine de mort contre ceux qui portaient la moindre atteinte aux digues du Nil et des canaux, comme coupables d'un crime d'état. J'aurai occasion de revenir ailleurs sur cette matière; ici je me bornerai à citer la loi rapportée au livre ix du

[1] Stephan. Κροκοδείλων πόλις.

Code théodosien [1], loi qui livrait aux flammes quiconque détournerait à son profit une dérivation du Nil, avant que le fleuve eût atteint la douzième coudée, et qui condamnait les complices à être déportés dans les Oasis. J'ajouterai que les *corporati* ou gens de métier d'Alexandrie étaient chargés du curage du fleuve et des canaux, et plus particulièrement de ceux destinés au service de cette ville : ils étaient, pour cette raison, dispensés du service militaire. Une loi, portée sous Théodose et Valentinien [2], les affranchit de ces travaux. A cette époque, en effet, tous les yeux, tous les soins, se portaient sur la capitale de l'empire. La sédition éclatait à Constantinople dès que les blés venaient à manquer; et l'on conçoit qu'alors les préfets d'Égypte s'occupaient moins des canaux du pays supérieur que du canal d'Alexandrie, de la branche Canopique, et des diverses communications par eau, qui servaient à l'approvisionnement de la métropole.

Au reste, à part quelques passages de S. Jérôme et d'autres pères de l'Église, on peut dire que les histoires d'Égypte se taisent absolument sur les états successifs de ce pays, depuis les Romains jusqu'à nos jours, quant à l'entretien des digues, des lacs et des canaux destinés à l'irrigation des terres. Il en est à peu près de même des auteurs arabes [3]. Ce beau pays a été

---

[1] *Voyez* le Code théodos., t. III, pag. 256, l. IX, tit. 32, *De Nili aggeribus præmaturè non rumpendis*. Leipsick, 1736.

[2] *Ibid.* t. v, p. 305, l. XIV, tit. 27, *De Alexandriæ primatibus*.

[3] Ebn el-Maqryzy a traité du Nil et de l'Égypte en détail ; mais cet auteur n'est pas traduit. Il est bien à souhaiter que nos savans orientalistes fassent jouir enfin le public de l'ouvrage de Maqryzy, le plus exact

si long-temps livré à la rapacité des gouverneurs, et tellement en proie à la guerre et à mille fléaux, qu'il faut moins s'étonner des changemens qu'il a subis, que de l'abondance dont il jouit encore, malgré tant de maux et de ravages. Aussi le silence des écrivains du moyen âge, à l'égard du lac de Mœris, n'a rien qui doive surprendre.

Pierre Martyr, qui fut envoyé d'Espagne en Égypte pour négocier avec le sultan el-Ghoury, et qui voyageait en 1502 [1], rapporte, dans les mémoires de son ambassade, que, pour remédier aux trop grands débordemens du Nil, le sultan Qâyd-bey dit le Vieux [2] avait creusé un nouveau canal qui recevait les crues excédantes et les portait sur des terres désertes, qui alors devenaient fertiles [3]. Il est probable, comme le soupçonne Fréret, que Pierre Martyr veut parler du même canal qui portait les eaux surabondantes dans le lac de Mœris [4]. L'histoire des Mamlouks nous apprend que les sultans avaient fait divers travaux de cette espèce long-temps avant el-Ghoury [5]; il y a lieu de croire qu'on avait donné plus

---

et le plus judicieux des auteurs arabes qui ont écrit sur ce pays.

[1] Mariana, Histoire d'Espagne, t. v, l. xxvii.

[2] C'est le même qui a fait exécuter le grand pont près de Qelyoub, et d'autres ouvrages du même genre.

[3] Voyez l'ouvrage de Pierre Martyr, intitulé : *De rebus oceanicis et de Babylonica legatione*; Coloniæ, 1573; t. III, p. 440*.

* Pierre Martyr fut envoyé au Kaire par Ferdinand et Isabelle, pour apaiser le sultan, irrité de ce que Ferdinand avait expulsé les Maures de Grenade, et pour empêcher qu'on ne chassât les chrétiens de l'Orient; mission délicate, qu'il remplit avec succès. Il a laissé par écrit les mémoires de son ambassade, avec l'histoire de la guerre de Grenade, et celle de la découverte du nouveau monde et des Indes.

[4] Mémoires de l'Académie des inscriptions, tom. xvi.

[5] Mémoire de M. Fourier sur le gouvernement des Mamlouks.

de profondeur au Bahr-Yousef, et que, dans les crues extraordinaires, l'on se débarrassait par son moyen des eaux superflues, qui allaient s'écouler dans le Birket-Qeroun. Les terrains éloignés qu'indique Pierre Martyr, pourraient bien n'être autre chose que la mer sans eau; mais on ignore encore la possibilité d'une communication entre le bassin du lac et la vallée du Bahr-belâ-mâ. La géographie, la géologie et l'histoire naturelle réclament un voyage dans cette partie de la Libye, et jusqu'à l'Oasis d'Ammon, où il n'est pas très-difficile de pénétrer, au moyen des renseignemens déjà donnés par les Arabes.

Fréret propose une opinion assez singulière sur le Bahr-belâ-mâ : il compare sa direction et son étendue avec celles qu'Hérodote a assignées au lac de Mœris ; et comme il y trouve quelque rapport, il fait entendre que c'est là son emplacement. Il serait superflu de réfuter cette idée, qui est destituée de tout fondement, et à laquelle son auteur ne paraît pas beaucoup tenir, puisqu'il semble indiquer ailleurs le lac du Fayoum.

Il faut conclure que, depuis Auguste, le lac de Mœris perdit successivement ses avantages, par la négligence apportée à l'entretien des canaux; mais que, vingt ans avant la conquête de l'Égypte par les Turks, il servait encore à recevoir les eaux surabondantes de l'inondation. Depuis cette époque, le sol de la vallée du Fayoum s'élevant sans cesse, comme le reste de l'Égypte, dans un rapport plus considérable que le lit du canal, il a fallu diguer les deux grands ravins, et faire refluer les eaux du Bahr-Yousef vers le milieu de la province :

alors le lac, cessant de les recevoir, a dû se rétrécir dans les limites actuelles, et arriver à l'état de dégradation où on le trouve aujourd'hui.

§. VI. *Si ce lac a été creusé de main d'homme.*

On a vu, par tout ce qui précède, que le Birket-Qeroun convient avec le Mœris, pour les conditions géographiques, et qu'il avait pu remplir les autres conditions rapportées par les anciens. Il faut maintenant examiner ce qui a pu donner lieu à l'opinion qu'il était creusé de main d'homme. Voici ce qu'en dit Hérodote : « Ce lac a cinquante orgyies de profondeur (environ quatre-vingt-douze mètres et demi, ou deux cent quatre-vingt-cinq pieds[1]) à l'endroit où il est le plus profond; on l'a creusé de main d'homme, et lui-même en fournit la preuve. On voit en effet, presque au milieu du lac, deux pyramides, qui ont chacune cinquante orgyies de hauteur au-dessus de l'eau, et autant en-dessous[2]. »

Diodore dit que « Myris creusa un lac pour l'écoulement des eaux superflues : sa profondeur, dans les endroits les plus creux, est de cinquante orgyies; on commença à le creuser à dix schœnes au-dessus de Memphis[3]. »

Pline dit aussi, comme on l'a vu, qu'il fut fait de main d'homme, et qu'il porte le nom du roi Mœris, qui l'avait fait faire[4].

[1] *Voyez* le *Mémoire sur le système métrique*, etc.
[2] Herod. lib. II, c. 149. (Voyez *infrà*.)
[3] Diod. l. I. (Voyez *infrà*.)
[4] Plin. l. V, c. 9. (Voyez *infrà*.)

SUR LE LAC DE MOERIS.

Selon Pomponius Mela, il était assez profond pour recevoir de grands vaisseaux chargés. Strabon se contente de dire qu'il portait le nom de Moeris, mais n'ajoute pas qu'il ait été creusé[1].

Ptolémée ne s'en explique pas non plus, ni les autres écrivains.

Presque tous les modernes qui ont parlé de ce lac, ont répété qu'il était l'ouvrage des hommes ; mais on n'a pas fait assez d'attention à l'énormité d'un pareil travail, et l'on a trouvé plus court et plus facile de l'admirer, que d'en expliquer la possibilité. Il aurait fallu, dans le calcul le plus modéré, enlever plus de trois cent vingt milliards de mètres cubes, à ne supposer qu'un circuit de trois mille six cents petits stades, et cinquante orgyies de profondeur ; et, si l'on suppose de grands stades ou stades olympiques, ce serait plus de onze cents milliards de mètres cubes. On peut calculer la quantité prodigieuse d'hommes, de temps et d'argent qu'eût exigée cet ouvrage, qui est indépendant de celui du canal de communication[2]. Il y a donc lieu de croire que ce n'était qu'une opinion populaire qu'Hérodote

---

[1] Pomponius Mela, lib. 1, c. 9. Strab. lib. XVII. (Voyez *infrà*.)

[2] Il eût fallu, dans le premier cas, le travail de trois cent mille hommes pendant sept cent quarante ans environ, en estimant le travail d'un homme à quatre mètres cubes ou une demi-toise par jour ; et dans le second, celui d'un million d'hommes pendant sept cent soixante ans, c'est-à-dire cent vingt-sept fois autant d'ouvrage qu'à la construction de la grande pyramide. Si l'on suppose que Moeris ait fait exécuter ce travail pendant quarante ans de son règne, il aurait fallu occuper continuellement dix-neuf millions d'hommes. Quant à la dépense, on peut l'évaluer en partie d'après celle de la pyramide, qu'Hérodote et Pline portent à seize cents talens d'argent (rien qu'en légumes), pour la nourriture des ouvriers ; mais le premier observe que ce n'est qu'une faible portion de la vraie dépense : en la portant à six fois autant, on en con-

rapportait sur la bonne foi de ses guides. Il est vraisemblable que le roi Mœris a profité de la disposition du terrain, et que son travail s'est réduit à creuser le canal qui devait apporter dans le lac les eaux du Nil, et aussi le lac lui-même, aux abords des canaux; ce qui aura fait dire qu'il avait creusé le lac tout entier : car, comme nous l'avons remarqué, le Birket-Qeroun est creusé par la nature même; c'est un bassin formé par la chaîne septentrionale du Fayoum.

Quoi qu'il en soit, Mœris n'en aura pas moins de droits au souvenir des hommes, pour avoir créé une riche province et un lac aussi utile, là où il n'y avait avant lui qu'un stérile marais, ou des plaines de sable[1]. Soit que le nome Arsinoïte fût dans l'origine un pays marécageux, comme le Delta, et qu'il ait fallu le dessécher pour y amener ensuite les eaux du Nil; soit que

clurait que Mœris eût dû employer une somme de plus de neuf cents milliards de notre monnoie, en fixant le talent, comme Paucton, à 7500 livres tournois. (*Métr. de Paucton.*)

[1] C'est ce que rapportent les auteurs arabes. Murtadi, parmi ces auteurs, est celui qui donne le plus de détails sur l'ancien état du Fayoum; mais l'histoire y est mêlée avec tant de fables, et son ouvrage est si plein d'absurdités, qu'il est bien difficile d'asseoir une opinion sur de pareilles bases. Il raconte à ce sujet quatre traditions. La plus remarquable est celle-ci, que la terre d'*Alphiom* (le Fayoum), avant d'être cultivable, s'appelait *la Géoune*, c'est-à-dire le marais, et ne servait que d'égout à la haute Égypte et de passage à l'eau.

Il apprend ensuite qu'on creusa trois canaux pour détourner l'eau de la Géoune; mais il est impossible de comprendre dans Murtadi comment l'on en vint à bout. Il raconte encore que, suivant un auteur versé dans les antiquités de l'Égypte, *Alphiom* était jadis un pays *environné de tous côtés comme d'une mer*; qu'on entreprit de creuser le canal du Manhi jusqu'à *Alphiom*, mais qu'on l'abandonna; ce qu'on voit aux traces qui en sont demeurées. J'ai trouvé, en effet, sur plusieurs points du canal de Joseph, entre el-Lâhoun et Medynet el-Fayoum, les traces de l'excavation du rocher qui sert de lit au canal. Voyez l'*Égypte* de Murtadi, traduct. de P. Vattier; Paris, 1666; pag. 203 et suiv.

cette province fût un désert sablonneux, et qu'il ait fallu creuser un large canal à travers les sables, quelquefois dans les rochers, pour le faire communiquer avec le fleuve, ce prince aura également rendu à l'Égypte un service signalé, en procurant une décharge aux eaux du Nil dans les grandes inondations, et en ajoutant une province à ce royaume.

Je pense donc que Mœris fit creuser un canal qui partait de la branche du Nil appelée aujourd'hui *Bahr-Yousef*, à l'ouverture de la gorge du Fayoum, et qu'il le conduisit jusqu'à l'emplacement du lac par deux branches de trois cents pieds de large, branches que l'on voit encore aujourd'hui [1].

Les pyramides qu'Hérodote apporte en preuve de ce que le lac avait été creusé, ne le prouvent pas, puisqu'elles ont pu être construites dans le bassin naturel dont on a parlé : on n'en voit plus de restes aujourd'hui [2],

---

[1] L'opinion que j'émets dans ce mémoire, composé au Kaire en 1800, ne s'éloigne pas de celle que le major Rennell publiait dans le même temps à Londres (*The geographical system of Herodotus*; London, in-4°; pag. 503 et seq.) Le général Andréossy conjecture également que le lac de Mœris a été formé, et non creusé (*voyez* les observations sur le lac Mœris, insérées dans le Moniteur du 13 brumaire an ix); mais il pense qu'il a été formé au moyen d'un barrage fait en des temps très-reculés, à la tête du Bahr-belà-mâ, où, suivant lui, coulait jadis une branche du Nil. Rennell croit au contraire que le Nil n'a jamais passé à travers ce bassin, parce que, dans les premiers temps, le lit du fleuve était trop bas pour faire couler les eaux dans le terrain qui renferme aujourd'hui ce lac.

[2] D'après le rapport unanime d'Hérodote, de Diodore et de Pline, on hésite à nier l'existence de ces pyramides de cent orgyies de hauteur, qui, portant chacune une statue colossale assise sur un trône, devaient produire au milieu du lac un grand effet. Savary a tort de dire que du temps d'Auguste elles n'existaient plus (Lettres sur l'Égypte, t. II, let. 4). Le silence de Strabon ne le prouve pas, puisque Pline, qui écrivait sous Vespasien, en parle d'une manière positive, comme on l'a dit plus haut,

quoi qu'en dise Paul Lucas, qui prétend que, dans les années où le Nil se déborde faiblement, *on peut voir les superbes ruines des pyramides qui sont bâties au milieu des eaux* [1]; ces ruines devraient être bien plus apparentes qu'au temps de ce voyageur, aujourd'hui qu'il vient si peu d'eau du fleuve. Il suppose, ainsi que Granger, qu'elles étaient construites sur une île qui renferme plusieurs ruines, et qui a une ou deux lieues de tour; cette île prétendue n'a semblé à Pococke et à nous qu'un cap arrondi, que l'on aperçoit, une lieue avant d'arriver au Qasr-Qeroun. Il paraît néanmoins qu'il existe là des restes d'antiquités, comme l'assurent les Arabes; et ce lieu mériterait d'être visité : le défaut absolu de barques nous a empêchés de nous y rendre. Nous n'avons pu également prendre connaissance de la profondeur du lac. Hérodote et Diodore la portent, comme on a vu, à cinquante orgyies ou deux cents coudées (deux cent quatre-vingt-cinq pieds); d'Anville, Rollin, et d'autres écrivains, remarquent avec raison que cette mesure n'est pas admissible [2]. Paul Lucas, qu'il faut toujours citer quand il s'agit d'exagération, donne à cette profondeur cinquante brasses, quoiqu'il n'ait pu la mesurer, puisqu'il avoue ne s'être pas embarqué, et que la profondeur d'un lac n'est pas une chose susceptible d'être estimée comme sa longueur ou son circuit.

---

[1] P. Lucas, 3ᵉ Voyage, tom. III, pag. 53.

[2] D'Anville, Mémoires sur l'Ég., p. 156; Rollin, Hist. ancienne, t. 1ᵉʳ.

§. VII. *Nature des bords du lac.*

Le dernier trait de ressemblance entre le Birket-Qeroun et le lac de Moeris, se tire encore d'Hérodote : « Les eaux de ce lac, dit-il, ne viennent pas de source ; le terrain qu'il occupe est extrêmement sec et aride ; il les tire du Nil par un canal de communication. » Quiconque a vu le lac du Fayoum, surtout dans sa partie occidentale, connaît l'aridité de ses bords ; et, si ce n'est à l'approche des canaux, on n'y trouve presque pas de végétation : les montagnes qui l'enferment du côté du nord, sont, comme toutes celles de l'Égypte, de la plus grande sécheresse ; et, en plein hiver, la chaleur qu'elles renvoient est extrême, aussi bien que celle qui est réfléchie par le sable. Quant aux sources qui pourraient alimenter le Birket-Qeroun, nous n'en avons pas connaissance ; mais il est vraisemblable qu'il n'y en a pas d'autres que les pluies, bien que Paul Lucas prétende qu'il renferme deux sources considérables, qui l'empêchent de se dessécher entièrement[1]. Il est à croire que, n'ayant pas connaissance des pluies qui alimentent régulièrement le lac, et ne trouvant pas d'autre moyen de l'entretenir, il lui aura créé deux sources tout exprès.

Si Hérodote ne parle pas des eaux pluviales, c'est qu'elles étaient en trop petite quantité pour entrer en comparaison avec les eaux que le lac recevait du canal de communication. Nous avons dit plus haut quel était

---

[1] Paul Lucas, 1ᵉʳ Voyage ; Paris, 1712 ; tom. ii, pag. 50. *Voyez* aussi le 3ᵉ Voyage.

ce canal : Hérodote se contente d'en faire mention. Diodore, qui en parle plus positivement, dit « qu'il avait quatre-vingts stades de long, et trois plèthres ou trois cents pieds de large[1]. » Or, il y a, du pont d'el-Lahoun, où, selon moi, l'on aura commencé à creuser le canal, jusqu'à l'origine des grands ravins, quinze mille mètres[2], qui font quatre-vingts stades olympiques : nous avons vu aussi que ces ravins étaient larges de trois cents pieds; mais le canal lui-même n'a guère aujourd'hui que cent pieds égyptiens de largeur.

§. VIII. *Du Baḥr-Yousef, considéré comme un ancien bras du Nil.*

Nous avons passé en revue tous les écrivains anciens qui ont traité du lac de Mœris, et chacun de leurs passages a confirmé l'emplacement que nous lui assignons. L'examen du Bahr-Yousef apportera encore des preuves à l'appui de cette opinion, et conduira naturellement à discuter celle de Gibert.

Tout porte à croire qu'une branche du Nil a coulé, dans l'origine, sur le revers de la colline de Libye : les témoignages des historiens et l'état actuel de l'Égypte concourent pour rendre ce sentiment vraisemblable. En effet, on suit les traces de cette branche depuis la hauteur de Qéné jusqu'aux limites inférieures de la province de Gyzeh. Au-dessous de Hoû, l'ancienne *Diospolis parva*, sort du Nil un canal qui va baigner les ruines d'Abydus, les murs de Syout, et se jette près d'el-Ba-

---

[1] Diod. l. 1. (*Voyez infrà.*)   [2] *Voyez* pag. 173.

dramân dans le Bahr-Yousef, après avoir reçu plusieurs fois divers canaux du Nil. Pendant ce trajet, il prend divers noms suivant son importance. Dans quelques points, il est réduit à un ruisseau; dans d'autres, il se perd parmi une foule de branches [1], qui sont les traces des courans de l'inondation. Le canal de Joseph continue ensuite jusqu'au Fayoum en bordant la chaîne de Libye, après quoi il suit le bord de cette montagne et passe à A'tâmneh, sous un pont qui est sur la route du Kaire au Fayoum; de là, il côtoie les pyramides de Saqqârah, celles de Gyzeh, et va enfin arroser la Bahyreh après avoir reçu de nouvelles eaux. Le P. Sicard a connu le cours de ce canal. D'Anville l'appelle *Khalyg el-Gharbyeh* ou *Canal occidental*, et le conduit jusqu'au lac Maréotis [2]. Ce qui confirme l'existence d'un cours d'eau continu dans tout l'espace que je viens d'indiquer, c'est qu'on retrouve le nom de *Bahr-Yousef* dans cette partie inférieure de l'Égypte [3]. Voilà donc une ancienne branche du Nil, la même, sans doute, que le *Lycus* des anciens, coulant dans la Thébaïde, et qui portait le nom de *fleuve Achéron* dans la plaine de Memphis : or, il est à remarquer que Strabon la désigne clairement et à ne pas la méconnaître, au moins pour ce qui regarde le canal de Joseph.

« Après le *Castellum Hermopolitanum* (l'*Hermopoli-*

---

[1] *Voyez* la carte d'Égypte.

[2] D'Anville, Mémoires sur l'Ég., pag. 131.

[3] Le général Andréossy, en parcourant la province de Gyzeh, a reconnu, sur un espace de trente lieues, la trace d'un bas-fond considérable qui règne *le long de la colline libyque*, et dont il attribue avec vraisemblance la formation à un grand courant. (Décade égyptienne, t. II, p. 106.)

tana Phylace de d'Anville), vient le *Castellum Thebaïcum* (*Thebaïca Phylace*) destiné à la garde de la Thébaïde, et le *canal qui conduit à Tanis*[1]. »

Les ruines de Tanis se retrouvent à Touné, village placé à l'ouest du Bahr-Yousef, et où j'ai vu des colonnes avec divers restes d'antiquités. Quant au *Castellum Thebaïcum*, son emplacement répond à Darout el-Cheryf, qui est près de la tête du canal : il est donc évident que le canal de Joseph est le même que celui dont parle Strabon. Mais qui ne le reconnaîtrait pas dans cet autre passage[2] ? « Le *Nil* s'écoule, pendant l'espace de quatre mille stades[3], dans une même direction et dans un lit unique, si ce n'est qu'il est entrecoupé de temps en temps par des îles, dont la principale est celle qui renferme la préfecture Héracléotique, ou bien quand il est détourné par un large canal dans un grand lac et dans un pays qu'il arrose, tel que celui qui porte[4] les eaux dans la préfecture d'Arsinoé et le lac de Mœris, et tel que les autres canaux qui vont se jeter dans le lac Maréotis[5]. »

On voit que Strabon caractérise bien le Bahr-Yousef, puisqu'il n'y a que ce canal qui arrose le nome Arsinoïte; on voit aussi qu'il le distingue nettement du lac de Mœris, dont par-là il fixe en même temps la position. Ce qu'il ajoute ailleurs n'est pas moins positif:

[1] Strab. l. xvii. (Voyez *infrà*.)
[2] Strab. l. xvii. (Voyez *infrà*.)
[3] C'est-à-dire de Syène jusqu'au Delta.
[4] Il y a dans le grec ποιούσης, et dans la traduction latine de Xylander, *includit* : celle-ci n'est pas fidèle; mais on ne peut dire non plus, comme il y a dans le grec, que le canal *forme* la préfecture d'Arsinoé et le lac de Mœris.
[5] Traduction littérale.

« Après le nome d'Aphroditopolis (Atfyhyeh) vient la préfecture Héracléotique, dans une grande île, le long de laquelle se trouve, sur la droite, vers la préfecture Libyque ou Arsinoïte, un canal qui a deux branches; ce qui interrompt dans une certaine partie la continuité de l'île [1]. »

Il est clair, par cette description, que l'île du nome Héracléotique est celle formée par le Nil, d'une part, et le Bahr-Yousef, de l'autre, jusqu'à Zâouy; et que l'interruption qu'elle éprouve est à la gorge du Fayoum par le canal qui y pénètre à ce point. Ce canal établissait une communication entre les deux nomes; et sans lui, cette île Héracléotique eût été fermée de toutes parts : quant à ses deux branches et embouchures, il est très-probable qu'il s'agit de celle qui va dans le Fayoum et de celle qui se dirige sur Zâouy.

Concluons que Strabon regardait le canal nommé aujourd'hui *Bahr-Yousef*, et les canaux suivans jusqu'au lac Maréotis, comme formant un bras du Nil, comme une des dérivations qui divisent ce fleuve et rendent son lit discontinu.

Si je me suis arrêté sur ces passages de Strabon, c'est que leur sens ne se présente pas clairement, à moins qu'on ne connaisse bien le local actuel par soi-même, et aussi parce qu'on ne les avait pas appliqués à l'étude de l'Égypte, bien qu'ils ne soient pas sans importance pour l'ancienne géographie.

[1] Strab. l. xvii. (Voyez *infrà*.)

§. IX. *Opinions des critiques.*

Les témoignages de Strabon que je viens d'exposer, ne sont pas moins utiles pour apprécier l'opinion de Gibert. Le célèbre d'Anville venait de publier la sienne, lorsque Gibert, frappé des difficultés et des contradictions qui s'y rencontrent, en proposa une autre où l'on trouve, en apparence, plus de conformité avec les descriptions des anciens. Jusqu'alors on n'avait encore rien trouvé qui pût répondre à la grande étendue que les anciens donnent au lac de Mœris : Gibert crut trouver dans le Bahr-Yousef tous les rapports nécessaires. Les raisons qu'il apporte peuvent se réduire à cinq principales[1] :

1°. Selon lui, le cours de ce canal a trente-six ou trente-sept lieues depuis Darout el-Cheryf jusqu'à l'entrée du Fayoum, et de là, six à sept lieues jusqu'au lac : doublant cette longueur, on a un circuit de quatre-vingt-six à quatre-vingt-sept lieues, qui répondent à trois mille six cents stades *moyens vulgaires,* ou de quatorze au *mille.*

Mais, comme nous l'avons dit, Hérodote a défini ces trois mille six cents stades par les soixante schœnes qu'il donne à la longueur des côtes d'Égypte[2] ; ce qui suppose que ces stades sont de cinquante-une toises, ou d'environ quinze au *mille.* En second lieu, le cours du canal de Joseph, mesuré sur la carte actuelle, entre son origine et la gorge du Fayoum, a au moins cinquante

---

[1] Mém. de l'Acad. des inscript. et belles-lettres, t. XXVIII, p. 225.   [2] Hérod. l. II, c. 149. (Voyez *infrà*, et aussi p. 168, note 4.)

lieues, et de là, dix lieues jusqu'au Birket-Qeroun. Le *contour* serait donc de plus de cent quatorze lieues, qui font cinq mille cent trois stades, de quinze au *mille*; il y a donc quinze cent trois stades de différence avec la mesure d'Hérodote, ou au moins douze cent vingt, en supposant les stades comme Gibert.

2°. Hérodote compte sept journées de navigation de la mer au lac de Mœris[1] : Gibert, en les estimant à neuf schœnes chacune, en conclut quatre-vingt-dix lieues et un tiers, qu'il retrouve dans la distance de la mer à Darout el-Cheryf. Mais les soixante-trois schœnes ne font que quatre-vingt-cinq lieues, comme on l'a vu dans la discussion de ce passage d'Hérodote; et de plus, on compte sur la carte, en suivant les contours du fleuve, au moins cent vingt lieues du boghâz de Rosette à Darout el-Cheryf, ce qui diffère de la mesure d'Hérodote de vingt-quatre à vingt-cinq schœnes (trente-deux ou trente-trois lieues).

3°. Gibert croit retrouver le canal de communication, que Diodore fixe à quatre-vingts stades de longueur, dans la partie du Bahr-Yousef qui va de Meylâouy vers l'ouest; mais il se trompe encore, puisqu'il n'y a de Meylâouy au Bahr-Yousef que deux lieues, ou quarante-huit stades olympiques[2].

4°. Que le canal de Joseph, ajoute Gibert, soit creusé de main d'homme, c'est un fait constant et notoire. Une condition pareille dans le lac de Mœris ne

---

[1] Herod. lib. II, cap. 4. (Voyez *infrà*.)

[2] L'origine du Bahr-Yousef est d'ailleurs à plus de quatre lieues au-dessus de Meylâouy, et à une lieue au-dessus de Darout el-Cheryf.

l'arrête donc pas. Mais rien ne prouve cette assertion ; nous avons vu au contraire que tout indiquait un ancien bras du Nil, non-seulement dans ce canal, mais dans celui qui le précède vers Syout et Girgeh : car on ne peut sérieusement conclure que le canal de Joseph ait été creusé de main d'homme, de ce qu'il porte le nom de ce patriarche, et de ce que les auteurs arabes lui attribuent cet ouvrage ; c'est cependant à quoi se réduit la preuve qu'en apporte Gibert. On ne sera pas dupe non plus de la fable rapportée par Paul Lucas sur l'étymologie du nom d'el-Fayoum, qu'il dit venir d'*elf youm* (en arabe, mille jours), parce que Joseph employa ce temps, selon les auteurs arabes, pour creuser le canal de son nom, et fertiliser cette contrée jadis inculte [1].

Le Bahr-Yousef est, de tous les canaux, celui qui a le plus de contours et de sinuosités ; il en a plus que le Nil lui-même, qui, comme on sait, en est rempli.

---

[1] *Voyez* Murtadi, p. 203 et seq., ainsi que les auteurs arabes qui ont traité de l'Égypte. Ebn el-Maqryzy (Histoire des rois d'Égypte) dit que le canal de Fayoum et le Mehni furent creusés par le prophète de Dieu Yousef. Selon Gelâl-ed-dyn, Joseph fit partir le Menhi d'Achmouneyn, et le conduisit jusqu'à el-Lâhoun.

On a pensé voir une preuve que ce canal était l'ouvrage de Joseph, dans le nom que porte le village de Darout el-Cheryf, placé près de son ouverture dans le Nil, et qu'on a cru signifier *le canal du Cheryf* ou *du Patriarche*. Cette idée est plus absurde qu'on ne saurait le dire. *Darout* est un autre mot que *Tera't*, et signifie tout autre chose que *canal*. *Cheryf* est un adjectif qui répond à *noble*, et qui n'a rien de commun avec la signification de *patriarche*. De plus, l'ancien nom, comme je l'ai recueilli sur les lieux, est *Deroueh-Sárábamoun*; et sur tous les registres, on trouve encore *Darout el-Cheryf*, ou *Deroueh-Sarabán*. *Deroueh* veut dire *enceinte habitée* : un cheryf ou descendant de Mahomet, qui a gouverné cet endroit, lui a donné son nom dans la suite. Abou-l-fedâ nous le fait connaître sous le nom de *Cheryf-Darbán* (*Descriptio Ægypti*, Gott. 1776; pag. 8). Auprès du village est un monastère qobte, dont le nom est *Deyr Abou-Sarabán*; ce qui retrace le nom tiré d'Abou-l-fedâ.

Qui empêchait, dans la plaine où il coule, de le creuser plus régulièrement? Ainsi tout concourt à établir que c'est le reste d'une ancienne branche du Nil, qui, dans les premiers temps, a creusé son lit suivant les accidens du terrain, ainsi que selon les contours des dunes et de la montagne qu'elle baigne quelquefois.

5°. Gibert, qui ne semble pas douter qu'il y eût des écluses à l'entrée du lac de Mœris, en retrouve des vestiges dans le nom d'un village appelé *Bâbeyn*, ou les Deux Portes, et qui se trouve, dit-il, sur le canal, à l'endroit où ces écluses doivent être placées. On voit assez combien est faible une pareille conjecture. Au reste, il faut ajouter qu'il n'y a pas dans tout le pays de village ainsi nommé. Pococke parle d'un mont *Bibian* très-élevé, qui est à deux lieues à l'ouest du canal, et qui porte des ruines[1]. J'ai parcouru toute la chaîne de l'ouest pied à pied, sans découvrir aucun lieu de ce nom, et le voyageur anglais ne quittait pas le Nil; mais quand il aurait été bien informé, cela prouverait-il quelque chose pour les écluses? Il est d'ailleurs superflu de rechercher si l'antiquité a connu cette espèce de construction hydraulique.

Telles sont les bases de l'opinion de Gibert; elle me paraît suffisamment réfutée pour dispenser d'examiner ce qui en est dit dans l'excellente traduction française d'Hérodote, dont l'auteur n'a lui-même ajouté aucune raison nouvelle, non plus que l'auteur d'un Mémoire sur les canaux de l'antiquité[2]. Je ferai seulement ob-

---

[1] Pococ. *Descr. of the East*, t. 1.
[2] Ce mémoire a remporté le prix à l'Acad. des inscriptions et belles-lettres en 1771.

server que la conformité de mesures sur laquelle cette opinion était appuyée, et dont elle semblait tirer le plus d'avantages, n'a aucune espèce de fondement.

J'ajouterai que le texte même des passages prévient par avance contre le sentiment de Gibert, parce qu'il n'est pas naturel de chercher un lac dans un canal[1]. Le sens de ces deux mots était cependant assez bien fixé dans les langues grecque et latine, ainsi qu'il l'est dans la nôtre, pour n'être pas susceptible d'équivoque.

D'ailleurs Gibert se fonde sur un principe inexact, savoir, qu'Hérodote et Strabon ne parlent pas de la même chose sous le nom de *lac de Mœris;* que l'un représente ce lac comme très-long et très-étroit, et l'autre comme un amas d'eau immense. Je crois avoir fait voir que les descriptions de ces deux auteurs convenaient au Birket-Qeroun, et par conséquent ensemble. Hérodote ne parle nullement d'un *lac étroit et long;* s'il fait mention d'un canal, c'est de celui qui faisait communiquer le Nil au lac, et en cela il est conforme à Strabon et à Diodore : il ne donne pas au tout le nom de *lac Mœris*, comme le dit son savant traducteur[2], et la description du lac est presque achevée quand il parle du canal de communication[3]; il n'est donc pas exact d'avancer « qu'Hé-

---

[1] Il n'est pas convenable non plus de mesurer le *circuit* d'un espace aussi étroit que ce canal, et ce n'est pas là une des moindres difficultés que souffre l'opinion de Gibert. On ne dirait pas que le Nil a quatre cent soixante-seize lieues de *contour* entre Syène et Damiette, parce que son cours est de deux cent trente-huit lieues dans cet intervalle. Quant à la convenance de forme entre le Bahr-Yousef et le lac de Mœris, elle n'est pas plus réelle, d'après ce qu'on a dit plus haut (p. 176), que celle d'étendue ou d'emplacement.

[2] *Traduction d'Hérodote*, 1786, l. II, note 482. *Voyez* la Description du nome Arsinoïte.

[3] Herod. lib. II, cap. 149. (*Voyez infrà.*)

rodote ne dit que deux mots du lac proprement dit, et qu'il s'étend sur la partie creusée de main d'homme, le canal. »

Quant à Gibert, il faut convenir que son hypothèse, neuve et hardie, était bien supérieure à tout ce qu'on avait dit jusqu'alors sur le même sujet. Il faut aussi ajouter, à l'honneur de cet académicien, qu'il avait parfaitement senti l'insuffisance et l'inexactitude de l'opinion de d'Anville.

Cet illustre géographe a été entraîné par quelques circonstances que les relations du P. Sicard et de Granger lui ont présentées. Le premier a indiqué le lac de Mœris dans une lagune ou bas-fond qu'il appelle *Bathen*, et qui se trouve entre le Nil et le Bahr-Yousef[1]. Granger le place dans une fosse qui partait, selon lui, de Cynopolis, et finissait à Héracléopolis, et lui donne vingt-cinq lieues de long sur une de large, avec plusieurs écluses qui servaient à donner de l'eau au canal de Joseph et aux terres voisines[2]. Il ne parle pas de l'état actuel de cette prétendue fosse, et ne lui donne pas le nom de *Bathen*; ce qui me fait croire qu'il n'avait pas même été sur les lieux, et qu'il n'en parle que d'après le P. Sicard. Au reste, ce voyageur se contredit plusieurs fois dans ce qu'il dit sur le Birket-Qeroun, qu'il appelle *lac de Mendès*, quoique Strabon, ni Ptolémée, ni aucun géographe, ne parlent d'un lac de ce nom.

D'Anville se servit de ces deux relations pour autoriser son hypothèse : quoiqu'elle ait été combattue par

[1] Mémoires des missions dans le Levant.
[2] Voyage en Égypte.

Gibert[1], par M. de Pauw[2] et par d'autres, je vais l'examiner de nouveau, parce que l'autorité de d'Anville est d'un grand poids, et qu'elle a déterminé plusieurs personnes, entre autres M. de Lalande, qui a écrit dans l'Encyclopédie l'article *Canaux de l'antiquité*[3], et qui a rappelé cette opinion dans son ouvrage sur les *Canaux de navigation*[4].

1°. « Le P. Sicard, dit-il, a montré le Mœris dans la trace d'une lagune qu'on nomme *Bathen*, qui signifie en arabe ce que Βάθος signifie en grec[5]. »

Bâtin باطن (et non *bathen*, qui ne se trouve pas dans les dictionnaires) signifie *intérieur;* Βάθος veut dire *profond :* quel rapport y a-t-il entre ces deux significations? et quand il y en aurait un, que pourrait-on en conclure en faveur du *Bâthen ?*

2°. « Son étendue est du nord au sud. » Mais cela lui est commun avec le Bahr-Yousef et beaucoup de canaux.

3°. « La longueur du canal de communication entre son ouverture dans le Nil et son entrée dans le Bathen près de Tahâ, est la même que celle du canal par lequel le Mœris recevait le Nil, suivant Diodore. »

Nous avons vu que cette longueur était de quatre-vingts stades : or, il n'y en a que vingt-quatre entre Tahâ el-A'moudeyn et le Nil. A Tahâ, l'on voit en effet un canal assez large; il se continue parallèlement au Nil, mais se perd à quelque distance. Il y a encore

---

[1] Mémoires de l'Acad. des inscriptions, tom. XXVIII.
[2] M. de Pauw, Recherches philosophiques sur les Égyptiens, etc.
[3] Encyclopédie méthodique.
[4] Canaux de navigation, art. 801.
[5] D'Anville, Mémoires sur l'Ég., pag. 154.

d'autres canaux, de là jusqu'au Fayoum; mais ces diverses dérivations sont à sec dans l'été, et ne peuvent répondre à la recherche d'un lac unique et continu : s'il y a en effet dans cette partie de la vallée un bas-fond qui ait donné au P. Sicard l'idée d'une lagune de vingt lieues de longueur, il doit très-probablement sa formation à l'affluence des eaux du fleuve, d'une part, et aux eaux du canal de Joseph, de l'autre : on sait que les rives du Nil et celles des canaux sont plus élevées que les terrains qui en sont éloignés[1].

[1] Telle est l'idée que j'avais conçue du *Bathen*, avant d'avoir été sur les lieux; depuis, j'ai eu occasion de parcourir pas à pas cette partie de la vallée, en levant la carte géométrique du pays, dans un espace de vingt-cinq lieues de longueur. Ce voyage a pleinement confirmé mes idées. *Bâtin* n'est pas un nom qui appartienne à tel lieu, à tel canal déterminé; c'est un nom générique, donné par les habitans de l'Égypte moyenne aux bas-fonds qui occupent le milieu de la vallée (plus large dans cette région du Sa'yd que dans aucune autre), et qui résultent naturellement de l'exhaussement des bords du Nil et des canaux. On dit un *bâtin* et plusieurs *bâtin* (*el-bâtin, el-baoudten*); ce mot arabe, qui signifie *intérieur*, est parfaitement bien appliqué aux bas-fonds dont je parle, puisqu'ils forment la partie la plus basse et la plus intérieure du pays: ils conservent de l'eau presque toute l'année, et ils offrent, par endroits, l'aspect d'un canal continu; ce qui aura trompé le P. Sicard, qui paraît en avoir vu à Tahâ une large branche, connue sous le nom d'*ed-Dafa'*. La largeur de ces *bâtin* varie extrêmement d'un temps à l'autre, ainsi qu'on doit le concevoir; et, dans un même temps, cette largeur n'est pas moins variable suivant les lieux et suivant les accidens du terrain. En février 1801, la branche principale avait tantôt cinquante mètres de largeur, tantôt cent et beaucoup plus. Sa profondeur allait d'un à trois pieds; ce qui est presque insensible sur une telle largeur. Enfin rien n'est plus variable que la direction de ces bas-fonds, qui suivent mille contours : ce ne sont en effet que les traces des courans qui sillonnent la vallée pendant le débordement.

Il est donc manifeste qu'il n'y a jamais eu là de canal ni de lac creusé par les anciens, ni aucun travail de cette espèce : il ne s'y voit d'autre ouvrage que celui même qu'opèrent les eaux de l'inondation; au reste, on ne connaît, dans tout ce cours d'eaux, aucune trace d'*écluses*, ou autres constructions pareilles, quoi qu'en aient dit Granger et quelques autres. J'entrerai dans plus de détails dans un autre mémoire qui

4°. « La longueur de cette lagune, ajoute d'Anville, est de neuf cents stades, et sa largeur est de quatre;

traitera du canal de Joseph et de tout le territoire de l'Heptanomide; ici je me bornerai à quelques observations.

Bien que l'Égypte soit une plaine fort égale, on en aurait une fausse idée, si l'on croyait que cette plaine est partout de niveau. La masse des eaux de l'inondation exerce sur le sol une pression variable, qui dépend des accidens du terrain; et elles y causent des changemens annuels: ici elles creusent la vallée, là elles l'exhaussent, suivant qu'elles ont plus de courant et qu'elles sont moins chargées de limon, ou bien, qu'avec un courant moindre, elles sont au contraire plus limoneuses. Il se fait ainsi, çà et là, de petites dépressions ou de petites élévations de quelques pieds; et quand une autre inondation répand de nouvelles eaux, elles suivent la pente qui résulte de ces mouvemens du terrain. De là, de petits canaux irréguliers, qui s'élargissent ou se comblent d'une année à l'autre, ou qui se modifient d'une manière absolument nouvelle; à quoi il faut ajouter les changemens qu'introduisent la culture et le travail des digues et autres barrières artificielles que l'on oppose à l'inondation. On voit assez par là de quelle réserve il faudrait user, si l'on voulait estimer par les dépôts de limon l'exhaussement annuel ou séculaire de l'Égypte, et, par suite, l'époque des monumens enfouis sous le sol. En effet, dans une seule année, le fleuve détruit souvent l'ouvrage de plusieurs; il entraîne des portions de terres considérables; il arrive même que des villages perdent leur territoire entier. Il y a des parties de la vallée actuellement plus basses qu'elles ne l'étaient il y a plusieurs siècles, et d'autres qui sont plus élevées qu'elles n'auraient pu l'être par le dépôt tranquille du limon pendant quelques siècles de plus. Ces sortes de calculs ne peuvent s'établir qu'en admettant deux principes: l'un, qu'il faut prendre pour terme de comparaison des époques très distantes; l'autre, que l'intervalle de temps écoulé, déduit de l'exhaussement moyen et de l'exhaussement d'un lieu donné, n'est pas autre chose qu'un *minimum*.

A ces observations générales, j'ajouterai quelques détails particuliers à l'Égypte moyenne.

A quatre mille mètres au-dessous de Meylàouy, sort du fleuve un canal appelé *Tera't el-Sebâkh*: son nom lui vient des décombres tirés d'*Hermopolis magna*, et qu'on y charrie en barque pour les répandre comme engrais sur les terres. Ce canal, aujourd'hui large de cent mètres, mais à peine profond de quelques pieds, n'existait pas il y a quatre-vingts ans; c'était alors un terrain bas formé par l'exhaussement des berges du Nil: son surnom *el-Ghouetah* confirme la tradition que son emplacement était jadis un bas-fond humide. (غويطة est traduit dans les dictionnaires par ces mots, *terra cava, depressiorque; terra mollior*.) Les bestiaux allaient y paître dans le temps des basses eaux. Peu à peu, ce bas-fonds a été fouillé et approfondi par les débordemens, et il est devenu, dans les hautes et

ce qui donne une surface de trois mille six cents stades, et par conséquent l'étendue qui satisfait à Hérodote[1]. »

Plusieurs écrivains ont relevé cette faute avec raison. En effet, il ne s'agit pas de surface dans Hérodote, ni Diodore, ni Pline; tous se servent du mot de *circuit*, et il n'est pas permis de prendre l'un pour l'autre, ni de supposer que ces auteurs aient confondu une superficie avec une circonférence. L'hypothèse de d'Anville ne résiste pas mieux, si l'on pousse l'examen plus loin.

Le Mœris était près d'Arsinoé[2] : le *Bathen*, en le supposant même prolongé, comme l'a indiqué d'Anville, en est fort éloigné.

Le Mœris se portait à l'ouest, vers le milieu des terres, le long de la montagne, au-dessus de Memphis[3] : mais le *Bathen* n'a point de courbure vers l'occident; il est loin des montagnes, dont il est séparé par le canal de Joseph, et il ne pouvait surtout communiquer avec la syrte de Libye.

moyennes eaux, un véritable canal; mais il est à sec dans le bas Nil, ou bien il ne forme qu'un cours d'eau vague et très-inégal. Près du village d'Echment, il communique avec le Bahr-Yousef, et il forme ensuite plusieurs ramifications qui, aux environs de Minyeh, prennent le nom de *bátin*. Enfin, suivant les localités, il prend diverses dénominations, occupant ainsi le milieu de la vallée jusqu'aux approches du Fayoum.

Je renvoie à un autre mémoire de plus grands détails, et les observations que j'ai été à portée de faire sur les variations du cours du Nil, observations qui peuvent intéresser l'histoire de ce fleuve. Ce qui précède suffit pour donner une idée de la nature des terrains appelés *baouáten* par les habitans de l'Égypte du milieu, et pour apprécier la prétendue découverte du P. Sicard.

[1] Consultez les cartes détaillées de l'Égypte moyenne, dans l'Atlas géographique d'Égypte, soit pour les mesures comparées que d'Anville apporte en preuve, soit pour la connaissance des terrains appelés *bathen*.

[2] *Voyez* pag. 174.

[3] Herod. lib. II, cap. 150. (*Voyez infrà.*)

Le Mœris était dans un terrain sec et aride[1] : l'emplacement du *Bathen* appartient à un lieu qui reçoit des eaux de tous côtés.

Les habitans de ses bords honoraient le crocodile[2] : au contraire, ceux du nome Héracléotique, où se trouve le *Bathen*, avaient pour lui la plus grande aversion, et honoraient l'ichneumon, qui passait pour son ennemi mortel.

Telles sont les raisons contraires à l'opinion de d'Anville, qui convient, au reste, que le *Bathen* ne satisfait pas entièrement aux descriptions des anciens : il serait plus vrai de dire qu'il n'y convient nullement.

Il semble aussi avoir été frappé des passages de Ptolémée et de Strabon qui placent le Mœris dans le nome Arsinoïte. En effet, il a conservé ce nom au lac du Fayoum dans sa carte de l'Égypte ancienne, mais en l'attribuant à ces deux auteurs, comme s'ils étaient les seuls qui eussent nommé expressément cette préfecture, et comme s'ils avaient voulu parler d'un autre lac qu'Hérodote et Diodore. Dans une carte de l'Égypte et de la Libye, qu'il a dressée pour l'Histoire ancienne de Rollin, d'Anville reconnaît encore que cet emplacement est celui du lac de Mœris, suivant l'opinion générale. Quant au nom de *Mœris L. Herodoto et Diodoro* qu'il donne au local du *Bathen*, il ne faut pas imaginer qu'Hérodote et Diodore aient indiqué effectivement le Mœris dans cet endroit, comme on serait porté à le croire d'après une pareille dénomination ; aucun de ces deux

---

[1] Herod. lib. II, cap. 149. (Voyez *infrà*.)
[2] Herod. lib. II, cap. 39. (*Ibid*.)

auteurs ne parle de la préfecture Héracléotique, ni de l'Oxyrynchite, qui répondent à ce local, tandis que tous nomment ou désignent formellement l'Arsinoïte. L'indication de d'Anville est donc fausse; et, outre qu'elle peut induire en erreur sur le texte des deux historiens, elle peut encore faire naître l'idée qu'il y avait deux lacs de Mœris, lorsque l'antiquité n'en connaît qu'un; idée que l'auteur du Mémoire sur les canaux des anciens semble avoir adoptée, tout en se décidant pour l'opinion de Gibert, et pour déférer en quelque sorte à l'autorité de d'Anville.

Il me resterait à examiner une dernière opinion sur le lac de Mœris, qui a été proposée par M. Leroy; mais son mémoire n'est pas publié. Il paraît qu'il établit une double communication du Nil avec le lac de Mœris[1].

[1] Depuis mon retour, j'ai pris connaissance de cet écrit, inséré dans les Mémoires de la classe de littérature de l'Institut, t. II; l'explication qu'il renferme est une des moins plausibles de toutes celles qu'on a proposées, quoique l'auteur ait affecté une marche rigoureuse, jusqu'à dire même qu'il a suivi la méthode des géomètres pour résoudre cette question de géographie.

Il déclare qu'il n'emploie pas le nom de *lac Mœris*, de crainte de donner une fausse idée à ses lecteurs, et qu'il faut écrire simplement *le Mœris*; ce n'est pas ce qu'il y a de moins extraordinaire dans ce mémoire.

1°. Il suppose que les trois mille six cents stades de circuit donnés par Hérodote sont d'environ neuf au *mille* : il est prouvé (pag. 168, note 4, et pag. 169, note 2) qu'il y a dans le *mille* quinze de ces stades.

2°. Il conclut de là 402 *milles*, dont il retranche 82 *milles* pour le circuit du lac de *Kern*; et des 320 *milles* restans, il prend la moitié, 160 *milles*, qu'il regarde comme la longueur du *Mœris*.

3°. Pline et Diodore fixant une de ses extrémités à soixante-douze *milles* de Memphis, M. Leroy conclut que l'autre est à cent soixante *milles* plus au sud, et place ainsi la fin du *Mœris* à *Rodda*.

Le simple énoncé de ces suppositions fait voir qu'elles n'ont rien que d'arbitraire; et il ne faut pas s'en étonner; puisque l'auteur les appuie sur la carte de Norden, la plus incorrecte de toutes les cartes d'Égypte. Il ne s'embarrasse pas de savoir si, dans l'emplacement qu'il assigne au

Au surplus, il serait possible de faire bien des hypothèses, tant sur les rapports du lac avec le fleuve, que sur la manière dont il suppléait aux hautes eaux, et sur les moyens par lesquels il remédiait à l'irrégularité des crues ; mais on ne saurait, sans contredire tous les témoignages de l'antiquité, supposer son emplacement ailleurs que dans le Fayoum.

Nous allons en rapprocher en peu de mots les preuves principales.

§. X. *Résumé.*

Comme le Mœris, le lac du Fayoum se porte à l'ouest, le long des montagnes, au-dessus de Memphis, et a son issue dans la Libye.

Son emplacement est, comme celui du Mœris, dans un lieu aride, et, comme lui, il reçoit les eaux du Nil par un canal de quatre-vingts stades de longueur; son étendue est aussi considérable que celle que devait avoir le lac de Mœris, en réduisant à sa juste valeur ce que l'erreur ou l'amour du merveilleux lui a donné d'espace.

Le lac de Mœris était à sept journées de navigation de

Mœris; il y a un lac ou un canal, ou quelques vestiges qui le retracent. Ce qu'il propose n'est ni le *Bathen*, ni le Bahr-Yousef, ni rien qui existe dans le pays. Il prétend néanmoins appliquer à son hypothèse tous les passages des anciens ; et, comme si en effet elle pouvait satisfaire à tout ce qu'on dit du Mœris, il étale tous les avantages qu'avait ce lac pour la navigation et pour l'arrosement des terres, insistant surtout sur les deux embouchures du Mœris dans le Nil, et sur les portes qu'on y avait placées. Il combat Gibert et d'Anville; mais on sent combien sa réfutation doit porter à faux, et l'on peut apprécier le jugement qu'il porte quant au lac de *Kern*, qui, selon lui, ne peut représenter le Mœris. M. Larcher, dans sa nouvelle édition d'Hérodote, s'exprime de manière à faire voir combien l'explication de M. Leroy lui paraît peu fondée.

la mer; sa distance de Memphis était de dix schœnes, suivant Diodore de Sicile, et de soixante-douze *milles*, suivant Pline : toutes ces mesures conviennent au Birket-Qeroun, et ne conviennent qu'à lui seul. Suivant Hérodote, Diodore et Étienne de Byzance, le Mœris était situé près de la ville des Crocodiles : or, il n'y a pas d'autre lac que le Birket-Qeroun près des ruines de cette ville. Le culte des crocodiles était établi sur les bords du lac de Mœris; et cela ne peut convenir, dans l'Égypte moyenne, qu'à un lac placé dans le nome Arsinoïte. Enfin, que peut-on ajouter aux témoignages positifs de Strabon, de Pline et de Ptolémée, qui placent le Mœris dans cette préfecture? En un mot, il y avait un grand lac dans le nome Arsinoïte, et c'était le lac de Mœris [1]; il y a aujourd'hui un très-grand lac dans le Fayoum, qui est la même province que l'Arsinoïte : le lac du Fayoum est donc le même que le lac de Mœris.

Après toutes les raisons que je viens d'apporter en faveur du Birket-Qeroun, il me reste à répondre aux objections qu'on a faites; et alors cette opinion sera établie solidement [2].

La première se tire d'un passage de Pline, qui appelle le lac de Mœris *Fossa grandis;* ce qui semble, dit-on, indiquer un canal [3]. Mais pourquoi *fossa* ne s'appliquerait-il pas à un lac? On a vu plus haut que Pline re-

---

[1] Les preuves de cette proposition se trouvent pag. 173 et 175 de ce mémoire.

[2] Il n'est pas inutile de faire observer que tous les voyageurs, hormis Sicard et Granger, ont donné le même emplacement que moi au lac de Mœris, il est vrai, sans en apporter de preuves. J'ai trouvé la même opinion consignée dans la carte de Lenoir du Roule, que j'ai citée plus haut.

[3] Plin. lib. xxxvi, c. 12. (Voyez *infrà*.)

gardait le lac de Mœris comme n'existant plus de son temps : s'il n'était pas mieux instruit sur sa forme, on conviendra que ce nom de *fossa* ne prouve rien, quand tous les auteurs, et lui-même dans un autre endroit, l'appellent un lac[1].

La seconde objection se trouve dans un passage de Ptolémée où l'on a cru que l'auteur indiquait le Mœris comme étant un bras du fleuve qui environnait une grande île. Nous avons vu ailleurs qu'il plaçait ce lac avec précision à l'ouest du nome Arsinoïte, dans la Libye : en outre, le texte est fort différent de ce qu'on a cru y voir[2].

Les objections que présente d'Anville, portent sur l'étendue et la direction du Birket-Qeroun[3]; j'y ai répondu d'avance dans la comparaison que j'en ai faite avec le Mœris. D'Anville ajoute que, « au lieu de quatre-vingts stades indiqués par Diodore dans le canal de communication, on en trouve cinq cents entre le lac du Fayoum et le point du Nil le plus proche. » Loin de là, nous avons vu que ces quatre-vingts stades se retrouvaient exactement dans la partie du Bahr-Yousef comprise entre Haouârah el-Lahoun et l'origine des ravins.

Enfin il avance, d'après Granger, que le lac est trop bas et ses eaux trop salées pour qu'il ait pu servir aux irrigations. J'ai déjà repoussé cette objection, quant à la salure des eaux du Birket-Qeroun. Pour ce qui est de son niveau actuel, il faut l'attribuer à deux causes : la

---

[1] Pline confond ici le lac et le large canal appelé aujourd'hui *Bahr-belâ-mâ*.

[2] Ptolem. *Geogr.* l. v.

[3] D'Anville, Mém. sur l'Égypte, pag. 151.

première est la même qui fait que les eaux sont salées; c'est qu'il n'a plus ou presque plus de communication avec le Nil : la seconde, c'est que le sol du Fayoum s'est exhaussé comme le reste de la vallée d'Égypte; il n'est donc pas étonnant que, les terres voisines s'élevant sans cesse, et le lac décroissant continuellement, on le trouve aujourd'hui trop bas pour les arroser.

C'est ainsi que s'évanouit ce prétendu défaut de convenance sur lequel un des critiques cités plus haut a beaucoup insisté, et qui même lui a fait soutenir que *tous ceux qui voudront appliquer au lac du Fayoum ce que les anciens ont dit du lac Mœris, n'y trouveront jamais de conformité.* Si je ne me trompe, je crois en avoir trouvé sous tous les rapports, et avoir établi, avec la certitude qu'on peut espérer dans cette matière, une correspondance exacte entre le lac de Mœris et le lac de la province du Fayoum. Si tous les doutes ne sont pas levés, s'il reste encore quelques difficultés à éclaircir, il faut l'attribuer au peu de détails que les anciens nous ont transmis[1].

Dans un écrit qui ne serait pas purement géographique, ainsi que l'est ce mémoire, on serait entré dans plus de développemens, relativement à l'influence qu'avait le lac de Mœris, tant sur l'irrigation de la moyenne

---

[1] Ce que l'antiquité a laissé par écrit sur le lac de Mœris, se réduit à un petit nombre de passages, tous rapportés dans ce mémoire. Le seul qu'on ait omis de mentionner, est celui de Strabon, au premier livre de sa Géographie, pag. 50; les critiques n'en ont pas parlé, quoique certainement il soit relatif au lac de Mœris ou Myris, mais sous le nom d'*halmyris* (ἀλμυρίδος λίμνη), nom qu'il faut attribuer à la corruption du texte. Au reste, il ne renferme guère que ce que dit Strabon du Mœris au liv. XVII. (*Voyez* p. 178 de ce mémoire.)

Égypte, que sur la navigation intérieure; on aurait également traité de ses rapports avec la religion et les usages de l'antiquité. L'ensemble du pays qui renferme le Fayoum, les pyramides et Memphis, mérite une attention particulière. Je me propose de remplir ce double objet dans un premier Mémoire sur le Bahr-Yousef, et dans un autre sur le labyrinthe et les antiquités du Fayoum.

TEXTES
DES PRINCIPAUX AUTEURS.

Herod. *Hist.* ed. Th. Gale. Lond. 1679.

ΒΑΣΙΛΕΥΣΑΙ δὲ πρῶτον ἄνθρωπον ἔλεγον Μῆνα· ἐπὶ τούτου, πλὴν τοῦ Θηβαϊκοῦ νομοῦ, πᾶσαν Αἴγυπίον εἶναι ἕλος· καὶ αὐτῆς εἶναι οὐδὲν ὑπερέχον τῶν νῦν ἔνερθε λίμνης τῆς Μύριος ἐόντων· ἐς τὴν ἀνάπλους ἀπὸ θαλάσσης ἑπλὰ ἡμερέων ἐστὶ ἀνὰ τὸν πόλαμον. (Lib. II, cap. 4, pag. 91.)

Τοῖσι μὲν δὴ τῶν Αἰγυπλίων ἱροί εἰσι οἱ κροκόδειλοι, τοῖσι δ᾿ οὔ, ἀλλ᾿ ἅτε πολεμίους περιέπουσι· οἱ δὲ περὶ τε Θήβας καὶ τὴν Μοίριος λίμνην οἰκέονλες καὶ κάρτα ἥγηνται αὐτοὺς εἶναι ἱρούς. (Lib. II, cap. 69, pag. 116.)

Δόξαν δέ σφι, ἐποιήσαντο λαβύρινθον, ὀλίγον ὑπὲρ τῆς λίμνης τῆς Μοίριος, κατὰ Κροκοδείλων καλεομένην πόλιν μάλιστά κη κείμενον. (Lib. II, cap. 148, pag. 147.)

Τοῦ δὲ λαβυρίνθου τούτου ἐόντος τοιούτου, θώῦμα ἔτι μέζον παρέχεται ἡ Μοίριος καλεομένη λίμνη, παρ᾿ ἣν ὁ λαβύρινθος οὗτος οἰκοδόμηλαι· τῆς τὸ περίμετρον τῆς περιόδου εἰσὶ στάδιοι ἑξακόσιοι καὶ τρισχίλιοι, σχοίνων ἑξήκοντα ἐόνλων, ἴσοι καὶ αὐτῆς Αἰγύπλου τὸ παρὰ θάλασσαν· κέεται δὲ μακρὴ ἡ λίμνη πρὸς βορέην τε καὶ νότον, ἐοῦσα βάθος, τῇ βαθυτάτῃ αὐτὴ ἑωῦτῆς, πενληκοντόργυιος· ὅτι δὲ χειροποίητός ἐστι καὶ ὀρυκλὴ, αὐτὴ δηλοῖ· ἐν γὰρ μέσῃ τῇ λίμνῃ μάλιστά κη ἐστᾶσι δύο

Præterea primum mortalium regnasse Menem, ac sub eo omnem Ægyptum, præter Thebaïcam provinciam, palustrem fuisse: ex eaque nihil eorum quæ nunc sunt infra stagnum Myrios, extitisse; in quod stagnum à mari per flumen septem diebus navigatur.

Quibusdam Ægyptiorum crocodili sacrosancti sunt; quibusdam non sunt, sed veluti hostes exagitant. Sacros admodum esse eos existimant qui circa Thebas et Mœrios stagnum incolunt.

Ex eoque placito fecerunt (XII reges) labyrinthum, paulò supra stagnum Mœrios, maximè urbem versùs quæ dicitur *Crocodilorum*.

Et cùm talis sit hic labyrinthus, tamen stagnum Mœrios, ad quod labyrinthus ædificatus est, plus adhuc præbet admirationis. Cujus in circuitu mensura trium millium et sexcentorum stadiorum est, schœnorum sexaginta, quanta videlicet ipsius Ægypti ad mare mensura est. Jacet autem stagnum longo situ aquilonem versùs austrumque: altitudine, ubi ejus profundissimum est, quinquaginta passuum. Quòd autem manu facta sit et depressa, in-

πυραμίδες, τοῦ ὕδατος ὑπερέχουσαι πεντήκοντα ὀργυιὰς ἑκατέρη· καὶ τὸ κατ' ὕδατος οἰκοδόμηται ἕτερον τοσοῦτον· καὶ ἐπ' ἀμφοτέρῃσι ἔπεστι κολοσσὸς λίθινος, κατήμενος ἐν θρόνῳ· οὕτω αἱ μὲν πυραμίδες εἰσὶ ἑκατὸν ὀργυιέων, αἱ δ' ἑκατὸν ὀργυιαὶ δίκαιαί εἰσι στάδιον ἑξάπλεθρον, ἑξαπέδου μὲν τῆς ὀργυιῆς μετρεομένης καὶ τετραπήχεως, τῶν ποδῶν μὲν τετραπαλαίστων ἐόντων, τοῦ δὲ πήχεος, ἑξαπαλαίστου· τὸ δὲ ὕδωρ τὸ ἐν τῇ λίμνῃ, αὐθιγενὲς μὲν οὐκ ἔστι· (ἄνυδρος γὰρ δὴ δεινῶς ἐστι ταύτῃ) ἐκ τοῦ Νείλου δὲ κατὰ διώρυχα ἐσῆκται· καὶ ἕξ μὲν μῆνας ἔσω ῥέει ἐς τὴν λίμνην, ἓξ δὲ μῆνας ἔξω ἐς τὸν Νεῖλον αὖτις· καὶ ἐπεὰν μὲν ἐκρέῃ ἔξω ἥδε, τότε τοὺς ἓξ μῆνας ἐς τὸ βασιλήϊον καταβάλλει ἐπ' ἡμέρην ἑκάστην τάλαντον ἀργυρίου ἐκ τῶν ἰχθύων. ἐπεὰν δὲ ἐσίῃ τὸ ὕδωρ ἐς αὐτὴν, εἴκοσι μνέας. Ἔλεγον δὲ οἱ ἐπιχώριοι καὶ ὡς ἐς τὴν Σύρτιν τὴν ἐν Λιβύῃ ἐκδιδοῖ ἡ λίμνη αὕτη ὑπὸ γῆν, τετραμμένη τὸ πρὸς ἑσπέρην ἐς τὴν μεσόγαιαν παρὰ τὸ ὄρος τὸ ὑπὲρ Μέμφιος· ἐπεί τε δὲ τοῦ ὀρύγματος τούτου οὐκ ὥρων τὸν χοῦν οὐδαμοῦ ἐόντα, ἐπιμελὲς γὰρ δή μοι ἦν, ἠρόμεν τοὺς ἄγχιστα οἰκέοντας τῆς λίμνης ὅκου εἴη ὁ χοῦς ὁ ἐξορυχθείς· οἱ δὲ ἔφρασάν μοι ἵνα ἐξεφορήθη· καὶ εὐπετέως ἔπειθον.... ὀρύσσοντας γὰρ τὸν χοῦν τοὺς Αἰγυπτίους, ἐς τὸν Νεῖλον φορέειν· ὁ δὲ, ὑπολαμβάνων, ἔμελλε διαχέεσιν. (Lib. II, cap. 149 et 150.)

Καὶ δὴ καὶ παῖδας παρέβαλε αὐτοῖσι Αἰγυπτίοις, τὴν Ἑλλάδα γλῶσσαν ἐκδιδάσκεσθαι· ἀπὸ δὲ τούτων ἐκμαθόντων τὴν Ἑλλάδα γλῶσσαν, οἱ νῦν ἑρμηνέες ἐν Αἰγύπτῳ γεγόνασι. (Lib. II, cap. 154, pag. 150.)

dicat, quòd in ejus fermè medio stant duæ pyramides, quinquaginta passus ab aqua extantes, altero tanto ædificii aquis tecto; super quarum utraque lapideus est colossus in solio sedens : ita pyramides sunt centum passuum. Centum autem justi passus sunt stadium unum sex jugerum. Passus, inquam, mensura sex pedum sive quatuor cubitorum; pedes autem, quatuor palmorum; cubiti verò, sex palmorum. Aqua stagni nativa non est, utpote solo illo admodùm arido, sed è *Nilo derivata*, sex mensibus in stagnum fluens, totidem retrò in Nilum refluens; illisque sex mensibus quibus effluit, augens regium fiscum talentis argenti singulis, in singulos dies, proventu piscium, cùm influit, viginti minis. Hoc stagnum dicebant etiam indigenæ evadere in Syrtin Africæ, perforato sub terram meatu, in Mediterranea, Hesperiam versùs, secundùm montem Memphi imminentem. Verùm, cùm humum è lacu egestam nusquam viderem (hoc enim mihi indagare curæ erat), percontabar proximos accolarum ubinam esset humus illinc defossa. Illi dicere fuisse deportatam, facilè id mihi persuadentes...... Ægyptios enim humum quam effodiebant, in Nilum extulisse, quam ille acceptam dissiparet.

Pueros quinetiam Ægyptios commisit (Psammitichus) linguâ græcâ imbuendos, à quibus linguam græcam edoctis oriundi qui nunc in Ægypto interpretes sunt.

SUR LE LAC DE MOERIS.

Diodor. Sicul. *Biblioth. histor.* Hanov. 1604.

Μετὰ δὲ τὸν προειρημένον βασιλέα, δώδεκα γενεαῖς ὕστερον, διαδεξάμενος τὴν καῑ' Αἴγυπτον ἡγεμονίαν Μῦρις, ἐν τῇ μὲν Μέμφει κατεσκεύασε τὰ βόρεια προπύλαια, τῇ μεγαλοπρεπείᾳ πολὺ τῶν ἄλλων ὑπερέχοντα· ἐπάνω δὲ τῆς πόλεως ἀπὸ δέκα σχοίνων λίμνην ὤρυξε τῇ μὲν εὐχρηστίᾳ θαυμαστὴν, τῷ δὲ μεγέθει τῶν ἔργων ἄπιστον· τὴν μὲν γὰρ περίμετρον αὐτῆς φασὶν ὑπάρχειν σταδίων τρισχιλίων καὶ ἑξακοσίων, τὸ δὲ βάθος ἐν τοῖς πλείστοις μέρεσιν ὀργυιῶν πεντήκοντα. ὥστε τίς οὐκ ἄν, ἀναλογιζόμενος τὸ μέγεθος τοῦ κατασκευάσματος, εἰκότως ζητήσαι, πόσαι μυριάδες ἀνδρῶν ἐν πόσοις ἔτεσι τοῦτο συνετέλεσαν; τὴν δὲ χρείαν τὴν ἐκ ταύτης καὶ κοινωφέλειαν τοῖς τὴν Αἴγυπτον οἰκοῦσιν, ἔτι δὲ τὴν τοῦ βασιλέως ἐπίνοιαν, οὐκ ἄν τις ἐπαινέσειε τῆς ἀληθείας ἀξίως.

Ἐπειδὴ γὰρ ὁ μὲν Νεῖλος οὐχ ὡρισμένας ἐποιεῖτο τὰς ἀναβάσεις, ἡ δὲ χώρα τὴν εὐκαρπίαν παρεσκεύαζεν ἀπὸ τῆς ἐκείνου συμμετρίας, εἰς ὑποδοχὴν τοῦ πλεονάζοντος ὕδατος ὤρυξε τὴν λίμνην· ὅπως μήτε διὰ τὸ πλῆθος τῆς ῥύσεως ἐπικλύζων ἀκαίρως τὴν χώραν, ἕλη καὶ λίμνας κατασκευάζῃ, μήτ' ἐλάττω τοῦ συμφέροντος τὴν πλήρωσιν ποιούμενος, τῇ λειψυδρίᾳ τοὺς καρποὺς λυμαίνηται· καὶ διώρυγα μὲν ἐκ τοῦ ποταμοῦ κατεσκεύασεν εἰς τὴν λίμνην, ὀγδοήκοντα μὲν σταδίων τὸ μῆκος, τρίπλεθρον δὲ τὸ πλάτος· διὰ δὲ ταύτης ποτὲ μὲν δεχόμενος τὸν ποταμὸν, ποτὲ δ' ἀποστρέφων, παρείχετο τοῖς γεωργοῖς τὴν τῶν ὑδάτων εὐκαιρίαν, ἀνοιγομένου τοῦ στόματος καὶ πάλιν κλειομένου φιλοτέχνως καὶ πολυδαπάνως· οὐκ ἔλαττω γὰρ τῶν πεντήκοντα ταλάντων δαπανᾶν ἦν ἀνάγκη τὸν ἀνοι-

Post duodecim ab hoc ætates princeps Ægypti factus Myris, propylæa in Memphi borealia cæteris magnificentiora construxit, et supra urbem lacum per x indè schœnos deductum effodit, cujus mira utilitas et magnitudo operum incredibilis. Circùm enim circà (aiunt) stadiûm cɔ. cɪɔ. cɪɔ. ɪɔc. complectitur : profunditas autem plurimis in locis est L orgyiarum. Quis ergo, operis magnitudinem perpendens, non meritò roget, quot virûm myriades et quot annis id perfecerint? At usum ejus et fructum ad rempublicam Ægyptiorum redundantem, regisque prudentiam, nemo pro veritatis merito laudaverit.

Cùm enim non certis se Nilus augmentis effunderet, et pro moderatione ejus frugum ubertatem regio suppeditaret, ad recipiendum aquas redundantes lacum effodit, ut nec, intempestivo terram affluxu inundans, paludes et stagna efficeret, nec, minùs quàm expediret restagnans, aquarum inopiâ frugibus officeret. Fossam igitur è fluvio in lacum duxit, LXXX stadia longam, et tria plethra latam : quâ interdum recipiens, interdum avertens fluvium, tempestivam aquæ copiam agricolis exhiberet, ore nunc aperto, nunc occluso, non absque solertia multisque impensis. Qui enim structuræ hujus claustra vel reserare vel obstruere volebat, non minùs L talentis insumere necessum habebat. Permansit autem lacus, usibus

ζαι βουλόμενον ἢ κλεῖσαι τὸ τοιοῦ-
τον κατασκεύασμα. Διαμεμένηκε δ᾽ ἡ
λίμνη τὴν εὐχρηστίαν παρεχομένη τοῖς
κατ᾽ Αἴγυπτον ἕως τῶν καθ᾽ ἡμᾶς χρόνων, καὶ τὴν προσηγορίαν ἀπὸ τοῦ κα-
τασκευάσαντος ἔχει, καλουμένη μέχρι
τοῦ νῦν Μύριδος λίμνη· ὁ δ᾽ οὖν βασι-
λεὺς ὀρύττων ταύτην, κατέλιπεν ἐν μέσῳ
τόπῳ, ἐν ᾧ τάφον ᾠκοδόμησε καὶ δύο
πυραμίδας, τὴν μὲν ἑαυτοῦ, τὴν δὲ
γυναικὸς, σταδιαίας τὸ ὕψος· ἐφ᾽ ὧν
ἐπέστησεν εἰκόνας λιθίνας, καθημένας
ἐπὶ θρόνου· νομίζων διὰ τούτων τῶν
ἔργων ἀθάνατον ἑαυτῷ καταλείψειν
τὴν ἐπ᾽ ἀγαθῷ μνήμην· τὴν δ᾽ ἐκ τῆς
λίμνης ἀπὸ τῶν ἰχθύων γινομένην πρό-
σοδον ἔδωκε τῇ γυναικὶ πρὸς μύρα καὶ
τὸν ἄλλον καλλωπισμὸν, φερούσης τῆς
θήρας ἀργυρίου τάλαντον ἑκάστης
ἡμέρας· εἴκοσι γὰρ καὶ δύο γένη τῶν
κατ᾽ αὐτὴν φασὶν ἰχθύων εἶναι, καὶ
τοσοῦτον αὐτῶν ἁλίσκεσθαι πλῆθος,
ὥστε τοὺς προσκαρτεροῦντας ταῖς τα-
ριχείαις, ὄντας παμπληθεῖς, δυσχε-
ρῶς περιγίνεσθαι τῶν ἔργων· περὶ μὲν
οὖν Μύριδος τοσαῦθ᾽ ἱστοροῦσιν Αἰ-
γύπτιοι. (Lib. 1, cap. 8, pag. 47
et 48.)

Ægyptiorum ita inserviens, ad nos-
tram hanc usque ætatem, et ab auctore Myris hodieque appellatur. Rex
qui eum effodit, locum in medio re-
liquit, in quo sepulcrum et duas pyramides, unam sibi, alteram uxori,
stadii altitudine, exstruxit, iisque
marmoreas effigies, in throno resi-
dentes, imposuit, quòd immorta-
lem virtutis memoriam his monu-
mentis ad posteros se propagaturum
existimaret. Vectigal ex piscibus
hujus lacûs uxori largitus est, ad
unguenta et alium ornatum, cui ta-
lentum in singulos dies ex piscatu
accedebat. Nam XXII piscium ge-
nera in eo contineri testantur, tan-
tamque capi multitudinem, ut qui
perpetuam illic saliturae dant ope-
ram (quorum ingens est numerus)
vix opus superare queant. Atque
hæc de Myride narrant Ægyptii.

STRABON. *Rerum Geographicarum libri XVII*, Lutetiæ Parisiorum, 1620.

Ὡς δ᾽ αὔτως καὶ τῆς ἁλμυρίδος λίμνης τοὺς αἰγιαλοὺς, θαλάττης μᾶλλον
ἢ ποταμοῦ προσεοικέναι...... (Lib. 1,
pag. 50.)

Ἡ δὲ περὶ τὸν ποταμὸν πραγμα-
τεία διαφέρει τοσοῦτον, ὅσον τῇ ἐπι-
μελείᾳ νικᾶν τὴν φύσιν· φύσει γὰρ
πλείονα φέρει καρπόν, καὶ ποτισ-
θεῖσα μᾶλλον· φύσει δὲ καὶ ἡ μείζων
ἀνάβασις τοῦ ποταμοῦ πλείω ποτίζει
γῆν, ἀλλ᾽ ἡ ἐπιμέλεια πολλάκις, καὶ
τῆς φύσεως ἐξίσχυσεν ἐπιλειπούσης,

Similiter etiam ripas lacûs Salsi
(halmyridos) littori maris quàm
fluvii esse similiores....

Artificium autem quod Nilo adhi-
betur, tanti est, quanti industria
naturam vincens : nam cùm regio
naturâ multum fructum afferat, ir-
rigata plurimum affert. Naturâ autem majus Nili incrementum plus
terræ irrigat : sed sæpè diligentia
hoc consecuta est naturâ destituente,

SUR LE LAC DE MOERIS.

ὥστε καὶ κατὰ τὰς ἐλάτ]ους ἀναβάσεις τοσαύτην ποτισθῆναι γῆν, ὅσην ἐν ταῖς μείζοσι, διά τε (τὴν) τῶν διωρύγων, καὶ τῶν παραχωσμάτων· ἐπὶ γοῦν τῶν πρὸ Πετρωνίου χρόνων ἡ μεγίστη μὲν ἦν φορά, καὶ ἀνάβασις, ἡνίκα ἐπὶ τεσσαρεσκαίδεκα πήχεις ἀνέβαινεν ὁ Νεῖλος· ἡνίκα δ᾽ ἐπ᾽ ὀχ]ὼ, συνέβαινε λιμός· ἐπ᾽ ἐκείνου δὲ ἀρξάντος τῆς χώρας, καὶ δώδεκα μόνον πληρώσαντος πήχεις τοῦ Νείλου μέτρου, μεγίστη ἦν ἡ φορά· καὶ ὀκτώ ποτε μόνον πληρώσαντος, λιμοῦ οὐδεὶς ἤσθετο. (Lib. XVII, pag. 787.)

Τὸν αὐτὸν τρόπον, καὶ τὰ ἐπάνω τοῦ Δέλτα ποτίζεται, πλὴν ὅτι ἐπ᾽ εὐθείας, ὅσον τετ]ρακισχιλίοις σταδίοις, δι᾽ ἑνὸς ῥείθρου τοῦ ποταμοῦ φερομένου, πλὴν εἴ μή που τις ἐν-7ρέχοι νῆσος, ὧν ἀξιολογωτάτη ἡ τὸν Ἡρακλειωτικὸν νομὸν περιέχουσα· ἢ εἴ που τις ἐκ]ροπὴ διώρυγι ἐπιπλέον εἰς λίμνην μεγάλην καὶ χώραν ἣν ποτίζειν δύναται, καθάπερ ἐπὶ τῆς τὸν Ἀρσινοΐτην νομὸν ποιούσης, καὶ τὴν Μοίριδος λίμνην, καὶ τῶν εἰς τὴν Μαρεῶτιν ἀναχεομένων. (L. XVII, p. 789.)

Εἶθ᾽ ὁ Ἀφροδιτοπολίτης νομός.....
Εἶθ᾽ ὁ Ἡρακλεώτης νομὸς ἐν νήσῳ μεγάλῃ, καθ᾽ ἣν ἡ διώρυξ ἐστιν ἐν δεξιᾷ εἰς τὴν Λιβύην ἐπὶ τὸν Ἀρσινοΐτην νομόν, ὥστε καὶ δίστομον εἶναι τὴν διώρυγα, μεταξὺ μέρους τινὸς τῆς νήσου παρεμπίπτον]ος. Ἔστι δ᾽ ὁ νομὸς οὗτος ἀξιολογώτατος τῶν ἁπάντων κατά τε τὴν ὄψιν καὶ τὴν ἀρετὴν, καὶ τὴν κατασκευήν· ἐλαιόφυ]ός τε γὰρ μόνος ἐστὶ μεγάλοις καὶ τελείοις δένδρεσι καὶ καλικάρποις· εἰ δὲ συγκομίζοι καλῶς τις, καὶ εὐέλαιος...... Οἶνον δὲ οὐκ ὀλίγον ἐκφέρει· σῖτον τε καὶ ὄσπρια καὶ τἆλλα σπέρματα πάμπολλα. Θαυμαστὴν δὲ καὶ τὴν λίμνην ἔχει τὴν Μοίριδος καλουμένην πελαγίαν τῷ μεγέθει καὶ τῇ χρόᾳ θαλατ]οειδῆ· καὶ τοὺς αἰγιαλοὺς δέ ἐστιν ὁρᾶν ἐοικότας

ut tantùm terræ minoribus Nili incrementis irrigaretur, quantùm majoribus; idque fossarum et aggerum auxilio. Sanè ante Petronii tempora tunc maxima fertilitas erat, cùm Nilus ad quartum ac decimum cubitum excrescebat: cùm verò ad octavum modò adsurgeret, fames et penuria eveniebat. At verò illo regioni præfecto, cùm duodecimum cubitum tantùm Nilus implesset, maxima fuit frugum ubertas; et cùm octavum solùm aliquando attigisset, famem nemo sensit.

Simili modo regio supra Delta irrigatur, nisi quòd Nilus quatuor millibus stadiorum unico alveo rectà delabitur, tametsi interdum insulæ intercipiant, quarum præcipua est, quæ Heracleoticam præfecturam comprehendit; aut sicubi fossâ ampliore divertatur in magnum aliquem lacum, vel regionem quam irrigare possit, cujus generis est rivus qui Arsinoeticam præfecturam includit, et Mœridis lacum, et quos Mareotis refusos excipit.

Postea est Aphroditopolitana præfectura..... Sequitur Heracleotica præfectura in insula magna, juxta quam ad dexteram in Libycam aut Arsinoeticam præfecturam fossa est, quæ et duo ora habet, cùm pars quædam insulæ intercidat. Hæc præfectura cæteras omnes, et aspectu, et virtute, et apparatu, antecellit. Sola enim oleas perfectas et fructiferas arbores profert; ac si quis bene colligat oleum, etiam optimum fit.... At vini non parum fert, frumentum quoque, legumina, et alia semina omnis generis. *Habet etiam lacum admirabilem, Mœridis appellatum,* pelagi magnitudine, et maximo colore, cujus etiam ripas videre est maris littoribus persimiles, ut idem

τοῖς θαλαττίοις· ὡς ὑπονοεῖν τὰ αὐτὰ περὶ τῶν κατὰ Ἄμμωνα τόπων καὶ τούτων. Καὶ γὰρ οὐδὲ πάμπολυ ἀφεστᾶσιν ἀλλήλων καὶ τοῦ Παραιτωνίου, μὴ ὥσπερ τὸ ἱερὸν ἐκεῖνο εἰκάζειν ἐστὶ πρότερον ἐπὶ τῇ θαλάττῃ ἱδρῦσθαι διὰ τὸ πλῆθος τῶν τεκμηρίων· ταῦθ' ὁμοίως τὰ χωρία πρότερον ἐπὶ τῇ θαλάττῃ ὑπῆρχεν. Ἡ δὲ κάτω Αἴγυπτος καὶ τὰ μέχρι τῆς λίμνης τῆς Σερβωνίτιδος, πέλαγος ἦν. σύρρουν τυχὸν ἴσως τῇ Ἐρυθρᾷ τῇ κατὰ Ἡρώων πόλιν καὶ τὸν Ἐλανίτην μυχόν. (Lib. XVII, pag. 809.)

Ἡ δ' οὖν Μοίριδος λίμνη διὰ τὸ μέγεθος, καὶ τὸ βάθος ἱκανή ἐστι, κατὰ τε τὰς ἀναβάσεις τὴν πλημμυρίδα φέρειν, καὶ μὴ ὑπερπολάζειν εἰς τὰ οἰκούμενα, καὶ πεφυτευμένα· εἶτα ἐν τῇ ἀποβάσει τὸ πλεονάζον ἀποδοῦσα τῇ αὐτῇ διώρυγι κατὰ θάτερον τῶν στομάτων, ἔχειν ὑπολειπόμενον τὸ χρήσιμον πρὸς τὰς ἐποχετείας, καὶ αὐτὴ καὶ ἡ διῶρυξ· ταῦτα μὲν φυσικά· ἐπίκειται δὲ τοῖς στόμασιν ἀμφοτέροις τῆς διώρυγος κλεῖθρα, οἷς ταμιεύουσιν οἱ ἀρχιτέκτονες τό τε εἰσρέον ὕδωρ, καὶ τὸ ἐκρέον. Πρὸς δὲ τούτοις ἡ τοῦ λαβυρίνθου κατασκευὴ... (Lib. XVII, pag. 810 et 811.)

Παραπλεύσαντι δὲ ταῦτα ἐφ' ἑκατὸν σταδίους, πόλις ἐστὶν Ἀρσινόη. Κροκοδείλων δὲ πόλις ἐκαλεῖτο πρότερον, σφόδρα γὰρ ἐν τῷ νομῷ τούτῳ τιμῶσι τὸν κροκόδειλον, καί ἐστιν ἱερὸς παρ' αὐτοῖς ἐν λίμνῃ καθ' αὑτὸν τρεφόμενος, χειροήθης τοῖς ἱερεῦσι· καλεῖται δὲ Σοῦχος. (L. XVII, p. 811.)

Μετὰ δὲ τὸν Ἀρσινοΐτην, δὲ τὸν Ἡρακλεωτικὸν νομόν, Ἡρακλέους πόλις, ἐν ᾗ ὁ ἰχνεύμων τιμᾶται ὑπεναντίως τοῖς Ἀρσινοΐταις· οἱ μὲν γὰρ τοὺς κροκοδείλους τιμῶσι, καὶ διὰ τοῦτο ἥ τε διῶρυξ αὐτῶν μεστή ἐστι τῶν κροκοδείλων, καὶ ἡ τοῦ Μοίριδος λίμνη

de hoc loco atque iis qui sunt circa Ammonem existimari possit. Etenim haud sanè multò à se invicem distant, atque ambo à Paraetonio, et, ut ex multis deprehendi argumentis potest, templum illud prius in littore stabat, atque hæc loca priús maritima erant. Inferiorem verò Ægyptum, et quæ usque ad Serboniticum lacum tendunt, pelagus obtinebat, conjunctum fortasse cum mari Rubro, quod Heroum urbi et Elanitico recessui proximum est.

Moeridis itaque lacus, tum propter magnitudinem, tum propter profunditatem, sub Nili incrementa excipiendæ inundationi sufficit, ne aquæ in sata et habitationes exundent: postea, decrescente Nilo, abundantem in se aquam fossæ adminiculo reddit, per utrumque os utilem irrigationibus; idem præstat et fossa: atque hæc quidem naturalia sunt. Utrique autem fossæ ostio claustra imposita sunt, quibus architecti et influenti et effluenti aquæ moderantur. Ad hæc est labyrinthi fabrica...

Præternaviganti hæc (labyrinthum) ad centum stadia, urbs est Arsinoe, quæ olim Crocodilorum urbs dicebatur. In hac enim præfectura mirum in modum colitur crocodilus, et est sacer apud eos in lacu quodam seorsum nutritus, et sacerdotibus mansuetus, ac *Suchus* vocatur.

Post Arsinoïticam Heracleoticamque præfecturam est Herculis civitas, in qua colitur ichneumon, contra morem Arsinoïtarum. Hi enim crocodilos colunt, et propterea fossam habent crocodilis plenam, et Moeridis lacum; nam venerantur,

σέβονται γὰρ καὶ ἀπέχονται αὐτῶν· οἱ δὲ τοὺς ἰχνεύμονας τοὺς ὀλεθριωτάτους τοῖς κροκοδείλοις, καθάπερ καὶ ταῖς ἀσπίσι. (Lib. xvii, pag. 812.)

Ἑξῆς δ᾽ ἐστὶν Ἑρμοπολιτικὴ Φυλακὴ, τελώνιόν τι τῶν ἐκ τῆς Θηβαΐδος καταφερομένων..... εἶτα ἡ Θηβαϊκὴ Φυλακὴ, καὶ διῶρυξ Φέρουσα ἐπὶ Τάνιν. (Lib. xvii, pag. 813.)

et ab iis abstinent : Heracleotæ autem ichneumones, qui crocodilis et aspidibus perniciosissimi sunt.

Deinceps est Hermopolitanum castellum, ubi vectigal exigitur earum rerum quæ è Thebaïde deferuntur... postea Thebaïcum castellum, et fossa, quæ Tanim defert.

Cl. Ptolem. *Geographiæ libri VIII*, Francof. 1605; libro iv, pag. 103 et seq.

	Longit.	Latit.
Καὶ ἡ Μοίριδος λίμνη..................	ξ γ.	κθ γ.
Καὶ περὶ τὴν Μοίριδος λίμνην, Βακχίς......	ξ ℒ.	κθ γ′ο.
Διονυσίας............................	ξ ℒ.	κθ.
Καὶ ἔστι πρῶτος νομὸς ἀπὸ δύσεως τοῦ ποτ. Μεμφίτης, καὶ μητρόπολις αὐτοῦ Μέμφις.	ξα ℒγ.	κθ ℒδ.
Καὶ ὁμοίως ἀπὸ δύσεως τοῦ ποτ. μεσόγειος πόλις Κανθῶν.....................	ξα γ′ο.	κθ γ.
Εἶτα καθ᾽ ὃ μέρος σχίζεται ὁ ποταμὸς, ποιῶν νῆσον τὸν Ἡρακλεώτην νομὸν, καὶ ἐν τῇ νήσῳ πόλις μεσόγειος, Νειλούπολις......	ξ ϛ.	κθ.
Καὶ μητρόπολις πρὸς τῷ δυτικωτέρῳ τμήματι τοῦ ποτ. Ἡρακλέους πόλις μεγάλη..	ξα ℒγ.	κθ ϛ.
Ἀπὸ δὲ δυσμῶν τῆς νήσου Ἀρσενοΐτης νομὸς καὶ μητρόπολις μεσόγειος, Ἀρσινόη......	ξα γ′ο.	κθ ℒ.
Καὶ ὅρμος Πτολεμαΐς................	ξα γ′ο.	κθ ℒ.

	Longit.	Latit.
Et Mœridis lacus...................	60° 20′.	29° 20′.
Et circa Mœridis paludem, Bacchis.....	60. 30.	29. 40.
Dionysias..........................	60. 30.	29. 0.
Et est primus nomus ab occasu fluvii Memphites, et metropolis Memphis.......	61. 50.	29. 50.
Similiter ab occasu fl. mediterranea civitas Canthorum....................	61. 40.	29. 40.
Postea, juxta eam partem quâ scinditur fluvius, insulam faciens Heracleoten nomum, et in insula, Nili civitas mediterranea............................	62. 0.	29. 0.

A. M. vi.

	Longit.	Latit.
Et metropolis apud occidentalem partem fluvii, Herculis civitas magna............	61° 50′.	29° 10′.
Ab occasu verò insulæ Arsinoïtes nomus, et metropolis mediterranea, Arsinoe..	61. 40.	29. 30.
Et portus Ptolemaïs...................	61. 40.	29. 20.

Pompon. Mela, *de Situ Orbis*, Lugd. Batav. 1646.

Mœris, aliquando campus, nunc lacus, viginti millia passuum in circuitu patens, altior quàm ad navigandum magnis onustisque navibus satis est. (Lib. 1, cap. 9, pag. 29.)

Plin. *Histor. nat.* Francof. 1599.

Inter Arsinoïten autem ac Memphitem lacus fuit, circuitu ccl. m. passuum, aut, ut Mutianus tradit, ccccl. m. et altitudinis quinquaginta passuum, manu factus, à rege qui fecerat, Mœridis appellatus. Inde lxxii m. passuum abest Memphis. (Lib. v, cap. 9, pag. 98.)
Una est (pyramis) in Arsinoïte nomo : duæ in Memphite, non procul labyrintho, de quo et ipso dicemus; totidem ubi fuit Mœridis lacus, hoc est, Fossa grandis. (Lib. xxxvi, cap. 12, pag. 865.)

MÉMOIRE

SUR LES VASES MURRHINS

QU'ON APPORTAIT JADIS EN ÉGYPTE,

ET

SUR CEUX QUI S'Y FABRIQUAIENT;

Par M. ROZIÈRE,

INGÉNIEUR DES MINES, MEMBRE DE LA COMMISSION DES SCIENCES.

Les Romains ont tiré de diverses contrées de l'Orient, et particulièrement de l'Égypte, des vases très-célèbres sous le nom de *vases murrhins*.

Ces vases étaient de deux sortes. Il est constant que les uns se fabriquaient en Égypte, et c'étaient les moins estimés; les autres, beaucoup plus précieux, y étaient apportés de divers pays, principalement de la Perse. On n'a encore pu découvrir de quelle matière les uns et les autres étaient fabriqués, quoique ces recherches aient singulièrement exercé la sagacité des antiquaires.

Il pourrait être curieux de dissiper les obscurités qui environnent depuis si long-temps cette question; et elle avait d'ailleurs trop de rapports avec les travaux que nous avons entrepris sur l'industrie et les connaissances minéralogiques des anciens peuples qui ont occupé l'Égypte, pour la négliger entièrement. Nous nous proposons donc, dans ce mémoire, de déterminer d'une manière précise la nature des deux espèces de vases.

§. I. *Notice historique sur les vases murrhins naturels.*

Les vases murrhins ne commencèrent à être connus à Rome que vers les derniers temps de la république : les six premiers que l'on y fit voir, avaient été tirés du trésor de Mithridate [1] ; on les jugea dignes d'être consacrés aux dieux, et ils furent déposés dans le temple de Jupiter au Capitole. Après la défaite d'Antoine et de Cléopatre, Auguste enleva d'Alexandrie un vase murrhin, comme un des objets les plus précieux de son triomphe : il paraît qu'il fut aussi déposé dans un temple; et ce ne fut qu'un peu plus tard, dit Pline, que les particuliers commencèrent à faire servir les vases murrhins à leur propre usage.

La conquête de l'Égypte, qui fit naître parmi les Romains le goût des pierres rares et généralement de toutes les pierres travaillées, et le luxe effrayant qui se développa à cette époque, firent accorder à ces vases une valeur qui passe toute croyance. L'empereur Néron paya une simple coupe de murrhin jusqu'à trois cents sesterces : encore la plupart des éditions de Pline, et notamment celle du P. Hardouin, substituent des talens aux sesterces ; ce qui ferait plus d'un million de notre monnaie. La première estimation paraît déjà exorbitante : cependant, malgré tout ce qu'a pu dire M. de Pauw, il est certain que le sens du passage de Pline est

---

[1] Plin. *Hist. nat.* lib. xxxvii, cap. 2.

favorable à la dernière. Néron par cette acquisition avait surpassé tous les Romains. Pline se récrie sur un luxe aussi désordonné : il lui paraissait scandaleux que le maître du monde bût dans une coupe d'aussi grand prix. *Memoranda res*, dit-il, *tanti imperatorem patremque patriæ bibisse*. Pétrone, favori de Néron, donna trois cents sesterces d'une cuvette (*trulla*) ou d'un bassin de murrhin; et en la brisant à l'instant de sa mort, il crut s'être vengé de l'empereur, qui devait en hériter.

Il faut croire pourtant que le prix excessif de ces deux vases et de quelques autres que l'on cite encore, était dû à leur beauté singulière, et que la valeur du plus grand nombre, surtout de ceux qui se fabriquaient en Égypte, était bien moins considérable, puisque beaucoup de Romains en possédaient, et qu'ils devinrent même d'un usage assez commun, comme l'indiquent plusieurs passages de Martial, de Properce, etc. Christius a rassemblé tous ces passages avec beaucoup de soin, à l'exception pourtant d'un distique de Martial et d'un passage du Code de Justinien que l'on trouve plus bas.

§. II. *Examen des opinions émises jusqu'ici.*

« Il est à jamais étonnant, s'écrie M. de Pauw[1], qu'après les recherches entreprises par les plus savans hommes que l'Europe ait produits, on ne sache pas encore avec certitude de quoi se formaient ces fameux

[1] Recherches philosophiques sur les Égyptiens et les Chinois, tom. 1er, pag. 397.

vases dont le prix était si considérable. » Cela devient beaucoup moins étonnant, lorsqu'on examine avec attention de quelle manière se faisaient ces recherches. La plupart des écrivains qui ont traité cette question et d'autres semblables, bien que des prodiges d'érudition en certains genres, étaient généralement fort peu versés dans l'histoire naturelle. Ils commençaient par rassembler avec des travaux infinis tous les passages relatifs à leur sujet, épars dans les écrits des anciens; ce qui était, j'en conviens, une excellente méthode : mais, satisfaits après cela d'avoir prouvé leur érudition, ils se bornaient à comparer, pour ainsi dire au hasard, quelques-uns de ces renseignemens avec les notions incomplètes qu'ils avaient sur un nombre très-limité de substances naturelles. A cette insuffisance dans les données se joignait une manière de raisonner qui n'était certainement pas irrépréhensible : aussi les volumes écrits sur ces matières, loin de les éclaircir, n'ont servi très-souvent qu'à les embrouiller davantage; et dans la question présente, la divergence des opinions est telle, qu'on croirait que le pur caprice les a dictées.

Les uns veulent que la matière des vases murrhins ait été une sorte de gomme; les autres, du verre; d'autres, une coquille de poisson. Jérôme Cardan et Scaliger assurent que c'était de la porcelaine; beaucoup d'antiquaires croient que c'était une pierre précieuse; d'autres ont soupçonné que c'était une obsidienne. Le comte de Veltheim pense que c'était la pierre de lard de la Chine; et le docteur Hager a tâché de prouver, dans sa Numismatique et dans son Panthéon chinois, que c'était cette espèce de pierre fort précieuse connue à la Chine sous le nom de *pierre de yu*. L'auteur des Recherches philosophiques sur les Égyptiens et les Chinois, qui tranche souvent, en quelques lignes, des questions délicates sur les sujets les plus importans, a consacré à celle-ci un assez grand nombre de pages, et n'en a pas beaucoup avancé la solution; il finit par assurer que cette matière n'était point de nature calcaire, sans s'expliquer davantage.

Plusieurs des opinions que nous venons d'exposer, n'ont pas l'ombre de vraisemblance, et les autres ne peuvent soutenir un examen sérieux : comment a-t-on pu prendre pour un coquillage une matière d'apparence vitreuse, dont on faisait des ustensiles, des meubles de certaines dimensions et de formes tout-à-fait différentes? comment a-t-on pu croire qu'on ait fabriqué avec une gomme des vases destinés à recevoir des liqueurs spiritueuses et même des liqueurs chaudes? usage bien attesté par ce distique de Martial :

Si calidum potas, ardenti murrha falerno
Convenit, et melior fit sapor inde mero.

Le comte de Caylus avait adopté, ainsi que beaucoup d'autres antiquaires, l'opinion de Cardan et de Scaliger; il va même jusqu'à prétendre que les vases murrhins étaient d'une porcelaine fabriquée en Égypte. Mariette, qui, dans les Mémoires de l'Académie, entre, sur ce point, dans de grands développemens, prétend prouver, au contraire, que c'était de la porcelaine de la Chine[1].

[1] Mémoires de l'Académie des inscriptions, tom. XXIII, pag. 122.

La vérité est que la porcelaine d'aucun pays n'offre les caractères attribués aux vases murrhins. C'est, d'ailleurs, contredire formellement Pline, qui assure en propres termes que la matière murrhine était une substance naturelle, une véritable pierre que l'on tirait du sein de la terre dans le pays des Parthes, et surtout dans la Carmanie. Le chevalier de Jaucourt oppose, il est vrai, à l'autorité de Pline ce vers de Properce :

Murrheaque in Parthis pocula cocta focis.
Et les vases murrhins cuits dans les fourneaux des Parthes.

Je conviendrai que s'il s'agissait de l'aspect de ces vases ou de toute autre circonstance que Properce eût pu observer par lui-même, son témoignage serait d'un grand poids ; mais, lorsqu'il s'agit d'une particularité d'histoire naturelle, qui suppose des informations précises et difficiles à se procurer, il ne peut, ce me semble, être mis sur la même ligne que celui d'un naturaliste tel que Pline, l'un des hommes les plus érudits de l'antiquité, surtout quand ce dernier donne, comme ici, les renseignemens les plus positifs et les plus détaillés. Pline distingue d'ailleurs le véritable murrhin de celui que l'on imitait sur les rives du Nil, et dont les fabriques se trouvaient dans la ville même de Thèbes, renommée alors par les vases de toute espèce qui s'y vendaient. Properce, mieux instruit de ce qui se passait dans l'Égypte, alors soumise aux Romains, que des usages des Parthes, de tout temps peu connus, a pu croire que les deux espèces de murrhin, quoique différentes en qualité, avaient une même origine : rien de plus naturel; et le rapprochement qu'il fait, autorise cette conjecture. Il est bon de voir ce qui précède le vers que l'on a cité :

> *Seu quæ palmiferæ mittunt venalia Thebæ,*
> *Murrheaque in Parthis, etc.*

Et les marchandises que nous envoie Thèbes environnée de palmiers, et les vases murrhins, etc.

Nous ne saurions non plus admettre, avec Christius[1] et quelques autres, que cette matière fût un véritable albâtre, soit calcaire, soit gypseux, puisqu'elle offrait, avec l'aspect vitreux, des couleurs variées et fort éclatantes; qualités qui excluent également la pierre de lard des Chinois.

Christius avait soupçonné encore que ce pouvait être une espèce d'onyx. Bruckman dit d'une manière expresse que c'était la sardonyx des Romains; et l'avis du célèbre antiquaire Winckelmann, tout-à-fait conforme au sien, a donné beaucoup de poids à cette opinion : mais la sardonyx n'était qu'une agate rouge et blanche, formée de bandes concentriques, dont les couleurs alternaient; or, cette pierre était parfaitement connue chez les Romains. Pline a décrit non-seulement la sardonyx, mais toutes les nombreuses variétés d'agates, avec tant de précision, quant à ce qui concerne leur aspect, que les meilleurs naturalistes ne sauraient guère mieux faire aujourd'hui. Croira-t-on qu'il n'eût pas reconnu la sardonyx dans une matière aussi commune que celle des vases murrhins[2] ?

[1] *De murrhinis veterum, liber singularis.*
[2] Les couleurs rouge et blanche, disposées en zones concentriques,

En vain objecterait-on que les anciens ont quelquefois appliqué à cette matière le nom d'*onyx*, comme dans ce vers de Properce:

Et crocino nares murrheus ungat onyx [1].

Pour connaître, en pareil cas, la valeur de ce mot, il faudrait avoir examiné l'ensemble des connaissances minéralogiques des anciens. Ceux qui ne se sont occupés que d'un petit nombre de questions isolées, ont toujours été trompés par cette expression et quelques autres semblables. Chez les anciens, le mot *onyx* ne signifiait le plus souvent rien de précis quant à la nature de la pierre; il indiquait seulement, par rapport aux couleurs, ordinairement rouge et blanche, une disposition en zones plus ou moins vague, à peu près comme celle qu'on remarque quelquefois vers l'extrémité des ongles, d'où l'on a dérivé le nom d'*onyx* (ὄνυξ, ongle). Aussi a-t-il été appliqué à des matières très-différentes des agates, à certaines variétés d'albâtre, soit calcaire, soit gypseux, et à d'autres pierres qui n'ont rien de commun entre elles que d'être disposées par couches concentriques [2] et d'avoir été formées par concrétion.

---

qu'affectaient quelquefois les vases murrhins, ne forment pas un caractère assez tranché pour réunir cette matière à la sardonyx : son peu de dureté et bien d'autres caractères l'en séparent d'une manière incontestable.

[1] Propert. lib. III, eleg. 8.

[2] Voilà pourquoi encore il est souvent employé chez les anciens pour désigner les vases à renfermer le nard et les parfums, quoique jamais on ne les fît avec la pierre qui a porté chez les modernes le nom d'*onyx*. (On rapportera les preuves de cette opinion en parlant des albâtres mis en œuvre dans l'ancienne Égypte.) Tout ce qu'il est donc possible de conclure de l'épithète *onyx* donnée aux vases murrhins, c'est qu'ils présentaient parfois cette disposition de couleurs et ce tissu par-

Après ce qui vient d'être dit, nous pouvons nous dispenser d'entrer dans de nouveaux détails pour prouver que la matière des vases murrhins n'avait aucun rapport avec l'obsidienne ; car assurément cette dernière n'est pas communément formée par concrétion. On se convaincra d'ailleurs de leur différence, par ce que nous ajouterons plus bas sur ses couleurs, sa dureté, etc.

§. III. *Si la matière murrhine existe encore.*

Prétendre, avec quelques auteurs, que cette matière nous est tout-à-fait inconnue aujourd'hui, et qu'elle n'existe plus, est sans doute une manière fort commode de se tirer d'embarras ; mais il est aisé d'en faire sentir le peu de justesse. On a déjà vu que cette matière était apportée en Égypte de plusieurs contrées de l'Orient ; on en tirait encore, suivant Pline[1], de plusieurs autres endroits peu remarquables ou peu connus. C'était donc une substance assez abondante dans la nature ; et si elle fut très-rare à Rome jusqu'à une certaine époque, un seul fait, que je choisis aussi dans Pline, prouvera combien elle y devint commune en peu d'années ; il mettra aussi le lecteur à portée de juger si ce pouvait être la pierre de *yu*, si rare encore aujourd'hui à la Chine.

A la mort d'un personnage consulaire, célèbre entre tous les Romains par ce genre de luxe, les vases mur-

ticulier qui font connaître qu'une matière minérale a été formée par concrétion, comme les agates ; mais il faut s'arrêter là.

[1] *Inveniuntur enim in pluribus locis, nec insignibus.* Plin. *Histor. nat.* lib. XXXVII, cap. 2.

rhins qu'il possédait et que Néron enleva à ses enfans, étaient en si prodigieuse quantité, qu'ils garnissaient tout l'intérieur de ce même théâtre que l'empereur avait été flatté de voir rempli par le peuple romain lorsqu'il était venu chanter en public [1]. Qu'il y ait, si l'on veut, de l'exagération dans ce fait, on pourra toujours juger, par ce que devait posséder un seul particulier pour autoriser ce récit, combien cette matière était alors abondante à Rome.

Il est contre toute vraisemblance que tant d'objets différens aient entièrement disparu par les invasions des barbares; et c'est un fort mauvais raisonnement que celui que fait à ce sujet M. de Pauw, en alléguant l'exemple d'une statue en verre apportée aussi d'Égypte, qui se voyait encore à Constantinople du temps de Théodose, mais dont on ne saurait, dit-il, trouver aucun fragment aujourd'hui. Cette statue pouvait être brisée par un seul accident, et ses débris n'avaient rien qui pût les rendre recommandables; mais des milliers de vases et de meubles répandus dans une grande partie de l'Asie et de l'Europe pouvaient-ils être détruits de la même manière? Leurs fragmens auraient encore pu mériter d'être conservés. L'empereur Néron, qui possédait une si grande quantité de vases murrhins, ne dédaigna point de faire recueillir très-soigneusement les débris d'un de ces vases qui s'était rompu [2].

Je ne croirai donc pas que, « quelques recherches que l'on fît dans les cabinets les plus riches et les mieux

---

[1] Plin. *Histor. nat.* lib. xxxvii, cap. 2.
[2] Plin. *Histor. nat.* Ibid.

fournis d'antiques, on n'y trouverait rien qui ressemblât à ces célèbres vases[1] » : je ferai voir, au contraire, que les modernes ont travaillé la même matière, qu'ils en ont fait aussi des vases; ce qui rend fort difficile de distinguer aujourd'hui ceux qui sont vraiment antiques. Mais continuons de suivre la méthode d'élimination que nous avons employée jusqu'ici : cette marche, la plus simple de toutes, est la seule qui puisse conduire à des résultats certains.

§. IV. *Caractères et nature du Murrhin.*

1°. *Volume des plus beaux morceaux.* Pline nous offre des renseignemens assez positifs sur les dimensions des plus grandes masses de matière murrhine susceptibles d'être travaillées. « Un vase, dit-il, qu'on acheta à Rome quatre-vingt-dix sesterces, contenait trois setiers, et les plus grands morceaux pouvaient servir à faire des espèces de petites tables. » *Amplitudine nusquam parvos excedunt abacos.*

Ce n'était que la très-petite partie des morceaux de murrhin qui pouvaient servir à faire des vases à boire; d'où l'on peut conclure que ce n'était pas la matière en elle-même qui fût rare et d'un grand prix, mais les blocs d'un certain volume, exempts de défauts : aussi n'a-t-on jamais cité un seul objet d'un petit volume comme ayant quelque valeur.

Ces circonstances suffisent pour prouver que ce ne pouvait être aucune des substances que l'on désigne sous

[1] Recherches sur les Égyptiens, etc., tom. 1er.

le nom de *gemmes* : car il faut regarder, sinon comme des contes, au moins comme des méprises sur la nature de la matière, tout ce que l'on a débité sur ces gemmes prodigieuses travaillées autrefois en Égypte; et nous le ferons voir dans un autre écrit.

A un caractère distinctif si important se joignent encore les témoignages positifs des anciens. Le Code de Justinien décide, sur l'autorité de Cassius, que les vases murrhins ne doivent pas être rangés parmi les pierres précieuses. Il établit de cette manière la distinction (loi 19, *De auro, argento*, etc., §. 17) : *Gemmæ autem sunt perlucidæ materiæ, quas, ut refert Sabinus, Servius à lapillis distinguebat, quòd gemmæ essent perlucidæ materiæ, velut smaragdi, chrysoluti, amethusti......lapilli autem contrarii superioribus, naturæ ut obsidiani,* etc.... (§. 19) *Murrhina autem vasa in gemmis non esse Cassius scribit.*

2°. *Dureté.* La matière murrhine différait d'ailleurs beaucoup de toutes les gemmes par sa médiocre dureté; elle était assez fragile. Elle pouvait même être attaquée par l'action des dents; et l'on raconte qu'un personnage consulaire, buvant dans une coupe de murrhin, ne put se défendre un jour d'en ronger les bords, tant il était épris de la beauté de la matière. *Potavit ex eo ante hos annos consularis, ob amorem abroso ejus margine.* L'écrivain romain, en citant ce fait singulier, ajoute que, loin de diminuer la valeur du vase, cet accident n'avait fait que l'augmenter : *ut tamen injuria illa pretium augeret; neque est hodie murrhini alterius præstantior indicatura*[1].

[1] Plin. *Histor. nat.* lib. xxxvii, cap. 2.

Ce caractère la distingue également du cristal de roche et de toutes les matières qui rayent le verre, ou qui donnent des étincelles par le choc de l'acier.

Toutes ces substances écartées, ainsi que toutes celles qui ne se trouvent pas en blocs d'un certain volume, toutes celles qui sont attaquables par l'eau froide ou l'eau chaude, par les liqueurs spiritueuses, toutes celles encore que les anciens ont décrites d'ailleurs d'une manière claire, et qu'ils connaissaient sous des noms particuliers, la liste de celles qui restent est fort peu considérable; il est remarquable qu'elles se trouvent à peu près toutes dans la classe des pierres composées d'une terre et d'un acide. Si l'on compare ces dernières avec les caractères qu'il nous reste à exposer, on n'en trouvera qu'une seule qui les réunisse tous; mais elle convient tellement avec les descriptions des anciens, qu'il sera impossible de conserver aucun doute sur l'identité des deux matières [1].

3°. *Contexture.* L'aspect vitreux des vases murrhins est bien constaté par les témoignages des anciens : aussi Pline les place-t-il immédiatement à côté du cristal de roche. On donnait même le nom de verre, *vitrum murrhinum*, au murrhin artificiel qui se fabriquait à Thèbes.

---

[1] L'améthyste seule présente quelque analogie avec la matière murrhine, et je m'étonne qu'on l'ait tout-à-fait oubliée.

Les caractères qui l'excluent sont, 1°. sa dureté assez considérable; 2°. ses couleurs peu variées; 3°. l'absence de certains accidens de lumière dont il est fait mention plus bas, et celle de ces gerçures indiquées sous le nom de *glaces*; 4°. enfin, l'améthyste était une pierre fort commune chez les Romains, parfaitement connue, et dont Pline fait mention ailleurs.

Tous les minéralogistes savent que parmi les substances composées d'une terre et d'un acide, il en est une qui possède éminemment ce caractère; c'est la chaux fluatée ou le spath fluor, nommé aussi, en raison de cela, *spath vitreux*.

4°. *Éclat.* Malgré cet aspect vitreux, l'éclat du murrhin était cependant médiocre. Ce n'était point précisément celui des pierres précieuses; et pour employer l'expression de Pline, cet éclat manquait de force : on pouvait dire que cette matière était plutôt brillante qu'éclatante : *splendor his* sine viribus, *nitorque veriùs quam splendor;* ce qui s'applique très-bien au spath fluor.

5°. *Couleurs.* C'était par la variété, la richesse, la vivacité des couleurs, que ces vases excitaient l'admiration; c'était de là qu'ils tiraient leur plus grand prix. Les couleurs dominantes étaient le pourpre (ou violet foncé) et le blanc, disposés par bandes ondulées ou contournées de diverses manières, et presque toujours séparées par une troisième bande, qui, participant des deux autres, imitait aux yeux la couleur claire de la flamme [1].

On faisait grand cas des vases marqués de taches très-intenses; et malheureusement ils n'offraient que trop souvent des couleurs faibles, et, pour ainsi dire, à demi évanouies. Toutes ces circonstances conviennent parfaitement et d'une manière exclusive à la chaux fluatée, ou du moins à quelques-unes de ses variétés; car il faut bien prendre garde que les anciens ne formaient point, comme nous, leurs espèces d'après la

[1] Plin. *Histor. nat.* lib. xxxvii, cap. 2.

composition chimique, ni d'après des caractères fixes qui tinssent à la nature intime des substances. De simples différences dans les couleurs ou dans la contexture suffisaient pour faire appliquer des noms différens à des matières qui étaient d'ailleurs les mêmes.

6°. *Transparence.* Une transparence parfaite était, suivant Pline, un défaut plutôt qu'une qualité dans les vases murrhins : ils n'avaient en général qu'une demi-transparence; et ceci est confirmé par cette épigramme de Martial, qui a échappé aux recherches de Christius :

Nos bibimus vitro ; tu murrhâ, Pontice : quare ?
Prodat perspicuus ne duo vina calix.

Ce que l'on pourrait traduire mot à mot de cette manière :

« Nous buvons dans le verre, et toi dans le murrhin, ô Ponticus : hé pourquoi ? c'est de crainte qu'une coupe transparente ne laisse apercevoir deux vins différens. »

7°. *Jeu de lumière.* Quelques personnes louaient dans le murrhin certains reflets, certains jeux de couleurs, qui présentaient un spectacle semblable à celui de l'arc-en-ciel. Cet effet de lumière se remarque effectivement dans certains morceaux de spath fluor; c'est en quelque sorte une propriété commune à ces substances auxquelles une contexture très-lamelleuse avait fait donner le nom de *spaths :* on la rencontre quelquefois dans le spath calcaire, surtout dans la variété nommée *spath d'Islande ;* elle est très-remarquable aussi dans la variété de feld-spath nommée *Adulaire*, et, en général, dans les mi-

A. M. VI.

néraux qui réunissent les contextures vitreuse et lamelleuse. C'est le même effet que Romé de l'Isle[1] a quelquefois nommé, mais pour d'autres substances, *iris par félures*. La cause en a été expliquée de la manière la plus claire par un de nos plus célèbres physiciens modernes, ainsi que celle de tous les phénomènes analogues que présentent les minéraux[2]. Ce passage de Pline n'a donc en lui-même rien que de précis : c'est faute d'avoir été informé de ces circonstances, qu'il a paru incompréhensible à la plupart des interprètes.

8°. On reprochait à la matière murrhine d'être sujette à renfermer dans son intérieur des parcelles de matières étrangères (*sales*). Ce mot a été généralement traduit par celui de *taches*[3] ; interprétation contraire à l'idée de Pline, qui vient de dire, au même endroit, que les taches étaient estimées, et qui parle seulement ici des défauts qui interrompent la continuité des masses : *Sales, verrucæque non eminentes, sed ut in corpore etiam plerumque sessiles.*

Le spath fluor est sujet effectivement à renfermer une multitude de petits points de matière étrangère, surtout des pyrites et de l'antimoine. M. Gillet-Laumont, membre du conseil des mines, possède dans sa collection un vase de spath fluor, qu'à sa forme et à ses caractères de vétusté on ne peut méconnaître pour un vase antique ; c'est sans doute un des anciens vases murrhins. Il est semé d'une multitude infinie de petits grains

---

[1] Crystallographie, p. 171, édition de 1772.
[2] *Voyez* le Traité de minéralogie, par M. l'abbé Haüy.
[3] Une très-ancienne traduction de Pline, par Pinet de Nauroy, publiée en 1581, a rendu ce mot par celui de *glacés*.

métalliques, qui, comme le soupçonne M. Gillet, doivent être des parcelles d'antimoine.

Dans ces verrues non éminentes que Pline reproche encore aux vases murrhins, tous les naturalistes reconnaîtront, malgré la singularité de l'expression, ces espèces d'yeux arrondis et environnés de couches concentriques, cachet des matières formées par concrétion, comme le sont effectivement presque toutes les grandes masses de chaux fluatée : ce n'est autre chose que la coupe transversale du canal par lequel s'est introduit, lors de la formation de la pierre, le fluide chargé des molécules salines; canal qui ne se bouche qu'imparfaitement, ou finit par se remplir d'une matière étrangère.

Nous venons de décrire, d'après les renseignemens des anciens, et notamment de Pline, la matière des vases murrhins; rapprochons de cette description ce que les plus habiles naturalistes modernes disent de l'aspect et des usages de la chaux fluatée.

M. Haüy, qui distingue dans cette substance six couleurs principales, place à leur tête la couleur rouge et la couleur violette comme les plus communes dans les beaux morceaux : or, ce sont précisément les couleurs dominantes des vases murrhins.

« La chaux fluatée, ajoute-t-il, est souvent formée par bandes ou par zones, comme l'albâtre......» Nous avons vu que c'était là le caractère le plus saillant de la matière décrite par Pline.

« En Angleterre et ailleurs, dit le naturaliste français, on travaille les morceaux de chaux fluatée les plus considérables, et l'on en fait des plaques et des vases de différentes formes. » Il est singulier que le naturaliste romain indique également ces deux usages pour les morceaux de murrhin les plus considérables : *Amplitudine nusquam parvos excedunt abacos; crassitudine rarò, quantâ dictum est vasi potorio.*

Enfin M. Haüy termine cet article par une réflexion fort remarquable pour notre sujet : « Les couleurs vives et agréables de ces ouvrages semblent rivaliser avec celles des gemmes. » Lorsqu'un naturaliste aussi connu par sa précision s'exprime de cette manière, doit-on s'étonner que les anciens, qui ne prisaient les pierres que d'après leur aspect, aient mis les plus belles masses de spath fluor presque au même rang que les gemmes, ou du moins immédiatement après? doit-on s'étonner que plusieurs antiquaires aient cru qu'il s'agissait de véritables pierres précieuses?

Je pourrais pousser plus loin les rapprochemens auxquels donne lieu la description de M. Haüy; mais je veux me borner à choisir quelques traits dans les autres minéralogistes.

M. Werner parle du spath fluor dans des termes à peu près semblables : « Il n'est peut-être, dit-il, aucun minéral qui présente des couleurs aussi variées.... elles sont très-souvent mélangées plusieurs ensemble dans le même morceau, et présentent des dessins rubanés, tachetés[1]. » Cette dernière circonstance se trouve également dans le texte de Pline : *His maculæ pingues placent.* M. Werner ajoute que le spath fluor est assez éclatant, mais que ce n'est pas l'éclat du diamant; ce qui re-

[1] Brochant, Minéralogie de Werner, art. *Spath fluor*

vient à l'expression de Pline, *nitorque veriùs quàm splendor*.

Romé de l'Isle[1] applique à certaines variétés de chaux fluatée le nom d'*albâtre vitreux* ; manière de parler assez commode pour peindre à-la-fois leur aspect brillant et vitreux, et leur disposition en zones alternatives de nuances différentes. Le mot *albâtre* ne porte donc nullement ici sur la nature de la pierre : et voilà précisément comme le mot *onyx* a souvent été employé chez les anciens : voilà comme l'a employé Properce quand il l'a appliqué aux vases murrhins, *murrheus onyx* ; expression poétique, qui pourtant correspond en toute rigueur à la dénomination méthodique adoptée par Romé de l'Isle.

Buffon observe, avec le docteur Demeste, que les couleurs des spaths vitreux sont si variées, qu'on les désigne par le nom de la pierre précieuse colorée dont ils imitent la nuance; qu'on en rencontre des pièces assez considérables pour en faire de petites tables, des urnes, des vases, etc.; qu'ils sont panachés ou rubanés des plus vives couleurs, et surtout de différentes teintes d'améthyste sur un fond blanc.

Wallerius, Mongez, Napione, Lamétherie, Brongniard, en un mot tous les minéralogistes sans exception, anciens ou modernes, français ou étrangers, se servent, pour peindre l'aspect et les usages du spath fluor, précisément des mêmes traits que Pline a employés pour peindre la matière murrhine. Il serait quelquefois difficile de le traduire autrement. Tel est ce passage que je

[1] Crystallographie.

choisis, entre plusieurs autres, dans M. Patrin : « On fait avec le spath fluor, dans certains cantons, une prodigieuse quantité de vases et d'autres ornemens; leur couleur ordinaire est un beau violet panaché de blanc : ces couleurs se trouvent assez communément disposées par bandes comme celles de l'albâtre. »

On prétend qu'en Angleterre les ouvriers qui travaillent ces vases ont le secret de les colorer artificiellement, ou du moins d'augmenter l'intensité de leur couleur; on a prétendu la même chose des vases murrhins.

Je laisse juger aux lecteurs, d'après ces rapprochemens, s'il doit rester quelques doutes sur l'identité des deux matières [1], et je n'ajouterai qu'une réflexion.

---

[1] Voici ce passage le plus complet sur les vases murrhins, et qui renferme tout ce que les anciens nous en ont appris de plus important :

Eadem victoria primùm in Urbem murrhina induxit; primusque Pompeius sex pocula ex eo triumpho Capitolino Jovi dicavit : quæ protinus ad hominum usum transiere, abacis etiam escariisque vasis inde expetitis.

Excrescitque in dies ejus rei luxus, murrhino LXXX *sestertiis empto, capaci planè ad sextarios tres calice. Potavit ex eo ante hos annos consularis, ob amorem abroso ejus margine, ut tamen injuria illa pretium augeret; neque est hodie murrhini alterius præstantior indicatura. Idem in reliquis generis ejus quantùm voraverit, licet existimare ex multitudine, quæ tanta fuit, ut, auferente liberis ejus Nerone Domitio, theatrum peculiare trans Tiberim hortis exposita occuparent; quod à populo impleri canente se, dum Pompeiano præludit, etiam Neroni satis erat : qui vidit tunc annumerari unius scyphi fracta membra, quæ in dolorem, credo, sæculi, invidiamque fortunæ, tanquam Alexandri magni corpus, in conditorio servari, ut ostentarentur, placebat. T. Petronius consularis moriturus, invidiâ Neronis principis, ut mensam ejus exhæredaret, trullam murrhinam* CCC *sestertiis emptam fregit. Sed Nero, ut par erat principem, vicit omnes,* CCC *sestertiis capidem unam parando. Memoranda res, tanti imperatorem patremque patriæ bibisse!*

Oriens murrhina mittit. Inveniuntur enim ibi in pluribus locis, nec insignibus, maximè Parthici regni; præcipuè tamen in Carmania. Humorem putant sub terra calore densari.

Amplitudine nusquam parvos excedunt abacos; crassitudine rarò, quantâ dictum est vasi potorio.

M. Grosse, auteur d'une traduction allemande de Pline, fort estimée des savans, fait remarquer que, dans toute cette description, le naturaliste romain semble avoir pris à tâche de se rendre obscur. « Quelque connus, dit-il, que me soient et le style de Pline et l'acception qu'il donne aux termes dont il se sert, il m'a cependant été difficile, quelquefois même impossible, de traduire ce passage d'une manière exacte et tout-à-fait claire. » C'est assurément faute d'avoir connu de quelle substance parlait Pline; car si l'on relit ce passage avec attention, en rapportant au spath fluor tous les traits de cette description, on verra qu'il n'y en a aucun qui ne soit clair et fort exact [1].

§. V. *Du murrhin artificiel.*

Encore bien que nous n'ayons parlé jusqu'ici que des vases murrhins naturels, la seconde question que

Splendor his sine viribus, nitorque veriùs quàm splendor. Sed in pretio varietas colorum, subinde circumagentibus se maculis in purpuram candoremque, et tertium ex utroque ignescentem, velut per transitum coloris, purpurá rubescente, aut lacte candescente.
Sunt qui maximè in iis laudent extremitates, et quosdam colorum repercussus, quales in cœlesti arcu spectantur : his maculæ pingues placent. Translucere quidquam, aut pallere, vitium est. Item sales, verrucæque non eminentes, sed ut in corpore etiam plerumque sessiles.
Plin. *Hist. nat.* lib. xxxvii, c. 2.

[1] Pendant l'impression de cet écrit, un renseignement qui m'était entièrement inconnu, m'a été communiqué par deux savans distingués, MM. Gillet-Laumont et Tonnellier, auxquels j'avais soumis une épreuve de ce mémoire; c'est que, dans le Catalogue de Mlle. Éléonore de Raab par de Born, cette analogie entre le spath fluor et les vases murrhins se trouve indiquée, tome 1er, page 356. Cette indication, dénuée de toute espèce de preuves, n'a fixé l'attention de personne : il suffit, pour s'en convaincre, de consulter tous les traités de minéralogie publiés depuis par les

nous nous proposions de traiter se trouve déjà fort avancée.

Le murrhin artificiel, ou faux murrhin, qui se fabriquait dans les anciennes manufactures de Thèbes, devait avoir, autant que le permettaient les procédés de l'art, l'aspect du véritable; ce devait être une matière vitreuse dont la transparence était légèrement troublée, une espèce d'émail offrant des couleurs diversifiées, disposées en bandes alternatives, parmi lesquelles dominaient le violet foncé ou plutôt le pourpre, le rose et le blanc; et ces couleurs devaient se succéder, non pas d'une manière nette et tranchée, mais par nuances adoucies et qui se fondaient les unes avec les autres.

Nous avons vu que les anciens donnaient effectivement au murrhin artificiel le nom de verre, *vitrum murrhinum*; ils en classaient les divers ouvrages avec les ouvrages analogues fabriqués en verre, témoin ce passage d'Arrien :

Καὶ λιθίας ὑαλῆς πλείονα γένη, καὶ ἄλλης μυρρίνης, τῆς γινομένης ἐν Διοσπόλει [1].
Vasa vitrea, atque murrhina in urbe Diospoli elaborata.

Une transparence parfaite étant généralement regardée comme une imperfection dans les vases murrhins, ainsi que nous l'avons montré par divers passages de Pline et de Martial, on est fondé à croire que les vases fabri-

---

plus habiles minéralogistes de l'Europe, les dictionnaires d'histoire naturelle et d'antiquité, les minéralogies des anciens, et tous les ouvrages des antiquaires. En effet, les traits avec lesquels M. de Born peint ici le spath fluor, quoique justes en eux-mêmes, n'étaient guère propres à donner du poids à son opinion.

[1] Arrian. *Peripl. maris Erythræi*, p. 4, apud *Geogr. vet. script. Græc. minores*, Oxoniæ, 1698.

qués en Égypte étaient exempts de ce défaut si facile à éviter.

On sait d'ailleurs que les Égyptiens ont excellé de tout temps dans l'art de colorer le verre et dans la fabrication des émaux. Bien antérieurement aux époques où les vases murrhins commencèrent à être en usage à Rome, la ville de Thèbes était déjà renommée par les ouvrages en verre coloré qui sortaient de ses fabriques et qui s'exportaient au loin. Dès les temps les plus reculés, c'était une branche importante du commerce qui se faisait par la mer Rouge.

J'ai souvent trouvé dans les ruines des anciennes villes de la Thébaïde, parmi les fragmens de verre coloré dont elles abondent, quelques morceaux teints de diverses couleurs. Quelques-uns, offrant dans une de leurs parties de belles nuances de pourpre, étaient, je crois, des débris de cet ancien murrhin artificiel; et si ma conjecture est fondée, ils confirment ce que nous disent les écrivains anciens, que l'on n'imita jamais que d'une manière fort grossière celui qu'offrait la nature [1].

---

[1] Plusieurs écrits ont été publiés encore tout récemment sur la nature des vases murrhins, et il s'est établi une sorte de controverse entre plusieurs archéologues distingués[*].

Le chevalier Bossi soutient que ces vases étaient de verre, de verre artificiel, ou de verre volcanique. M. le sénateur Lanjuinais, en combattant l'antiquaire italien, a soutenu qu'ils étaient formés d'une matière naturelle, d'une véritable pierre. On voit par-là quel était l'état de la question. D'après la distinction que nous avons établie entre les deux espèces de murrhins, on peut juger que les deux opinions pouvaient également être combattues et défendues par d'assez bonnes raisons : mais, comme il s'agissait surtout des vases les plus estimés, l'antiquaire français était assurément le plus près de la vérité. Nous pensons que les développemens où nous sommes entrés à cet égard, suffiront pour lever toutes les difficultés.

[*] *Magas. encyclop.*, juillet 1808.

On conçoit très-bien, en effet, qu'une matière vitrifiée ne pouvait présenter ni l'éclat particulier, ni ce jeu de lumière propre au spath fluor, ni ce tissu à-la-fois vitreux et lamelleux qui le fait distinguer aisément des matières minérales les plus analogues, ni encore cette apparence d'albâtre et ces accidens particuliers qu'offrent les matières formées par concrétion : voilà pourquoi sans doute les vases imités dans les fabriques d'Égypte étaient peu recherchés des Romains, et n'avaient qu'une très-faible valeur. On les envoyait de préférence chez ces peuples grossiers de l'Arabie et de la côte d'Afrique, avec tous les autres ouvrages de verrerie qui se fabriquaient à Thèbes et à Coptos.

Je n'entre dans aucun détail sur la manière de colorer les faux murrhins, et d'appliquer des couleurs variées sur le même ouvrage, parce que le peu de renseignemens que j'aurais à donner sur cet objet, trouvera sa place dans les recherches sur l'industrie des anciens Égyptiens.

DE LA GÉOGRAPHIE COMPARÉE

ET DE L'ANCIEN ÉTAT

DES CÔTES DE LA MER ROUGE,

CONSIDÉRÉS

PAR RAPPORT AU COMMERCE DES ÉGYPTIENS DANS LES DIFFÉRENS AGES;

Par M. ROZIÈRE,

INGÉNIEUR DES MINES, MEMBRE DE LA COMMISSION DES SCIENCES ET ARTS.

> Lorsque la connaissance du local actuel se joint à l'étude des monumens de l'antiquité en ce qui concerne la géographie, c'est sur un fondement réel que l'on juge des positions anciennes; on les voit, pour ainsi dire, dans leur place; on acquiert même le moyen de discerner le plus ou le moins d'exactitude qu'ont mis les anciens dans leurs descriptions : autrement, tout ce que l'on peut faire se réduit à une représentation idéale, selon la manière d'entendre ces descriptions, ou de les concevoir....... Les pays qui ont prévalu sur d'autres par leur célébrité, font désirer particulièrement d'avoir le secours de cette connaissance dont je parle.
> D'ANVILLE, *Mém. de l'Acad. des inscr.*

INTRODUCTION.

LES relations commerciales qui ont existé entre les anciens peuples des bords de la Méditerranée et ceux de l'Océan indien, méritent d'être bien éclaircies, non-seulement à cause du jour qu'elles peuvent répandre sur diverses branches de l'histoire ancienne, mais encore par rapport au commerce; car elles étaient fondées sur des besoins réciproques qui n'ont pas totalement changé, et sur une disposition géographique des lieux, plus invariable encore.

A la vérité, depuis la découverte du cap de Bonne-Espérance, toutes les anciennes voies du commerce de l'Inde sont, pour ainsi dire, entièrement abandonnées; mais il n'en faut pas conclure que les avantages de la voie moderne soient suffisamment prouvés par ce seul fait : cette manière de raisonner ne serait bonne qu'autant que le commerce n'aurait jamais été gêné par des causes étrangères.

Ce qui a été pratiqué autrefois pourrait-il donc l'être encore avec avantage, si les causes politiques qui y mettent obstacle venaient à cesser? Question curieuse aujourd'hui, importante peut-être pour l'avenir, déjà abordée bien des fois par des écrivains distingués, et, malgré cela, presque entièrement neuve à traiter : il semble qu'on l'ait regardée plutôt comme un heureux sujet de déclamations, que comme pouvant comporter des éclaircissemens précis.

De quoi s'agit-il, en dernière analyse? De faire entre les deux voies une comparaison exacte. Pour cela, il faudrait, avant tout, connaître d'une manière précise les différentes routes pratiquées par les anciens, et pouvoir distinguer celle qui leur a présenté le plus d'avantages. C'est ce qui reste encore à faire, et ce que je me suis proposé dans ce travail, dont plusieurs voyages sur les bords de la mer Rouge m'ont fourni les données.

et dont les instructions particulières du chef de l'armée d'Orient m'avaient imposé l'obligation.

Dans le cours de ces discussions, j'aurai souvent à combattre des autorités graves, peut-être de grandes préventions; car, depuis les savantes dissertations de d'Anville[1], on croit que les points fréquentés par les anciens sur les côtes de la mer Rouge sont connus de manière à ne plus rien laisser à désirer. Moi-même j'ai parcouru ces bords, prévenu de cette opinion, et j'ai vu avec le plus grand étonnement que les résultats de d'Anville n'étaient d'accord presque en rien avec la disposition des lieux. Alors j'ai examiné avec le plus grand soin toutes les bases de son travail : je me suis assuré que bien des données essentielles lui ont échappé, que beaucoup d'autres ont été mal appliquées; qu'enfin les positions qu'il assigne aux ports des anciens, les routes qu'il trace pour les caravanes au travers des déserts, ne sont pas moins opposées aux renseignemens de l'histoire qu'à toutes les vraisemblances; et je n'ai pas désespéré de le démontrer assez complétement pour que l'on me pardonnât d'avoir combattu, sur un aussi grand nombre de points, une autorité si respectable.

M'étant écarté de la marche suivie ordinairement dans les recherches de géographie comparée, l'usage voulait peut-être que je rendisse compte de celle que j'ai adoptée : mais ce n'est guère qu'en lisant cet écrit que le lecteur peut bien saisir les raisons qui m'ont déterminé; ainsi je supprime des développemens qui deviendraient inutiles ici, et je me borne aux indications pro-

[1] D'Anville, Mémoires sur l'Égypte ancienne et sur le golfe arabique.

pres à faire saisir l'ensemble des questions que nous avons à traiter.

Avant tout, il faut se faire une idée générale des lieux ; il faut remarquer, d'abord, que la mer Rouge, ce grand golfe de l'Océan indien, qui sépare presque entièrement l'Asie d'avec l'Afrique, ne reçoit aucun fleuve dans toute l'étendue de ses côtes, entourées généralement de déserts impraticables.

L'isthme de Suez, qui s'étend depuis le fond du golfe jusqu'à la Méditerranée, n'est lui-même qu'un désert ; mais il confine, du côté de l'Afrique, aux fertiles plaines de la basse Égypte, arrosées par le Nil.

Il faut observer que ce fleuve, qui descend de la Nubie pour verser ses eaux dans la Méditerranée, coule, depuis son entrée en Égypte, suivant une direction presque parallèle à la côte occidentale de la mer Rouge, dont il est éloigné d'environ deux degrés à la hauteur de Syène, et d'un degré seulement sous le parallèle de Suez. Enfin l'espace renfermé entre le fleuve et la mer est une longue bande de déserts montueux, qui présente des espèces de cols ou d'isthmes coupés transversalement par plusieurs grandes vallées praticables pour de nombreuses caravanes ; disposition qu'il faudra se rappeler pour la suite, et qui fait sentir déjà pourquoi l'Égypte, dans les temps anciens, a pu être, dès qu'elle l'a voulu, l'entrepôt principal du commerce de l'Inde.

Du côté de l'Asie, l'isthme qui sépare les deux mers n'est pas borné immédiatement par le pays cultivé, comme du côté de l'Afrique ; et les déserts se prolongent de quelques journées de marche vers l'orient. Toutefois la Syrie, première contrée habitée que l'on rencontre après les avoir traversés, se trouvait encore mieux située qu'aucune autre, après l'Égypte, pour faire le commerce de la mer Rouge ; et un golfe particulier, connu sous le nom de *mer d'Ailath*, qui se détache du grand pour se diriger vers la Palestine, diminuait beaucoup la difficulté des communications.

Parmi les anciens peuples de la Syrie, nous voyons les Phéniciens, si versés dans l'art de la navigation, si célèbres par l'étendue de leur commerce, s'approprier en quelque sorte celui-ci aux époques où les préjugés nationaux de l'Égypte, ou bien ses institutions, l'empêchaient de s'y livrer ; et nous voyons aussi les Hébreux commencer à y prendre quelque part dès le temps de leurs premiers rois.

Les recherches sur la géographie comparée et le commerce de la mer Rouge peuvent donc se diviser en deux branches.

La première, qui est la moins importante, et qui doit nécessairement renfermer beaucoup de choses conjecturales, comprend les lieux fréquentés, sur les côtes orientales, par les anciens peuples de la Syrie ; mais, comme ces objets n'ont que très-peu de rapport avec l'état actuel de la navigation, nous remettons à en parler dans un écrit sur la contrée renfermée entre les deux bras de la mer Rouge, et que l'on désigne sous le nom de *déserts de Sinaï*.

La seconde, qui peut être traitée d'une manière rigoureuse, et dont nous allons nous occuper ici, comprend la détermination des ports pratiqués sur la côte occidentale, ainsi que celle des routes qui y conduisaient.

Les changemens arrivés dans la direction du commerce sous le second des Lagides, ceux qu'elle éprouva lors de la conquête des Arabes, en partagent naturellement l'histoire, depuis les premiers temps jusqu'à nous, en trois grandes périodes, qui seront traitées dans trois sections distinctes, la nature de ces recherches exigeant que l'on ait égard, dans cette division, moins à l'ordre des lieux qu'à celui des temps[1].

Après avoir examiné les routes successivement pratiquées à différentes époques, et les causes qui les ont fait adopter ou abandonner, nous rechercherons, dans une quatrième section, celles qu'il conviendrait de préférer aujourd'hui dans certaines circonstances données, et nous tâcherons de déterminer les cas où elles offriraient des avantages sur la route suivie actuellement par les peuples commerçans de l'Europe.

Ces recherches formeront un complément à des travaux plus importans, entrepris par d'autres personnes, sur la jonction des deux mers, sur la navigation actuelle du golfe Arabique, et sur la géographie comparée de l'Égypte proprement dite.

---

[1] Je passerai sans m'arrêter sur les points connus, pour m'attacher principalement aux difficultés qui restent à éclaircir, m'efforçant, dans ce dernier cas, de ne rien laisser sans preuve; je tâcherai en même temps de ne point perdre de vue que les questions d'antiquité n'ont d'intérêt réel que par leur rapport avec ce qui peut avoir lieu aujourd'hui, et que leur principal objet doit être de nous approprier l'expérience acquise par les anciens.

PREMIÈRE PARTIE.

Du commerce des Égyptiens antérieurement à Ptolémée Philadelphe. — Des anciennes limites de la mer Rouge; — et de la géographie comparée de l'isthme de Suez.

CHAPITRE Ier.

Objet de cette première partie.

La liaison des principales questions traitées dans cette première partie n'a pas toujours permis de les isoler et de les faire ressortir par la division du discours : comme il convient cependant que le lecteur soit prévenu d'avance du but où nous tendrons successivement, afin qu'il puisse donner toute son attention aux preuves et aux conséquences à mesure qu'elles se présenteront, j'ai cru devoir indiquer les principaux résultats où nous conduirons les discussions.

Je n'ignore pas combien cette précaution est opposée à l'intérêt du discours; mais il s'agit moins ici d'intéresser que de convaincre, ou du moins de mettre constamment le lecteur en état de juger par lui-même[1].

---

[1] Il en résultera d'ailleurs cet avantage pour les personnes qui ne veulent pas entrer dans de grands détails, que, sachant dès l'abord à quoi s'en tenir, elles pourront plus aisément parcourir l'ouvrage.

Voici donc, dans leur ordre, les principales propositions que je me suis attaché à prouver.

I. Les Égyptiens ont été navigateurs dès les temps les plus reculés; ils ont surtout parcouru la mer Érythrée, et ont eu des relations suivies avec les peuples des côtes méridionales de l'Afrique et des Indes Orientales.

II. Il n'a point existé, depuis les premiers temps historiques, de communication naturelle entre le golfe Arabique et le bassin de l'intérieur de l'isthme de Suez, ou le bassin des lacs amers[1].

III. Il suffirait de couper l'intervalle d'environ trois myriamètres qui sépare ces deux cavités, pour que les eaux de la mer Rouge se répandissent non-seulement dans les lacs amers, mais jusque dans l'Égypte (par la vallée de Saba'-byâr), et jusque dans la Méditerranée.

IV. Dans les travaux entrepris sous les rois égyptiens et persans pour établir la communication du Nil avec la mer Rouge, on n'a creusé entièrement que la partie du canal qui se rendait du Nil vers le bassin de l'intérieur de l'isthme.

V. L'autre partie de l'isthme n'a été coupée entièrement ni par les anciens rois égyptiens, ni par les rois persans, et il est douteux qu'elle l'ait été entièrement sous Ptolémée Philadelphe.

---

[1] On trouvera, à la fin de la première partie, les textes les plus importans des auteurs anciens qui ont été cités soit pour cette question, soit pour les suivantes. J'ai cru superflu de les rapporter pour la première question, parce qu'elle a déjà été traitée par d'autres écrivains, et qu'elle n'est qu'accessoire à notre sujet : on trouvera seulement les indications nécessaires pour vérifier les citations.

VI. L'état de l'isthme de Suez n'a éprouvé aucun changement appréciable depuis les premiers temps historiques. La distance de la mer Rouge aux villes de Bubaste sur le Nil, et de Péluse sur la Méditerranée, est restée constamment la même.

VII. La ville d'Héroopolis n'était point au nord de l'isthme, comme d'Anville a voulu le prouver, mais au sud. Toutes les preuves dont s'étayait la première opinion, sont fondées, en dernière analyse, sur une méprise de la version grecque des *Septante*.

VIII. La détermination rigoureuse de la latitude d'Héroopolis est antérieure aux travaux de l'école d'Alexandrie : elle appartient à un grand travail très-ancien et très-exact, qui embrasse les positions géographiques les plus importantes des parties du globe alors connues.

IX. *Héroopolis*, ainsi que *Babylone*, sont d'anciens noms égyptiens, altérés par la prononciation des Grecs.

X. Il existe encore quelques données pour déterminer la position de l'ancienne ville d'*Avaris*, citée par Manéthon comme le siége des rois pasteurs.

XI. La route que suivaient les caravanes, allait directement de la mer Rouge jusqu'à la ville d'Abou-Keycheyd (ou *Avaris*). Cette route serait encore préférable à celle que suivent aujourd'hui les caravanes turques.

XII. La ville d'*Arsinoé*, bâtie pour le service du canal, était située, non pas à Suez, comme l'a cru d'Anville, mais plus au nord, à l'embouchure même du canal. *Cleopatris* n'était qu'une portion de la même ville.

XIII. Le canal achevé par Ptolémée Philadelphe n'a pas rempli son objet; il n'a été d'aucun usage pour le commerce.

XIV. Ptolémée Philadelphe, après ses immenses travaux, fit abandonner au commerce et la route de l'isthme et la navigation du golfe Héroopolitique, pour lui ouvrir une autre route plus avantageuse.

Parmi ces questions, les plus importantes pour notre sujet concernent, 1°. les travaux de cet ancien canal destiné à joindre les deux mers; 2°. les changemens arrivés dans l'état de l'isthme, et 3°. la position d'Héroopolis : ce sont celles que nous nous sommes attachés principalement à développer; elles ont entre elles d'étroites liaisons, et la solution d'une question entraîne en quelque sorte celle des autres. Les résoudre toutes par des moyens différens et indépendans les uns des autres, c'était donc réellement multiplier les preuves pour chacune.

CHAPITRE II.

Relations des Égyptiens dans l'Orient avant la conquête d'Alexandre. — Opinion avancée sur l'ancien état de l'isthme.

L'antiquité de la navigation sur la mer Rouge est prouvée par le témoignage des anciens écrivains. Homère, qui, dans l'Odyssée, semble avoir pris à tâche de décrire les usages des nations étrangères à la Grèce, et de rappeler toutes les connaissances géographiques que l'on avait de son temps, représente Ménélas naviguant sur le golfe Arabique, et nomme une partie des peuples qui habitaient le long des côtes[1]. Ce voyage n'est assurément qu'une fiction du poëte; mais elle prouve que cette navigation était déjà célèbre chez les Grecs.

Avant cette époque, de nombreuses flottes équipées par les rois d'Égypte avaient déjà parcouru l'étendue de cette mer, et pénétré jusque dans l'Océan.

Sésostris, au rapport d'Hérodote et de Diodore de Sicile[2], avait fait construire une flotte de quatre cents voiles, avec laquelle il subjugua toutes les provinces maritimes et toutes les îles de la mer Érythrée[3] jusqu'aux Indes. Ce fut la première fois, disaient les prêtres d'Héliopolis à Hérodote[4], que l'on fit voir sur la mer Rouge de grands vaisseaux de guerre. Mais cette circonstance elle-même ne suppose-t-elle pas que depuis long-temps on y faisait usage de petits navires pour le commerce?

Les successeurs de Sésostris suivirent cet exemple, et équipèrent sur la mer Rouge des flottes considérables[5].

Ces expéditions maritimes ne se réduisaient pas à de simples incursions; elles avaient pour objet des con-

---

[1] Odyssée, liv. IV.
[2] Herodot. *Euterpe*; Diod. Sicul. *Biblioth. hist.* lib. I, sect. 2.
[3] Il faut se rappeler que, chez les anciens, le nom de la mer Erythrée ne s'appliquait pas seulement au golfe Arabique, mais encore à toute la portion de l'Océan qui est à l'orient du détroit et qui s'étend vers les Indes. (Arrian. *Peripl. maris Erythræi.*)
[4] Herodot. *Euterpe.*
[5] *Ibid.*

quêtes, des établissemens sur les côtes, et elles eurent des effets durables. Les tributs imposés aux peuples de ces contrées [1], et plusieurs productions de l'Afrique méridionale, de l'Inde et de l'Arabie, dès-lors en usage chez les Égyptiens, montrent assez qu'il ne s'agit pas seulement de communications accidentelles et passagères, mais de relations entretenues d'une manière suivie.

Les côtes méridionales de l'Afrique [2] fournissaient aux Égyptiens, entre autres produits du sol, de l'or, de l'ébène, de l'ivoire, des dents et des peaux d'hippopotame : l'Arabie fournissait de l'or, de l'argent, du fer, de la myrrhe, de l'encens [3]; l'Inde, différentes sortes de pierres précieuses et diverses matières minérales qui ont été travaillées en Égypte dès les temps les plus anciens.

Sans doute ces relations commerciales se réduisaient encore à peu de chose, si on les compare avec ce qui a eu lieu dans la suite : mais encore est-il bon de remarquer qu'elles ne furent pas nulles tout-à-fait, et que les routes de l'Orient n'étaient pas ignorées des Égyptiens dès ces temps reculés; car de là dépend l'explication d'une foule de faits curieux concernant l'histoire de l'ancienne Égypte et celle des peuples de l'Asie.

Indépendamment du témoignage des prêtres égyptiens, ces expéditions étaient attestées par des monumens chargés d'inscriptions, placés en différens points des côtes de l'Afrique, et qui subsistèrent long-temps après

---

[1] Diod. Sicul. *Bibl. hist.* lib. I.
[2] *Ibid.*
[3] Plin. *Histor. nat.* lib. VI; Diod. Sicul. *Biblioth. hist.* lib. I, sect. I.

que l'Égypte eut passé sous une domination étrangère : aussi les caractères de ces inscriptions étaient-ils inconnus aux voyageurs qui eurent occasion de les voir.

A ces preuves tirées des historiens grecs, on peut ajouter encore des preuves plus positives, fournies par les Égyptiens eux-mêmes ; ce sont des bas-reliefs historiques, retrouvés parmi les sculptures qui recouvrent les monumens de l'ancienne ville de Thèbes.

On prendra quelque idée du degré d'avancement de l'art nautique dans ces temps reculés, par un fait que nous apprend Hérodote. Sous le règne et par l'ordre de Nécos, des vaisseaux partis des ports de la mer Rouge entrèrent dans l'Océan, suivant toujours les côtes qui étaient sur leur droite, tournèrent toute la Libye, et, après une navigation de trois ans, vinrent surgir en Égypte, dans les ports de la Méditerranée[1]. Ce fait fort remarquable et que l'on a beaucoup contesté, est appuyé de circonstances qui ne permettent guère d'en douter : d'ailleurs, il n'est pas précisément le seul de ce genre.

Ces voyages de si long cours se faisaient sur de petits bâtimens non pontés, construits quelquefois en papyrus, ayant même forme, même voilure, même gouvernail, que ceux qui naviguaient sur le Nil. Les dangers devenaient extrêmes ; on s'arrêtait toutes les nuits pour prendre terre ; et un seul voyage, comme on vient de le voir, durait quelquefois des années entières.

Il serait inutile de multiplier davantage les détails ; ce que nous venons de dire suffit pour faire sentir quel

---

[1] Herod. *Melpomene*, c. 42 et 44.

était, à cette époque, l'état des relations commerciales de l'Égypte avec les contrées de l'Orient.

Sous les rois persans, dont la plupart foulèrent aux pieds les usages et les institutions de l'Égypte, ces relations ne furent pas entièrement anéanties : nous voyons même le premier successeur du conquérant (Darius fils d'Hystaspe) apporter les plus grands soins à recouvrer et à étendre les anciennes connaissances que l'on avait eues sur l'Orient [1]; et d'autres faits nous montreront quelle importance il attachait à cette navigation. Il y a des raisons de croire qu'elle ne fut pas entièrement négligée sous ses successeurs; mais ce n'est qu'aux époques suivantes que l'histoire nous fournit des renseignemens bien positifs et circonstanciés.

Malgré le peu de notions qu'avaient les Grecs sur les Indes et la navigation de la mer Rouge lorsqu'ils enlevèrent l'Égypte aux Perses, Alexandre sut apprécier toute l'importance de sa conquête sous les rapports du commerce. Frappé des avantages qu'offrait cette situation unique dans le monde, il avait formé le projet de faire de l'Égypte le centre de son gouvernement; et lui-même jeta les fondemens du grand commerce qui s'y fit par la suite, en bâtissant Alexandrie pour l'abord des vaisseaux de la Méditerranée [2].

Du côté de la mer Rouge, la ville d'Héroopolis était alors, et, à ce qu'il semble, déjà depuis long-temps, l'unique entrepôt du commerce : aussi le bras principal de cette mer prit-il le nom de *golfe Héroopolitique*,

---

[1] Herod. *Melpomene*.
[2] Quint. Curt. *de rebus Alexandri magni*, lib. IV, cap. 7.

comme dans la suite il prit celui de *golfe de Qolzoum*, et enfin celui de *golfe de Suez*, en raison des villes qui succédèrent à Héroopolis, sinon dans sa position géographique, du moins dans sa destination par rapport au commerce.

La position d'Héroopolis est devenue l'un des faits les plus obscurs de la géographie ancienne. Cependant c'est l'un des plus importans; car beaucoup d'autres positions se trouvent liées à celle-là.

Au lieu de placer cette ville sur les bords du *golfe Héroopolitique*, d'Anville[1] crut devoir l'en séparer et la rejeter de dix-huit lieues dans l'intérieur de l'isthme, position fort extraordinaire pour une ville dont le golfe avait tiré son nom, et que les anciens citent comme marquant d'une manière précise son extrémité : mais l'autorité de d'Anville a fait passer par-dessus les difficultés, et l'on s'est persuadé d'ailleurs que l'on pouvait concilier son opinion avec les témoignages opposés de l'antiquité, à l'aide d'une hypothèse ingénieuse, dont lui-même avait fourni la première idée.

La mer Rouge, dit-on, beaucoup plus avancée autrefois vers le nord, recouvrait tout l'espace qui la sépare aujourd'hui d'un grand bassin situé dans l'intérieur de l'isthme. Ainsi elle communiquait avec ce bassin, dont l'extrémité septentrionale était alors l'extrémité même du golfe; et voilà comment elle se trouvait assez voisine du point où d'Anville reporte Héroopolis. Cette hypothèse a quelque chose de spécieux ; mais elle n'est guère fondée, comme on le verra dans les trois chapitres sui-

[1] Mémoires sur l'Égypte ancienne.

vans, où j'examinerai toutes les questions qui ont rapport à l'ancien état de l'isthme.

Je ferai remarquer dès à présent qu'elle a quelque rapport avec une autre opinion bien antérieure, qui admettait une ancienne communication de la mer Rouge avec la Méditerranée. Je ne rejette pas d'une manière absolue la réalité de cette communication ; je pense, au contraire, qu'on peut en fournir des preuves directes, et établir avec rigueur ce qui n'a été jusqu'ici qu'une pure hypothèse : mais je crois qu'on peut démontrer en même temps que cet état de choses remonte à une époque très-reculée, et ne saurait avoir, comme on l'a prétendu, aucune relation avec les temps historiques ; c'est cette dernière circonstance seulement qui peut avoir quelque rapport avec notre sujet. Quant au fond de la question, il exigerait, sur la constitution physique de ces lieux, beaucoup de détails qui nous écarteraient trop long-temps de notre objet principal. Il m'a semblé d'ailleurs plus utile de rassembler dans un même écrit, à cause de l'affinité du sujet, tout ce qui concerne les changemens arrivés anciennement dans l'état des côtes voisines de l'Égypte. Ce mémoire renfermera quelques développemens que nous sommes forcés d'omettre ici, pour nous en tenir aux observations de géographie physique nécessaires au but que nous nous sommes proposé, de faire connaître l'état actuel de l'isthme.

CHAPITRE III.

Description de l'isthme de Suez. — Discussion géologique sur les anciennes limites de la mer Rouge.

Ce qui frappe d'abord en entrant dans l'isthme, c'est son contraste avec la contrée voisine. Tant que vous n'avez pas quitté l'Égypte, malgré les feux d'un soleil ardent, vous voyez une plaine rafraîchie, traversée de tous côtés par des eaux courantes, ombragée de palmiers, revêtue de verdure, de fleurs ou de riches moissons; une contrée riante et animée, où tout n'offre à la vue, tout ne rappelle à l'esprit que des idées d'abondance et de fécondité. Pénétrez-vous dans l'isthme, sous le même ciel, tout change autour de vous: nulle trace de culture, nul vestige d'habitation; point d'ombrage, point de verdure; jamais d'eaux vives; en un mot, rien de ce qui peut servir à des êtres vivans. A mesure qu'on s'avance, on cherche avec inquiétude dans l'éloignement quelques portions de terre plus heureuses: mais l'œil parcourt en vain l'immense étendue de l'horizon; jusqu'aux deux mers c'est toujours un pays sec et inanimé, des rochers dépouillés, des sables brillans, des plaines absolument nues.

Ces traits sont communs à tous les déserts de l'Afrique: il faut entrer dans quelques détails sur ce qui est propre à celui-ci. Tout ce terrain de l'isthme est généralement peu élevé au-dessus des mers voisines. Souvent ce n'est qu'une plaine rase, et les couches solides du terrain se dessinent à peine sous les sables par de légères ondulations : mais quelquefois, plus saillantes, et rompues de distance à autre, elles se montrent à découvert comme de grands degrés ; quelquefois, s'élevant, se prononçant davantage, elles forment de véritables collines qui se prolongent au loin, toujours escarpées d'un côté, et de l'autre s'unissant à la plaine.

Des torrens qui se forment une ou deux fois l'année, et qui passent en un moment, ont tracé des ravins larges, peu profonds, la plupart à demi remplis de débris de roches et de cailloux roulés.

Dans l'intérieur de l'isthme, et loin des routes suivies par les caravanes, on trouve une vaste plaine toute hérissée de dunes de deux ou trois mètres de hauteur, fixes quoiqu'en partie sablonneuses, et, au milieu de cette nudité générale, toutes couronnées d'un peu de végétation. Par-delà, vers l'orient, c'est un terrain plein d'aspérités, entrecoupé de collines arides ; et en déclinant vers le sud, on voit l'isthme dans l'éloignement, borné par un long rideau de montagnes blanches : mais, vers le nord, jusqu'aux rivages de la Méditerranée, ce ne sont que des sables mobiles, que les vents soulèvent et déplacent sans cesse ; et dans les lieux les plus bas, quelques lagunes et quelques lacs d'eau saumâtre.

On trouve aussi vers le centre de l'isthme des lacs d'une grande étendue, plus salés qu'aucune des deux mers ; on marche aux environs sur des amas de sel, sur un sol caverneux et retentissant. Quelquefois on se trouve arrêté par une terre friable et sèche à la surface, mais spongieuse et tout imbibée d'eau à l'intérieur, laquelle s'enfonce sous les pieds, cède, pour ainsi dire, sans fin, et où les hommes et les animaux finiraient par s'engloutir s'ils venaient à s'y engager [1].

Si, faisant abstraction de tous ces accidens particuliers du terrain, on veut saisir maintenant sa disposition générale, qu'on se représente, couverts des irrégularités dont nous venons de parler, deux plans inclinés, qui descendent d'une manière insensible depuis les frontières de l'Égypte et depuis les collines de l'Asie jusque vers le milieu de l'isthme, et, dans toute l'étendue de leur ligne de jonction, une dépression plus ou moins large, plus ou moins profonde, précisément dans le prolongement du golfe Arabique, et qui s'étend depuis une mer jusqu'à l'autre. Cette cavité est surtout considérable depuis le centre de l'isthme jusqu'à trois myriamètres [2] de Suez : dans cet intervalle, le sol est inférieur

[1] Plusieurs autres parties de l'isthme sont revêtues d'efflorescences salines, et semblent au loin un terrain blanchi par une légère couche de neige. Des cailloux aplatis, semés dans les parties les plus basses de la plaine et recouvertes de *lichen*, offrent quelquefois à l'œil une vaste surface teinte d'un vert grisâtre.

Sans vouloir entrer ici dans des détails d'histoire naturelle, qui seront développés ailleurs, nous ajouterons seulement que les sables qui recouvrent la plus grande partie du terrain, sont mêlés de débris de roches d'une grosseur médiocre, et dont la nature varie comme celle des collines environnantes : la plupart sont de nature calcaire, quelquefois d'un grès rouge ou brun, d'une nuance vive, et d'une dureté égale à celle du granit. Ailleurs ils sont jonchés de silex et d'une espèce de cailloux particulière à ces lieux, laquelle présente des herborisations et des dessins variés à l'infini. On voit briller, dans d'autres endroits, des plaques minces et polies de gypse cristallisé. Souvent on trouve des coquillages fossiles, intacts, disséminés ou accumulés en monceaux, et quelquefois des fragmens, des branches, des troncs entiers d'arbres pétrifiés, à demi enfouis dans les sables.

[2] Six à sept lieues.

au niveau des deux mers; mais vers le nord, depuis le centre de l'isthme jusqu'au lac Menzaleh, la pente est plus uniforme.

Ainsi cette longue dépression qui partage l'isthme, présente dans ses deux moitiés un caractère très-différent, qu'il est important de remarquer. La partie septentrionale, celle qui s'incline vers la Méditerranée, malgré quelques bas-fonds et quelques lagunes, peut être regardée comme ayant une pente continue; et, sous ce rapport, elle se rapproche des vallées ordinaires : mais l'autre portion, celle qui s'étend vers la mer Rouge, ayant au contraire sa plus grande profondeur, dans sa partie moyenne, inférieure au niveau de la mer de quarante à cinquante pieds, offre un bassin bien caractérisé, qui a la même direction que le golfe Arabique, dont il est séparé par un terrain peu élevé. Je désignerai dans la suite ce bassin de l'intérieur de l'isthme par le nom de *bassin des lacs amers* qu'il a porté dans l'antiquité, selon Pline et Strabon.

On concevra clairement les facilités qui ont toujours existé pour mettre en communication le Nil et la mer Rouge, si l'on donne un moment d'attention à l'observation qui suit.

Vers le centre de l'isthme, en face de l'endroit même qui sépare ces deux grandes cavités, aboutit, à peu près à angle droit, sur leur direction commune, une grande vallée qui porte ici le nom de *vallée de Saba'-byâr*, et celui d'*Ouâdy-Toumylât* en s'approchant du Delta. Cette vallée, cultivée de temps immémorial, et dont la pente est conforme à l'inclinaison générale du terrain, recevait les eaux du Nil, avant le desséchement de la branche Pélusiaque, par une dérivation ouverte près de l'ancienne ville de Bubaste; mais elle les reçoit aujourd'hui par un canal dont l'embouchure est près du Kaire.

Dans les grandes inondations, les eaux du fleuve parcourent toute l'étendue de cette vallée; et malgré les obstacles qu'on cherche à leur opposer, elles s'épanchent jusque dans l'intérieur de l'isthme sur ce même terrain qui domine les lacs amers : elles couleraient très-probablement jusque dans le bassin des lacs, si une pente plus rapide ne les entraînait de préférence vers le nord.

Ainsi l'on voit l'isthme partagé par trois cavités différentes, qui, prises ensemble, offrent à peu près la figure d'un T, dont les trois branches sont dirigées l'une sur la Méditerranée, l'autre sur la mer Rouge, et la troisième sur une branche du Nil.

Si l'on désirait des détails plus circonstanciés sur la topographie de ces lieux, on les trouverait assurément dans le grand travail des ingénieurs des ponts et chaussées sur le nivellement de l'isthme[1]; mais ce peu d'indications nous suffira pour les discussions où nous devons entrer.

Par-là on entrevoit d'abord pourquoi il serait facile d'établir artificiellement une communication entre le Nil et la mer Rouge.

L'hypothèse par laquelle on voudrait justifier l'opinion de d'Anville, se réduit donc à supposer la moitié de l'opération faite naturellement, c'est-à-dire la communication établie seulement entre le golfe Arabique et

[1] *Voyez* le Mémoire sur le canal des deux mers, par M. Le Père.

le bassin des lacs amers. Ceci n'a rien peut-être qui répugne, au premier aperçu; mais, en y réfléchissant, on verra bientôt que les choses n'auraient pu subsister dans cet état : car, si les eaux du Nil, malgré la pente qu'elles ont dû perdre en parcourant l'Ouâdy-Toumylât et la vallée de Saba'-byâr, viennent encore s'épancher jusque sur le plateau qui domine et ferme vers le nord le bassin des lacs, à plus forte raison les eaux de la mer Rouge, plus hautes que celles du Nil, conservant leur niveau après le remplissage du bassin, et montant encore de plusieurs pieds par l'effet des marées toujours très-sensibles à l'extrémité d'un golfe; à plus forte raison, dis-je, s'élèveront-elles par-dessus ce même plateau pour s'écouler ensuite vers la Méditerranée, et jusque dans le Nil par la vallée de Saba'-byâr; d'où il faut conclure qu'à moins de supposer un changement dans la disposition des lieux, le golfe Arabique n'a jamais pu se terminer vers le centre de l'isthme : à quelques égards, la communication directe des deux mers répugnerait moins. On m'objectera que quelques obstacles, des dunes de sable, par exemple, pourraient arrêter les eaux : mais c'est encore une hypothèse, tandis que l'abaissement général du plateau au-dessous du niveau de la mer est un fait positif, et le point vraiment essentiel pour la question; en effet, qu'importe le reste? Il ne pourrait en résulter d'état permanent : une seule tempête ouvrirait un passage au travers des sables ou des graviers, et établirait pour toujours la communication des deux mers, puisqu'il y a une pente continue depuis les bords du bassin jusqu'à la Méditerranée. Tel est donc l'état des lieux, que le fond des lacs amers n'a pu être d'une manière constante le fond du golfe Arabique (ce qui sera développé davantage ailleurs)[1].

Si, passant à d'autres considérations, nous examinons le sol du bassin et celui des environs, nous ne trouvons, jusqu'à d'assez grandes distances, qu'un terrain formé par dépôt. D'après la disposition des lieux, cela porte déjà à croire que ce n'est l'ouvrage d'aucune des deux mers: et cette opinion acquiert de la certitude, quand on fait attention à la nature gypseuse de ce dépôt; car assurément il ne s'en forme point de semblable dans le fond des mers actuelles.

Si l'on supposait encore subsistante alors la communication des deux mers, la difficulté ne serait pas moins grande, puisque, d'après l'excès d'élévation de la mer Rouge sur la Méditerranée, il est évident qu'il eût existé dans ce détroit un courant très-rapide, tel que celui qui existe dans le bosphore de Thrace; circonstance bien impossible à accorder avec la précipitation d'une dissolution saline ou gypseuse.

Pour abréger cette discussion, et résoudre à-la-fois toutes les objections fondées sur les analogies qu'on a cru voir entre le bassin des lacs et un ancien fond de mer, je ferai remarquer qu'en général il n'y a rien de vague comme cette assertion, *la mer a séjourné sur tel endroit,* quand on n'indique aucune relation entre ce fait et une époque quelconque, historique ou géologique[2]. Partout on a trouvé des preuves certaines du

---

[1] Mém. sur les changemens arrivés dans l'état des côtes voisines de l'Ég.

[2] En même temps rien de si propre peut-être à séduire et à faire

séjour des mers; les dépouilles d'animaux marins, qui sont de toutes les moins équivoques, ont été rencontrées dans presque toutes les parties du globe; et c'est une vérité sur laquelle on ne dispute plus aujourd'hui, qu'à une certaine époque toute l'étendue de nos continens a été recouverte par les eaux.

On sent bien que, dans le cas particulier que nous examinons, on ne veut pas parler de cette époque si reculée, mais d'un temps bien plus rapproché de nous, où, toutes choses étant déjà à peu près dans l'état actuel, il se serait opéré cependant un changement partiel et purement local à l'extrémité du golfe Arabique.

Ceci posé, pour démontrer un pareil changement, il faut donc commencer par écarter soigneusement tous les faits qui appartiennent au séjour général des mers sur la surface du globe; et voilà ce qui rend la question bien plus délicate à traiter qu'il n'aurait semblé d'abord. Les dépouilles d'animaux marins que l'on trouve partout, les masses de sel gemme qu'on rencontre en mille endroits, qu'on rencontre surtout aux environs de l'Égypte et jusque dans les déserts voisins des cataractes, ne sauraient par cela même former des preuves suffisantes pour établir ce changement; et je ne sache pas

tomber dans des méprises même les personnes les plus circonspectes, parce que les preuves du fait considéré en lui-même et indépendamment de toute époque, étant ordinairement irrécusables, les conséquences qu'on en tire ne sauraient cependant avoir de justesse qu'autant qu'on rapporte le fait à une époque déterminée, soit historique, soit géologique; ce que l'on fait bien rarement, et ce qui est cependant le point essentiel lorsqu'il s'agit de rendre compte de quelque changement opéré dans l'état du globe.

qu'on en ait jamais apporté d'autres, tirées, du moins, de considérations géologiques.

Quant aux débris de plantes et aux coquillages dont les laisses se distinguent encore vers les bords supérieurs du bassin, ils indiquent, j'en conviens, l'ancien niveau des eaux; ils prouvent bien que le bassin a été autrefois rempli, mais non qu'il ait communiqué avec la mer Rouge. J'ai déjà démontré la possibilité d'y verser les eaux du Nil. La suite fera voir si l'on peut nier que cela ait eu lieu. D'ailleurs ces débris de plantes, ces coquillages, sont-ils précisément ceux que l'on trouve sur les bords de la mer Rouge? Il est bien probable que ce ne sont que des coquillages fluviatiles.

Au surplus, ni ces faits, ni toutes les autres circonstances qui peuvent assimiler à un fond de mer le fond des bassins, ne sauraient être tournés contre nous en objection par ceux qui croient que, sous les khalifes, la communication avec la mer Rouge a été établie artificiellement: car, toutes les circonstances dont il est question ayant pu résulter de cette opération, dès qu'on l'admet, on ne peut plus les regarder comme les preuves péremptoires d'un état de choses antérieur à cette époque. Toutefois je n'ai pas dû me prévaloir de cet argument en faveur de mon opinion, et l'on verra pourquoi dans la troisième partie de ces mémoires.

Les raisons que j'ai exposées plus haut, subsistent donc dans toute leur force; et, autant que l'on peut se fier à ce genre de preuves, je me crois en droit d'établir qu'antérieurement aux temps historiques, antérieurement même à la formation des terrains gypseux qui occupent le centre de l'isthme, et dont une partie au moins remonte à une très-haute antiquité, il existait déjà, dans l'intervalle qui sépare les deux mers, un vaste lac rempli d'une dissolution principalement gypseuse, dont les dépôts ont concouru à la formation du sol environnant: état de choses qui n'a rien de fort extraordinaire; car c'est là encore ce qui existe et se continue aujourd'hui, avec cette différence seulement, que, réduite à une quantité très-petite, l'eau n'occupe plus que les parties les plus basses du bassin, au lieu d'un seul grand lac en forme plusieurs petits, et même, dans certains temps de l'année, achève de s'évaporer, ou demeure entièrement cachée sous d'épaisses voûtes salines et gypseuses.

CHAPITRE IV.

Si la communication artificielle a été entièrement établie entre le Nil et la mer Rouge.

Jusqu'ici j'ai tâché, par des considérations tirées seulement de l'examen du sol, de prouver que l'extension du golfe Arabique, dans les temps anciens, est une hypothèse dénuée de preuves, et qui ne s'accorde nullement avec l'état physique des lieux.

L'histoire ne peut fournir aucun renseignement immédiat sur ce qui existait aux époques éloignées que nous venons de considérer: mais elle confirmera, d'une manière indirecte, les indications que fournissent les faits naturels, en nous montrant, dès ses premiers temps, de grands travaux entrepris par les rois d'Égypte pour établir artificiellement la communication dont il s'agit; ce qui rend assez vraisemblable, suivant moi, qu'elle n'existait pas naturellement [1].

Examinons donc, en suivant l'ordre des temps, à quelle époque cette communication a commencé d'exister, et voyons de quelle manière cela s'est fait.

C'est à Sésostris, parmi les anciens rois de l'Égypte, que l'on attribue les premières tentatives pour établir une communication entre les deux mers [2], ou plutôt entre la mer Rouge et le Nil. L'un de ses successeurs, Nécos, suivit avec ardeur [3] l'exécution de ce projet, et ne l'abandonna qu'après beaucoup d'efforts et de travaux, rebuté par les difficultés de l'entreprise, aussi bien que par la crainte de verser les eaux de la mer dans le lit du fleuve, et de couvrir d'eaux salées des terrains arrosés par les inondations annuelles. Cette apprehension n'était pas dénuée de fondement, quoi qu'en ait pensé Strabon; car nous venons de voir que cela aurait lieu encore aujourd'hui malgré l'exhaussement du sol cultivable, si l'on ne prenait à cet égard aucune précaution.

Les rois égyptiens qui régnèrent après Nécos ne s'oc-

[1] J'admettrais l'hypothèse que j'ai combattue jusqu'ici, je conviendrais que la mer Rouge a pu s'étendre jusqu'au fond des lacs amers immédiatement avant les premiers temps historiques, qu'on n'en serait guère plus avancé pour éclaircir les difficultés relatives à la géographie comparée. Les faits qu'il s'agit d'expliquer appartenant aux temps historiques, on sent bien qu'il faut, sur cet ancien état de la mer, des preuves fondées sur les témoignages directs des écrivains anciens.

[2] Strab. *Geogr.* lib. XVII; Plin. *Hist. nat.* lib. VI, cap. 29.

[3] Herod. *Euterpe*, c. 48; Diod. Sic. *Bibl. hist.* l. 1.

cupèrent point de ce travail [1], détournés, sans doute, par les mêmes craintes et les mêmes obstacles, dont le souvenir devait s'être conservé fidèlement dans les annales de l'Égypte.

Ainsi point de communication entre la mer Rouge et les lacs amers sous les rois égyptiens connus par l'histoire : on pourrait tout au plus opposer à cela une objection spécieuse; la preuve, dirait-on, que la mer Rouge s'étendait dans l'intérieur de l'isthme au temps de ces anciens rois, c'est que sur les bords du bassin, au milieu des déserts les plus arides, on rencontre encore les ruines de plusieurs villes égyptiennes posées sur les collines environnantes, et toujours à un niveau supérieur à celui de la mer Rouge. Ce fait, que j'ai vu en effet rapporté parmi d'excellentes observations [2], aurait besoin de quelques éclaircissemens ; mais, quand je l'admettrais tel qu'il est présenté, j'en tirerais une conséquence tout-à-fait opposée à celle qu'on en a tirée.

En supposant le golfe Arabique ainsi prolongé, et le bassin rempli par les eaux de la mer, comme cela ne changerait rien à l'état du désert voisin, l'existence de tant de villes dans l'intérieur de l'isthme n'en demeurerait pas moins un phénomène très-embarrassant à expliquer, une seule ville ayant toujours dû suffire pour les besoins du commerce. Il faudrait inférer de là, au contraire, que le bassin était rempli par des eaux douces

---

[1] Herod. *Euterpe*, c. 48; Plin. *Hist. nat.* l. vi, c. 29; Strab. *Geogr.* l. xvii.

[2] *Voyez* un mémoire très-intéressant de M. du Bois-Aymé sur les anciennes limites de la mer Rouge, dans le Recueil des mémoires sur l'Égypte, tom. iv, pag. 220, *édition de Didot*.

dérivées du Nil, seul moyen de rendre ses bords habitables; mais le fait, dans son énoncé, manque au moins de précision.

Les ruines qui touchent immédiatement au bassin, ne consistent qu'en quelques blocs de granit et de grès qui ont appartenu à des monumens toujours isolés, tels que ceux auxquels on applique le nom de *Serapeum*. Quant aux ruines de villes égyptiennes, je n'en vois aucune sur les bords du bassin : la moins éloignée, connue sous le nom de *Cheykh-Anedid*, est située à environ quinze mille mètres au nord, précisément dans le prolongement de la vallée de Saba'-byâr, qui, comme on a vu plus haut, y verse les eaux du Nil dans les grandes inondations. D'autres ruines se trouvent près des puits mêmes de Saba'-byâr; et les plus considérables de toutes, désignées sous le nom d'*Abou-Keycheyd*, ou *Abou el-Cheyb*, sont encore plus enfoncées dans l'intérieur de la vallée. L'existence de ces villes anciennes n'eut donc jamais de relation avec le remplissage des lacs amers, si ce n'est que la dérivation du Nil qui a été conduite très-anciennement par la vallée de Saba'-byâr et qui arrosait leur territoire, a servi aussi, à une certaine époque, à remplir ces lacs, comme nous l'avons déjà indiqué, et comme nous aurons occasion de le développer un peu plus loin.

Peu de temps après que les Perses eurent subjugué l'Égypte, le successeur de Cambyse, Darius fils d'Hystaspe[1], que l'histoire nous a peint comme un prince

[1] Diod. Sicul. *Bibl. hist.* lib. I; Strab. *Geogr.* lib. XVII; Plin. *Histor. nat.* lib. VI, cap. 29.

entreprenant, éclairé, et plein de bienveillance pour l'Égypte, sans se laisser effrayer par les craintes qui avaient arrêté Nécos, et qui devaient en effet lui paraître peu fondées, voulut achever la communication des deux mers [1]; communication dont il sentait d'autant mieux l'importance, qu'il avait déjà fait reconnaître une grande partie de l'Inde par Scylax de Caryande, le même, à ce que l'on croit, dont nous avons le Périple [2] : mais les ingénieurs du roi de Perse découvrirent enfin, par leurs propres observations, la réalité de la différence de niveau; l'entreprise fut encore abandonnée, et ne fut continuée par aucun des rois persans.

Ces travaux de Darius dans l'intérieur de l'isthme sont un fait assez singulier, rapporté par Hérodote, par Diodore de Sicile, par Pline, et qui a été confirmé récemment par un monument persan découvert sur la limite des lacs amers. Ce monument, précieux à plusieurs égards, est orné de bas-reliefs mythologiques, sculptés sur le granit de Syène, avec de longues inscriptions en caractères pyramidaux ou cunéiformes, semblables à ceux qu'on a trouvés dans les ruines de Babylone et sur les monumens de Tchéelminar (l'ancienne *Persepolis*) [3].

Les successeurs d'Alexandre suivirent avec ardeur le projet qu'avait conçu ce conquérant, de faire de l'Égypte le centre du commerce du monde. On trouve peu de

---

[1] Herod. *Melpomene*; Diod. Sic. *Biblioth. hist.* lib. I, sect. 2; Strab. *Geogr.* lib. XVII.

[2] Recueil des mémoires de l'Académie des inscriptions, tom. XLII.

[3] Je décrirai, dans un mémoire particulier, ce monument curieux, le seul ouvrage des Perses qui ait été découvert aux environs de l'Égypte.

monumens exécutés dans cette vue par Ptolémée Lagus, à cause des guerres fréquentes qu'il eut à soutenir; mais ce prince contribua d'une manière bien utile aux progrès du commerce, en portant la marine égyptienne au plus haut degré de puissance, et en attirant les étrangers à Alexandrie, qu'il peupla surtout de commerçans.

Ptolémée Philadelphe, libre des guerres extérieures qui avaient occupé son prédécesseur, exécuta plusieurs grands travaux relatifs au commerce. Il voulut faire achever le canal abandonné par Nécos et Darius, et réussit à terminer ce grand ouvrage, si l'on s'en rapporte à Diodore de Sicile[1]. Strabon se contente de dire en général que le canal fut achevé sous les Lagides: mais Pline assure que Ptolémée Philadelphe l'abandonna par les mêmes raisons qui l'avaient déjà fait abandonner deux fois; et il ajoute à cela un fait assez curieux, c'est que, par le nivellement fait à cette époque, les eaux de la mer Rouge furent trouvées de trois coudées plus élevées que les terres de l'Égypte (c'est-à-dire que les terres situées à l'extrémité du canal). Ce renseignement s'accorde parfaitement avec les observations récentes, si l'on a égard à l'exhaussement arrivé dans le sol de l'Égypte depuis Ptolémée Philadelphe jusqu'à nous.

Il est un point important sur lequel sont d'accord tous les écrivains, et en cela d'accord aussi avec ce qu'indique la disposition du local; c'est que la portion du canal exécutée par les rois égyptiens et persans conduisait les eaux de la branche Pélusiaque jusqu'au bassin des lacs amers, tandis que la portion terminée par Ptolémée

---

[1] Diod. Sicul. *Bibl. hist.* lib. I, sect. I; Strab. *Geogr.* lib. XVII.

Philadelphe joignait ces lacs au golfe Arabique vers Arsinoé : aussi cette dernière reçut-elle le nom de *fleuve Ptolémaïque*.

Encore bien qu'il devienne inutile d'insister sur ce fait, je ne puis m'empêcher de faire remarquer que Strabon, au témoignage qu'il en rend, ajoute une excellente preuve que le bassin avait été rempli par les eaux du Nil, et non par celles de la mer Rouge. « Anciennement, dit-il[1], ces lacs étaient fort amers ; mais, le canal ayant été ouvert, et la communication établie entre eux et le fleuve, cette qualité a tout-à-fait disparu, et aujourd'hui encore ils abondent en excellens poissons et en oiseaux de lac. »

Ce passage prouve de plus que, depuis Ptolémée Philadelphe jusqu'au temps d'Auguste, les eaux de la mer Rouge ne s'étaient point mêlées sensiblement avec celles des lacs ; ce qui est facile à concevoir, même en supposant cette portion du canal tout-à-fait achevée, puisque Ptolémée y fit construire[2] plusieurs petits bassins fermés, qui, s'ouvrant et se fermant à volonté, remplissaient le même objet que nos écluses. Mais la principale raison est que le canal a subsisté très-peu de temps, et que, pour dire la vérité, il n'a jamais pu servir au commerce, comme on le verra plus en détail lorsqu'il sera question de la ville d'Arsinoé. Cependant les preuves suivantes méritent déjà quelque attention, et je les crois décisives.

Un fait rapporté par Plutarque dans la vie d'Antoine, et après lui par Dion Cassius[3], montre quel était l'état

---

[1] Strab. *Geogr.* lib. xvii.
[2] *Idem.*
[3] Plutarch. *in Antonio*; Dion. Cass. *Histor. Rom.* lib. ii.

des choses sous les derniers Lagides. « Antoine le triumvir, dit Plutarque, estant arrivé à Alexandrie peu de temps après la bataille d'Actium, trouva Cleopatre occupée à une entreprise capable de l'etonner (il y a un bien petit espace desert qui separe les deux mers et fait la division de l'Afrique et de l'Asie). Cleopatre entreprenoit et taschoit de faire enlever ses navires de l'une mer (la Méditerranée) et de les faire charrier dans l'autre par-dessus l'isthme; et après que ses navires seroient descendus dedans ce gouffre d'Arabie, d'emporter tout son or et son argent, et de s'en aller habiter quelque terre sur l'Ocean, lointaine de la mer Mediterranée, pour échapper aux dangers de la guerre et de la servitude. » (*Traduction d'Amyot.*)

Il est bien clair, par-là, que dès cette époque toute communication était totalement fermée entre le Nil et la mer Rouge; cependant nous venons de voir, dans les temps postérieurs où voyageait Strabon, le bassin de l'isthme encore rempli par les eaux du Nil. Or, depuis Strabon, la communication n'a pas été ouverte de nouveau entre le bassin et la mer Rouge; les travaux faits par les Romains, pendant les règnes de Trajan et d'Adrien, se sont bornés à l'ouverture d'un nouveau canal, qui avait son origine vers l'ancienne Babylone, et s'arrêtait un peu au sud de la vallée de Saba'-byâr. Quant aux travaux exécutés sous le khalifat d'O'mar[1], indépendamment de ce qu'ils appartiennent à des temps trop postérieurs à ceux qui nous occupent dans ce moment, il se présente sur ce fait des difficultés très-graves,

[1] Suivant les écrivains arabes, Ebn el-Maqryzy, el-Qodây, Alkendy, etc.

par-dessus lesquelles on a passé bien légèrement, et que nous tâcherons d'éclaircir dans leur lieu; il nous suffit ici d'avoir montré qu'avant la conquête des Arabes, cette communication des lacs amers et de la mer Rouge n'a jamais été établie d'une manière durable par les travaux des hommes.

J'ai montré plus haut qu'elle n'avait jamais existé naturellement; et les tentatives dont je viens de tracer l'histoire, en sont une nouvelle preuve. Je m'étonne même que cette réflexion si simple n'ait pas garanti de l'erreur. Quoi! la communication aurait existé naturellement, et dans ce même temps les rois d'Égypte auraient fait des efforts inouïs, et à plusieurs reprises différentes, afin de l'établir! Elle aurait existé naturellement, et après tant d'efforts, tant de peines, tant de dépenses, il se trouverait, pour résultat unique, qu'elle n'existe plus! Assurément, c'eût été là des travaux bien mal employés.

Remarquez bien que l'on ne peut pas éluder la difficulté, en supposant, au mépris de l'histoire, que ces rois s'efforçaient seulement de rendre navigable un passage quelconque déjà existant, puisqu'au contraire il est avéré qu'ils ont suspendu leurs travaux, précisément par la crainte de voir la communication s'effectuer[1], dès qu'ils se furent aperçus de l'élévation des eaux de la mer Rouge au-dessus de celles du Nil.

On voit la nécessité d'embrasser, dans les questions de cette nature, l'ensemble des faits et des circonstances; car, en se bornant à un certain nombre de circonstances

---

[1] *Voyez* les textes des auteurs anciens à la fin de cette première partie.

choisies, on réussit à donner à l'hypothèse dont il s'agit un vernis de vraisemblance, tandis qu'un examen complet en fait percer de toutes parts la fausseté.

CHAPITRE V.

La largeur de l'isthme et la position du golfe indiquées par les anciens écrivains sont absolument telles que nous les voyons aujourd'hui[1].

Si l'état de la mer Rouge n'a jamais changé depuis les premiers temps historiques, la largeur de l'isthme est toujours restée la même; et ce que l'on regarde aujourd'hui comme le fond du golfe, a dû être regardé comme tel par tous les écrivains de l'antiquité. En effet, dans la multitude des voyageurs et des géographes qui ont écrit sur ces lieux, je puis défier que l'on en cite un seul qui ait jamais désigné, soit d'une manière directe, soit implicitement, le fond des lacs amers pour le fond de la mer Rouge : Strabon, Pline et les autres ont fait

[1] S'il s'agissait de toute autre question, on pourrait la regarder comme suffisamment éclaircie, et négliger les autres preuves comme surabondantes; mais, sur ce point qui nous servira de base pour déterminer les changemens arrivés dans l'état des mers et des rivages qui les limitent, matière sur laquelle nous avons déjà tant d'hypothèses, et si peu de choses encore établies sur un fondement solide, on ne peut trop multiplier les preuves ni porter trop loin l'évidence, et il faut prévenir toutes les objections : mais le lecteur peut passer au chapitre suivant, et ne voir celui-ci, qui est rempli de détails pénibles à suivre, qu'autant que les autres preuves sur l'ancien état de l'isthme ne lui auraient pas paru concluantes.

mention des lacs amers d'une manière très-expresse ; d'où l'on doit conclure, ce me semble, que ces lacs existaient de leur temps. Il faut bien que j'insiste sur ce point ; car, par lui seul, il suffirait à montrer de quelle manière on s'est abusé sur ce sujet.

Sur des raisons quelconques, on rejette assez près de l'Égypte une ville que les anciens écrivains placent sur les bords de la mer : on suppose ensuite que cette mer a pu s'étendre autrefois jusque là ; et puis on se persuade qu'on a résolu toutes les difficultés, sauvé toutes les contradictions, sans faire attention que les mêmes écrivains ont déterminé, par des témoignages tout-à-fait indépendans de la position de cette ville, l'endroit où se terminait de leur temps le golfe Arabique, et cela par des témoignages si nombreux, si formels, si unanimes, que l'histoire n'offre rien de plus positif sur aucun sujet.

Strabon évalue à neuf cents stades la distance d'une mer à l'autre ; et il avertit positivement que cette mesure est prise suivant la route qui aboutit à Péluse. D'après la grandeur du stade dont il se sert, qui est de sept cents ou de sept cent vingt au degré, cette mesure porte le fond du golfe Arabique vers Suez, en mettant même quelque chose pour les sinuosités du chemin [1].

Marin de Tyr est plus près encore de la vérité : il borne la distance à huit cent dix-sept stades ; c'est exactement celle qui se déduit des observations de M. Nouet.

[1] Suivant les observations récentes de M. Nouet, la distance directe de Péluse à la mer Rouge est de vingt-six à vingt-sept lieues, ou moins d'un degré et un douzième, tandis que, suivant Strabon, la route serait d'environ trente lieues, ou d'un degré et un cinquième.

Il ne faudrait pas nous faire une difficulté de ce que le stade employé ordinairement par Marin de Tyr n'était que de cinq cents au degré; car il est constant qu'il ne s'agit pas ici d'une nouvelle mesure faite de son temps, mais d'une mesure ancienne, la même, selon toute apparence, que Strabon a fixée en nombre rond à neuf cents stades. Si, à toute force, on voulait prendre ces huit cent dix-sept stades sur le pied de cinq cents au degré, la distance des deux mers n'en serait que plus grande, et par conséquent plus opposée à l'ancienne extension du golfe Arabique.

Ptolémée l'astronome, quoiqu'écrivant après Marin de Tyr, nous a donné la même mesure qu'Hérodote (de mille stades)[1].

Le plus ancien des historiens grecs, Hérodote, évalue[2] la longueur du canal qui conduisait de Bubaste vers le golfe Arabique, à quatre journées de navigation: « mais un chemin beaucoup plus court, ajoute-t-il, pour monter de la mer septentrionale (la mer Méditerranée) dans la mer australe (la mer Rouge), est d'aller par le mont Casius, qui sépare l'Égypte de la Syrie; car il n'y a de ce point jusqu'à la mer australe que mille stades. »

Ce passage peut donner lieu, je l'avoue, à quelques difficultés, d'abord parce que l'on ne connaît pas avec assez de précision la valeur du stade employé par Héro-

---

[1] Posidonius, antérieur à Marin de Tyr et à Strabon, agrandissait encore davantage l'intervalle des deux mers, et ne lui donnait pas moins de quinze cents stades. Le stade dont se servait ordinairement Posidonius, était de six cent soixante-six deux tiers au degré du méridien. Strabon, qui nous rapporte cette mesure, observe lui-même qu'elle est au-delà de la vérité.

[2] *Euterpe*, cap. 48.

dote, qui n'est ni le stade olympique, ni le stade macédonien de cinquante-une toises, comme l'a cru d'Anville; en second lieu, parce qu'en adoptant la position du mont Casius telle qu'on la trouve sur les cartes de ce dernier, il y aurait une contradiction très-grossière dans le sens littéral de ce passage, Hérodote ajoutant que « ce chemin est la plus courte distance d'une mer à l'autre. » Ce n'est point, suivant d'Anville, à partir du mont Casius, mais seulement d'un point intermédiaire entre cette montagne et Péluse, que se trouve la plus courte distance des deux mers.

Je ne m'arrête pas sur ces difficultés, parce que j'aurai occasion de démontrer ailleurs que le stade dont il s'agit est une ancienne mesure égyptienne, qui diffère sensiblement du stade macédonien, et se trouve liée à un système de mesures parfaitement ordonné, qui ne permet pas de se tromper sur sa valeur [1]. Je ferai voir aussi que le mont Casius devait être situé plus près de Péluse, et dans la plus courte distance des deux mers.

Au surplus, je ne veux tirer aucune conséquence de ces assertions, dont j'omets les preuves; mais, sans assigner aucune position au mont Casius, sans attribuer au-

---

[1] Je crois pouvoir démontrer que tout le système des mesures égyptiennes était fondé sur la division successive de la circonférence de la terre en trois cent soixante degrés, du degré en trois cent soixante parties, et ainsi du reste; que chacune de ces grandes divisions se partageait ensuite en trois, en douze et en trente parties. Outre les preuves qui appuient le système en général, je fournirai, pour chaque mesure en particulier, des preuves directes, indépendantes de toute espèce de système; et de plus, ce qui pourra servir de confirmation, on verra que l'on peut par-là résoudre une multitude de difficultés sur les connaissances géographiques et astronomiques des Égyptiens, lesquelles, jusqu'à présent, avaient paru insolubles.

cune valeur au stade d'Hérodote, ce passage ne sera pas moins décisif pour notre sujet.

Regardons pour un moment le fond des lacs amers comme l'ancienne extrémité de la mer Rouge; consultons la carte de l'Égypte, et cherchons, d'après cet état des lieux, les quatre journées de navigation indiquées depuis cette mer jusqu'à Bubaste; à peine trouverons-nous alors, d'un point à l'autre, deux journées de navigation : il faudra absolument faire reculer la mer jusqu'auprès de Suez, pour trouver les quatre journées, et elles ne seront que médiocres.

Si nous examinons ensuite l'autre condition indiquée par Hérodote, nous voyons que, loin d'être la plus courte, la route de la Méditerranée au fond du golfe serait au contraire presque deux fois aussi longue que le canal dérivé de Bubaste vers ce point : ainsi il faudrait encore placer le fond du golfe comme il est aujourd'hui, pour satisfaire à l'indication du père de l'histoire. Si l'on supposait le golfe prolongé jusqu'aux ruines d'Abou-Keycheyd, ce qu'il faudrait faire si l'on prenait ces ruines pour celles d'Héroopolis, la contradiction n'en deviendrait que plus manifeste.

Remarquez qu'en général les mesures des autres écrivains sont toutes un peu trop fortes; elles portent l'extrémité de la mer Rouge plus au sud que nous ne la voyons aujourd'hui : il serait donc bien étrange qu'on partît de là pour la supposer, du temps de ces auteurs, prolongée jusqu'au centre de l'isthme.

Strabon nous fournit une autre donnée pour cette question, lorsqu'il indique le fond du golfe à mille stades du parallèle d'Alexandrie. Cette distance, qui paraît empruntée d'Ératosthène, est, à peu de chose près, celle qui résulte des observations astronomiques de M. Nouet (Suez étant à 29° 59′ de latitude, Alexandrie à 31° 15′). L'évaluation de Strabon porte donc l'extrémité du golfe un peu trop au sud, loin de le rapprocher vers le nord.

Le témoignage de Ptolémée sur la distance des deux parallèles est conforme à celui de Strabon.

Tous les auteurs de l'antiquité sont d'accord à cet égard : bien antérieurement à Strabon, sous le règne de Ptolémée Philométor, Agatharchides, décrivant la côte de la mer Rouge, indiquait, pour le point de départ des vaisseaux, la ville d'Arsinoé, dont la position est bien connue près de l'extrémité actuelle du golfe; Diodore de Sicile fait la même chose.

Pline et plusieurs autres écrivains nous fourniraient encore diverses preuves : mais il devient d'autant plus inutile d'insister sur ce point, que toutes les questions que nous traiterons doivent confirmer les précédentes.

CHAPITRE VI.

Réfutation de l'opinion de d'Anville sur la position d'Héroopolis.

Je ne m'arrête pas à combattre quelques écrivains modernes (entre autres, le P. Sicard), qui, s'appuyant de l'autorité de Ptolémée, croient pouvoir placer Hé-

ET DU COMMERCE DE LA MER ROUGE. 291
roopolis dans l'emplacement d'Ageroud, à deux myriamètres des bords de la mer. Ces auteurs comparaient la
latitude donnée par l'ancien géographe, avec les fausses
observations qu'on avait de leur temps. Les observations
récentes de M. Nouet, en montrant l'erreur des précédentes, ont détruit le fondement de leur opinion, qui
d'ailleurs se trouvera implicitement réfutée dans ce qui
nous reste à dire.

Selon d'Anville, « il fallait sentir quelque répugnance
à attribuer ainsi à cette ville, qui ne paraît pas de peu
de considération dans l'ancienne Égypte, une situation
des moins favorables, n'ayant, avec un sol tout-à-fait
stérile, que de l'eau amère[1]. » Je répondrai à cela qu'il
fallait, de toute nécessité, ou renoncer au commerce de
la mer Rouge, ou avoir un établissement sur ses bords;
et une preuve assez bonne que le fait n'a rien d'impossible, c'est qu'il a encore lieu aujourd'hui, bien que la
situation ne soit pas plus favorable qu'autrefois.

Depuis les premiers temps où ces lieux nous sont
connus par l'histoire, il en a toujours été de même : car,
indépendamment d'Héroopolis, nous voyons plusieurs
villes se succéder et fleurir tour-à-tour dans cette position; et jusque sous le gouvernement des Turks et des
Mamlouks, si peu favorable à de semblables établissemens, ne voit-on pas Qolzoum et ensuite Suez toujours
comptées parmi les villes, sinon les plus peuplées, du
moins les plus importantes de l'Égypte et les plus célèbres au-dehors? Ajoutons que l'histoire n'a jamais
parlé d'Héroopolis comme d'une cité florissante par sa

[1] Mémoires sur l'Égypte, pag. 121 et 122.

population, ni remarquable par son étendue : elle n'était célèbre que par sa position. Cette première raison de d'Anville n'a donc aucune force : voyons les autres.

Il est une tradition curieuse conservée par Étienne de Byzance, et dont on a voulu tirer parti dans cette question : Typhon passait pour avoir été frappé de la foudre dans Héroopolis, et l'on assurait que son sang y avait été répandu, d'où était venu le nom d'*Aïmos* (sang) que cette ville a anciennement porté. De ce que Typhon fut frappé de la foudre dans Héroopolis, d'Anville conclut qu'il y résidait. « Or, si Typhon résidait dans cette ville, ajoute-t-il, elle doit être la même qu'Avaris ; car Avaris, selon l'ancienne théologie égyptienne, était la ville de Typhon. » Mais faut-il prendre ce fait à la lettre ? et serait-ce bien connaître l'esprit de l'ancienne Égypte ? Il y a bien long-temps que, dans une pareille occasion, un prêtre de Saïs s'exprimait ainsi : « O Solon ! vous autres Grecs, vous n'êtes encore que des enfans ; vous prenez des fables emblématiques pour des faits historiques. »

L'allégorie actuelle présente un sens bien clair, et il est étonnant qu'on s'y soit trompé.

Tout ce que les Égyptiens racontaient de Typhon, n'était, dans leur langue sacrée, que l'expression de certains phénomènes physiques relatifs au désert et aux causes de la stérilité. Principe opposé à tout ce qui respire, à tout ce qui maintient ou reproduit la vie et la fécondité, Typhon avait pour domaine tous les lieux stériles, ces contrées inhabitées, ces lacs insalubres qui environnent l'Égypte, et toute l'étendue des mers.

La mer Rouge, séparée de tous les lieux habités, lui semblait consacrée plus spécialement que l'autre. C'était donc un fait remarquable, que l'existence, la prospérité d'une ville importante, sur ses rivages, au milieu d'une contrée immense, sans habitans comme sans végétation, et dépourvue de tout ce qui pouvait entretenir la vie. Au moyen de cette ville commerçante, le mouvement et l'abondance se répandaient au loin; les déserts étaient fréquentés, et la mer Rouge elle-même devenait praticable.

C'était-là en soi un fait remarquable: dans le système mythologique des Égyptiens, c'était une victoire éclatante sur Typhon, mais non pas, comme dans le fait annuel des débordemens du Nil sur l'Égypte, un triomphe passager, périodique, et qu'il fallût toujours renouveler, un triomphe par lequel le dieu malfaisant, chassé de la terre habitable qu'il voulait envahir, et contraint de se renfermer dans ses propres limites, n'y recevait cependant aucune atteinte. Ici la victoire était absolue, et ses effets toujours durables: Typhon n'avait pas été seulement vaincu, mais atteint, mais blessé lui-même, et en quelque sorte frappé d'un coup mortel au sein de son propre domaine. On pouvait dire qu'il avait été foudroyé dans Héroopolis, et que son sang y avait été répandu.

Il était donc question, dans cette allégorie, d'une ville essentiellement séparée de l'Égypte, située au milieu des déserts, et ne participant jadis d'aucune manière aux bienfaits de l'inondation[1]; voilà du moins ce qu'il

[1] Il faudrait entrer dans des discussions minutieuses pour prouver

en faudrait conclure, s'il pouvait être permis d'en conclure quelque chose : mais il est, pour notre sujet, des témoignages bien moins susceptibles d'équivoque, et que nous consulterons de préférence. Achevons auparavant l'examen des autres raisons alléguées par d'Anville.

La plus importante de toutes est tirée de l'Itinéraire d'Antonin, où l'on trouve une ville nommée *Hero*, vers le milieu de la route qui conduisait de Babylone d'Égypte à Clysma¹.

Cette ville d'*Hero* se trouve également indiquée à pareille distance de la mer Rouge et de la Méditerranée, comme on le voit par le détail suivant :

EXTRAIT DE L'ITINÉRAIRE².

Babylonia................................	
Heliu...................................	XII. MP.
Scenas Veteranorum.................	XVIII.
Vico Judæorum.......................	XII.
Thou...................................	XII.
Hero..................................	XXIV.
Serapiu.................................	XVIII.
Clismo.................................	L.
ITER A SERAPIO PELUSIO	LX. MP.
Serapiu.................................	
Thaubasio.............................	VIII.
Sile.....................................	XXVIII.
Magdolo...............................	XII.
Pelusio.................................	XII.

que cette allégorie n'appartient pas aux anciens temps de l'Égypte, et qu'elle ne peut se rapporter qu'aux travaux entrepris par Ptolémée Philadelphe : mais on le sentira peut-être par la suite, en rapprochant de ceci l'étymologie d'Héroopolis et les détails donnés sur Avaris.

¹ C'est-à-dire des environs du vieux Kaire aux environs de Suez.

² *Antonii Augusti Itinerarium*, pag. 169.

On n'a fait aucune difficulté de croire que l'Itinéraire ait voulu parler ici d'Héroopolis; je l'admettrai aussi, parce que je n'ai pas de preuves formelles du contraire, quoique je voie de fortes raisons d'en douter[1]. Mais, raisonnant dans cette supposition, je dirai encore que ce passage de l'Itinéraire a quelque chose de fort étrange, puisqu'aucun écrivain romain ou grec ne place Héroopolis dans cette position. Au lieu d'accorder à ce passage une confiance aveugle, examinons quelles peuvent en être l'origine et la vraie valeur.

Il faut d'abord admettre, de toute nécessité, que l'Itinéraire, dont la première origine peut être assez ancienne, a reçu, dans les âges suivans et jusque dans le Bas-Empire, des additions nombreuses[2]. Il faut admettre encore, avec un des critiques qui ont le mieux connu ce monument, qu'à cette époque où le christianisme commençait à se répandre dans tout l'Empire et dominait depuis long-temps en Égypte, plusieurs additions rela-

---

[1] Pourquoi n'aurait-il pas écrit *Heroopolis*, conformément à sa coutume pour tous les noms grecs terminés de cette manière, ou du moins *urbs Heroum*, comme Pline et les autres écrivains latins? Remarquez que ce n'est qu'au moyen de fausses positions pour *Clysma*, le *Serapeum* et *Thou*, que d'Anville rapproche *Hero* des lacs amers : les nombres de l'Itinéraire la reculent vers le nord-ouest, à plusieurs lieues des lacs et jusque vers le milieu de la vallée de *Saba'-byâr*.

[2] L'Itinéraire romain est, sans contredit, l'un des monumens les plus importans pour l'ancienne géographie; mais ni l'auteur ni la date n'en sont bien connus. Il a été attribué tantôt à l'empereur Antonin, à cause du nom qu'il porte; tantôt à Jules-César, dont le nom s'est trouvé aussi en tête de quelques manuscrits: mais on croira aisément que Jules-César n'eût point parlé des routes de l'Égypte, qui, de son temps, n'était pas réunie à l'empire romain; il n'eût pas fait mention surtout des villes de *Trajanopolis*, d'*Arsinoé*, d'*Hadrianopolis*, etc. Ce n'est pas davantage l'empereur Antonin qui aurait tracé les Itinéraires de *Diocletianopolis*, de Constantinople, et de tant d'autres villes qui ne furent bâties que long-temps après lui.

tives à cette province ont été faites d'après l'autorité des livres et des traditions judaïques [1], très-révérées chez les Égyptiens.

A la seule inspection de cette route de Babylone à Clysma et à Péluse, on peut déjà reconnaître cette influence des autorités judaïques; et ce n'est pas la seule chose singulière.

Lorsque l'on jette les yeux sur une carte de l'isthme, n'est-on pas surpris que dans l'Itinéraire les deux routes qui conduisaient de Babylone à Clysma sur la mer Rouge et à Péluse sur la Méditerranée, se trouvent les mêmes, à la dernière distance près ? N'est-il pas visible qu'à défaut de renseignemens sur la véritable route, on a voulu au moins rattacher Clysma à une de celles qui étaient connues, sans se mettre en peine si l'on doublait ainsi le chemin strictement nécessaire [2] ? L'inconséquence devient pourtant bien frappante, quand on place, comme d'Anville, Clysma à l'une des embouchures de la vallée de l'Égarement, et Babylone à l'autre.

Mais comment l'Itinéraire fait-il mention d'Héroopolis à une époque où Clysma était déjà devenue la principale ville du golfe? Quiconque a examiné avec quelque suite l'histoire du commerce, sait qu'Arsinoé était encore florissante, et Clysma un simple château ($κάςρον$), qu'Héroopolis n'existait déjà plus, encore bien que le golfe eût retenu le nom d'Héroopolitique : à plus forte raison n'en devait-il pas être mention à une époque où

---

[1] Histoire des grands chemins de l'empire romain, par Bergier.

[2] Il faut encore faire attention que la route directe, indépendamment de sa brièveté, était encore la plus belle et la plus constamment praticable.

Arsinoé, déjà oubliée, se trouvait remplacée par Clysma. Aussi l'on chercherait vainement Héroopolis dans les Tables de Peutinger, aussi anciennes, pour le moins, que l'Itinéraire, ou bien dans la Notice du grammairien Hiéroclès, qui ne lui est postérieure que de très-peu.

Toutes ces raisons confirment que, s'il est vraiment question d'Héroopolis, sa position a été admise dans l'Itinéraire, non sur des observations directes, mais d'après des autorités qu'il nous sera facile d'examiner; car elles se réduisent à deux, toutes deux venant d'écrivains juifs.

I. Flavius Josephe, dans ses Antiquités judaïques[1], rapporte qu'à l'arrivée de Jacob en Égypte, le patriarche Joseph étant parti de Memphis, vint à sa rencontre dans Héroopolis; ce qui suppose effectivement, comme dans l'Itinéraire, que cette ville était sur la route de Babylone à Péluse. Mais où Flavius Josephe avait-il puisé ces renseignemens sur un fait passé il y avait déjà deux mille ans? Ce ne pouvait être que dans la Genèse. En effet, son passage est tout-à-fait conforme à la version des Septante; mais cette version renferme ici une erreur bien singulière.

II. On sait qu'en général les Juifs qui ont écrit en grec, et en particulier ceux qui ont fait la version de la Bible, étaient fort ignorans en géographie; les plus habiles commentateurs de l'ancien Testament, divisés d'opinions sur tant de points, se trouvent au moins réunis sur celui-ci[2]. L'un des plus savans pères de

---

[1] Liv. II.
[2] On peut se faire une idée de l'ignorance des Juifs en géographie comparée, par ce qu'ajoute ce père

l'Église, S. Jérôme, bien supérieur à tous égards aux écrivains hébreux, et qui, à en juger par divers renseignemens très-justes épars dans ses écrits, avait des connaissances particulières sur ce local, a relevé le premier la méprise des Septante, dont Origène, si prévenu en faveur de la version grecque, ne s'était pas aperçu. Il n'est point du tout question dans l'hébreu, dit S. Jérôme, d'Héroopolis ni de Ramessès, mais seulement de la terre de Gossen (ou Gessen). *In hebræo nec urbem habet Heroum, nec terram Ramesses, sed tantummodo Gossen.*

Ainsi il est indispensable de recourir au texte hébreu. On y verra que le mot traduit par *Heroon* ou *Heroopolis* chez les Septante n'est pas même un nom de ville, mais un verbe qui, en hébreu, signifie *annoncer* (*le-horoth*, להורת, qu'on explique ainsi, *ad præparandum*, ou *ut nunciaret*). Il n'y a là-dessus qu'une seule opinion chez les interprètes; et voilà pourquoi la Vulgate, qui a été faite sur l'hébreu, ne parle point du tout d'Héroopolis, et rend ce verset de cette manière:

Misit autem Judam ante se ad Joseph, ut nunciaret ei et occurreret in Gessen.

« Il envoya Juda en avant vers Joseph, afin de lui annoncer (son arrivée) et qu'il vînt à sa rencontre dans la terre de Gessen. »

Il est étrange sans doute que la consonance de ce mot *horoth* avec celui d'*heroon* ait pu en imposer à tant de l'Église, que c'était une opinion parmi eux, que la terre de Gessen était dans la Thébaïde, ou, si l'on veut, que la Thébaïde était dans la terre de Gessen. *Nonnulli asserunt Gossen nunc Thebaïdem vocari.* Il faut avouer cependant qu'il y avait des causes particulières de cette erreur assez propres à abuser, et que des auteurs grecs sont tombés dans une méprise analogue, comme nous le montrerons ailleurs.

d'hommes versés également dans les langues grecque et hébraïque, et que soixante-dix rabbins se soient trouvés d'accord pour faire une telle méprise; mais le fait est bien constaté.

La version des Septante porte:

Τὸν δὲ Ἰούδαν ἀπέςειλεν ἔμπροσθεν αὐτοῦ πρὸς Ἰωσῆφ, συναντῆσαι αὐτῷ καθ' Ἡρώων πόλιν, εἰς γῆν Ῥαμεσσῆ.

At Judam misit ante se ad Joseph, ut occurreret illi ad Heroum civitatem, in terram Ramesse.

Voici le texte hébreu de ce verset avec sa version interlinéaire:

se ante præparandum ad Joseph ad se ante misit Jehudam et
ואת־יהודה שלח לפניו אל־יוסף להורת לפניו

Ghosen terram in venerunt et Ghosen
גשנה ויבאו ארצה גשן

Gen. cap. XLVI, vers. 28.

C'est ainsi que S. Jérôme a traduit ce verset: *Misit autem Jacob Judam ante se ad Joseph, ut nunciaret ei, et ille occurreret in Gessen.*

On lit dans le texte hébréo-samaritain, comme dans le précédent:

Le texte samaritain est aussi conforme au texte hébreu:

Et sa version littérale porte : *Judam autem misit ante se ad Josephum, ut videndum se præberet coram eo in Gessen; et venit in terram Gessen.*

La version syriaque offre encore le même sens :

ܘܠܝܗܘܕܐ ܫܕܪ ܩܕܡܘܗܝ ܠܘܬ ܝܘܣܦ ܀
ܠܚܙܝܐ ܩܕܡܘܗܝ ܒܓܫܢ ܘܐܬܐ ܠܐܪܥܐ ܕܓܫܢ ܀

Judam verò misit ante se ad Joseph, ut appareret coram eo in Gosan; venitque ad terram Gosan.

La paraphrase chaldaïque d'Onkelos dit aussi seulement :

וירד יהודה שלח קדמוהי ליד יוסף לפגדא
הקדמוהי לגשן ואתו לארעא דגשן:

Et misit ante se Judam in Ægyptum ad Joseph in Gessen, ut præpararet ante se; et venit in terram Gessen.

La Bible arabe diffère des précédentes, en indiquant un autre nom de pays :

ثم بعث بيهوذا بين يديه إلى يوسف ليدله على بلد سدير،
ثم جاؤا إليه ۞

Deinde misit Iludam ante se ad Joseph, ut indicaret ei regionem Sadir : tum venerunt ad eum.

On pourra consulter ce que dit le savant bénédictin dom Calmet dans son Commentaire sur la Genèse[1]. Il s'y plaint beaucoup de l'ignorance des Septante en géo-

---

[1] Chap. XLVI, v. 28.

ET DU COMMERCE DE LA MER ROUGE. 301

graphie. « Ils ont pris, dit-il, le mot hébreu הורת *ho-roth*, qui signifie *annoncer*, pour un nom de ville[1]! »

La version en langue qobte, et celle en langue arabe à l'usage des Qobtes, sont les seules qui donnent ici un nom de ville; mais on sait, et d'Anville en fait la remarque, que cette double version a été faite uniquement sur celle des Septante.

Ⲓⲟⲩⲇⲁⲥ ⲇⲉ ⲁϥⲟⲩⲟⲣⲡϥ ϧⲁϫⲱϥ ϩⲁ ⲓⲱⲥⲏⲫ
ⲉⲑⲣⲉϥⲓⲉⲃⲟⲗ ⲉϩⲣⲁϥ ϩⲁ ⲡⲓⲑⲱⲙ ⲧⲃⲁⲕⲓ ϧⲉⲛ
ⲡⲕⲁϩⲓ ⲛⲣⲁⲙⲉⲥⲥⲏ·

وارسل بهودا قدامه الى يوسف ليتلقاه فى باتوم المدينــه فى
ارض رمساء

Voilà donc, en dernière analyse, sur quelle base l'on s'appuie pour éloigner Héroopolis de l'extrémité actuelle de la mer Rouge; et voilà sur quel fondement reposent tous ces grands changemens que l'on prétend arrivés, depuis les temps historiques, dans l'étendue de cette mer.

Peut-être on exigera quelque éclaircissement touchant cette ville citée dans la version qobte. Son nom est *Péthom* ou ⲡⲓⲑⲱⲙ *Pithom*[2], qui, comme on voit, a très-peu de rapport avec *Héroopolis*. D'Anville[3] lui en

---

[1] La version arabe que nous venons de citer, a commis la même erreur en faisant un nom de lieu سدير *Sadyr*, du mot de la version syriaque ܣܕܪ *sader*, qui signifie *envoyer*.

[2] La version arabe des Qobtes, qui accompagne latéralement la version de la Bible qu'ils ont dans leur langue, donne à cette ville le nom de *Bátoum* باتوم.

[3] Mémoires sur l'Égypte.

trouve davantage avec *Patumos* : c'est le nom d'une ancienne ville d'Arabie, près de laquelle passait, suivant Hérodote, le canal de la mer Rouge [1]. Un autre canal creusé dans des temps bien postérieurs, et qui portait le nom de Trajan, aboutissait, suivant Ptolémée [2], à Héroopolis; cependant on sait par les historiens arabes, que ce dernier ne fut pas achevé. En rapprochant ces circonstances, et suivant le fil extrêmement délié qui unit tous ces renseignemens tirés d'Hérodote, des Septante, de Ptolémée, de la version qobte, des écrivains arabes, etc., d'Anville arrive à cette conclusion, que *Pithom*, *Patumos*, ainsi qu'*Héroopolis*, étaient la même ville, laquelle était nécessairement située au nord des lacs amers.

Outre que ce raisonnement renferme plusieurs suppositions, comme on le sent d'abord, il se trouve sapé par sa base, puisqu'il n'est pas plus question de *Pithom* que d'*Héroopolis* dans le texte sacré. Mais du moins les auteurs de cette version croyaient à l'identité de *Pithom* et d'*Héroopolis*? Je ne vois rien qui autorise à le conclure; et quand cela serait, quelle autorité que cette version qobte, faite douze cents ans après celle des Septante, bien des siècles après qu'Héroopolis n'existait plus, et à une époque où l'Égypte était plongée dans la plus profonde barbarie! N'est-il pas plus probable que les traducteurs n'ont point conservé le nom d'*Héroopolis*, uniquement parce que cette ville, détruite depuis fort long-temps, ne leur était plus connue? Si, à toute

---

[1] Herodot. *Euterpe*.
[2] Ptolem. *Geogr*. lib. IV, p. 106. On verra plus bas ce que l'on doit penser de ce passage de Ptolémée sur lequel est appuyé tout le raisonnement dont il est question.

force, on voulait qu'ils la connussent, ne l'ayant pas nommée ici, il s'ensuivrait qu'ils la plaçaient ailleurs.

Mon intention n'est pas de faire la critique de d'Anville; mais je devais faire remarquer la nécessité où il s'est trouvé de chercher ici ses preuves parmi les renseignemens les plus équivoques, lorsque les renseignemens directs et positifs sont en si grand nombre.

Théophraste est, je crois, le premier auteur qui fasse mention d'Héroopolis; et il la place à l'extrémité du golfe Arabique.

Strabon assure en termes formels, dans sept endroits différens de sa Géographie, qu'Héroopolis était à l'extrémité même du golfe Arabique. Les circonstances qu'il ajoute seraient très-propres à éclaircir sa pensée, si elle pouvait avoir besoin d'éclaircissement.

Après avoir dit, dans le livre XVI, que la mer Rouge se divise en deux bras, il ajoute : « Celui qui est à l'orient et qui va du côté de la Syrie et de Gaza, porte le nom d'*Élanitique*, parce qu'il se termine à la ville d'Aylat, comme celui qui se dirige vers l'Égypte se termine à la ville d'Héroopolis : » κατὰ τὴν Ἡρώων πόλιν[1].

Dans le livre XVII, il répète en propres termes qu'Héroopolis est tout-à-fait à l'extrémité du golfe Arabique[2] : καθ' Ἡρώων πόλιν τὸν ἐν τῷ μυχῷ τῦ Ἀραβίυ κόλπου.

Dans un autre endroit du même livre, il dit encore positivement qu'Héroopolis est auprès d'Arsinoé et de Cléopatris, dans le fond du golfe[3] : Πλησίον δὲ τῆς Ἀρσινόης, καὶ ἡ τῶν Ἡρώων ἐςὶ πόλις καὶ ἡ Κλεοπατρεὶς ἐν τῷ

---

[1] Strab. *Geogr.* lib. XVI.   [3] Strab. *Geogr.* lib. XVII.
[2] *Id.* lib. XVII.

μυχῷ τȣ͂ Ἀραϐίȣ κόλπου. On peut voir les autres passages parmi les textes cités à la fin de ce mémoire.

Je demande s'il est possible de s'expliquer d'une manière plus précise, et si l'on doit mettre en balance des renseignemens si positifs et si multipliés du plus savant géographe de l'antiquité avec une seule indication fort équivoque de l'Itinéraire. Je dis, fort équivoque; car on ne saurait se convaincre que l'Itinéraire ait voulu réellement indiquer la ville d'Héroopolis; et ce nom d'*Hero* pourrait bien n'être qu'une corruption de celui d'*Avaris*. Cette conjecture, qui peut paraître bizarre, se trouvera développée dans la suite.

Avant de quitter Strabon, j'ajouterai encore une remarque. Ce géographe fixe, comme on a vu, la distance des deux mers à neuf cents stades. Or, quels sont les deux points de départ? la ville de Péluse, d'un côté, et celle d'Héroopolis, de l'autre. N'eût-on que ce seul renseignement, par sa précision il l'emporterait sur toutes les indications opposées; et l'on ne saurait trouver une seule bonne raison pour en infirmer la valeur.

Pline ne s'exprime pas moins positivement lorsqu'il dit, en parlant du golfe Arabique, *in quo est oppidum Heroum*.

Ptolémée l'astronome donne pour latitude à Héroopolis celle que M. Nouet a trouvée pour Suez, à une très-légère différence près. Il marque 30°, et M. Nouet 29° 59′ 10″. Cette latitude de Ptolémée tombe vers le fond du golfe, à peu de distance d'anciennes ruines qui ne sont pas celles d'Arsinoé, comme nous le ferons voir plus bas, et que nous regardons comme celles d'Héroopolis : leur position satisfait pleinement à toutes les conditions indiquées dans les passages de Strabon.

Dans tous les écrits des auteurs grecs et latins, l'Itinéraire d'Antonin excepté, j'ai dit qu'on ne trouverait pas un seul passage où la position d'Héroopolis parût équivoque : cependant d'Anville en a cité un; il sera curieux de l'examiner.

Ptolémée définit le *Trajanus amnis* en disant qu'il coulait de Babylone à Héroopolis[1]; mais ce canal ne fut conduit qu'à l'extrémité de la vallée de Saba'-byâr, et s'arrêtait au nord des lacs amers. Ptolémée, dans ce passage, place donc Héroopolis vers le nord de ces lacs ; conséquence assez naturelle pour qui n'examinerait pas le texte. En s'y reportant, on verra Ptolémée donner de nouveau pour latitude de cette ville, précisément celle de l'extrémité actuelle du golfe, précisément celle de Babylone; une latitude plus méridionale que celle d'Héliopolis : circonstances liées entre elles et d'une exactitude parfaite. Enfin, dans ce même endroit, Ptolémée parle aussi de la ville de Bubaste, située sous la même latitude que la vallée de Saba'-byâr et que les ruines d'Abou-Keycheyd, et à trois lieues seulement du parallèle qui passe par le fond des lacs amers : or, il l'indique à 40′ (ou dix-sept lieues) au nord d'Héroopolis et du fond de la mer Rouge. Il est impossible de désirer rien de plus net; et l'on m'accordera que s'autoriser de ce passage pour placer Héroopolis au nord de l'isthme, et au fond même des lacs, à trois lieues du parallèle de Bubaste, ce n'est pas être difficile sur ses preuves. Cette

[1] Lib. IV, pag. 106.

inconséquence doit même paraître incroyable; mais, comme on a vu, elle n'est pas la seule, et l'on est maître de la vérifier ainsi que les autres : on trouvera à la fin de cette première partie les textes de Ptolémée avec tous les autres textes importans des écrivains anciens.

Ptolémée semble donner comme achevé un canal qui ne l'a jamais été, il est vrai : mais, en tout pays, combien de travaux demeurés imparfaits et pourtant indiqués comme terminés! Il y a ici d'ailleurs une raison particulière : le canal de Trajan n'était qu'un raccordement avec l'ancien canal des Lagides; il suffisait donc que les Romains eussent conduit les eaux du Nil depuis Babylone jusqu'au point de raccordement, pour qu'on pût dire, à la rigueur, que leur canal débouchait dans la mer Rouge vers Héroopolis : or, c'est tout ce que dit Ptolémée.

Les écrivains arabes, en assurant qu'on n'a conduit le canal que jusqu'aux *lacs amers*, ne disent rien d'opposé. Quant aux causes qui empêchèrent le *Trajanus amnis* de remplir son but, ce n'est pas de quoi il s'agit maintenant; je souhaite seulement que l'on remarque la manière équivoque dont Ptolémée parle de ce canal à moitié creusé, comme un exemple qui pourra trouver dans la suite son application.

On voit, par tout ce qui vient d'être dit, quel accord règne parmi les géographes anciens sur la position d'Héroopolis[1].

---

[1] Il faut l'avouer, cet accord, qui est d'un si grand poids, ne pouvait être remarqué par d'Anville à cause des fausses latitudes des modernes, qui empêchaient de sentir toute la justesse des observations anciennes, et qui donnaient de fausses idées sur la configuration des lieux.

CHAPITRE VII.

Antiquité de la latitude d'Héroopolis; ses rapports avec d'autres déterminations géographiques.

L'extrême précision que nous avons remarquée dans cette ancienne latitude d'Héroopolis, l'une des limites de la mer Rouge, n'est pas un effet du hasard; elle est d'autant plus digne d'attention, qu'elle se retrouve également dans les points extrêmes de la Méditerranée, et en général dans les positions anciennes qui pouvaient servir à mesurer les principales dimensions des mers et des continens : travail qui fait l'étonnement des plus savans astronomes de notre âge, et qu'on a été forcé de reconnaître pour bien antérieur à l'école d'Alexandrie, car il suppose des connaissances qu'on n'avait pas alors; et il a été établi d'ailleurs par divers rapprochemens [1], que ce qu'il y a de plus exact dans les déterminations géographiques transmises par les Grecs, ne peut être le résultat d'observations qui leur soient propres. Il existe au contraire une inexactitude choquante dans la plupart des positions intermédiaires qu'on est forcé de leur attribuer; et cela est remarquable surtout pour les lieux qui

---

S'il eût connu les observations récentes, d'après sa manière de procéder, il est probable qu'il n'eût pas balancé un instant à remettre les choses dans leur vraie position.

[1] *Voyez* l'ouvrage de M. Gosselin, intitulé : *Géographie des Grecs analysée, ou les systèmes d'Ératosthène, de Strabon et de Ptolémée, comparés entre eux et avec nos connaissances modernes.*

n'ont commencé à jouir de quelque célébrité que postérieurement au temps d'Alexandre.

C'est une opinion fort singulière sans doute, mais à laquelle plusieurs savans sont arrivés par des voies très-différentes, que Bailly a développée avec un grand détail dans son Histoire de l'astronomie, et que M. Gossellin a portée jusqu'à l'évidence en analysant les travaux des géographes grecs, qu'antérieurement aux temps connus par l'histoire, il a existé un peuple chez lequel les connaissances géographiques et les connaissances astronomiques que celles-là supposent, ont été poussées beaucoup plus loin qu'à aucune des époques dont les écrivains grecs et latins nous ont conservé la mémoire.

On ignore quel pouvait être cet ancien peuple. Parmi les savans qui ont tenté de le découvrir, les plus célèbres sont Olaüs Rudbeck et Bailly : tous deux ont rapporté l'origine des anciennes connaissances à ce peuple dont Platon fait mention sous le nom d'*Atlantes;* mais l'immense érudition de Rudbeck, qui voyait dans la Suède, sa patrie, l'ancienne Atlantide et l'origine de tous les arts, de toutes les connaissances, n'a pu sauver du ridicule ni son opinion ni son ouvrage.

Les importantes modifications adoptées par le savant historien de l'astronomie, l'adresse qu'il a mise à développer la marche des connaissances, et les agrémens qu'il a su répandre sur son opinion [1], ont réussi à la faire regarder comme un jeu d'esprit fort curieux, comme une ingénieuse hypothèse; mais on n'en est pas moins resté dans le doute sur le fond de la question.

---

[1] *Voyez* son Histoire sur l'astronomie et ses Lettres sur l'Atlantide.

Dans le nombre des choses qui peuvent conduire à la résoudre, il faut compter, je crois, les éclaircissemens sur la géographie comparée, qui feront reconnaître le pays où les positions importantes ont été déterminées antérieurement au temps d'Alexandre : à mesure qu'ils se multiplieront, il deviendra de plus en plus vraisemblable que c'est au peuple qui a habité jadis cette contrée et qui s'y regardait comme indigène, qu'il faut rapporter ces connaissances si avancées.

Les probabilités s'accroîtront, si, par la nature de ses institutions, ce pays était fermé aux étrangers; elles s'accroîtront, si l'on peut démontrer d'ailleurs que les arts, les sciences exactes, surtout celles qui ont une application directe à la géographie, s'y trouvaient portés dès-lors à un très-haut degré d'avancement : mais si, en même temps, l'on faisait voir que toutes ces connaissances liées entre elles, et montrant à divers caractères quelque unité de but, avaient encore, par certaines formes particulières, des rapports avec le sol, avec le climat, avec les phénomènes naturels, et aussi avec ce qu'on sait de plus certain touchant l'histoire civile et religieuse de la contrée, alors la certitude deviendrait complète, et enfin le voile tomberait qui couvre encore l'origine première de nos connaissances et l'une des plus intéressantes questions que la curiosité des hommes ait jamais agitées.

Aucun pays ne remplit les conditions dont nous venons de parler, aucun n'offre dans son intérieur des positions anciennement déterminées avec précision ; aucun, dis-je, si ce n'est l'Égypte. L'étude approfondie de ses monumens justifiera ce que j'ai avancé sur l'ancien état des sciences; et par des rapprochemens rigoureux il sera possible de constater, en beaucoup de points importans, la transmission des connaissances, et en particulier des connaissances géographiques, de l'Égypte à la Grèce. Ce n'est pas le moment de se livrer à cet examen : je veux seulement prévenir une objection.

Les Égyptiens, dira-t-on, n'étaient point navigateurs; à aucune époque ils n'ont parcouru l'intérieur de la Méditerranée : comment leur devrait-on les observations lointaines qui embrassent toute l'étendue de cette mer ? Cette objection est spécieuse et a paru sans réplique; nous avons vu cependant, par l'antiquité du commerce sur la mer Rouge, que les Égyptiens peuvent être comptés parmi les plus anciens navigateurs. Quant aux preuves qu'ils aient navigué sur la Méditerranée, on en pourrait donner plusieurs : mais, pour ne pas sortir de notre sujet, je me bornerai à une simple remarque; c'est que Nécos, Sésostris, et peut-être d'autres rois antérieurs, ayant fait de grands efforts pour ouvrir une communication entre les deux mers, il serait vraiment étrange qu'à ces mêmes époques les Égyptiens n'eussent aucune pratique de la Méditerranée ni aucun désir d'y naviguer; je ne vois pas trop dans quel but alors un canal de communication aurait été creusé.

Avant de passer à des temps moins anciens, j'ai arrêté un moment le lecteur sur ces considérations, parce qu'elles montrent, ce qui importe surtout pour la suite, qu'il ne faut pas confondre les observations qui ont pu être faites sous les anciens rois égyptiens, avec celles qui n'ont pu l'être que sous les Lagides; elles montrent aussi qu'indépendamment de ses rapports, soit avec l'histoire des changemens du globe, soit avec la navigation actuelle, l'ancien état de la mer Rouge mérite d'être approfondi pour ses relations avec un des points les plus intéressans de l'histoire civile; et elles serviront à justifier les détails longs et pénibles dans lesquels nous sommes entrés pour ne laisser en arrière, dans ce sujet, aucune objection, aucune difficulté de quelque importance.

CHAPITRE VIII.

Étymologie d'Héroopolis.

On a regardé comme significatif ce nom d'*Héroopolis*, et on l'a souvent traduit par la *ville des Héros*, sans faire attention que les Grecs n'ont fait ici, comme en mille rencontres, que défigurer un ancien nom égyptien, entraînés par ce penchant qu'ont tous les peuples à ramener vers des sons qui leur sont familiers, un terme tout-à-fait étranger à leur langue. Les Romains, sans songer qu'il n'était nullement question de héros dans la signification primitive de ce nom, l'ont traduit à la lettre par *urbs Heroum*.

L'ancienne langue chaldéenne, qui avait bien plus d'analogie que la grecque avec la langue égyptienne, donne à une ville qui paraît la même que celle-ci, le nom de *Ben-herin*[1] (*filii liberorum*); et l'on voit aussi le nom d'*Horréens* donné dans l'antiquité à un peuple nomade qui habitait les environs. Bochart, je crois, a approché de la vérité beaucoup plus que personne, en assurant que c'est de ce mot *hérin* que les Grecs ont fait *Heroon*, et, par suite de cela, *Heroopolis*, soit pour l'euphonie, soit pour rendre complétement les deux mots *ben herin*. En toute rigueur, le mot *ben* veut dire *enfant*, et, joint à un autre mot, il sert souvent de dénomination aux tribus arabes, dont il indique l'origine: il s'applique aussi à l'emplacement même qu'occupent ces tribus, ou bien à leurs camps principaux; et c'est dans ce sens qu'*Heroopolis* devient l'équivalent de *Benherin*. Il est arrivé ici ce qui est arrivé souvent aux dénominations composées de deux mots, en passant d'une langue dans une autre; le nom commun a été traduit, et le nom propre n'a été qu'altéré.

Cette pente qu'avaient les Grecs à dénaturer les noms des pays étrangers, pour les rapporter à certains mots de leur propre langue, se prouverait par mille exemples: je ne veux m'arrêter qu'à un seul, non qu'il soit un des plus frappans, mais parce qu'il est lié à notre sujet. Il s'agit de la ville égyptienne nommée *Babylone*, située à l'autre extrémité du canal qui devait aboutir à Héroopolis.

Malgré tout ce qu'ont dit les historiens pour expliquer l'origine de ce nom, il me paraît bien vraisemblable que ce n'était qu'un ancien nom égyptien altéré par la prononciation des Grecs.

[1] Bochart, p. 442; *idem*, p. 362.

ET DU COMMERCE DE LA MER ROUGE. 313

Le nom de *Baboulh* s'est conservé encore sur les lieux[1] : est-il très-voisin du nom primitif, ou ne serait-ce pas plutôt *Bâb-el-on*, plus voisin de la prononciation grecque? Quoi qu'il en soit, la racine *bâb*, qui appartient aux deux mots, a toujours signifié, dans les langues de l'Orient, *porte, entrée*. Quant à la racine *oulh*, autant que l'on peut s'en rapporter à l'analogie des langues orientales, elle devait signifier une enceinte ouverte seulement d'un côté, un lieu presque fermé : elle s'emploie encore aujourd'hui pour exprimer l'interstice d'une muraille, d'un rempart. Cela convient d'une manière frappante à cette position. Babylone, resserrée entre le Nil et l'extrémité de la chaîne arabique, qui forme un crochet vers le fleuve, se présente en effet comme l'entrée ou la porte du Sa'yd, sur la partie orientale de la vallée. Remarquons de plus que de tout temps cette ville était fortifiée, et destinée à défendre ce passage important : c'est un fait généralement reconnu. « La Babylone d'Égypte, dit d'Anville[2], était située avantageusement, dominant sur le Nil, à l'endroit précisément où la montagne qui borde ce fleuve, du côté oriental, commence à resserrer la vallée qui remonte jusqu'à la cataracte. »

Une des trois légions romaines destinées à la garde de l'Égypte était stationnée à Babylone, que Strabon appelle[3] *une position très-forte, destinée à la garde du pays*, Βαβυλὼν Φρέριον ἐρυμνὸν; expressions difficiles à

---

[1] Mémoires sur l'Égypte.
[2] *Voyez* d'Anville, Mémoires sur l'Égypte.
[3] Strab. *Geogr.* lib. XVII.

rendre littéralement, et qui ne l'ont été que d'une manière incomplète par ces termes de la version latine, *castellum naturâ munitum.*

En faisant venir *Babylone* de *Báb el-On* (porte du Soleil, suivant l'ancienne langue égyptienne), la position de la ville satisfera également, et l'explication restera la même [1].

Le nom de *Babylone* adopté, il fallait bien en justifier l'origine par quelque anecdocte. Strabon [2] rapporte gravement que cette place fut bâtie par quelques Babyloniens qui s'arrêtèrent dans cet endroit (on ne sait à quelle époque), et obtinrent des rois la permission de s'y établir. Flavius Josephe [3], plus précis, veut que la chose soit arrivée sous le règne de Cambyse; mais d'autres pensent que la fondation de cette ville doit être rapportée à la reine Sémiramis. On sent assez toute l'invraisemblance d'une telle origine, quand il s'agit d'un poste aussi important, et d'où dépendait la communication des deux moitiés de l'Égypte.

Frappés de l'analogie qui se trouvait entre certains noms, ou qu'y mettait leur manière de prononcer, les

[1] Alors le nom de la ville égyptienne aurait eu la même origine et la même prononciation que celle de la fameuse ville de Chaldée. Les Grecs l'auraient donc peu altéré, et, sous ce rapport, on pourrait me reprocher d'avoir assez mal choisi mon exemple : je l'avouerai; mais cela même ne rendrait que plus sensible, en le montrant sous une face nouvelle, ce penchant des Grecs à rattacher toujours, d'après l'analogie des sons, d'anciennes idées à des mots étrangers, et d'expliquer ensuite par de faux rapports entre les objets celui qu'ils voyaient entre les noms : ainsi préoccupés de l'idée de Babylone, ils imaginèrent des relations entre cette ville de Chaldée et la ville égyptienne, quoique l'identité des noms dérivât uniquement de l'analogie des positions et de celle des langues.

[2] *Geogr.* lib. xvii.

[3] *Antiq. Jud.* lib. ii.

premiers écrivains grecs se sont exercés à en deviner les causes. Leurs conjectures ont été regardées comme des faits probables, puis certains ; et les écrivains postérieurs n'ont pas manqué de les présenter comme tels, lorsqu'ils n'ont pas enchéri encore sur leurs prédécesseurs : c'est ainsi que, dans le voisinage de Babylone, une ville de Troie et une montagne troyenne devaient leur nom à des captifs troyens amenés par Ménélas [1]. Il n'est pas difficile de reconnaître toute l'invraisemblance de ce dernier fait, quoique moins étrange encore que le précédent.

CHAPITRE IX.

Position de la ville d'Avaris. — Conjecture. — Routes suivies anciennement par les Caravanes.

Ce peuple nomade qui habitait les environs d'*Heroön* ou de *Ben-herin*, devait dépendre ou faire partie du peuple pasteur qui opprima si long-temps l'Égypte, et dont les rois, suivant Manéthon, eurent long-temps pour siége principal la ville d'Avaris. On a vu que cette ville différait d'Héroopolis ; d'Anville a démontré qu'elle n'était point Péluse [2], comme on l'avait pensé : il nous reste à connaître sa vraie position.

Manéthon, cité par Flavius Josèphe [3], place Avaris

---

[1] Strab. *Geogr.* lib. XVII.
[2] D'Anville, Mém. sur l'Égypte ancienne.
[3] Flav. Joseph. *contra Apionem*, lib. I.

au levant du canal de Bubaste, lui donne une étendue d'environ 10,000 aroures, et dit qu'une immense quantité d'hommes de guerre s'y trouvait rassemblée. Nous avons vu plus haut que cette ville était consacrée à Typhon; et cela confirme encore la position qui lui est attribuée sur les confins du désert, à l'orient du Delta : nous croyons, d'après ces raisons, qu'elle était celle dont on voit les ruines dans la vallée de Saba'-byâr, et que les Arabes nomment *Abou-Keycheyd* ou *Abou el-Cheyb*. En effet, ces ruines annoncent une cité jadis importante; des monumens décorés d'hiéroglyphes et de sculptures égyptiennes attestent sa haute antiquité. Elle se trouve à l'orient du canal de Bubaste. Nous avons montré précédemment qu'Héroopolis ne peut en aucune manière disputer cette position, et je ne me persuade pas qu'on ait songé sérieusement à placer une ville maritime dans le centre d'une vallée : d'Anville s'était borné du moins à la mettre au bord d'un lac. (Que si, pressé par cette objection, on voulait enfin, comme d'Anville, rapporter Héroopolis au bord des lacs amers, vers le *Serapeum*, je demanderais, aujourd'hui que cette partie de l'isthme est connue, qu'on me montrât ici les ruines d'une ancienne ville; et d'ailleurs, quelle autorité alléguerait-on maintenant? on n'aurait plus ici ni celle de l'Itinéraire, ni celle de Flavius Josephe, ni celle des Septante, toutes vicieuses qu'elles sont.) Revenons à Avaris.

Quelle que soit l'obscurité qui environne l'existence des peuples pasteurs en Égypte, je ne puis me défendre de hasarder ici une conjecture. Avaris ayant été leur siége principal, tous les lieux voisins, surtout une ville placée à l'extrémité de la mer Rouge, devaient être dans leur dépendance; il est même probable qu'originairement, et aux époques qui ont précédé leur domination sur l'Égypte, ils occupaient déjà tous les lieux situés sur la limite du désert. Quiconque connaît les mœurs et le caractère des peuples nomades, ne se persuadera pas facilement qu'ils se soient décidés tout-à-coup à envahir l'Égypte et à changer subitement leur manière de vivre.

Ceci admis, il ne répugnera pas à penser que la ville d'Avaris ait pu être désignée chez les Égyptiens par un nom qui eût rapport à ces peuples nomades : alors ce nom aurait eu ainsi, avec celui d'Héroopolis, une origine commune, et conséquemment quelque ressemblance. Sans doute les prêtres égyptiens auront toujours repoussé cette dénomination; les conquérans grecs l'auront altérée, sinon méconnue : mais les peuples, chez qui les noms ne changent ni ne s'effacent aisément, auront pu la retenir tant que le pays n'aura pas cessé d'être habité, et ceci nous mène à la source de l'ambiguité dont nous avons parlé : rappelons-nous d'ailleurs que l'Itinéraire d'Antonin a cité dans ces environs, comme je l'ai indiqué, une foule de noms très-anciens, presque oubliés par les géographes, tels que *Thaubasium*, *Magdole*, etc.

Un fait plus important et plus certain, c'est que cette ville d'Abou-Keycheyd ou d'Avaris a été, dans les temps anciens, l'entrepôt des marchandises apportées de la mer Rouge par les caravanes. A plusieurs raisons qui l'indiquent, j'ajouterai que l'on a découvert, près d'Abou-Keycheyd, les vestiges d'une espèce de caravanserail[1], et de constructions qui ne pouvaient guère servir qu'aux usages d'un pareil commerce.

Il résulte de tout ceci que, dans les temps anciens, la route suivie par les caravanes, au milieu des déserts de l'isthme, était fort différente de celle que l'on suit aujourd'hui; elle était réellement préférable, puisque ces caravanes n'avaient que vingt lieues de désert à traverser, au lieu de trente qu'elles ont par la voie actuelle.

Voilà la route qu'il faudrait encore suivre à l'avenir, si une nation commerçante venait à s'établir d'une manière fixe en Égypte, et que les vaisseaux de l'Arabie continuassent de s'avancer jusqu'à Suez. Les marchandises seraient conduites par eau jusqu'à Damiette : elles pourraient l'être aussi jusqu'à Alexandrie, au moyen d'un canal de communication entre le canal Bubastique et celui de Menouf.

Les anciens ont aussi pratiqué au travers des déserts la route directe de la mer Rouge à la Méditerranée. Suivant Pline, ce chemin se divisait en trois branches : l'une aboutissait à Péluse, et passait au milieu de sables mouvans; des jalons plantés dans les endroits où les vents en auraient pu faire perdre les traces, servaient à diriger les voyageurs : une autre allait aboutir à quelques milles au-delà du mont Casius, après avoir traversé le

---

[1] Ce fait m'a été communiqué par M. Le Père, à qui l'on doit la découverte d'Abou-Keycheyd, qu'il a reconnu, à des monumens incontestables, pour une ancienne ville égyptienne.

pays qu'habitaient les Arabes autéens : la troisième, appelée par antiphrase *Adipson* (sans soif), passait, chez les mêmes Arabes, pour se rendre à Gerra, par un pays raboteux, entrecoupé de collines, et qui manquait également d'eau.

CHAPITRE X.

De la position d'Arsinoé. — Époque à laquelle on abandonna la navigation du golfe Héroopolitique.

C'est un point bien établi, qu'Arsinoé et Cléopatris avaient la même position, et que les deux noms se rapportaient à la même ville. Strabon le dit d'une manière positive, liv. xvii; et si un peu plus loin il paraît les distinguer, ce n'est, suivant la remarque de d'Anville, que pour désigner des quartiers différens. Il n'est guère probable, en effet, que Ptolémée Philadelphe ait bâti de prime abord une ville considérable, comme paraît l'avoir été celle-ci; et il est naturel de penser qu'une partie nouvelle, bâtie par ses successeurs, aura reçu le nom de *Cléopatris*, comme la première avait reçu celui d'*Arsinoé*.

Nous ne croyons pas que d'Anville[1] ait rencontré aussi juste en attribuant à cette ville le même emplacement qu'à Suez. Strabon va nous fournir, pour nous déterminer, un renseignement très-précis[2], auquel on n'a fait nulle attention. « Arsinoé, dit-il, était située

---

[1] Mém. sur l'Égypte ancienne.   [2] Strab. *Geogr.* lib. xvii.

tout près de l'endroit même où le canal creusé par Ptolémée Philadelphe venait aboutir dans la mer Rouge. » L'embouchure de ce canal se voit encore aujourd'hui, ainsi que d'autres travaux importans qu'y fit faire Ptolémée, et tout auprès se trouvent effectivement des ruines considérables; il ne peut donc rester de doute sur cette position. Arsinoé se trouvait à environ une demi-heure de marche au nord de Suez; son emplacement, marqué par une montagne de décombres, renferme beaucoup de fragmens de vases antiques et plusieurs autres débris de monumens anciens.

J'ai attribué les ruines plus considérables qui sont au nord et tout-à-fait vers l'extrémité du golfe, à l'ancienne Héroopolis. On explique fort naturellement pourquoi Ptolémée Philadelphe entreprit l'immense tâche de bâtir une ville dans ce désert, quoiqu'il en existât déjà une consacrée au commerce. L'embouchure du canal se trouvant trop éloignée d'Héroopolis, il devenait nécessaire de former de nouveaux établissemens plus à portée, et le long de la côte où abordaient les vaisseaux; car, sous les rois égyptiens et sous les rois persans, les vaisseaux n'étaient généralement que de très-petites barques : ils pouvaient donc facilement approcher de l'extrémité du golfe; ce qui n'était plus praticable sous les rois grecs, qui probablement se proposaient de faire usage de vaisseaux un peu plus considérables, et tels que ceux dont ils avaient coutume de se servir dans la Méditerranée; peut-être aussi que les atterrissemens formés par le flux de la mer et le lest des vaisseaux avaient à la longue encombré le golfe vers son extrémité.

Ceci, d'accord avec les témoignages de Strabon, d'Agatharchides[1] et de Diodore de Sicile, confirme l'opinion que nous avons été conduits à adopter touchant la position respective d'Arsinoé et d'Héroopolis.

Une tradition encore subsistante parmi les Arabes et les habitans de Suez applique aux ruines situées près de l'embouchure du canal le nom de *Colzum*, que Golius[2] et d'autres savans ont reconnu pour une altération de *Clysma* : on verra que ceci n'a rien que de conforme à notre opinion sur Arsinoé, lorsque, dans la troisième partie de ces mémoires, nous traiterons de la position ou plutôt des diverses positions de Clysma à diverses époques.

Malgré les dépenses énormes qu'ils avaient dû occasioner, les travaux du canal et la ville d'Arsinoé ne remplirent pas le but qu'on s'était proposé. Indépendamment des témoignages directs des anciens, le fait est bien prouvé par le parti que prit Ptolémée Philadelphe de faire abandonner par le commerce la route de l'isthme, et d'en pratiquer à grands frais une nouvelle pour les caravanes au milieu des déserts de la Thébaïde.

Il ne faut pas inférer de là que je veuille faire regarder l'exécution du canal des deux mers comme impraticable[3]. Je me borne à rassembler et à présenter d'une manière suivie tous les faits qui me semblent importans touchant l'histoire de la navigation ancienne, convaincu qu'en-

---

[1] Agatharchides, *de mari Rubro*, apud *Geographiæ veteris scriptores Græc. minores*, tom. I, p. 53, *Oxoniæ*, 1698, in-8°.

[2] Golius *in Alferg.* pag. 144.

[3] Cette question devant être traitée d'une manière spéciale et très-complète dans le travail de M. Le Père, c'est à cet important ouvrage que je renvoie le lecteur.

core bien qu'il ne faille point regarder comme la mesure du possible ce qui a été pratiqué jadis, cependant l'expérience de tant de siècles pourra toujours conduire à des considérations utiles, si l'on parvient à écarter de ce sujet toutes les obscurités.

Au surplus, ce n'est pas tant sur les obstacles relatifs à l'achèvement du canal, que sur les difficultés de la navigation dans le golfe Héroopolitique, qu'insistent les anciens écrivains.

Dans toute son étendue, mais surtout depuis l'endroit où elle se divise en deux bras en allant vers le nord, la mer Rouge est remplie de bancs de coraux et de madrépores qui rendent la navigation longue et pénible autant que dangereuse. On s'en plaignait dès le temps de Ptolémée Philadelphe, et les choses n'ont pas dû s'améliorer depuis.

Les Arabes d'aujourd'hui, navigateurs fort peu habiles, il est vrai, mais qui pourtant connaissent assez bien cette mer à force de la pratiquer, sont obligés, pour leur sûreté, de gagner la côte et de jeter l'ancre toutes les nuits, voyageant à peu près comme faisaient les anciens.

Le peu de largeur du golfe ajoute beaucoup aux difficultés. Les vaisseaux ne peuvent quitter le port, et mettre à la voile pour les Indes ou les côtes de l'Arabie, que dans la saison où soufflent les vents du nord : ils n'osent également s'engager dans ce golfe étroit, pour venir en Égypte, que dans la saison des vents de sud ; et ils redoutent les époques des vents variables presque autant que celles des vents contraires.

Les difficultés ne sont pas aussi grandes, à beaucoup près, à l'égard des ports situés en face de la Thébaïde; les communications avec la côte d'Arabie peuvent avoir lieu presque en tout temps; la saison pour le voyage des Indes a aussi bien plus d'étendue, par plusieurs raisons qu'il est facile d'apercevoir. Mais c'en est assez sur ce point, que nous aurons occasion de développer davantage [1].

CONCLUSION.

Les personnes qui ont suivi avec attention ces discussions, ont pu remarquer que, dans toutes les questions essentielles, nous avons mis le même soin à rapporter et les objections et les preuves. Si nous avons omis une seule autorité, une seule raison de quelque importance, opposée à nos opinions, c'est qu'elle nous a été inconnue. On pourrait, avec plus de fondement, nous reprocher d'avoir insisté sur certains points beaucoup plus qu'il n'aurait fallu pour nous faire lire avec quelque intérêt: mais il s'agissait de réfuter des autorités graves sur des matières épineuses et fort obscurcies; nous devions donc examiner les questions principales sous toutes leurs faces; une discussion incomplète n'aurait été d'aucune utilité.

[1] *Voyez* la fin de la seconde partie de ces mémoires.

TEXTES
DES AUTEURS CITÉS.

Le patriarche Joseph rencontre Jacob à Héroopolis.

Ὑπαντησάμενος ἔξεισι, καὶ καθ᾽ Ἡρώων πόλιν αὐτῷ συνέβαλεν. (Flav. Joseph. *Antiquit. Judaïc.* lib. II, cap. 7.)

Josephus *autem, cognito patrem adventare (etenim Judas frater præcurrens ipsi id significaverat)* [1]*, profectus obviàm, ad Heroum oppidum illi occurrit.*

Héroopolis située au fond même du golfe et près d'Arsinoé, vers l'endroit où était le port.

Πλησίον δὲ τῆς Ἀρσινόης, καὶ ἡ τῶν Ἡρώων ἐστὶ πόλις, καὶ ἡ Κλεοπατρὶς ἐν τῷ μυχῷ τοῦ Ἀραβίου κόλπου, τῷ πρὸς Αἴγυπτον, καὶ λιμένες, καὶ κατοικίαι· διώρυγες δὲ πλείους, καὶ λίμναι πλησιάζουσαι τούτοις. (Strabon. *Geogr.* lib. XVII, pag. 804.)

Prope Arsinoam est Heroum civitas, *et Cleopatris in Arabici sinûs intimo Ægyptum recessu versùs; item portus et habitationes, et fossæ complures, et lacus iis vicini.*

Héroopolis située à l'extrémité même du golfe Arabique.

Τὰ δὲ κατὰ τὴν Τρωγλοδυτικὴν, ὅπερ ἐστὶν ἐν δεξιᾷ ἀποπλέουσιν ἀπὸ

Arabici sinûs latus quod præter Arabiam est, ab Ælanitico recessu sumpto initio (ut Alexander et Anaxicrates scripserunt), XIV *millia stadiorum comprehendit: ampliùs verò dicitur. Quod verò Troglodyticam versùs est, in dextera*

[1] On a mis en caractères italiques la portion de la version latine dont le texte correspondant n'a pas été rapporté.

Ἡρώων πόλεως, μέχρι μὲν Πτολεμαΐ-δος, καὶ τῆς τῶν Ἐλεφάντων θήρας, ἐννακισχίλιοι πρὸς μεσημβρίαν στάδιοι, καὶ μικρὸν ἐπὶ τὴν ἔω. (Strab. Geogr. lib. XVI, pag. 768.)

parte navigantibus ab Heroum urbe, usque ad Elephantum venationem et Ptolemaïdem, stadiorum novem millia ad meridiem, et paululùm ad orientem.

Διότι ἀπὸ Ἡρώων πόλεως, ἥ τις ἐστὶ πρὸς τῷ Νείλῳ, μυχὸς τοῦ Ἀραβίου κόλπου, πρὸς.... (Ibid. l. XVI, p. 767.)

Ab Heroum urbe, quæ est ad Nilum, recessum Arabici sinûs esse, usque, etc.

Ἀπὸ δὲ Ἡρώων πόλεως πλέουσι κατὰ τὴν Τρωγλοδυτικὴν, πόλιν εἶναι Φιλοτέραν.... (Ibid. l. XVI, p. 768.)

Ab Heroum urbe naviganti juxta Trogloduticam, urbem Philoteram, etc.

Position d'Héroopolis, identique avec celle de l'extrémité de la mer Rouge, pour la latitude comme pour la longitude.

	Longit.	Latit.
.... Μέχρι τοῦ καθ' Ἡρώων πόλιν μυχοῦ τοῦ Ἀραβίου κόλπου, οὗ θέσις..	ξγ ∠.	κθ ∠γ.
Καὶ μέρει τοῦ Ἀραβίου κόλπου, κατὰ περιγραφὴν τῆς παραλίου τοιαύτην.		
Μετὰ τὸν μυχὸν τοῦ κόλπου τὸν εἰρημένον, ὃς ἐπέχει μοίρας................	ξγ ∠.	κθ ∠γ.

(Ptolem. *Geogr.* lib. IV.)

	Longit.	Latit.
.... Usque ad Heroum urbem interioris partis sinûs Arabici, Cujus situs....................	63° 30'.	29° 50'.
Et parte Arabici sinûs juxta littoris descriptionem hanc.		
Post interiorem sinum præfatum, Qui gradus habet...............	63. 30.	29. 50.

Ancienneté des travaux du canal.

Τῆς μῆκος μέν ἐστι πλόος ἡμέραι τέσσερες.

Psammitichi filius, qui regnum Ægypti suscepit, exstitit Necus, qui fossam in Rubrum mare ferentem primus aggressus est, quam Darius Perses secundo loco depressit, longitudinis quidem quatuor dierum navigationis; *latitudinis,* ut per eam duæ possent simul agi triremes.

ET DU COMMERCE DE LA MER ROUGE. 327

Ἧκται δὲ ἀπὸ τοῦ Νείλου τὸ ὕδωρ ἐς αὐτήν· ἧκται δὲ καθύπερθε ὀλίγον Βουβάστιος πόλιος, παρὰ Πάτουμον τὴν Ἀραβίην πόλιν· ἐσέχει δὲ ἐς τὴν Ἐρυθρὴν θάλασσαν.

Παρὰ τὴν ὑπωρέην ἧκται ἡ διῶρυξ ἀπ' ἑσπέρης μακρὴ πρὸς τὴν ἠῶ, καὶ ἔπειτα τείνει ἐς διασφάγας, φέρουσα ἀπὸ τοῦ οὔρεος πρὸς μεσαμβρίην τε καὶ νότον ἄνεμον, ἐς τὸν κόλπον τὸν Ἀράβιον. (Herodot. *Hist.* lib. II, cap. 48.)

Aqua quæ in hanc è Nilo deducta est, paulò supra Bubastin urbem, juxta oppidum Arabiæ Patumon deducitur, evadens in mare Rubrum.

Ima ducta est fossa ab occidente orientem versùs longo tractu; et deinde pertinet ad divortia, quæ ab monte ad meridiem et ventum austrum fert in sinum Arabicum.

Les premiers travaux du canal remontent jusqu'à Sésostris, avant la guerre de Troie.

Ἐτμήθη δὲ ἡ διῶρυξ καθ' ἀρχὰς μὲν ὑπὸ Σεσώστριος πρὸ τῶν Τρωϊκῶν· οἱ δὲ ὑπὸ τοῦ Ψαμμιτίχου παιδὸς, ἀρξαμένου μόνον, εἶτ' ἐκλιπόντος τὸν βίον. (Strab. *Geogr.* lib. XVII, p. 804.)

Fossa primùm à Sesostri incisa est, ante bellum Trojanum : nonnulli eam à Psammiticho filio solùm inchoatam putant, morte eum præcipiente.

Le canal ne fut point achevé sous Darius. Par quel motif.

Ὕστερον δὲ ὑπὸ Δαρείου τοῦ πρώτου διαδεξαμένου τὸ ἑξῆς ἔργον. Καὶ οὗτος δὲ δόξῃ ψευδεῖ πεισθεὶς ἀφῆκε τὸ ἔργον περὶ συντέλεσιν ἤδη· ἐπείσθη γὰρ μετεωροτέραν εἶναι τὴν Ἐρυθρὰν θάλατταν τῆς Αἰγύπτου, καὶ εἰ διακοπείη πᾶς ὁ μεταξὺ ἰσθμὸς, ἐπικλυσθήσεσθαι τῇ θαλάττῃ τὴν Αἴγυπτον. (Strab. *ibid.*)

Postea Darium primùm in operis absolutionem successisse. Is opus penè absolutum deseruit. Falsò enim ei erat persuasum Rubrum mare Ægypto esse sublimius, ideoque, si intermedius isthmus incideretur, Ægyptum à mari obrutam iri.

1°. A sinu Ælanitico alter sinus, quem Arabes *Æant* vocant, in quo Heroum oppidum est.

2°. Daneon portus, ex quo navigabilem alveum perducere in Nilum, quâ parte ad Delta dictum decurrit, LXII. M. passuum intervallo (quod inter flumen et Rubrum mare interest).

3°. Primus omnium Sesostris Ægypti rex cogitavit : mox Darius Persarum : deinde Ptolemæus sequens, qui et duxit fossam latitudine pedum C, altitudine XXX; in longitudinem XXXVII. M. D. passuum usque ad Fontes amaros.

4°. Ultrà deterruit inundationis metus, excelsiore tribus cubitis Rubro mari comperto quàm terra Ægypti. Aliqui non eam afferunt causam, sed ne immisso mari corrumperetur aqua Nili, quæ sola potus præbet. (Plin. *Hist. nat.* lib. VI, cap. 29.)

Les Ptolémées construisirent des espèces d'écluses pour empêcher la communication de la mer Rouge avec les lacs amers.

Οἱ μέν τοι Πτολεμαϊκοὶ βασιλεῖς διακόψαντες, κλειστὸν ἐποίησαν τὸν εὔριπον, ὥστε ὅτε βούλοιντο ἐκπλεῖν ἀκωλύτως εἰς τὴν ἔξω θάλατ]αν, καὶ εἰσπλεῖν πάλιν. (Strabonis *Geogr.* lib. XVII, pag. 804.)

Ptolemaïci quidem reges, eum incidentes, euripum clausum fecerunt, ut, cùm vellent, in exterius mare navigarent, ac rursum sine impedimento reverterentur.

Le bassin des lacs amers était encore rempli, au temps de Strabon, par les eaux du Nil, et non par celles de la mer Rouge.

Διαρρεῖ δὲ καὶ διὰ τῶν πικρῶν καλουμένων λιμνῶν, αἳ πρότερον μὲν ἦσαν πικραί· τμηθείσης δὲ τῆς διώρυγος τῆς λεχθείσης μετεβάλλοντο τῇ κράσει τοῦ ποταμοῦ· καὶ νῦν εἰσιν εὔοψοι, μεσταὶ δὲ καὶ τῶν λιμναίων ὀρνέων. (Strab. *ibid.*)

Atque per eos lacus fluit (fossa), qui Amari vocantur. Hi, cùm antiquitus amari essent, factâ fossâ, et admixto flumine, sunt immutati: ac nunc bonos ferunt pisces et aquatilibus volucribus [1] abundant.

Largeur de l'isthme qui sépare les deux mers.

Ὁ δὲ μεταξὺ ἰσθμὸς τοῦ Πηλουσίου, καὶ τοῦ μυχοῦ τοῦ καθ' Ἡρώων πόλιν, ἐννακοσίων μέν ἐστι σταδίων, ὡς δὲ Ποσειδώνιος φησὶν, ἐλάτ]ων, ἢ χιλίων καὶ πεν]ακοσίων. (Str. *Geogr.* lib. XVII, pag. 803.)

Isthmus qui inter Pelusium est atque recessum sinûs qui ad Heroum urbem accedit, noningentorum est stadiorum, ut verò Posidonius sentit, paulò pauciorum ↄ ↄ.

[1] Le grec porte précisément *des oiseaux de lac*, et non pas vaguement, comme la version latine, *des oiseaux aquatiques*; distinction importante ici, car Strabon a intention de marquer par-là une différence entre les lacs amers et la mer Rouge.

La distance du mont Casius à la mer Rouge est plus courte que la distance de cette mer à l'origine du canal.

Ἀπὸ τοῦ Κασίου οὔρεος τοῦ οὐρίζοντος Αἴγυπτόν τε καὶ Συρίην, ἀπὸ τούτου εἰσὶ στάδιοι χίλιοι ἐς τὸν Ἀράβιον κόλπον. Τοῦτο μὲν τὸ συντομώτατον· ἡ δὲ διῶρυξ πολλῷ μακροτέρη, ὅσῳ σκολιωτέρη ἐστί. (Herod. *Hist.* l. II, c. 48).

Quâ igitur brevissimus tractus et maximè compendiarius est à mari septentrionali ascensus ad australe, quod idem Rubrum vocatur, à monte Casio, qui Ægyptum Syriamque disterminat, stadia mille sunt in Arabicum sinum. Et hoc quidem brevissimum est : verùm fossa multò longior, scilicet quantò est confragosior.

Les travaux du canal abandonnés par Nécos.

Νεκὼς μέν νυν μεταξὺ ὀρύσσων ἐπαύσατο. (Herod. *ibid.*)

In quâ fodiendâ sub rege Neco centum viginti millia Ægyptiorum perierunt.
Inque ejus medio opere Necus destitit.

Le fond du golfe, ou le point d'où partaient les vaisseaux, au temps d'Agatharchides, sous Ptolémée Philométor, était le même qu'aujourd'hui.

Πρῶτον μὲν ἀπ' Ἀρσινόης παραθέοντι τὴν δεξιὰν ἤπειρον, θερμὰ...... (Ex Agatharchide, *de mari Rubro*, apud. *Geogr. vet. script. Græc. minores*, tom. I, pag. 53.)

Primò igitur, si quis ab Arsinoe continentem prætercurrit dextram, thermæ, etc.

Routes directes de la Méditerranée à la mer Rouge.

Nihilominus iter totum terendo frequentatur à mari Ægyptio, quod est triplex. Unum à Pelusio per arenas, in quo, nisi calami defixi regant, via non reperitur, subinde aurâ vestigia operiente. Alterum verò II. M. passuum ultra Casium montem, quod à LX. M. passuum redit in Pelusiacam viam. Accolunt Arabes Autei.

Tertium à Gerrho (quod *Adipson* vocant) per eosdem Arabes, LX. M. passuum propius, sed asperum montibus et inops aquarum. Eæ viæ omnes Arsinoem ducunt. (Plin. *Hist. nat.* lib. VI, cap. 29.)

Arsinoé et Cléopatris étaient la même ville.

Ἄλλη δ' ἐστὶν ἐκδιδοῦσα εἰς τὴν Ἐρυθρὰν, καὶ τὸν Ἀράβιον κόλπον, καὶ πόλιν Ἀρσινόην, ἣν ἔνιοι Κλεοπατρίδα καλοῦσι. (Str. *Geogr.* l. XVII, p. 804.)

Est alia (fossa) quæ in Rubrum mare et Arabicum sinum exit, et ad urbem Arsinoen, quam nonnulli Cleopatridem vocant.

Arsinoé et Clysma placées toutes deux trop au midi par Ptolémée.

	Longit.	Latit.
Ἀρσινόη.	ξ̄γ ∠.	κ̄θ 'γ.
Κλύσμα Φρούριον.	ξ̄γ 'γ.	κ̄θ 'ς.
Δρέπανον ἄκρον.	ξ'δ.	κη ∠'γ.

(Ptol. *Geogr.* lib. IV, pag. 103.)

	Longit.	Latit.
Arsinoé.	63° 20'.	29° 10'.
Clysma præsidium.	63. 20.	28. 50.
Drepanum promont.	64. 0.	27. 50.
Nota. Le fond du golfe est marqué.	63. 30.	29. 50.

Motifs qui firent pratiquer la route de Bérénice, et abandonner celle d'Arsinoé.

Λέγεται δ' ὁ Φιλάδελφος πρῶτος στρατοπέδῳ τεμεῖν τὴν ὁδὸν ταύτην. . . . . . τοῦτο δὲ πράξειν διὰ τὸ τὴν Ἐρυθρὰν δύσπλουν εἶναι, καὶ μάλιστα τοῖς ἐκ τοῦ μυχοῦ πλοιζομένοις. Ἐφάνη δὲ τῇ πείρᾳ πολὺ τὸ χρήσιμον, καὶ νῦν ὁ Ἰνδικὸς φόρτος ἅπας καὶ ὁ Ἀράβιος, καὶ τοῦ Αἰθιοπικοῦ ὁ τῷ Ἀραβίῳ κόλπῳ κατακομιζόμενος, εἰς Κοπτὸν φέρεται. (Strab. *Geograph.* lib. XVII, pag. 815.)

Dicunt Philadelphum primo hanc viam exercitu aperuisse; . . . . idque effecisse, quoniam Rubrum mare difficulter navigaretur, præsertim ex intimo recessu. Enimvero experientia utilitatem maximam demonstravit, atque nunc omnes Indicæ et Arabicæ merces, et Æthiopicæ etiam, quæ Arabico sinu advehuntur, Coptum deferuntur.

SECONDE PARTIE.

Du commerce qui se fit par la voie de la Thébaïde, depuis Ptolémée Philadelphe jusqu'à la conquête des Arabes. — Géographie comparée de la côte occidentale de la mer Rouge.

CHAPITRE Ier.

Histoire du commerce depuis Ptolémée Philadelphe jusqu'à l'entrée des Arabes en Égypte.

§. I.

Nous avons vu, dans la première partie de cet écrit, que Ptolémée Philadelphe, qui voulait donner plus d'importance au commerce de l'Inde, lui fit abandonner la route d'Héroopolis et d'Arsinoé. Pour épargner aux vaisseaux les dangers qu'ils couraient dans le golfe Héroopolitique, il choisit, au-delà du point où se partage la mer Rouge, sur la côte qui est en face de la Thébaïde, un endroit heureusement situé pour son projet; il y bâtit de vastes magasins et une ville qu'il nomma *Bérénice*, du nom de sa mère.

Cette ville de Bérénice n'avait point de port, suivant Pline et Strabon[1]; mais sa situation au fond d'une es-

---

[1] Plin. *Hist. nat.* lib. VI, cap. 6. Strab. *Geogr.* lib. XVII, pag. 815.

pèce de golfe connu des Grecs sous le nom d'*Acathartus* en rendait l'abord praticable pour les vaisseaux, qui, après y avoir déposé leurs marchandises, se rendaient dans un grand port peu éloigné, nommé *Myos-hormos*[1]. Une grande vallée ouverte au milieu des déserts montueux qui séparent la mer Rouge de l'Égypte, conduisait de Bérénice vers Coptos et vers *Apollinopolis parva*, jadis deux des principales villes de la Thébaïde; et au moyen des travaux que l'on y fit à cette époque, elle offrit une route commode aux caravanes qui venaient se charger des marchandises de l'Inde et apporter sur la côte celles de l'Égypte[2].

L'expérience, dit Strabon, prouva bientôt les avantages de cette nouvelle voie[3], et le commerce s'accrut considérablement dès le règne de Philadelphe.

Le troisième des Lagides, Ptolémée Évergètes, suivit avec ardeur les projets de son prédécesseur; il poussa beaucoup plus loin encore ses conquêtes dans l'Éthiopie et vers le midi de l'Afrique; il acheva de soumettre les nations barbares qui habitaient la côte occidentale de la mer Rouge, comme le prouvent le monument qu'il érigea dans Adulis, et son inscription si

---

[1] Strab. *Geogr.* l. XVII, p. 815.

[2] Quelque temps après, une partie de ces caravanes commença à se rendre directement à *Muris-statio**, la ville navale. Il pourra même sembler étonnant qu'on n'ait pas pris ce parti dès l'origine, et qu'on ait préféré de se rendre à une ville qui n'avait point de port; mais Strabon nous en apprend la raison: c'était à cause des avantages qu'offrait le peu de distance de Bérénice à Coptos (*ob opportunitatem isthmi**); et, par cette même raison, Bérénice ne fut jamais abandonnée, lors même que la ville navale fut devenue très-florissante.

[3] *Geogr.* lib. XVII.

* Strabonis *Geograph.* lib. XVII, pag. 815.

* Τῇ δ' εὐκαιρίᾳ τοῦ ἰσθμοῦ. Str. *Geogr.* lib. XVII, pag. 815.

célèbre parmi les savans. Pour assurer la tranquillité du commerce de l'Inde, il équipa une escadre dans les ports de la mer Rouge, fit une invasion chez plusieurs peuples de l'Arabie heureuse, entre autres chez les Homérites, imposa un tribut à plusieurs rois arabes, et sut les engager à veiller eux-mêmes à la sûreté de la navigation dans la partie méridionale du golfe.

Sous ses successeurs, le commerce de l'Inde, négligé comme tout le reste, ne reçut d'encouragement que par intervalles; mais ce fut sous Ptolémée Physcon, le septième des Lagides, qu'il éprouva les plus singulières vicissitudes : dans le cours du même règne, on vit les négocians cruellement persécutés, le départ des flottes suspendu, Alexandrie changée presque en un désert; puis, bientôt après, ces mêmes négocians rappelés de toutes parts, protégés, encouragés avec des attentions excessives, et toutes les villes commerçantes fleurir de nouveau.

On a peu de détails touchant l'état du commerce de l'Inde sous les derniers rois de cette race. Strabon, qui ne laisse guère échapper l'occasion de flatter Auguste et de vanter l'administration des Romains aux dépens de celle des Ptolémées, assure que, sous ces derniers, un petit nombre de vaisseaux seulement osaient franchir le détroit et s'avancer jusqu'aux Indes. Le savant évêque d'Avranches, Huet, a conclu de là qu'immédiatement avant la conquête des Romains, le commerce était beaucoup déchu de ce qu'il avait été sous Ptolémée Philadelphe; mais cela n'est guère croyable. A part quelques temps désastreux, et à ne considérer que l'ensemble des événemens, on est en droit de penser, au contraire, que, sous les successeurs de Philadelphe et d'Évergètes, le commerce de l'Inde se soutint, et continua même de s'accroître par la seule force des choses, malgré l'insouciance des princes, malgré les troubles et les divisions intestines qui agitèrent le règne de la plupart d'entre eux. On peut juger de son importance dans les derniers temps, par le luxe inouï de la cour d'Alexandrie et par les richesses immenses que les Romains transportèrent d'Égypte en Italie; richesses telles, si l'on en croit Paul Orose [1], qu'elles firent doubler aussitôt, dans la capitale de l'univers, le prix des denrées et celui des terres.

Peu de temps après la conquête des Romains, Strabon rapporte qu'étant à Syène, sur le point d'aller rejoindre Ælius Gallus, occupé dans une expédition contre les Nubiens, il apprit que cent vingt bâtimens, faisant voile pour les Indes, venaient de sortir en un seul convoi du port de Myos-hormos [2]. Ce fait intéressant, en ce qu'il donne quelque idée de l'étendue du commerce, confirme encore ce que dit ailleurs le même écrivain, que, sous le règne d'Auguste, la ville de Myos-hormos était la plus florissante de tout le golfe Arabique, et la seule employée par les Égyptiens comme ville navale; circonstance que j'engage à ne point perdre de vue.

---

[1] Paul. Oros. *Hist.* lib. vi, c. 19.

[2] Huet et la plupart des écrivains font dire à Strabon qu'il a vu lui-même ces vaisseaux; c'est par une fausse interprétation : le terme ἱστοροῦ, dont se sert Strabon, signifie seulement, dans le cas actuel, *j'ai eu connaissance, j'ai découvert*; ce que la version de Xylander rend assez exactement par *comperi*. Il est manifeste, au surplus, que Strabon, étant à Syène, ne pouvait voir des vaisseaux navigants sur le golfe Arabique.

La navigation de la mer Rouge continua de s'accroître sous les successeurs d'Auguste. Trajan eut quelque temps l'intention de s'ouvrir une nouvelle route dans les Indes et de pénétrer jusqu'à l'Océan par les embouchures du Tigre et de l'Euphrate : mais, ce projet n'ayant pu réussir, il s'occupa à accroître le commerce de l'Égypte, et, pour le protéger, il entretint sur le golfe Arabique une escadre formidable. C'est à cette époque qu'il faut rapporter les tentatives faites par les Romains pour creuser au travers de l'isthme de Suez un canal entre le Nil et la mer Rouge; ces travaux furent continués encore après la mort de Trajan, mais sans succès, et le commerce continua de se faire par la voie de Coptos.

Sous Adrien, qui avait une grande prédilection pour l'Égypte, le commerce de cette contrée fut beaucoup favorisé; mais ce ne fut encore que long-temps après qu'il atteignit son dernier degré de splendeur. Aurélien, qui le regardait comme le plus important de tous ceux que Rome entretenait alors, fit en sa faveur plusieurs ordonnances utiles; il désigna, dans des réglemens fixes, la nature des marchandises que l'on devait tirer de l'Égypte, tant de celles que produisait le pays que de celles qu'on y apportait des autres parties de l'Orient; il entreprit aussi divers travaux sur le Nil, dans la vue d'en rendre la navigation plus sûre et plus commode.

A cette époque, la ville de Palmyre, située au milieu des vastes déserts qui s'étendent entre l'Euphrate et la Méditerranée, était devenue, malgré le désavantage apparent d'une telle position, le centre d'un commerce considérable; elle rivalisait avec Coptos et Alexandrie, et n'était pas moins célèbre dans l'Orient par l'étendue de ses relations que par la magnificence de ses édifices : mais la fierté de Zénobie, reine des Palmyréniens, et l'humeur inquiète de ces peuples, qui ne pouvaient souffrir le joug des Romains, ayant attiré contre eux les armes d'Aurélien, causèrent la ruine de Palmyre. Alors se trouva entièrement coupée cette seconde branche du commerce de l'Orient, qui se faisait par l'Euphrate et le golfe Persique : les marchandises de l'Inde n'eurent plus d'autre voie que le Sa'yd [1]; les déserts Troglodytiques devinrent en quelque sorte une des routes les plus fréquentées de l'empire romain, et Coptos, où se rendaient les caravanes, une des plus florissantes villes du monde.

Lorsque, sous Dioclétien, la rebellion d'Achillée et des chrétiens de l'Égypte eut entraîné la ruine entière de Coptos, *Apollinopolis parva*, voisine de cette ville, et qui long-temps avait rivalisé avec elle, lui succéda, sans qu'il résultât aucun autre changement dans la direction du commerce.

Les relations de l'Égypte avec l'Europe commencèrent à changer sous Constantin, qui détourna le commerce vers Byzance; mais tout resta de même, quant à la route qu'il suivait par la mer Rouge et par les déserts de la Thébaïde : cette route était encore absolument la même du temps de Théodose que du temps d'Adrien, et de

---

[1] L'auteur, par des considérations particulières, a cru devoir s'écarter, dans la transcription de quelques noms arabes, de l'orthographe généralement adoptée dans l'ouvrage.

celui d'Auguste, et de celui de Ptolémée Philadelphe, à en juger par les Tables de Peutinger, ou Tables théodosiennes, qui sont conformes à l'Itinéraire d'Antonin, et conformes à l'itinéraire conservé par Pline l'ancien, qui lui-même paraît copié sur les itinéraires grecs.

Après la division de l'empire romain entre les enfans de Théodose, l'Égypte, annexée au trône de Constantinople, vit déchoir peu à peu l'immense commerce qu'elle faisait avec l'Inde; cependant il ne fut pas entièrement anéanti, tant qu'elle resta sous la domination des empereurs grecs, ainsi que le prouve l'état florissant où se trouva encore Alexandrie lorsque, sous le règne d'Héraclius, elle fut assiégée par les Arabes. Nous verrons plus loin [1] ce qui a eu lieu depuis cette époque; il suffit, quant à présent, d'avoir fait remarquer que, depuis Ptolémée Philadelphe jusqu'aux derniers temps de l'empire romain, la route des caravanes au travers des déserts de la Troglodytique n'a point varié, et que tous les monumens sont d'accord sur ce point.

§. II.

Il ne faut pas croire cependant que, dans ce long intervalle de temps, aucun vaisseau chargé des marchandises de l'Inde n'ait navigué dans le golfe Héroopolitique. Quand on n'aurait d'autre preuve du contraire que la longue existence des villes d'Arsinoé et de Clysma, cela suffirait pour empêcher d'en douter. Une plus grande proximité de la capitale et des ports de la Méditerranée,

[1] Troisième partie.

où résidaient beaucoup de commerçans, a dû de tout temps attirer quelques vaisseaux vers Arsinoé; mais ce commerce ne fut nullement comparable à celui qui se faisait par Bérénice, et jamais il n'exista de rivalité entre ces deux villes : il est même à remarquer que c'est précisément pendant les temps les plus prospères de l'Égypte que le commerce d'Arsinoé paraît avoir été tout-à-fait nul ; aussi, lorsqu'Auguste se rendit maître de cette contrée, Cléopâtre, qui, pour ne pas tomber entre les mains du vainqueur, avait conçu le projet de s'enfuir par le golfe Arabique, ne trouva pas de vaisseaux à Arsinoé, et fut obligée d'y faire transporter par terre quelques petits bâtimens de la Méditerranée. Il semble, au contraire, que sous les derniers empereurs de Constantinople, lorsque le commerce de l'Égypte était déjà beaucoup déchu, Arsinoé était un peu plus fréquentée.

Pendant cet espace d'environ douze siècles, qui précéda la conquête de l'Égypte par les Arabes, les progrès de la navigation dans la Méditerranée auraient dû influer sur ceux de la mer Rouge. Les Lagides, qui entretenaient une marine puissante et tant d'hommes de mer expérimentés dans Alexandrie, avaient les plus grandes facilités pour perfectionner une navigation aussi importante : les circonstances n'étaient pas moins favorables sous le gouvernement des Romains, dont le génie semblait porté naturellement vers les améliorations de ce genre. Cependant, à en juger d'après les détails transmis par Pline, Arrien et Solin, les améliorations se réduisirent à fort peu de chose, si même elles ne furent pas tout-à-fait nulles, soit que les obstacles vinssent des circonstances locales, soit, comme il est plus vraisemblable, qu'ils ne vinssent que de la puissance de l'habitude, si grande chez les Égyptiens, et qui devait toujours ramener tout à l'ancienne manière. Au temps où Pline écrivait, les vaisseaux étaient encore fabriqués en grande partie avec le papyrus; ils avaient conservé le même grément que ceux qui naviguaient sur le Nil; ils étaient petits, fort mauvais voiliers, et rasaient presque toujours les côtes. Ce n'était que par la multiplicité des bâtimens que l'on suppléait à leur petitesse et à la lenteur de la navigation.

Les vaisseaux, qui alors partaient presque tous du port de Myos-hormos, avaient trois destinations principales[1]. Les uns se bornaient au commerce de l'Arabie Heureuse; d'autres allaient parcourir les côtes orientales de l'Afrique, pour commercer avec les Éthiopiens et les peuples barbares qui habitaient le long de ces rivages: un plus grand nombre s'avançaient vers l'Inde et vers les contrées qui bordent le golfe Persique.

La plupart de ceux qui faisaient le commerce de l'Arabie ne passaient pas le détroit, et débarquaient sur la côte orientale, dans un port célèbre chez les anciens sous le nom de *Muza*[2]. Ils y laissaient du blé, du vin, des étoffes de laine, diverses sortes de vêtemens garnis de franges, et des manteaux teints d'une couleur rouge qui imitait la pourpre; ils y portaient aussi du cuivre,

---

[1] *Voyez* les textes cités à la fin de cette partie.
[2] Un petit nombre seulement, qui s'avançait jusqu'au détroit, allait gagner un petit comptoir situé au-delà sur la côte voisine.

du plomb, des feuilles de métal battu, et divers ornemens pour la parure des femmes.

Ceux qui allaient commercer avec les Éthiopiens, trouvaient, à peu de distance du détroit de Bâb-el-Mandel, le comptoir d'Adulis, où ils vendaient différentes espèces de vases de terre et de verre, des vases murrhins artificiels et divers autres ouvrages de verrerie, dans la fabrication desquels l'Égypte excellait : ils y vendaient encore du plomb, du cuivre, du fer et de l'étain qu'ils tiraient de l'Angleterre. Ils recevaient en échange des perles, des diamans, de l'ivoire, des peaux d'animaux et des esclaves noirs.

Les commerçans qui se rendaient dans l'Inde, ou dans la Taprobane (que l'on croit être l'île de Ceylan), se chargeaient en Égypte à peu près des mêmes cargaisons que les précédens; ils rapportaient en retour des diamans, des saphirs et d'autres pierres précieuses, des étoffes de soie qui étaient alors tout-à-fait inconnues en Europe, des toiles de coton, et surtout une immense quantité de perles, de belles écailles de tortue, de l'ivoire, et assez souvent des éléphans vivans.

Les vents de la mer Rouge étant réglés d'une manière constante, les embarquemens se faisaient toujours à la même époque. Pline et Arrien[1] remarquent qu'ils avaient lieu un peu avant la canicule, ou au plus tard immédiatement après, et les flottes rentraient dans le port vers le solstice d'hiver : ainsi leurs renseignemens sur ce point sont tout-à-fait conformes à ce que l'on observe aujourd'hui.

[1] Arrian. *Peripl. mar. Erythr.* apud *Geogr. minores.*

CHAPITRE II.

Exposé des questions de géographie comparée relatives à cette partie de l'histoire du commerce.

§. I.

En changeant la direction du commerce, Ptolémée Philadelphe avait donc substitué à la navigation lente et pénible d'une mer étroite et remplie d'écueils, celle du Nil, plus commode, plus prompte sans danger; et enfin les marchandises de l'Inde, débarquées sur le côté opposé de la Troglodytique, traversaient les déserts de l'isthme de Coptos, comme auparavant elles traversaient ceux de l'isthme de Suez ou d'Héroopolis. Strabon donne sur cette route des détails intéressans, et marque d'une manière bien positive les points de départ et d'arrivée des caravanes : « De même, dit-il, que cet isthme est terminé par deux villes du côté de la Thébaïde, *Coptos* et *Apollinopolis parva*, il l'est aussi par deux autres du côté de la mer Rouge, *Bérénice* et *Muris-statio*[1]. »

Dans l'origine, les caravanes, voyageant sans trouver d'asile dans toute l'étendue de cette route, emportaient avec elles toute l'eau nécessaire pour le voyage; mais Ptolémée Philadelphe fit creuser des puits de distance

[1] Il ne dit pas expressément que la même voie conduisît de Coptos à ces deux dernières villes; mais son passage ne permet guère de supposer que ce fût autrement.

en distance, et construire des espèces de caravanserails ou de *mansions* fortifiées, qui renfermaient des logemens pour les hommes, et un vaste emplacement pour les bagages des caravanes.

A ces renseignemens, qui sont précis et d'un grand secours pour reconnaître aujourd'hui les lieux décrits par les anciens, ajoutons une autre donnée : c'est que, voyageant au sud du golfe où était placée Bérénice, on rencontrait bientôt une île connue anciennement sous le nom d'*Ophiodes*, et qui prit, sous les Ptolémées, le nom de *Topazos*, à cause des pierres précieuses que l'on y découvrit et que l'on y exploita pendant le règne de ces rois. Vers ces mêmes parages se trouvait aussi une montagne célèbre sous les mêmes rapports, nommée par Ptolémée *montagne des Émeraudes*.

C'est Strabon que j'ai surtout suivi dans cet exposé, non-seulement parce qu'il est ici le plus détaillé et en général le plus exact, le plus judicieux des historiens-géographes de l'antiquité, mais encore parce qu'il est constant qu'au lieu de se borner à compiler les renseignemens des écrivains antérieurs, il parle aussi d'après ceux qu'il a pris lui-même dans la ville de Coptos, où il a séjourné; ce que l'on ne pourrait pas dire des différens auteurs qui ont écrit sur ce sujet : il est infiniment probable qu'aucun n'a voyagé ni sur la mer Rouge, ni dans la Thébaïde, si ce n'est peut-être Agatharchides, dont le témoignage[1] est d'ailleurs entièrement d'accord avec celui de Strabon.

---

[1] Agatharchides, *de mari Rubro*, apud *Geograph. vet. script. Græc. min.* tom. 1, pag. 54.

§. II.

Si nous n'avions de renseignemens que ceux qui nous sont fournis par ces deux géographes et par Diodore de Sicile, il n'y aurait jamais eu de contestation sur la position de tous les points dont je viens de faire mention, et Bérénice aurait été placée, d'un commun accord, tout proche du parallèle de Coptos; mais ce qui serait fort clair dans ce cas, devient fort équivoque lorsque l'on voit tous les autres écrivains, en parlant de la latitude de Bérénice, placer unanimement cette ville sous le tropique (ou sous le parallèle de Syène), lorsque l'on voit tous les itinéraires anciens compter douze journées de marche de Coptos à Bérénice, évaluer cette route à environ deux cent soixante milles romains, rapporter jusqu'aux noms des douze stations ou mansions militaires que Ptolémée Philadelphe avait bâties sur cette route, et indiquer jusqu'à leur distance respective; renseignemens qui, en apparence très-précis et bien d'accord entre eux, ne peuvent cependant avoir de sens qu'autant que Bérénice serait réellement sous le tropique.

Frappé de l'accord de ces preuves, d'Anville a adopté cette dernière position, qu'il semble s'être attaché d'une manière toute particulière à établir; et son opinion a été suivie par les personnes qui ont écrit depuis sur ce sujet : néanmoins, après l'examen du local, il m'a paru tout-à-fait évident que la route choisie et pratiquée pendant si long-temps par les caravanes anciennes aboutissait réellement en face de Coptos, précisément comme l'indiquent Strabon, Diodore de Sicile et Agatharchides; et c'est là ce que je me propose de faire voir ici, en montrant également à quoi tiennent toutes les contradictions.

Comme un certain nombre de positions ont d'intimes relations avec cette route, savoir, 1°. le port de Myoshormos, 2°. le grand golfe *Acathartus* ou le *Sinus immundus*, 3°. l'isthme de Coptos, 4°. l'île de Topazos et le *Smaragdus mons*, ou la montagne des Émeraudes, nous commencerons par déterminer la véritable situation de tous ces lieux, en ne faisant usage que de renseignemens qui soient indépendans de toute opinion quelconque sur la position de Bérénice et sur la route où se trouvaient les mansions fortifiées.

CHAPITRE III.

A quel port connu aujourd'hui doit-on rapporter le Myos-hormos ou Muris-statio des anciens.

§. I.

Agatharchides de Cnide, qui florissait sous Ptolémée Philométor, près de deux siècles avant le voyage de Strabon en Égypte, décrit ainsi la côte où était situé le port de Myos-hormos[1]: « Lorsque, venant d'Arsinoé,

---

[1] Agatharch. *de mari Rubro*, apud *Geogr. Græc. min.*

vous voyagez à droite le long des terres, vous découvrez, au milieu d'une plaine très-étendue, des montagnes de couleur rouge, remplies d'ocre de fer (*rubrica*), dont la couleur vive blesse les yeux lorsqu'on les regarde avec attention. Un peu au-delà est l'entrée tortueuse d'un grand port nommé originairement *le port du Rat* (*Myoshormos*), et dans la suite *le port de Vénus*. Du côté de la pleine mer, ce port est abrité par trois îles; les deux plus grandes sont couvertes d'oliviers et de figuiers, mais la plus petite est entièrement stérile. »

Diodore de Sicile[1], qui voyageait en Égypte sous le dernier des Ptolémées, répète exactement les mêmes détails, qu'il avait tirés des archives de la cour d'Alexandrie[2].

Strabon[3], comme Agatharchides et Diodore, place près de la montagne rouge ferrugineuse le port de Vénus ou le grand port, qu'il nomme aussi *Myos-hormos*[4] : « Son entrée, dit-il, était sinueuse, et son front couvert par trois îles. » Remarquons surtout les mots suivans : « Ce port est situé, *comme Bérénice, dont il n'est pas fort éloigné*, à l'extrémité de l'isthme de Coptos. »

Le Périple de la mer Rouge, attribué à Arrien, et que l'on croit rédigé sous l'empereur Adrien, cite Myos-

---

[1] Diod. Sicul. *Biblioth. histor.* lib. III.

[2] Les personnes qui pourraient consulter la traduction française de l'abbé Terrasson, doivent faire attention que le mot *lac* qu'on y trouve, ainsi que le mot *lacus* que porte la version latine, ne sont point conformes au texte grec, qui porte λιμὴν, un port, et non point λίμνη, un lac ou un marais.

[3] Strab. Geogr. l. XVII, p. 815.

[4] Les Romains lui ont conservé son nom grec sans le traduire, tandis que les interprètes l'ont traduit par *Muris-statio*; ce qui a fait penser quelquefois qu'il s'agissait de deux ports différens.

hormos comme le port de la mer Rouge le plus célèbre et le plus fréquenté de ce temps[1].

Ptolémée lui donne pour latitude 27° 15′ (par conséquent, le place à environ dix-sept lieues au nord de Cosseyr).

§. II.

A ces renseignemens des anciens comparons les observations faites sur les lieux pendant le séjour des Français en Égypte.

Une expédition de plusieurs bâtimens, partis de Suez en l'an VII pour aller s'emparer du port de Cosseyr, fut contrainte par le mauvais temps de relâcher sur la côte occidentale, un peu avant d'être arrivée à sa destination : deux membres de la Commission des sciences, MM. Arnollet, ingénieur des ponts et chaussées, et Champy fils[2], faisaient partie de cette expédition, et ont recueilli les renseignemens dont je ferai usage ici.

1°. A environ dix-sept lieues marines au nord de Cosseyr, sur la côte occidentale, la vue est frappée par des montagnes de couleur rouge, que les pilotes arabes nomment par cette raison *Gebel-Ahmar*. Une lieue et demie plus au sud se trouve un port commode et spacieux, où séjournèrent les bâtimens français. Cette

---

[1] Arrian. *Peripl. maris Erythr.* apud *Geogr. vet. script. Græc. min.*

[2] M. Champy, ancien élève de l'école polytechnique, adjoint à son père pour la direction des poudres et salpêtres, a été enlevé par les maladies pestilentielles qui ont ravagé le Kaire pendant les derniers instans de notre séjour. Il était également recommandable par les plus heureuses qualités du caractère et par des talens distingués dans les sciences physiques : c'est une des pertes les plus sensibles qu'ait éprouvées en Égypte la Commission des sciences.

position convient parfaitement avec la latitude de 27° 15′ assignée par Ptolémée au Myos-hormos [1], et l'existence de la montagne Rouge coïncide avec les détails des écrivains anciens.

2°. Ce port a près de deux lieues d'étendue, et mérite très-bien le nom de *Portus magnus* que lui ont donné les anciens. Il est fermé, du côté de la pleine mer, par deux grandes îles, dont le sol est bas et uni, et par un îlot beaucoup plus élevé; circonstances décisives par elles seules, car elles ne se représentent nulle part ailleurs dans toute l'étendue de la mer Rouge. L'élévation et les formes aiguës de la plus petite de ces trois îles expliquent assez bien pourquoi deux seulement étaient couvertes d'arbres à l'époque où ces lieux étaient fréquentés par les anciens.

3°. La passe qui est au nord entre l'île la plus septentrionale et la côte, forme un canal long de plusieurs centaines de toises et un peu sinueux [2], comme l'indiquent Diodore, Agatharchides et Strabon.

4°. Autour du port règne une plage basse et sablonneuse [3]. Les montagnes environnantes, savoir, le Gebel-Ahmar au nord, et vers le sud une très-haute chaîne de

---

[1] Car, en ajoutant quinze ou seize lieues marines, c'est-à-dire 45′, à la latitude de Cosseyr, qui est de 26° 15′, ou, selon quelques observations, 26° 20′, on ne trouvera que 5′ ou au plus 10′ de différence avec la latitude indiquée par Ptolémée ; différence très-petite par rapport à celle qui se trouve entre les latitudes de cet astronome et les observations récentes.

[2] La profondeur de cette passe, qui a été sondée par les officiers de marine de l'expédition, est partout de sept à huit brasses, et l'endroit le plus resserré est vis-à-vis l'îlot à l'entrée de la passe.

[3] On a observé que la côte, vers le nord, est bordée de roches calcaires à fleur d'eau, coupées à pic vers l'intérieur du port. Quelques sondes faites à peu de distance ont

montagnes qui s'avancent vers la mer jusque vis-à-vis l'extrémité de la seconde île, sont séparées du port par une plaine déserte, de près de deux lieues d'étendue. Ceci explique très-bien le passage d'Agatharchides qui représente ce port environné d'une grande plaine déserte.

Tous ces renseignemens présentent une concordance si parfaite avec ce qu'ont dit de ce port les anciens écrivains, qu'il deviendrait superflu de s'y arrêter plus long-temps. D'Anville lui-même, qui n'avait qu'une partie de ces données fournies par une carte turque et par les relations des voyageurs portugais, n'a pas balancé à rapporter ici le Myos-hormos; et cela est d'autant plus remarquable, que dans cette partie de sa carte les autres positions se trouvent toutes déplacées.

CHAPITRE IV.

Position du golfe Acathartus.

Immédiatement après le port de Myos-hormos, en remontant vers le sud, on trouvait, suivant Agatharchides[1], un grand golfe fort exposé aux tempêtes, et rempli de rochers à fleur d'eau; ce qui lui avait valu le

donné sept brasses pour profondeur ordinaire. Le fond est tantôt de sable, tantôt de roc calcaire. Généralement la partie méridionale du port est moins abritée que la septentrionale. Peut-être existe-t-il une passe entre l'île qui est au sud et la côte, mais elle n'a pas été reconnue.

[1] Apud *Geogr. vet. script. Græc. minores.*

nom d'*Acathartus*, ou de golfe *immonde*. Cette indication convient très-bien au grand golfe rempli d'écueils, de bancs de coraux et de madrépores, au fond duquel sont situés le vieux et le nouveau Cosseyr.

Diodore s'exprime de la même manière qu'Agatharchides [1], et Strabon d'une manière plus positive encore [2] : non-seulement il fait remarquer que ce golfe *vient immédiatement après Myos-hormos, dont il est peu distant;* mais il ajoute qu'il est, ainsi que lui, en face de la Thébaïde, et précisément *à l'extrémité de l'isthme qui conduit de Coptos à la mer Rouge.*

Ptolémée l'astronome [3] indique également l'existence d'un grand golfe près du parallèle de Coptos, puisqu'il y marque un port sous la longitude de 64° 15′, c'est-à-dire plus enfoncé dans les terres de 15′ que le *Muris-statio*, et qu'en même temps il en marque un autre un peu plus au sud, sous la longitude de 64° 6′. Du rapprochement de ces trois longitudes, il résulte qu'il existe dans cette côte une profonde échancrure, un arc rentrant, dont la flèche aurait quatre à cinq lieues de longueur.

Aucun auteur ancien n'offre des renseignemens directs opposés à ceux-ci, et l'on ne saurait concevoir comment d'Anville a pu reporter ce golfe jusque sous le parallèle de Syène, à plus de soixante lieues de Myos-hormos; seulement Strabon rapporte que c'était dans le fond du golfe *Acathartus* qu'était bâtie la ville de Bérénice. Si nous montrons dans la suite que cette ville, au lieu

---

[1] Diod. Sic. *Bibl. hist.* lib. III.
[2] Strab. *Geogr.* l. XVII, p. 815.
[3] Ptol. *Geogr.* lib. IV.

d'être située sous le tropique, comme on le pense communément, était au contraire à l'extrémité de l'isthme de Coptos, nous aurons résolu la seule objection qu'il soit raisonnable de faire contre la position que nous venons d'assigner à cet ancien golfe.

CHAPITRE V.

Ce que l'on doit entendre par l'isthme de Coptos.

Ce mot d'*isthme*, quoiqu'employé à plusieurs reprises par Strabon, n'a été entendu ni remarqué par aucun critique ni par aucun géographe. Dans toutes les anciennes cartes de l'Égypte, même dans celle de Delisle et celle de Norden, le Nil ne fait qu'un très-léger coude vers Coptos, et la côte opposée de la mer Rouge, où devrait être le golfe *Acathartus*, est presque tout-à-fait droite. D'Anville, qui a suivi principalement Ptolémée, et dont la carte de la haute Égypte est si supérieure à toutes celles qui l'avaient précédée, a marqué le premier, d'une manière bien sensible, l'inflexion que fait le Nil, immédiatement au-dessous de Qené; mais les observations astronomiques de M. Nouet, et les opérations géodésiques des ingénieurs français, font voir qu'elle est bien plus considérable encore qu'il ne l'a indiquée.

A partir de Qené, le Nil coule jusqu'à Girgeh directement vers l'ouest, s'écartant ainsi, presque perpendiculairement, de la mer Rouge, pendant un espace de vingt lieues. Au-dessus de Coptos, en remontant vers Thèbes, le fleuve décline aussi un peu vers l'ouest, formant de cette manière un grand coude, au sommet duquel sont situées les ruines de Coptos, la ville de Cous (anciennement *Apollinopolis parva*), et celle de Qené, qui partage, avec la précédente, le peu de commerce qui se fait aujourd'hui entre le Saïd et l'Arabie. Telle est la disposition des lieux du côté de l'Égypte.

Du côté de la mer Rouge, non-seulement ce grand golfe, où sont situés l'ancien et le nouveau Cosseyr, et qui est l'*Acathartus* des anciens, forme, dans la côte, une échancrure profonde, mais les observations faites par les Anglais nous apprennent qu'il faut porter encore beaucoup plus à l'est que ne l'a fait d'Anville, la portion de la côte située au sud de ce golfe, de manière que cette côte et la vallée d'Égypte continuent toujours de diverger en s'avançant vers le tropique.

Pour bien saisir cette disposition respective du Nil et de la mer, il est nécessaire de consulter la carte de l'expédition [1]; je serai d'autant moins suspect en y renvoyant, qu'on y a suivi scrupuleusement d'Anville dans l'application des noms anciens, tout en profitant des connaissances plus exactes acquises depuis lui sur la configuration du golfe et celle du terrain. On se convaincra, par ce seul examen, que les observations nouvelles ont complétement justifié ce mot d'*isthme* hasardé par Strabon pour peindre d'un seul trait l'ensemble de ces

---

[1] A l'époque où l'on écrivait ceci, on pensait que la carte de l'Égypte devait être jointe à l'ouvrage de la Commission; mais quelques raisons en ont retardé la publication.

lieux, et l'on aura une nouvelle preuve que les connaissances des anciens sur les déserts de l'Afrique étaient beaucoup plus précises que celles que nous avions dans ces derniers temps

CHAPITRE VI.

De l'île d'Ophiodes ou Topazos et de la montagne des Émeraudes.

§. I.

L'île d'Ophiodes, où les rois d'Égypte employaient une grande quantité d'ouvriers à la recherche des pierres précieuses, était située, suivant Diodore de Sicile et Strabon, au midi du golfe *Acathartus*. Diodore[1] lui donne quatre-vingts stades de longueur; et selon Juba, dont le témoignage nous a été conservé par Pline[2], elle était distante du continent de trois cents stades. Dans l'origine, elle portait le nom d'*Ophiodes* ou d'*île des Serpens,* remplie effectivement de serpens venimeux, qui la rendaient inhabitable; mais, sous le règne d'un des Lagides, on y découvrit des mines de topazes qui furent long-temps exploitées, et qui firent changer son nom en celui de *Topazos*.

L'entrée de l'île était rigoureusement défendue à tous les voyageurs; ils la redoutaient, et s'en éloignaient soi-

---

[1] Diod. Sic. *Bibl. hist.* lib. III.   [2] Plin. *Hist. nat.* lib. VI, cap. 29.

gneusement : ceux qui osaient y aborder, étaient mis à mort par les gardes et les ouvriers chargés de l'exploitation, et l'on ne laissait même aucun vaisseau dans l'île¹. Sans doute on ne doit pas entièrement compter sur l'exactitude des détails transmis par les écrivains contemporains; mais, en laissant de côté les circonstances qui peuvent être suspectes, et les détails fabuleux où entre Diodore de Sicile sur la manière d'exploiter les topazes, le fait principal n'en demeurera pas moins avéré, c'est-à-dire l'existence d'une île située à quelque distance au sud de l'isthme de Coptos, et d'où l'on a tiré jadis des pierres précieuses. Voilà donc ce qu'il faut retrouver aujourd'hui.

Étant à Cosseyr, j'ai tâché de me procurer des renseignemens sur une île située à une journée de navigation, vers le sud, et connue dans cette contrée sous les noms de *Siberget* et de *Geziret Uzzumurud*. Les Arabes Ababdés que j'ai consultés s'accordaient tous à dire que dans l'intérieur de cette île il existait plusieurs puits assez profonds, dans lesquels, suivant une tradition fort ancienne, on avait exploité des émeraudes : les circonstances ne m'ont point permis d'aller vérifier leurs renseignemens; mais il me semble impossible d'en douter, puisqu'ils sont tout-à-fait conformes à ce qu'a rapporté Bruce, qui a visité ces lieux.

Ce voyageur, partant de Cosseyr, employa pour ce trajet un peu plus d'une journée², mais par un vent très-faible, et rasant toujours la côte. Ayant pris hau-

---
[1] Diod. Sic. *Bibl. hist.* lib. III.
[2] Bruce, Voyage aux sources du Nil, tom. 1ᵉʳ.

teur à une lieue au nord de l'île, il trouva, pour latitude du point où il observait, 25° 6'; ce qui donne, pour le centre de l'île, 25° précis; latitude très-remarquable, parce qu'elle est rigoureusement celle qu'attribue Ptolémée à la montagne des Émeraudes[1].

Par sa configuration, l'île de Siberget présente encore, avec le *Smaragdus mons*, un rapport bien frappant; elle renferme une montagne isolée, qui, s'élevant vers le centre de l'île, sur un terrain plat, se fait remarquer de très-loin comme une colonne qui sortirait du sein de la mer[2]. Au pied de cette montagne se trouvent cinq puits fort profonds, de quatre à cinq pieds de diamètre, qui ont conservé jusqu'ici le nom de *Puits des Émeraudes*. Les environs sont semés, entre autres débris, de fragmens de lampes antiques, tout-à-fait semblables à ceux que l'on rencontre par milliers dans l'Italie et dans la Grèce; preuve certaine de l'antiquité de ces exploitations.

Jusqu'ici l'on a toujours pensé que les mines d'émeraudes indiquées par Ptolémée devaient se trouver sur le continent, parce que ce géographe fait mention d'une montagne, et non pas d'une île; mais ces deux circonstances ne s'excluent pas, et dans l'île de Siberget nous les voyons réunies : il suffit d'ailleurs de faire attention à la longitude donnée à la montagne des Émeraudes, pour s'apercevoir qu'elle ne peut appartenir au continent; car, dans les tables de l'ancien astronome, tous les points du rivage voisins du *Smaragdus mons* sont

[1] Ptolem. *Geogr.* lib. IV.
[2] Bruce, Voyage aux sources du Nil.

beaucoup moins avancés que lui vers l'est. Le point le plus oriental de la côte, l'ancien promontoire *Lepte*, a pour longitude [1] 64° 40′ : la montagne des Émeraudes, placée par Ptolémée à 64° 50′, est donc plus orientale de 10′, ou d'environ quatre lieues, que le méridien qui passe par ce promontoire; par conséquent, suivant Ptolémée lui-même, elle est située dans la pleine mer.

Le *Smaragdus mons* se trouvant dans une île, toutes les incertitudes sur sa position précise se trouvent dissipées. C'est la montagne même de Siberget ou d'Uzzumurud; sa latitude aussi bien que sa longitude, sa forme, les travaux anciens qu'on y voit encore, les traditions subsistantes jusqu'aujourd'hui, enfin l'identité des noms, ne nous permettent point d'en douter. Nous pouvons ajouter que les Arabes Ababdés, en parlant de cette montagne, l'appellent souvent *Gebel Uzzumurud* (la montagne des Émeraudes).

§. II.

L'identité de l'île de *Topazos* avec le *Smaragdus mons* de Ptolémée semble présenter un peu plus de difficulté: mais, si l'on considère que Ptolémée ne fait point mention du nom de *Topazos*, ni d'aucune autre île dans cette position, excepté celle des Émeraudes, et que jamais personne n'a parlé dans ces mêmes parages de deux îles où il y eût des exploitations de pierres précieuses, il faudra bien, malgré la diversité des noms, admettre leur identité.

On verra d'ailleurs, dans des recherches sur l'an-

[1] Ptolem. *Geogr.* lib. IV.

cienne minéralogie de l'Égypte, qu'il y a des raisons de penser que les Grecs ont exploité des topazes et des émeraudes dans la même île[1]. Il ne faut donc pas s'étonner que, bien que l'île portât le nom de *Topazos*, une de ses portions se trouve désignée par celui de *Smaragdus mons*, et que ce dernier nom soit employé de préférence par un astronome qui veut indiquer un point précis.

CHAPITRE VII.

S'il a existé une route directe de Coptos au tropique.

Les auteurs anciens n'offrent aucun passage[2] qui contrarie ce que nous venons d'établir. La position de Bérénice est liée aux quatre précédentes, comme on a vu plus haut; et tous les passages qui marquent explicitement ce rapport, concourent à placer cette ville au même point; savoir,

1°. A peu de distance du port de Myos-hormos,

2°. A l'extrémité de l'isthme de Coptos,

3°. Au fond du golfe *Acathartus*,

4°. Et à une journée de navigation au nord de l'île de *Topazos* et du *Smaragdus mons*.

[1] On trouvera dans ce travail des éclaircissemens sur les différens lieux où les anciens ont indiqué des mines d'émeraudes; nous devions ici nous borner à la détermination du seul point qui eût des rapports de position avec les lieux fréquentés par les anciens pendant leur commerce.

[2] Je crois impossible d'en citer un seul, je ne dis pas formellement opposé, mais assez équivoque pour donner lieu à une objection raisonnable.

Il est donc bien singulier qu'en même temps tous les passages qui marquent sa position d'une manière plus absolue, s'accordent pour la placer soixante lieues plus au sud, précisément sous le tropique.

Pour guider au milieu de ces contradictions, nous avons déjà exposé les motifs qui ont déterminé les anciens dans le choix de ces positions, ainsi que l'importance et la durée de ce commerce; faisons maintenant la comparaison des deux routes.

En plaçant Bérénice à l'extrémité de l'isthme, l'ancienne route depuis Coptos eût été de quatre à cinq jours d'une marche modérée; les caravanes actuelles la font même ordinairement en trois, mais par une marche forcée. Dans le second cas (Bérénice étant sous le tropique), la route, si toutefois il en existe de praticables pour de grandes caravanes, ne saurait être moindre de douze journées de marche. Pour bien apprécier cette différence, il faut connaître par expérience les difficultés des longs trajets dans le désert.

Au lieu de supposer, comme chez nous, les avantages d'un climat tempéré, les ressources d'une terre cultivée où règnent, avec l'abondance et la sûreté, les commodités de toute espèce, que l'on se représente le dénuement où se trouvent les caravanes dans ces lieux absolument stériles, et les fatigues qu'elles éprouvent surtout pendant l'été. Qu'on se les peigne sous leurs charges pesantes, cheminant d'un pas lent et uniforme, tantôt sur une plaine aride et sablonneuse, tantôt entre des montagnes escarpées, parmi des amas de rochers nus et brûlans; exposées du matin au soir, sous le ciel découvert du tropique, à toute l'ardeur du soleil et à celle d'un sol embrasé; sans asile la nuit, comme sans abri durant le jour; ne prenant, étendues sur le sable ou sur les rochers, qu'un sommeil léger; forcées même, pour abréger leurs souffrances, de continuer leurs marches au milieu de l'obscurité; parmi tant de fatigues, jamais ne trouvant de nourriture fraîche, et, ce qu'il y a peut-être de plus insupportable, tourmentées sans cesse d'une soif ardente que ne peut apaiser une eau tiède que des outres imprégnées d'huile ont rendue fétide. A ces inconvéniens joignez encore la continuelle appréhension de se voir tout-à-coup assailli, pillé, égorgé même par les hordes nomades errant aux environs, ou par les tribus lointaines d'Arabes guerriers qui, attirés par cette riche proie, traversent rapidement les déserts; dangers qu'aucune prudence ne saurait prévenir constamment, et qui se multiplient en raison du trajet qu'il faut parcourir.

Dans une pareille situation, il n'est pas naturel assurément que des commerçans préfèrent, toutes choses égales d'ailleurs, une route de douze journées de marche à une de quatre qui remplirait le même but : j'ai dit toutes choses égales; mais, quand il existerait une route de Coptos au tropique, traversant une si vaste étendue de déserts montueux, suivant une direction qui n'est pas celle des vallées principales, elle ne saurait, indépendamment de la longueur du chemin, être aussi facile que les routes de l'isthme, où l'on ne rencontre aucune pente rapide. Les mansions militaires construites par Ptolémée Philadelphe diminuaient les difficultés du voyage, sans doute; mais ce secours, qu'il ne faut pas s'exagérer, se réduisait à fournir un logement aux soldats qui escortaient les caravanes, et à celles-ci de l'eau dans quatre ou cinq endroits[1].

Bérénice étant sur une côte déserte, les caravanes devaient porter avec elles, en quittant l'Égypte, les vivres et les autres provisions nécessaires, non-seulement pour le trajet, mais encore pour le séjour et pour le retour. Chaque chameau devait donc être chargé du poids de sa nourriture, de celle des conducteurs, etc., pour vingt-cinq ou trente jours; ce qui excède déjà les deux tiers de sa charge ordinaire. On se persuade assez communément en Europe, que cette charge peut être de huit, dix et même douze quintaux : cela est vrai pour quelques individus et pour de très-petits trajets; mais dans de longs voyages, quoi qu'en aient dit les voyageurs les plus recommandables, tels que Chardin, Tavernier, Shaw, etc., il est très-certain que la charge moyenne d'un chameau n'est que de trois à quatre quintaux. Les caravanes qui partent aujourd'hui pour la mer Rouge, ne portent pas davantage, quoique leur trajet ne soit que de trois journées; celles du mont Sinaï, avec lesquelles j'ai également voyagé, se chargent encore moins, parce qu'elles doivent marcher pendant neuf à dix jours de suite : des caravanes chargées de vivres pour trente jours ne pourraient donc faire presque aucun commerce d'exportation. Celles qui viennent aujourd'hui en Égypte, de l'intérieur de l'Afrique, entreprennent, il est vrai, des trajets beaucoup plus longs : mais il faut prendre

---

[1] Plin. *Hist. nat.* lib. vi.

garde que la plupart traversent, de distance à autre, des lieux habités où elles renouvellent une partie de leurs vivres; qu'elles n'entreprennent ces voyages qu'une fois l'an au plus; que leurs chameaux trouvent dans divers endroits du désert de quoi subsister, ce qui ne saurait avoir lieu dans une route fréquentée continuellement; que d'ailleurs ces caravanes n'arrivent en Égypte qu'avec des fatigues et des souffrances incroyables; qu'elles perdent souvent un cinquième, quelquefois jusqu'à un quart des animaux et même des hommes qui les composent, et qu'enfin, malgré le grand nombre de chameaux qu'elles emploient, leur commerce se réduit à fort peu de chose.

Il existe encore une difficulté particulière aux caravanes qui font le commerce de la mer Rouge, c'est qu'elles doivent approvisionner de vivres les bâtimens qui se chargent de leurs marchandises; difficulté très-grave, quand elle s'ajoute à toutes celles dont il vient d'être question [1].

Voyons à présent les résultats qu'on obtiendrait par les deux routes avec des moyens égaux. Par celle de l'isthme, huit jours de marche suffisent pour l'aller et le retour, au lieu de vingt-cinq ou trente nécessaires par l'autre. Dans le même temps les mêmes chameaux feraient donc, par la première route, trois voyages au lieu d'un; et cela seul réduit déjà les frais au tiers de ce

[1] J'entre à dessein dans beaucoup de détails, parce qu'il est conforme au but que je me suis proposé, de faire connaître sous divers rapports ces déserts et les obstacles qu'ils apportent au commerce : la position dont il s'agit est, en quelque sorte, la clef de toutes les autres; et ce point une fois établi, le reste ne sera plus susceptible d'objection.

qu'ils auraient été par la seconde. Chargés de très-peu de vivres, la quantité de marchandises qu'ils peuvent porter dans chaque voyage, serait double ou triple; la différence des frais de transport, en raison de cela seul, serait donc encore à peu près dans le rapport de 1 à 3, et par conséquent la différence totale serait véritablement dans le rapport de 1 à 9 : considération qui a dû naturellement échapper aux critiques, parce qu'elle est particulière au désert, et que partout ailleurs les frais sont seulement proportionnels à la longueur de la route; mais elle n'a pas dû échapper aux commerçans égyptiens, et l'on aurait de la peine à persuader qu'ils eussent pu préférer constamment celle des deux routes où les fatigues étaient les plus grandes et les dépenses neuf fois plus considérables[1].

Mais continuons la comparaison. Si l'on admet que vingt-cinq à trente mille chameaux aient été autrefois nécessaires par la route de l'isthme, il n'en eût pas fallu, par l'autre, moins de deux à trois cent mille. Les personnes qui savent combien sont limités les moyens de la Thébaïde, malgré son extrême fertilité, et combien il faut rabattre, à cet égard, des exagérations des historiens, sentiront que ce qu'il y a d'étonnant dans le commerce ancien, c'est qu'on ait pu entretenir aux environs de Coptos la quantité de chameaux nécessaire par

---

[1] Au surplus, il est fort vraisemblable qu'ils n'ont jamais eu l'embarras du choix; car il n'existe pas de route qui aille de Coptos au tropique : du moins je n'ai jamais eu aucun renseignement qui en fît même soupçonner l'existence. Lorsque l'on aura pris connaissance de la constitution physique de ces déserts, on verra d'ailleurs que la chose est presque impossible.

la voie la plus courte; il eût été bien impossible d'en entretenir neuf fois autant.

Par quel motif enfin aurait-on été chercher cette route du tropique, puisque, d'un commun aveu, Bérénice n'avait pas de port, et que les vaisseaux n'y pouvaient séjourner? On n'alléguera point, sans doute, les difficultés de la navigation, car elles n'existaient que vers l'extrémité du golfe Héroopolitique; d'ailleurs on a vu que les vaisseaux se rendaient tous au grand port de Myos-hormos, qui est au nord de l'isthme, et qu'il en partait pour les Indes des flottes de plus de cent vaisseaux en un seul convoi. Je réclame ici l'attention du lecteur. Toutes les marchandises devaient donc, en dernier lieu, être apportées à Myos-hormos, puisque c'est de là qu'elles partaient pour les Indes : or est-il possible de croire que, depuis le règne de Ptolémée Philadelphe, les Égyptiens, les Grecs, les Romains, c'est-à-dire précisément les peuples les plus judicieux, les plus éclairés de l'antiquité, aient persisté pendant dix siècles à porter sous le tropique, avec des peines et des dépenses inouies, des marchandises qu'il fallait ensuite rapporter, de manière ou d'autre, au nord de l'isthme, pour les embarquer en face de cette même ville de Coptos d'où elles étaient parties? Trouverait-on chez les peuples les plus grossiers un seul exemple ou d'un caprice aussi durable, ou d'une pareille ineptie?

Mais peut-être ne connaissait-on pas de route plus courte. Je ne crois pas qu'on insiste sur cette objection, quand on saura qu'il existe dans l'intérieur de l'isthme six ou sept routes différentes, toutes fort commodes, et qui sont des embranchemens des grandes vallées ouvertes en face même de Coptos et d'Apollinopolis¹. Peut-on d'ailleurs imputer aux Égyptiens une telle ignorance de leur pays, à eux qui l'ont connu et mesuré avec tant d'exactitude? Bien antérieurement à Ptolémée Philadelphe, l'intérieur de l'isthme de Coptos était très-connu, et les Égyptiens y avaient déjà exploité, pour leurs monumens, certaines roches particulières à ces lieux². Peut-on attribuer aussi une telle ignorance aux Arabes, qui errent continuellement dans ces déserts et en connaissent jusqu'aux moindres détours? Cependant, dès le temps d'Auguste, Coptos était une ville commune aux Égyptiens et aux Arabes; et Strabon, qui nous apprend ce fait, dit encore quelque chose de plus positif : c'est que les caravanes se rendaient quelquefois directement à Myos-hormos³. Il nous reste à voir si quelqu'une des routes de l'isthme n'offre point de vestiges d'antiquité.

¹ On peut voir ce qui avait donné lieu à cette opinion, dans la Description minéralogique de cette vallée, *Histoire naturelle*.

² Notamment celle que les antiquaires nomment *brèche universelle*, dont on trouve encore aujourd'hui des blocs ornés d'hiéroglyphes. *Voy.* la Description minéralogique de la vallée de Cosseyr, *Histoire naturelle*.

³ Strab. *Geogr.* lib. XVII.

CHAPITRE VIII.

Examen des autorités des anciens en faveur de la position de Bérénice sous le tropique.

Quelqu'imposantes que soient des preuves déduites à-la-fois de mesures itinéraires et de déterminations astronomiques, quelqu'importance qu'on doive en général leur accorder en matière de géographie comparée, elles sont sujettes pourtant encore à couvrir de graves méprises. Aujourd'hui, des voyageurs, d'habiles géographes, se trompent sur des positions astronomiques ou dans des évaluations de distances; et une première erreur, quoique très-grossière, est souvent répétée dans cent ouvrages avant d'avoir été rectifiée. Chez les anciens, bien moins scrupuleux en pareille matière, ces erreurs étaient assez communes, et nous allons en donner un exemple.

§. I. *Strabon.*

D'abord on remarquera que Strabon, d'accord en ce point avec les autres écrivains, dit formellement, dans le second livre de sa Géographie, qu'à Bérénice, comme à Syène, le soleil darde verticalement ses rayons au solstice d'été, et que le plus long jour de l'année y est de treize heures et demie, ce qui ne convient rigoureusement qu'à la latitude du tropique. Ce passage du second livre est donc en contradiction manifeste avec ceux du dix-septième que nous avons rapportés. Mais, dans ce dix-septième livre, Strabon parlait d'après ses renseignemens particuliers et comme voyageur : dans le deuxième, il se borne à compiler des observations générales; il répète sans examen une opinion commune et accréditée de son temps. La parfaite conformité de cette opinion avec ce que rapportent Pline et les autres compilateurs, montre assez que la source où ils avaient puisé, devait être la même; et, à la forme sous laquelle elle est présentée, il serait facile de s'apercevoir, quand même Pline ne l'indiquerait pas aussi clairement[1], qu'elle venait originairement d'un grand travail qui n'est point parvenu jusqu'à nous, mais qu'on sait avoir été entrepris par Ératosthène, le même qui fut chargé, sous le règne de Ptolémée Philadephe, de former la fameuse bibliothèque d'Alexandrie.

Cet ancien astronome, regardé généralement comme le plus savant des Grecs depuis Aristote, et doué, à quelques égards, du même génie que ce philosophe, avait entrepris de faire pour les sciences exactes à peu près ce qu'Aristote avait fait à l'égard des sciences morales et des sciences naturelles, de les ramener à certains principes fixes, et d'en lier les résultats, pour former sur chaque partie un corps de doctrine complet. Dans cette vue, il avait réuni toutes les connaissances acquises

---

[1] *Cùm in Berenice, quam primam posuimus, ipso die solstitii, sextâ horâ, umbræ in totum absumantur.... res ingentis exempli, locusque subtilitatis immensæ, mundo ibi deprehenso, cùm indubitatâ ratione umbrarum Eratosthenes mensuram terræ prodere inde cœperit.* (Plin. *Hist. nat.* lib. VI, cap. 29.)

jusqu'à lui sur la géographie; et pour rendre les observations comparables entre elles, il les avait réduites à une forme commune. Ayant partagé la terre, à partir de l'équateur, par zones ou par bandes parallèles, qu'il appelait *climats*, et qu'il distinguait d'après la longueur du plus grand jour de l'année ou d'après la longueur de l'ombre à midi, à l'époque du solstice, il y rapportait tous les lieux alors connus, traduisant ainsi toutes les indications des voyageurs, sous quelques formes qu'elles eussent d'abord été présentées; car par lui-même il n'a fait qu'un très-petit nombre d'observations astronomiques. De telles déterminations n'étaient donc point susceptibles de rigueur; et des lieux où le plus grand jour différait d'un quart d'heure, pouvaient être rapportés au même parallèle, quoique la différence de leur latitude fût de plusieurs degrés.

A Syène le plus grand arc semi-diurne, suivant les observations astronomiques de M. Nouet, est de six heures quarante-sept minutes; et à Coptos, ville un peu moins septentrionale que Bérénice, il est de six heures cinquante-deux minutes trente secondes. Cette différence d'environ six minutes ne pouvait guère être appréciée ni par les marchands, ni par les soldats grecs et égyptiens qui fréquentaient seuls Bérénice à l'époque où écrivait Ératosthène. Ajoutons que sous cette latitude l'ombre n'est point sensible à midi vers le solstice d'été, comme j'ai eu occasion de le vérifier. Non-seulement Ératosthène a dû ranger Syène et Bérénice sous le même climat, mais encore les croire exactement sous le même parallèle, puisque toutes les circonstances qu'il consultait pour juger de leur position, semblaient les mêmes dans les deux endroits.

§. II. *Ptolémée.*

La latitude de 23° 5' que Ptolémée attribue à Bérénice, n'est pas un renseignement plus précis que le précédent. En dressant ses tables, Ptolémée n'a fait autre chose que de présenter sous cette forme nouvelle les observations faites avant lui, les unes par des procédés exacts, et le plus grand nombre par des moyens assez grossiers, tels que ceux dont nous avons parlé : c'est ce que l'on aurait pu conclure des observations faites récemment en Égypte, si cette vérité n'eût déjà été établie par les judicieuses remarques de M. Gossellin et de divers savans sur les travaux de Ptolémée. La parfaite conformité de cette latitude de Bérénice avec celle de Syène doit donc faire soupçonner que Ptolémée a copié ici Ératosthène sans aucun examen ; et j'en vais donner une preuve irrécusable, en montrant que la longitude qu'il attribue à cette ville maritime, ne peut convenir à un point de la mer Rouge situé vers le tropique. Le méridien qui marque cette longitude (64° 6') que Ptolémée donne à Bérénice, coupe le parallèle de Syène dans l'intérieur des déserts, à plus de vingt lieues à l'ouest de la mer. Ce qu'il faut encore remarquer, c'est que cette même longitude (64° 6') est précisément celle du fond du golfe *Acathartus*, ou de l'extrémité de l'isthme de Coptos : nul autre point de la côte au sud de ce golfe ne peut lui convenir, parce qu'en remontant vers le sud, cette côte décline toujours vers l'est. Cette coïncidence, comme on le sent très-bien, n'est pas l'effet du hasard.

Ptolémée, je l'avoue, n'a pas plus observé par lui-même les longitudes des lieux que leurs latitudes. Selon toute apparence, il a traduit sous une forme rigoureuse les itinéraires des caravanes, et il a écarté le méridien de Bérénice de celui de Coptos de toute la longueur de la route qui conduisait jadis d'une ville à l'autre : aussi l'intervalle d'environ quarante lieues qu'il met entre ces deux méridiens, est parfaitement égal à la largeur de l'isthme, eu égard aux sinuosités de la route.

On ne s'étonnera point que cette contradiction entre la latitude et la longitude de Bérénice, quoique très-grossière, soit échappée à Ptolémée. Dans les travaux de ce genre, les méprises ne s'aperçoivent qu'autant que quelques motifs particuliers appellent sur elles l'attention, et Ptolémée a bien pu laisser échapper, dans un travail de compilation, une contradiction qu'un géographe aussi attentif que d'Anville n'a pas aperçue dans un travail de critique.

§. III. *Pline et les auteurs des Itinéraires.*

L'Itinéraire d'Antonin, dont la date n'est pas parfaitement connue, et les Tables de Peutinger, que l'on rapporte au temps de Théodose ou d'Arcadius, placent également Bérénice sous le parallèle de Syène, et divisent la route qui y conduisait, en douze journées de marche, faisant ensemble 258,000 pas, ou même, suivant un certain passage, 271,000[1]. Pline nous a consigné, dans son Histoire naturelle, des détails conformes à ces monumens; et voilà certainement la plus forte objection qu'on puisse faire contre notre opinion. Mais il faut prendre garde que ces témoignages sont tous postérieurs à ceux de Strabon : or, dès le temps de ce géographe, Bérénice, moins florissante que *Muris-statio*, n'avait conservé quelque importance, comme on l'a vu plus haut, qu'à cause de l'opportunité de sa position. Il n'est donc plus possible de croire que les caravanes, accoutumées à traverser l'isthme par un chemin de quatre journées, aient eu ensuite la simplicité d'aller chercher la mer par une route de douze; nous avons prouvé d'ailleurs qu'elles ont suivi la même route dans tous les temps.

Voici, je crois, la clef de cette contradiction apparente : les deux villes maritimes étant peu éloignées, la même route conduisait à toutes deux; une partie des caravanes, du temps de Strabon, allait décharger directement ses marchandises à la ville navale, tandis qu'une autre partie s'arrêtait à la ville de Bérénice, plus voisine de l'Égypte et où étaient les magasins, s'épargnant ainsi deux journées de marche. Du temps de Pline, le commerce, devenu plus considérable encore, dut mettre les caravanes dans la nécessité de s'arrêter presque toutes dans l'endroit le moins éloigné de Coptos, et Bérénice fut regardée comme le terme du voyage. Nous avons fait voir précédemment que par les douze journées de

[1] Les deux passages se trouvent parmi les textes cités à la fin de ce mémoire.

marche dont Pline et les itinéraires font mention, il faut entendre seulement que les onze stations militaires construites par Ptolémée Philadelphe partageaient en douze intervalles à peu près égaux la route de Coptos à Bérénice ; et trois de ces intervalles n'équivalaient qu'à une journée de marche.

Pline paraît n'avoir fait aucun usage des ouvrages de Diodore de Sicile et de Strabon ; et quoique, dans un endroit de ses volumineux écrits, il cite Agatharchides, il est probable qu'il a puisé les renseignemens dont il s'agit, dans des écrivains plus anciens encore, puisqu'il parle de Myos-hormos comme d'un lieu désert : ce qui n'avait lieu que sous les premiers Lagides et antérieurement à Agatharchides [1]. Ce qu'il faut remarquer surtout, c'est qu'en traduisant les auteurs grecs, qui n'expriment leurs distances qu'en stades, il a toujours évalué cette mesure sur le pied de huit au mille romain [2], sup-

---

[1] En accordant à Pline beaucoup de bonne foi et une vaste érudition, il faut reconnaître qu'il a fait usage de renseignemens de toute espèce et de toutes les dates, avec beaucoup d'art sans doute, pour en tirer en peu de mots ce qui pouvait intéresser, mais du reste avec peu de critique. D'ailleurs, les compilateurs alors n'ayant point les mêmes ressources qu'aujourd'hui, où l'impression a rendu les bons livres cent fois plus communs, les copies d'un ouvrage ne se multipliaient qu'à la longue, et l'on répétait long-temps ce qu'avaient écrit les anciens auteurs, quoique déjà démentis par des observations plus précises, ou quoique l'état des choses eût souffert des changemens : c'est ce qui est arrivé dans le cas actuel.

[2] « C'est une chose familière à Pline, *de marquer des distances en milles par la réduction d'un nombre de stades à raison de huit pour un mille*, selon la compensation la plus commune, sans avoir égard à une différence de longueur plus ou moins grande dans le stade. C'est ce qui devient évident, en comparant au local actuel des distances données de cette manière ; et ce qu'on doit à Pline, est *de voir dans le nombre des milles un nombre de stades dont il reste à démêler la longueur particulière entre plusieurs longueurs à distinguer dans ce qui a été désigné également par le terme de* stade. »

posant partout le stade olympique, qui est d'environ quatre-vingt-quinze toises : mais ce calcul est souvent en défaut pour l'Égypte; et, dans le cas actuel, il s'agit certainement du stade macédonien de cinquante toises deux pieds quatre pouces, qui était le stade employé sous les premiers Lagides. Sa mesure est donnée par la longueur de la digue nommée l'*Eptastadion*, qui joint l'île de Pharos au rivage d'Alexandrie, et encore par l'évaluation du degré du méridien, porté par Aristote à onze cent onze de ces stades [1].

J'ai trouvé la distance de Coptos au rivage le plus voisin de la mer Rouge, de quarante heures de marche (de deux mille quatre cents toises chacune) [2]; ce qui équivaut à environ deux mille cinquante stades égyptiens ou macédoniens. Or, si l'on veut avec Pline ne prendre que huit de ces stades pour former un mille, on trouvera exactement deux cent cinquante-six milles (la différence ne sera donc, avec le nombre qu'il indique, que de deux milles). C'est une exactitude trop grande pour que l'on puisse avoir le moindre doute sur cette interprétation, confirmée d'ailleurs d'une manière directe par la différence des longitudes de Coptos et de Bérénice rapportées par Ptolémée [3].

Tous les points de la côte situés depuis le parallèle de

Extrait de d'Anville, Mémoire sur l'Égypte, pag. 56.

[1] Je me conforme ici à l'opinion de d'Anville, la plus généralement adoptée; mais j'ai déjà averti dans la première partie que cette évaluation du stade n'est pas parfaitement rigoureuse.

[2] C'est ainsi que l'ont estimée tous les voyageurs, et qu'on la trouvera sur la carte nouvelle, en tenant compte des sinuosités de la route.

[3] Suivant Arrien, la distance de Myos-hormos à Bérénice est de dix-huit cents stades; et je conviendrai que, s'il s'agit du stade olympique,

Coptos jusqu'à celui de Syène sont placés au sud de Bérénice par les auteurs anciens, qui décrivent et nomment les lieux dans l'ordre où ils se succèdent. Il ne sera pas bien difficile d'en trouver la raison : c'est que l'erreur sur la position de Bérénice tenait uniquement à ce qu'on a déduit sa latitude de cette fausse supposition, que l'ombre y était tout-à-fait nulle à midi, comme à Syène[1].

Mais par quelle singularité, dira-t-on, la côte, sous le parallèle de Syène, présente-t-elle, dans sa configuration, des rapports si marqués avec les anciennes descriptions des côtes de Bérénice, que les géographes modernes aient pu s'y méprendre? Je répondrai que cette ressemblance n'existe pas; un coup d'œil sur une carte quelconque de la mer Rouge convaincra que l'on n'a pas été plus difficile sur ce point que sur tout le reste. Au lieu de ce golfe profond dans lequel les anciens plaçaient Bérénice, la côte est tout-à-fait droite sous le parallèle de Syène; et c'est ainsi qu'elle est figurée dans la carte même de d'Anville.

comme il est naturel de le croire, cette distance est effectivement celle de Myos-hormos au tropique : reste à savoir de quel poids peut être ici l'autorité d'Arrien.

Nous ignorons presque tout ce qui concerne cet auteur, que l'on croit avoir vécu sous Adrien. Ce qu'il y a de certain, c'est que son ouvrage a tous les caractères d'une compilation, et que, dans toute la description de la côte qui répond à l'Égypte, il ne se trouve pas un seul détail qui ne soit dans les écrivains antérieurs : son autorité n'ajoute donc rien à la leur. Il est clair qu'il n'a fait qu'évaluer en stades la différence d'environ trois degrés qui sépare Myos-hormos du tropique; aussi n'indique-t-il aucun des ports situés dans cet intervalle, quoiqu'il y en ait plusieurs : raisons bonnes à alléguer à ceux qui pourraient croire qu'il a visité ces côtes.

[1] On verra aussi plus loin qu'il a existé sur cette même côte deux autres villes de Bérénice, toutes deux bien plus méridionales que celle qui faisait le commerce; circonstance qui n'a pas peu contribué à rendre la méprise plus difficile à découvrir.

Aussi d'autres géographes, choqués d'une contradiction si frappante, ont pris le parti de reculer encore davantage Bérénice vers le sud, et beaucoup au-delà du parallèle de Syène, où se trouvent effectivement un golfe assez profond et même un port : mais cette dernière circonstance est opposée au témoignage formel des anciens, qui ne donnent point de port à Bérénice; de plus, l'île qui représenterait ici Ophiodes, au lieu d'être beaucoup au sud de cette ville, se trouverait précisément un peu au nord. Du reste, toutes les raisons que j'ai apportées contre l'opinion de d'Anville, s'appliqueraient à celle-ci. Mais il est bien évident qu'on n'a pas cherché à établir ici une opinion nouvelle; on a voulu seulement faire disparaître dans les cartes une contradiction trop manifeste avec les témoignages des écrivains anciens.

CHAPITRE IX.

Des mansions militaires construites sur la route de Coptos à Bérénice, par Ptolémée Philadelphe.

Sans doute le lecteur n'a point perdu de vue que dans cette ancienne route avaient été construites des mansions militaires fortifiées, renfermant des puits, une enceinte pour les bagages des caravanes, et même des logemens pour les voyageurs. Ces constructions vastes et nombreuses, élevées au milieu des déserts, sont des monumens uniques en leur genre, et que l'histoire a célébrés comme une des opérations utiles qui ont illustré le règne de Ptolémée Philadelphe.

Sous un climat conservateur comme celui d'Égypte, où l'on retrouve des monumens bien plus anciens, et surtout dans un désert qui les met à l'abri des ravages des hommes, il est impossible que de telles constructions aient disparu entièrement; le silence des voyageurs à cet égard aurait donc pu former une objection contre notre opinion : mais on conviendra aussi que, ces monumens venant à être retrouvés semblables en tout aux descriptions des anciens, en même nombre, offrant encore les puits, les fortifications, les logemens et les autres accessoires dont ils ont parlé, il ne saurait plus rester le moindre doute sur la route des anciennes caravanes, ni sur la situation de Bérénice.

En me rendant à Cosseyr par la route ordinaire, je consultai les Arabes Ababdés conducteurs des caravanes, touchant une autre route suivie par Bruce, et dans laquelle se trouvaient des fragmens d'obélisques d'une proportion gigantesque[1]. Ils n'avaient aucune idée de ce que je leur demandais; mais il existait, disaient-ils, dans une autre route, au nord de celle que nous suivions, des bâtimens très-grands, renfermant de fort beaux puits et quantité de chambres. Je crus qu'il fallait ranger ces détails parmi les contes que dé-

---

[1] On remarque encore, dans cette route, des constructions plus multipliées; mais c'est un autre genre : ce sont de petits massifs de maçonnerie de forme cubique, placés dans tous les endroits où la route a besoin d'être indiquée; ce qui prouve assez qu'ils ont été construits dans la vue de servir de termes.

bitent si souvent les Arabes sur de vastes monumens qu'ils prétendent exister dans l'intérieur des déserts; mais, quelque temps après, M. Bachelu, colonel du génie, étant parti de Cosseyr pour se rendre à Qené, accompagné seulement de quelques Arabes, abandonna la route ordinaire à trois lieues environ de Cosseyr, descendit un peu vers le nord, entra dans une grande vallée parallèle à celle qu'il venait de quitter, et y trouva effectivement ces constructions que les Arabes avaient indiquées.

Elles consistent à l'extérieur en une enceinte carrée d'environ quarante à cinquante mètres de côté, haute de trois à quatre, et flanquée, dans deux angles opposés, par des tours de trois mètres d'épaisseur, massives dans presque toute leur hauteur. L'intérieur de l'enceinte renferme quatre rangées de petites chambres toutes égales, disposées parallèlement aux quatre murs d'enceinte, dont elles ne sont séparées que par des couloirs étroits, qui permettent de circuler librement le long de ces murs garnis de banquettes, afin de dominer le dehors. La plupart de ces chambres sont maintenant en ruine; mais on en voit suffisamment pour bien juger de tout ce qui a existé. Dans deux angles de l'enceinte, il n'existait, au lieu de chambres, que des rampes étroites qui conduisent au sommet des tours.

Ces quatre corps de bâtimens enferment entre eux un espace carré, dont le centre est occupé par un puits circulaire d'une largeur considérable, autour duquel descend en hélice une rampe fort large, destinée autrefois à conduire jusqu'au niveau de l'eau. Actuellement ces puits sont en partie comblés; mais on aperçoit dans le fond de plusieurs une végétation fort abondante, indice certain du voisinage de l'eau. Il est probable qu'on pourrait encore, avec fort peu de dépenses, les mettre pour la plupart en état de servir. Tous ces monumens sont construits sur le même plan, ou du moins n'offrent que de légères différences.

Le premier a été rencontré à six heures de marche de Cosseyr (environ trois myriamètres); le second à trois heures de marche du premier, et ainsi de suite jusqu'au septième, qui se trouve à trois heures des puits de la Gytah, lesquels formaient eux-mêmes, autrefois, une semblable station. Les constructions de la Gytah ont été totalement rasées par les Turcs, qui ont construit avec leurs débris un tombeau de santon; mais les puits sont parfaitement conservés, et l'on distingue encore les fondations d'une des tours qui flanquaient l'enceinte.

L'intervalle compris entre les points extrêmes de ces huit mansions est d'environ vingt-trois heures de marche (onze myriamètres); ce qui donne, pour la distance moyenne d'une mansion à l'autre, trois heures un quart.

Ici l'on reprit la route ordinaire pour se rendre à Qené, au lieu de suivre la route ancienne qui se dirige vers Coptos. Cette portion de l'ancienne route est encore pratiquée par les caravanes de Cous; mais aucun Français ne l'a parcourue : il est indubitable qu'on y trouverait les vestiges de plusieurs constructions semblables à celles que nous venons de décrire, et dont le nombre

(ce qui nous intéresse le plus ici) est facile à déterminer ; la distance moyenne d'une station à l'autre étant d'un peu plus de trois heures de marche, et la Gytah se trouvant éloignée de Coptos de onze heures, il est évident que cet intervalle devait être partagé en trois parties par deux mansions semblables aux huit autres [1].

D'une autre part, puisque l'on n'a pas suivi non plus l'ancienne route depuis son origine, et que l'on n'a rencontré la première mansion qu'à six lieues de marche de la mer Rouge, il faut conclure aussi que cet intervalle devait encore être partagé en deux distances de trois lieues, par une autre mansion qui formait la onzième : voilà donc, dans l'isthme de Coptos, cette ancienne route divisée en douze intervalles à peu près égaux ; ce que Pline et les auteurs des Tables et des Itinéraires ont donné mal-à-propos pour une route de douze journées de marche [2].

Le nom de *Phœnicon*, que portait la première mansion chez les Grecs, indique assez que ce lieu était couvert de dattiers ; et par cette raison ce nom ne peut convenir à la Gytah, dont le sol n'est point propre à la végétation. D'après le rapport des distances, la Gytah doit être la mansion désignée dans les Tables de Peutinger et dans l'Itinéraire d'Antonin sous le nom d'*Aphrodites*, la troisième à partir de l'Égypte.

[1] Ces trois distances, dans les Itinéraires romains, forment un intervalle de 28,000 toises ; et suivant la carte de l'expédition, cette même route est d'environ 27,500 toises, si l'on a égard aux sinuosités du chemin : c'est là une bien légère différence, ou plutôt un caractère de conformité bien frappant avec les renseignemens des auteurs anciens.

[2] *Voyez* l'extrait des Itinéraires, parmi les textes cités à la fin de cette seconde partie.

CHAPITRE X.

Quel point précis occupait Bérénice dans l'isthme de Coptos.

On ne s'étonnera point que le nom de *Bérénice* ne se soit point conservé parmi les Arabes, depuis long-temps les seuls navigateurs qui fréquentent cette côte. On sait que les Égyptiens ont aussi, de leur côté, laissé perdre une grande partie des noms grecs introduits dans leur langue, et que plusieurs de ces noms, appliqués aux villes de l'Égypte, n'ont même jamais été adoptés par les indigènes[1] : quel nom remplace donc celui de *Bérénice ?*

Le Cosseyr où se rendent aujourd'hui les caravanes, n'est pas une ville ancienne : ce n'est que depuis environ un siècle qu'elle est fréquentée des caravanes ; aussi porte-t-elle le nom de *nouveau* Cosseyr. Le vieux Cosseyr, fréquenté avant cette époque, et entièrement abandonné aujourd'hui, est situé deux lieues plus au nord, et, comme le nouveau, dans ce grand golfe dont nous avons prouvé l'identité avec le golfe *Acathartus* des anciens : le vieux Cosseyr n'avait point de port, mais seulement une rade peu sûre ; inconvénient qui a dé-

---

[1] C'est ainsi que récemment les noms donnés par les Français aux forts qu'ils ont construits, quoique d'un usage général parmi eux, n'étaient nullement adoptés par les gens du pays, et encore bien moins adoptait-on les noms nouveaux imposés à des pays ou des quartiers anciens.

terminé enfin à adopter la ville nouvelle, dont le port, quoique petit et mauvais, suffit aux besoins du commerce actuel, et dispense les vaisseaux d'aller séjourner ailleurs.

C'était de temps immémorial que l'ancien Cosseyr tenait lieu de port à la ville de Cous. Abou-l-fedâ, le plus ancien auteur arabe qui ait traité avec quelques détails de la mer Rouge, en fait mention, et le place au 26ᵉ degré de latitude [1].

L'Égypte ayant été enlevée aux empereurs grecs, la ville d'*Apollinopolis parva* reprit le nom de *Cous*, sans doute fort ancien, car on voit Étienne de Byzance, bien antérieurement à la conquête des Arabes, donner le nom de *Côs* à une ville qui est évidemment la même qu'*Apollinopolis parva*. Le mot *Cosseyr*, qui n'a point de signification en arabe, est probablement dérivé de celui de *Cous*, et désignait naturellement un lieu dépendant de la ville de Cous ; et c'est sans doute par cette raison qu'on l'aura conservé successivement à deux villes différentes, mais qui avaient toujours les mêmes relations avec celle de Cous.

En rapprochant ces diverses circonstances, on voit que ce n'est pas au nouveau mais au vieux Cosseyr qu'était située la ville de Bérénice ; c'est là d'ailleurs qu'aboutissait l'ancienne route tracée par Ptolémée Philadelphe, et dont on a récemment constaté l'existence.

---

[1] Don Juan de Castro, qui l'éloigne un peu plus vers le nord et le place à 26° 15′ (estime à treize lieues marines sa distance au port de Myos-hormos), ajoute à cela que Cosseyr était le port le plus incommode de toute la côte.

RÉSUMÉ.

Après avoir déterminé toutes les positions anciennes qui avaient des rapports avec la route des caravanes commerçantes, nous avons fait voir par ces rapports que cette route traversait l'isthme de Coptos, à l'extrémité duquel devait être placée l'ancienne ville de Bérénice; nous avons fait sentir l'impossibilité d'une route dirigée de Coptos au tropique, et montré comment les renseignemens opposés des itinéraires romains tenaient à l'ignorance des stades employés par les auteurs grecs, le stade olympique de huit au mille ayant été substitué au stade macédonien, qui n'avait guère plus de la moitié. Enfin l'on a vu que cet accord unanime des écrivains anciens à supposer Bérénice sous le même parallèle que Syène, venait de ce qu'ils avaient tous copié Ératosthène, qui avait avancé cette opinion, sur l'idée vague qu'à Bérénice, comme à Syène, l'ombre était nulle à midi au solstice d'été. Nous avons achevé de confirmer notre sentiment en faisant voir qu'il existe dans l'isthme de Coptos une route ancienne renfermant des stations militaires, et semblable en tout à celle que pratiquaient les caravanes du temps de Philadelphe. Le lecteur décidera si les obscurités qui enveloppaient cette question, sont suffisamment dissipées.

TEXTES
DES AUTEURS CITÉS.

I. *Description de la côte d'Afrique depuis Arsinoé jusqu'au tropique.*

Mox oppidum parvum est Ænnum, pro quo alii Philoteram scribunt. Deinde sunt Azarei, ex Troglodytarum connubiis, Arabes feri. Insulæ, Sapirene, Scytala; mox deserta ad Myos-hormon, ubi fons Tadnos; mons Eos, insula Lambe, portus multi; Berenice, oppidum matris Philadelphi nomine, ad quod iter à Copto diximus. (Plin. *Hist. nat.* lib. VI, cap. 29.)

II. *Description du site et du port de Myos-hormos.*

Πλησίον δὲ τῆς λίμνης, εὐμεγέθει πεδίῳ βεβηκὸς ὄρος ἀναφαίνεται μιλτῶδες........

Ἐφεξῆς δὲ λιμὴν μέγας ἐνδέχεται ὃς πρότερον μὲν Μυὸς ἐκαλεῖτο ὅρμος, ἔπειτα δὲ Ἀφροδίτης ὠνομάσθη· ἐν οἷς καὶ νῆσοι τρεῖς εἰσι προκείμεναι, ὧν αἱ μὲν ἐλαίαις πεπύκνωνται μία δ᾽ ἧτλον μὲν δασεῖα, τῶν δὲ καλουμένων Μελεαγρίδων ἐκτρέφουσα πλῆθος. (Ex Agatharchide, de *Rubro mari*, apud Geogr. vet. script. Græc. minores, tom. I, pag. 54.)

Juxta lacum in campo satis spatioso mons assurgere videtur, rubricæ metallo fecundus..........

Hinc portus excipit magnus, cui primò *Muris*, deinde *Veneris* cognomentum fuit attributum : ubi tres etiam insulæ exstant, quarum duæ olivas habent crebras et densas; una minùs quidem silvosa est, sed avium quas *meleagrides* vocant copiam nutrit.

III. *Situation et description du port de Myos-hormos.*

Εἶτα θερμῶν ὑδάτων ἐκβολὰς πικρῶν καὶ ἁλμυρῶν, κατὰ πέτρας τινὸς ὑψηλῆς ἐκδιδόντων εἰς τὴν θάλατταν· καὶ πλησίον ὄρος ἐστὶν ἐν πεδίῳ μιλτῶδες· εἶτα Μυὸς ὅρμον καὶ Ἀφρο-

Hinc calidarum aquarum in mare exitus, quæ amaræ ac salsæ ab excelsa quadam petra prolabuntur. Non procul mons quidam est, in campo situs, minii plenus; deinde

δίτης ὅρμον καλεῖσθαι λιμένα μέγαν, τὸν εἴσπλουν ἔχοντα σκολιόν· προκεῖσθαι δὲ νήσους τρεῖς, δύο μὲν ἐλαίαις κατασκίους, μίαν δ' ἧττον κατάσκιον, μελεαγρίδων μεστήν· εἶθ' ἑξῆς τὸν Ἀκάθαρτον κόλπον. (Strab. Geogr. lib. xvi, pag. 769.)

Muris statio, aliaque Veneris : hæc vocatur *portus magnus*; ingressu admodum flexuoso: In fronte insulas tres esse; duas ob olearum frequentiam opacas; alteram minùs opacam, quæ meleagrides aves multas habeat : deinceps sinum qui *Immundus* dicitur.

IV. *Myos-hormos était le port le plus célèbre et le plus fréquenté de toute la mer Rouge, sous Adrien.*

Τῶν ἀποδεδειγμένων ὅρμων τῆς Ἐρυθρᾶς θαλάσσης, καὶ τῶν περὶ αὐτὴν ἐμπορίων, πρῶτός ἐστι λιμὴν τῆς Αἰγύπτου, Μυὸς ὅρμος. (Arriani *Periplus maris Erythræi*, apud Geogr. vet. script. Græc. minores, tom. I, pag. I.)

Inter insignes celebresque maris Erythræi portus et emporia, primus est Ægypti portus, Myos-hormos.

V. *Description du* Sinus Immundus; *sa position immédiatement au sud de Myos-hormos.*

Εἶτα Μυὸς ὅρμον.......... εἶθ' ἑξῆς τὸν Ἀκάθαρτον κόλπον, καὶ αὐτὸν κατὰ τὴν Θηβαΐδα κείμενον, καθάπερ τὸν Μυὸς ὅρμον· οὕτω δὲ Ἀκάθαρτον· καὶ γὰρ ὑφάλοις χοιράσι καὶ ῥαχίαις ἐκτετράχυνται, καὶ πνοιαῖς καταιγιζούσαις τὸ πλέον. (Strabon. Geogr. lib. xvi, pag. 769.)

Deinde Muris statio.......... deinceps sinum qui *Immundus* dicitur, et ipsum contra Thebaïdem situm quemadmodum Muris stationem. *Immundus* dicitur, quia occultis cautibus et dorsis exasperatur, et procellæ flatuum in eum crebriùs incumbunt.

VI. *De l'île d'Ophiodes, immédiatement au sud du* Sinus Immundus.

Τούτοις δ' ἐγγίζει κόλπος, ὃν καλοῦσιν Ἀκάθαρτον· ὃν παραπλεύσαντι νῆσος ἔκκειται, τῇ μὲν θέσει πελαγία, μῆκος ἔχουσα σταδίων ὡς ὀγδοήκοντα, ἣν καλοῦσιν Ὀφιώδη, πρότερον μὲν γέμουσαν παντοίων ἑρπετῶν, ἐφ' ἡμῶν

Hinc portus cui primò Muris, etc. His propinquus est sinus quem *Impurum* nominant. Quem ubi præternavigaris, insula exporrigitur, in pelago sita, longitudine stadiorum xxc circiter, nomine *Serpentinæ*:

δὲ ἐλευθέραν τούτων· ἐν δὲ ταύτῃ γί- νεται τῇ νήσῳ, φησί, καὶ τὸ καλού- μενον τοπάζιον. (Agath. *de Rubro mari*, apud *Geogr. minor.* tom. 1, pag. 54.)

nam omnis generis serpentibus quon- dam referta erat, sed aetate nostrâ libera est. In hac lapillus nascitur, *topazii* nomine celebris.

VII. *L'île d'Ophiodes immédiatement au sud du* Sinus Immundus.

Εἶτα Μυὸς ὅρμον............ εἶθ᾽ ἑξῆς τὸν Ἀκάθαρτον κόλπον..... ἐνταῦθα δὲ ἱδρῦσθαι Βερενίκην πόλιν ἐν βάθει τοῦ κόλπου· μετὰ δὲ τὸν κόλ- πον ἡ Ὀφιώδης καλουμένη νῆσος ἀπὸ τοῦ συμβεβηκότος, ἣν ἠλευθέρωσε τῶν ἑρπετῶν ὁ βασιλεύς, ἅμα καὶ διὰ τὰς φθορὰς τῶν προσορμιζομένων ἀνθρώ- πων ἐκ τῶν θηρίων, καὶ διὰ τὰ το- πάζια. (Strab. *Geograph.* lib. XVI, pag. 769.)

Deinde Muris statio........... deinceps sinum qui *Immundus* di- citur........ ibi Berenicen urbem in penitiore sinu positam; post si- num est Ophiodes insula ab eventu appellata, quam rex à serpentibus liberavit, cùm multi applicantes à serpentibus interficerentur, propter topazia.

VIII. *Comparaison du* Smaragdus mons *avec les points voisins, qui prouve que cette montagne ne peut se trouver que dans une île.*

	Longit.		Latit.	
Φιλωτέρας λιμήν............	ξδ	δ.	κζ	μ'.
Σμάραγδος ὄρος............	ξδ	μδ.	κε	ς.
Λεπτὴ ἄκρα...............	ξδ	γο.	κδ	γο.
(Ptol. *Geogr.* l. IV, p. 103.)				

	Longit.	Latit.
Philoteras portus............	64° 15′.	26° 45′.
Smaragdus mons............	64. 50.	25. 0.
Lepte promontorium........	64. 40.	24. 40.

IX. *Isthme de Coptos, ou rétrécissement de terrain entre Coptos et Bérénice.*

Ὄπισθεν δὲ τοῦ νεὼ τῆς Ἀφροδί- της, Ἴσιδός ἐστιν ἱερόν· εἶτα Τυφώ- νεια καλούμενα, καὶ ἡ εἰς Κοπτὸν διώ-

Post Veneris templum est Isidis fanum; deinceps sunt ea quae *Ty- phonia* vocantur, et fossa quae *Cop-*

ρυξ, πόλιν κοινὴν Αἰγυπτίων τε καὶ
Ἀράβων.

Ἐντεῦθεν ἐστὶν ὁ ἰσθμὸς εἰς τὴν
Ἐρυθρὰν κατὰ πόλιν Βερενίκην, ἀλί-
μενον μέν, τῇ δ᾽ εὐκαιρίᾳ τοῦ ἰσθμοῦ
καταγωγὰς ἐπιτηδείους ἔχουσαν.

Λέγεται δ᾽ ὁ Φιλάδελφος πρῶτος
στρατοπέδῳ τεμεῖν τὴν ὁδὸν ταύτην
ἄνυδρον οὖσαν, καὶ κατασκευάσαι
σταθμόν, ὥσπερ τοῖς ἐμπορίοις ὁδεύ-
μασι, καὶ διὰ τῶν καμήλων.

Ἐφάνη δὲ τῇ πείρᾳ πολὺ τὸ χρήσιμον. (Strabon. *Geograph.* lib. xvii,
pag. 815.)

tum defert, communem Ægyptiorum et Arabum urbem.

Deinceps est isthmus in Rubrum
mare porrectus, juxta Berenicen urbem, quæ, quanquam sine portu
est, tamen ob opportunitatem isthmi
idonea diversoria habet.

Dicunt Philadelphum primo hanc
viam exercitu aperuisse, cùm aquis
ea careret, ac diversoria constituisse,
tam pedibus iter agentibus quàm
camelis.

Eniuverò experientia utilitatem
maximam demonstravit.

X. *Position respective des quatre villes anciennes qui servaient au commerce; savoir, Bérénice, Myos-hormos,
Coptos et Apollinopolis parva.*

Οὐκ ἄπωθεν δὲ τῆς Βερενίκης ἐστὶ
Μυὸς ὅρμος πόλις, ἔχουσα τὸν ναύ-
σταθμον τῶν πλοϊζομένων· καὶ τῆς Κο-
πτοῦ οὐ πολὺ ἀφέστηκεν ἡ καλουμένη
Ἀπόλλωνος πόλις, ὥστε καὶ αἱ διορί-
ζουσαι τὸν ἰσθμὸν δύο πόλεις, ἑκατέ-
ρωθεν εἰσίν. Ἀλλὰ νῦν ἡ Κοπτὸς, καὶ ὁ
Μυὸς ὅρμος, εὐδοκιμεῖ, καὶ χρῶνται
τοῖς τόποις τούτοις. (Strab. *Geogr.*
lib. xvii, pag. 815.)

Non procul à Berenice est Muris
statio, quæ urbs navale habet. A
Copto quoque non multùm abest
Apollinis civitas, quare duæ urbes
isthmum terminantes utrinque sunt.
Sed Coptus et Muris statio nunc ex-
cellunt, iisque omnes utuntur.

XI. *Rapprochement de la longitude de Bérénice avec celle
des divers points de la côte sous le tropique; impossibilité
qu'une ville maritime ait existé sous ce parallèle avec
une telle longitude.*

	Longit.		Latit.	
Λεπτὴ ἄκρα....................	ξδ	γο.	κδ	γο.
Βερενίκη.....................	ξδ	ιβ.	κδ	γ.
Πενταδάκτυλον ὄρος..........	ξδ	Lδ.	κγ	Lγ.

(Ptol. *Geogr.* l. iv, p. 103.)

	Longit.	Latit.
Lepte promontorium,	64° 40′.	24° 40′.
Berenice	64. 6.	23. 50.
Pentadactylum mons	64. 45.	−23. 30.

XII. La différence de longitude entre Coptos et Bérénice égale la largeur de l'isthme (quarante lieues).

ΚΟΠΤΙΤΗΣ νομός,

Καὶ μητρόπολις μεσόγειος.

	Longit.		Latit.	
Κοπτὸς πόλις	ξϚ	∠	κϚ	.
Ἀπόλλωνος μικρά	ξϚ	∠	κε	∠ γ
Βερενίκη	ξδ	ιβ.	κδ	γ
Φιλωτέρας λιμήν	ξδ	δ.	κζ	∠

(Ptol. Geogr. l. iv, p. 113 et 108.)

COPTITES NOMUS,

Et metropolis mediterranea.

	Longit.	Latit.
Coptos civitas	62° 30′.	26° 0′.
Apollinis civitas parva	62. 30.	25. 50.
Berenice	64. 6.	23. 50.
Philoteras portus	64. 15.	26. 45.

XIII. Route de Coptos à Bérénice et à Myos-hormos.

Πρότερον μὲν οὖν ἐνυκτοπόρουν πρὸς τὰ ἄστρα βλέποντες οἱ καμηλέμποροι, καὶ καθάπερ οἱ πλέοντες ὥδευον, κομίζοντες καὶ ὕδωρ· νυνὶ δὲ καὶ ὑδρεῖα κατεσκευάκασιν, ὀρύξαντες πολὺ βάθος· καὶ ἐκ τῶν οὐρανίων καίπερ ὄντων σπανίων, ὅμως δ' ἐξαμενὰς πεποίηνται· ἡ δ' ὁδός ἐστιν ἐξ ἢ ἑπτὰ ἡμερῶν.
(Strab. Geogr. lib. xvii, p. 815.)

Initio camelis vecti per noctem iter agebant, astra observantes, quemadmodum nautæ, et aquam secum portabant: nunc terrâ in profundum effossâ aquarum copiam paraverunt, et pluviis, quanquam raræ sint, cisternas fecerunt. Iter est sex septemve dierum.

A. M. vi.

XIV. *Noms et distances des onze mansions bâties par Ptolémée Philadelphe.*

ITER A COPTO BERONICEM *usque* MP. CCVIII.

V. C. Regius.

		stades.
Peniconon	MP. XXIIII =	192.
Didime	XXIIII.	192.
Afrodito	XX.	160.
Compasi	XXII.	176.
Jovis	XXIII.	184.
Aristonis	XXX.	240.
Phalagro	XXX.	240.
Apollonos	XXIIII.	192.
Cabalsi	XXIIII.	192.
Cenon Ydreuma	XXVII.	256.
Beronicen	XVII.	134.
		2158.

Seconde Liste offrant avec la première une différence de treize milles.

ITEM A COPTO BERONICEM MP. CCLVIII. (sic)

VV. CC. Blandinianus, Neapolitanus et excusus Longolianus.

Pœniconiconon	MP. XXVII.
Didime	XXIIII.
Afrodito	XX.
Compasi	XXII.
Jovis	XXXIII.
Aristonis	XXV.
Falacro	XXV.
Apollonos	XXIII.
Cabalsi	XXVII.
Cenon didreuma	XXVII.
Beronicem	XVIII.
TOTAL	CCLXXI.

(Anton. August. *Itinerar.* pag. 171.)

ET DU COMMERCE DE LA MER ROUGE. 387

XV. *Le commerce de l'Inde plus considérable sous les Romains que sous les Ptolémées.*

....
Καὶ τῶν ἐκ τῆς Ἀλεξανδρείας ἐμπόρων στόλος ἤδη πλεόντων διὰ τοῦ Νείλου καὶ τοῦ Ἀραβίου κόλπου μέχρι τῆς Ἰνδικῆς, ἃ πολὺ μᾶλλον καὶ ταῦτα ἔγνωσται τοῖς νῦν ἢ τοῖς πρὸ ἡμῶν.

Ἱστοροῦ μὲν ὅτι καὶ ἑκατὸν καὶ εἴκοσι νῆες πλέοιεν ἐκ Μυὸς ὅρμου πρὸς τὴν Ἰνδικήν· πρότερον ἐκ τῶν Πτολεμαϊκῶν βασιλέων, ὀλίγων παντάπασι θαρρούντων πλεῖν, καὶ τὸν Ἰνδικὸν ἐμπορεύεσθαι φόρτον. (Strab. Geogr. lib. II, p. 118.)

Quin et in *Arabiam Felicem* Romani jam cum exercitu profecti sunt, ductore *Ælio Gallo*, amico ac sodali nostro : et Alexandrinorum mercatorum classis per Nilum jam navigans et Arabicum sinum usque ad Indiam, multò ista nobis, quàm olim fuerant, notiora reddidit.

Quo tempore Gallus Ægypto præfuit, ad ipsum veni, unàque usque ad Syenem et fines Æthiopiæ adscendi, ibique comperi cxx naves à Muris portu Indiam versùs navigare, cùm sub Ptolemæis regibus perpauci auderent navigare et merces indicas advehere.

XVI. *Nature des marchandises qui se transportaient par la mer Rouge.*

Προχωρεῖ δὲ εἰς τοὺς τόπους τούτους ἱμάτια βαρβαρικὰ ἄγναφα τὰ ἐν Αἰγύπτῳ γινόμενα, Ἀρσινοητικαὶ στολαί, καὶ ἄβολοι νόθοι χραμάτινοι, καὶ λέντια, καὶ δικρόσσια, καὶ λιθίας ὑαλῆς πλείονα γένη, καὶ ἄλλης μυρρίνης. Τῆς γινομένης ἐν Διοσπόλει· καὶ ὀρείχαλκος, ᾧ χρῶνται πρὸς κόσμον, καὶ εἰς συγκοπὴν ἀντὶ νομίσματος· καὶ μελίεφθα χαλκᾶ, εἰς τε ἕψησιν καὶ εἰς συγκοπὴν ψελλίων καὶ περισκελίδων τισὶ τῶν γυναικῶν. (Arr. Periplus Erythræi, apud Geogr. vet. script. Græc. min. pag. 4.)

In hæc porrò loca deportantur venalia, vestes barbaræ atque rudes, à fullonibus nondum apparatæ, quæ quidem in Ægypto fiunt ; stolæ Arsinoeticæ, abollæ adulterini coloris, lintea, dicrossia seu mantilia utrinque fimbriata, omnis generis vasa vitrea atque murrhina, in urbe Diospoli elaborata ; item orichalcum, quo utuntur ad ornatum, ex quo in frusta dissecto etiam numismata conficiunt ; necnon meliephtha ænea, quibus ad coquendum utuntur, ex quibus etiam in frusta concisis armillas atque periscelidas nonnullæ mulieres conficiunt.

25.

Oppidum Aduliton....... Maximum hìc emporium Troglodytarum, etiam Æthiopum. Abest à Ptolemaïde quinque dierum navigatione. Deferunt plurimum ebur, rhinocerotum cornua, hippopotamorum coria, celtium testudinum, sphingia, mancipia. (Plin. *Hist. nat.* l. VI, c. 29.)

XVII. *Description de la côte occidentale de la mer Rouge, au sud de l'île d'Ophiodes.*

Μετὰ δὲ τὴν νῆσον ταύτην, πολλά ἐστιν ἰχθυοφάγων ἔθνη καὶ νομάδων· εἶθ' ὁ τῆς Σωτείρας λιμήν.

Post hanc insulam (Ophioden) multæ ichthyophagorum et nomadum nationes sunt : inde Sotiræ deæ portus.

Εἶθ' οἱ Ταῦροι δύο ὄρη, τύπον τινὰ πόρρωθεν δεικνῦντα τοῖς ζῴοις ὅμοιον· εἶτ' ἄλλος ὄρος ἱερὸν ἔχον τῆς Ἴσιδος Σεσώστριος ἀφίδρυμα. (Str. *Geogr.* lib. XVI, pag. 770.)

Postea sunt Tauri duo quidem montes, qui eminus formam quamdam ostendunt tauris similem. Subsequitur alius mons, qui Isidis templum habet à Sesostre positum.

XVIII. *De deux autres villes de Bérénice, Panchrysos et Epidires.*

Juba, qui videtur diligentissimè prosecutus hæc, omisit in hoc tractu (nisi exemplarium vitium est) Berenicen alteram, quæ *Panchrysos* cognominata est; et tertiam, quæ *Epidires*, insignem loco. Est enim sita in cervice longè procurrente, ubi fauces Rubri maris IV. M. D. pass. ab Arabia distant. (Plin. *Hist. nat.* l. VI, cap. 29.)

	Longit.	Latit.
Μυὸς ὅρμος...............	ξδ ιϛ.	κζ ιϛ γ.
Φιλωτέρας λιμήν...........	ξδ δ.	κζ ιϛ.
Αἴας ὄρος..................	ξδ ϛ.	κϛ ιϛ δ.
Λευκὸς λιμήν..............	ξδ ιϛ.	κϛ ϛ.
Ἀκάβη ὄρος...............	ξδ ιϛ γ.	κϛ.
Νεχεσία...................	ξδ ιϛ.	κε ιϛ δ.

(Ptol. *Geogr.* l. IV, p. 103.)

	Longit.	Latit.
Myos-hormos.............	64° 30′.	27° 15′.
Philoteras portus.........	64. 15.	26. 45.
Aias mons................	64. 20.	26. 30.
Leucos (Albus) portus....	64. 30.	26. 0.
Acabe mons..............	64. 30.	25. 45.
Nechesia.................	64. 30.	25. 30.

XIX. *Description de la côte d'Afrique depuis Myos-hormos.*

Mox deserta ad Myos hormon, ubi fons Tadnos, mons Eos, insula Lambe, portus multi; Berenice, oppidum matris Philadelphi nomine, ad quod iter à Copto diximus. Arabes Autei et Gebadei. Troglodytice, quam prisci *Michoen*, alii *Midoem* dixere. Mons Pentedactylos. Insulæ Stenæ Deiræ aliquot, Halonnesi non pauciores; Cardamine, Topazos, quæ gemmæ nomen dedit. Sinus insulis refertus : ex iis quæ *Mareu* vocant, aquosæ; quæ *Eratonos*, sitientes. Regum ii præfecti fuere. Introrsus Candei, quos *Ophiophagos* vocant, serpentibus vesci assueti; neque alia regio fertilior earum. (Plin. *Hist. nat.* l. vi, c. 29.)

MÉMOIRE

SUR

LE ZODIAQUE NOMINAL ET PRIMITIF

DES ANCIENS ÉGYPTIENS,

Par M. Remi RAIGE.

Plusieurs savans ont pensé que la langue égyptienne devait peu différer du phénicien et des dialectes [1] qui n'ont cessé d'être en usage dans la Syrie et l'Arabie; j'espère que cette assertion sera implicitement prouvée dans ce Mémoire, où je me propose de faire connaître et de commenter la signification des noms des mois du calendrier égyptien. Leur prononciation et leur valeur sont assez fidèlement conservées dans la langue arabe

---

[1] Pour ne pas trop multiplier les citations, j'indiquerai seulement aux personnes curieuses de juger de cette assertion, le mémoire de l'abbé Barthélemy, lu à l'assemblée publique de l'Académie, le 12 avril 1763 (art. II, *des rapports de la langue égyptienne avec la phénicienne*). Il apporte en preuve une série de mots et les pronoms personnels qobtes, qui sont communs à la plupart des langues orientales : les lettres seules sont différentes ; ce sont à peu près les lettres grecques substituées à celles des anciens Égyptiens. L'ouvrage le plus considérable sur cette matière est celui de Rossi et de Zoëga (*Etymologiæ Ægyptiacæ*, Romæ, 1808). On y trouve un assez grand nombre de mots qobtes communs à l'arabe, à l'hébreu, au syriaque. Je m'abstiens de traiter plus longuement des rapports qui existent entre ces dialectes, devant bientôt publier un travail étendu sur la langue et les écritures égyptiennes.

pour reproduire devant nous le zodiaque primitif, ce précieux monument de l'astronomie et du génie des hommes. On sera sans doute bien étonné de voir écrit dans un dictionnaire oriental, sous tel mot signifiant tel signe, ce que M. Dupuis a écrit, il y a vingt-cinq ans, de ce même signe. On ne savait alors à quel peuple attribuer l'invention de ce zodiaque que les Grecs et les Romains nous avaient transmis, et que le caprice ou l'ignorance défigurait tous les jours. M. Dupuis prouva que les Égyptiens en étaient les auteurs, puisque les travaux agricoles et les périodes de l'inondation, qui y sont si bien peints, ne pouvaient appartenir qu'au sol de leur pays : mais comme ces figures n'ont pu représenter pour eux ce qui se passait chaque mois dans les cieux ou sur la terre, que lorsque le soleil occupait, au solstice d'été, le groupe d'étoiles renfermées dans l'image du Capricorne, et que maintenant, selon les lois de la précession des équinoxes, ce solstice a rétrogradé de plus de sept signes, c'est-à-dire du Capricorne dans le Taureau, il en a conclu que l'époque de cette invention remontait à environ quinze mille ans.

Nous rappellerons au lecteur dans quel ordre les phénomènes se succèdent en Égypte, afin qu'il juge plus facilement des rapports qui existent entre ces phénomènes et les noms des mois, dont nous allons donner la signification.

L'année égyptienne, selon le témoignage des anciens [1], commençait au solstice d'été, vers le 20 juin, à l'époque de la crue du Nil et de l'inondation, qui dure pendant

[1] *Voyez* Dupuis, Relig. univers., 1re partie, tom. vi, pag. 425 et 426.

juillet, août, septembre. C'est en octobre, novembre, décembre, que l'on peut mener paître les troupeaux, labourer la terre, et que germent les grains. En janvier, février, mars, le soleil semble rétrograder; les moissons mûrissent et sont récoltées. Environ vers le 20 mars arrive l'équinoxe du printemps, et le jour est égal à la nuit. Durant avril, mai et juin, la chaleur croissante donne l'essor aux bêtes venimeuses, développe les maladies pestilentielles, et l'année achève son cours qui va recommencer.

J'ai dit que les douze noms des mois de l'ancien calendrier égyptien formaient un véritable zodiaque. Effectivement, lorsqu'on prononçait le mot *faofi*, cela signifiait le mois du *belier*, parce que *faofi* voulait dire en égyptien et veut dire en arabe *belier; athyr*, ou *thoor*, comme l'écrit Eusèbe, désignait le mois du *taureau*, parce que *athyr* signifiait en égyptien *bœuf, taureau*, ainsi qu'Hésychius nous l'atteste encore : Ἀθὺρ μὴν καὶ βῦς παρὰ Αἰγυπτίοις, dit-il; *athyr est le nom d'un mois et du bœuf pour les Égyptiens;* et *thour*, dont le pluriel est *athouêr*, signifie en arabe *bœuf* et *taureau*.

De plus, la langue avait la propriété de représenter quelquefois par le même mot un substantif et des adjectifs qui rendaient les qualités ou les actions de ce substantif. Par exemple, substantivement, *faofi* signifiait *belier*, et adjectivement, celui qui appelle les troupeaux au pâturage. Presque toujours le verbe avait un rapport direct de signification avec le nom substantif qui lui avait donné naissance. Ainsi *thour* signifiait *taureau*, et son verbe *athar* voulait dire *labourer :* de sorte que ce mot, pris comme nom de mois, exprimait à-la-fois un taureau et l'idée des travaux que cet animal exécutait durant le temps dont il était l'image. L'examen que nous allons faire de ces douze noms, va donc non-seulement reproduire à notre pensée des figures semblables à celles que l'on voit aux temples d'*Esné* et de *Denderah*, mais encore, en nous montrant les phénomènes que chacune d'elles représentait autrefois, va fixer l'ordre primitif, soit de ces figures, soit de ces noms : car le mot *athyr*, par exemple, nous apprend que l'on nommait ainsi le mois du labourage, dont le taureau était l'emblème ; et nous voyons que, dans son rapport avec notre calendrier, il correspond à *novembre*, c'est-à-dire avec le second mois de l'automne, durant lequel on commence à labourer la terre dans la seule contrée de l'Égypte.

Le zodiaque que nous allons obtenir, sera celui de l'époque de l'institution. Les trois noms d'animaux ou de mois de l'été, par exemple, exprimeront les phénomènes de l'été, et il en sera de même pour les autres saisons. C'est seulement lorsqu'*epifi*, le capricorne, représentait juillet, que les noms et les figures ont pu coïncider avec les phénomènes ; car, depuis que le solstice, en rétrogradant, a porté le commencement de l'année ou de l'été dans un autre signe, les noms et les figures ont cessé d'être l'appellation et la peinture de ce qui se passait dans chaque mois.

Afin qu'il n'y ait rien d'arbitraire dans ces recherches, je rapporterai d'abord les différentes manières dont les Grecs orthographiaient les noms des mois égyptiens ;

d'après le livre intitulé *Alberti Fabricii Menologium*, page 22; au-dessous, j'écrirai le même nom en qobté d'après le *Lexicon Ægyptiaco-Latinum* de Lacroze; plus bas, je transcrirai en arabe le mot correspondant, avec les significations latines qui lui sont données dans les dictionnaires orientaux suivans, *Lexicon Castelli*, *Lexicon Golii*; et ensuite je tâcherai d'en développer le sens, et d'en faire apercevoir la justesse.

ÉPIFI, *le Capricorne*, 1er *mois de l'été : du* 20 *juin au* 20 *juillet environ*.

Ε'πιφὶ, Ε'πηφί, Epifi, Epêfi. *Vid.* Menolog. pag. 22.

ⲈⲠⲎⲠ, epêp. *Vid.* Lexic. Ægypt. Lacroz.

هَبْهَبِي   هَبْهَابْ hebhêbi, hebhêb; CAPER, *dux gregis, qui cœpit, species apparens aquæ, evigilatio, motio huc et illuc, aurora*.

Le verbe هَبْهَبَ   هَبّ hebheb, ou hebeb; *cœpit, evigilavit, experrectus fuit è somno, flavit ventus, vacillavit, huc et illuc motus fuit, insiliit in femellam*. Vid. Lexic. Castelli et Golii [1].

Caper, nomme le Capricorne, l'une des figures zodiocales.

Dux gregis, qui cœpit, nous montre ce même Capricorne, chef des animaux célestes, qui commence et qui ouvre la marche de l'année.

Species apparens aquæ, nous annonce la naissance de

---

[1] L'*h* dans le mot *hebhéb* ou *hebhébi* est doux comme notre *h* dans *homme* : c'est l'esprit doux des Grecs. Anciennement, comme on le voit par le chaldéen et l'hébreu, on le remplaçait quelquefois par la voyelle qui devait l'affecter. Les Arabes remplacent par la lettre *b* ou *f* le *p* qu'ils n'ont pas. Remarquez aussi que dans les dictionnaires orientaux l'on trouve les verbes à la troisième personne du singulier du prétérit.

la crue du Nil, qui n'est ordinairement appréciable que dix jours après le solstice.

Qui evigilavit, qui experrectus fuit è somno, désigne les plus longs jours : le soleil, ou l'animal qui le représente, est éveillé et réveille à l'heure consacrée au sommeil dans les autres saisons.

Qui vacillavit, qui huc et illuc motus fuit, peint bien ce mouvement d'hésitation du soleil arrivé au sommet solsticial, et que presque tous les peuples ont remarqué.

Qui flavit ventus, doit s'entendre des vents du nord qui soufflent pendant quinze jours, vers cette époque, et qui sont assez remarquables pour que les Égyptiens Arabes en prédisent l'arrivée dans leur calendrier nommé معربه *ma'rbeh*. Celui de 1212 de l'hégyre (1798) annonce ces vents pour le seizième jour après le solstice d'été.

Aurora : cette acception me persuade que l'année égyptienne commençait à l'aurore de *Caper*, à la naissance du premier jour de l'été, et à ce moment où le soleil, encore à une heure et demie sous l'horizon, manifeste cependant sa prochaine arrivée par des rayons qui n'ont pas assez d'éclat pour empêcher de voir le lever, nommé *héliaque*, d'une étoile. Il faut nécessairement que l'année solaire ait pris naissance à cet instant du jour, pour qu'elle ait pu quelquefois concourir avec l'année caniculaire, qui a dû commencer anciennement au lever héliaque de *Sirius*, lequel n'est visible qu'au crépuscule du matin. Par conséquent, ce moment a dû être le premier du jour, du mois et de l'année.

DES ANCIENS ÉGYPTIENS.   397

Dans la langue chaldéenne, הבהב *hebheb*, signifiant *ustulavit, assavit*, exprime seulement les grandes chaleurs de l'été.

Enfin je ferai observer qu'*Epifi* ou *Epafi* était probablement l'un des douze grands dieux astronomiques des Égyptiens, puisqu'Hérodote nous apprend, livre II, chapitre 38, que les bœufs mondes appartenaient à ce dieu ; ce qui était la plus magnifique consécration.

MESSORI, *le Verseau*, 2ᵉ *mois de l'été : du 20 juillet au 20 août environ*.

Μεσορὶ, Μεσσορὶ, Μεσωρὶ, Μεσορή, Mesori, Messori, Mesori, Mesorê. *Vid.* Menolog. pag. 22.

Ⲙⲉⲥⲱⲣⲏ, mesorê.

مَصْوُر   مَصْر mesour, misr; VAS AQUÆ, *paulatim lac suum reddens*.

Le verbe مَصَر meser; *præbuit paulatim, emulsit quicquid esset in ubere*.

Par l'addition de l'*y* final qui personnifie, *mesouri* signifie *aquarius*.

Paulatim lac suum reddens, qui *præbuit paulatim lac suum*, conviennent parfaitement à la peinture du *Verseau* dans les zodiaques d'*Esné* et de *Denderah*, où le vase, à peine penché, laisse couler peu à peu l'eau qu'il contient.

Emulsit quicquid esset in ubere. C'est à peu près durant ce mois que les sources du Nil fournissent tout ce qu'elles doivent verser d'eau : elles donnent doucement cette eau ;

car autrement les digues seraient emportées, et le pays serait plutôt ravagé que fécondé.

Si l'eau du Nil est comparée au lait, c'est une preuve de plus que ce mot a conservé ses acceptions anciennes; car les Égyptiens entendaient, par métaphore, que l'onde fertile de leur fleuve était douce et nourrissante comme le lait, ainsi que le prouve ce passage de Diodore, liv. 1, p. 19, qu'il y avait autour du tombeau d'*Osiris*, dans l'île de *Philæ*, 360 urnes que les prêtres remplissaient de lait tous les jours. Je ne multiplie pas les autorités, parce que l'on doit évidemment entendre l'eau du Nil par ce lait versé dans les urnes. Je dirai seulement que c'est durant le mois de *Messori*, le second de l'année, que l'inondation va toujours en croissant, et que c'est dans le suivant qu'elle atteint sa plus grande hauteur.

Thoth, *les Poissons, 3ᵉ mois de l'été : du 20 août au 20 septembre environ.*

Θὼϑ, Θωὺϑ, Θωϑὶ, Φθώ, Thoth, Thoyth, Thothi, Ftho. *Vid.* Menolog. pag. 22.

Ⲑⲱⲟⲩⲧ, thoout.

طوحون touhout; Ambulatio piscis, *incessus reciprocatus ultrò citròque in se rediens.*

Le verbe طوى touá; *peragravit regionem, opplevit puteum.*

Le verbe de *hout*, poisson, حات hat, *circumnatavit.*

Ambulatio piscis, incessus reciprocatus ultrò citròque in se rediens, nous montrent les poissons qui se pro-

DES ANCIENS ÉGYPTIENS. 399

mènent, vont et reviennent dans les eaux qui couvrent le pays.

Opplevit puteum, désigne l'inondation remplissant tous les lieux bas; car, dans ce mois, l'eau, parvenue à sa plus grande élévation, est répandue sur toute l'Égypte.

Enfin la fête d'*Isis* a été placée au commencement de ce mois, parce que c'est seulement alors que l'on célèbre la fête du Nil, à l'ouverture des digues. Voilà pourquoi il a été quelquefois nommé فتوح *fotouh*, qui signifie *aperturæ, per terræ superficium fluentes aquæ*, ouverture des digues.

Un passage de Sanchoniaton, conservé par Philon, et ensuite par Eusèbe dans sa *Præp. evangel.* (lib. 1, p. 36), confirme cette explication.

Il y est dit que *Messori* a donné naissance à *Thoth*; et nous voyons effectivement que c'est *Messori*, ou la crue du Nil, qui produit *Touhout*, l'expansion des eaux à la surface de l'Égypte, où se promènent les poissons.

FAOFI, *le Belier*, 1ᵉʳ *mois de l'automne : du 20 septembre au 20 octobre environ.*

Φαωφὶ, Παοφὶ, Παωφὶ, Faôfi, Paofi, Paôfi. *Vid.* Menolog. p. 22.

Ⲡⲁⲱⲡⲓ, paôpi.

فَعْفَع   فَعَافِع fo'fo', foa'fi'; HÆDUS, *velox, vox quâ greges increpantur*.

Le verbe فَعْفَع sig. *increpuit gregem dicens* fa'fa'.

Le verbe héb. פעפע fa'fa', *obtenebrescere* (Job. 10, 22).

Vox quâ greges increpantur. Comme les eaux du Nil se retirent, le belier conduit de nouveau au pâturage le troupeau retenu captif pendant l'inondation.

Obtenebrescere. Le jour diminue et les ténèbres vont régner de plus en plus; acception qui convient parfaitement au mois commençant par l'équinoxe d'automne.

ATHYR, *le Taureau,* 2ᵉ *mois de l'automne : du 20 octobre au 20 novembre environ.*

Ἀθύρ, Ἀθυρί. (Θαώρ, Euseb. *Præp. ev.* lib. 1, pag. 36), Athyr, Athyri, Thoor, *Vid.* Menolog. pag. 22.

Ⲁⲑⲱⲣ, athor.

ثور plur. أثوار thour, athouer; TAURUS, TAURI.

Le verbe أثار athar; *aravit, submovit terram.*

Aravit terram. Comme la terre est déjà assez affermie pour être travaillée, le taureau a été choisi pour désigner par son nom ou sa figure le mois du labourage, qui ne commence en Égypte que lorsqu'on a achevé de semer dans presque toutes les autres contrées. Il répond au mois de novembre, parce que c'est durant ce mois qu'on a toujours labouré en Égypte, et qu'il est le cinquième après le solstice d'été, ou le second de l'automne.

Hésychius dit, Ἀθύρ μὴν καὶ βῦς παρὰ Αἰγυπτίοις; *Athyr est le nom d'un mois et du bœuf pour les Égyptiens;* et puisqu'on ne peut douter que ce ne soit celui du taureau zodiacal, il s'ensuit nécessairement qu'*Epifi* répond à *Caper, Messori* au Verseau, *Thouth* aux Poissons;

et de même la concordance des mots que je vais expliquer, est donnée par cette phrase d'Hésychius, ce qui est un moyen de plus de faire juger de la justesse des significations.

CHYAK, *les Gémeaux*, 3ᵉ *mois de l'automne :
du 20 novembre au 20 décembre.*

Χυὰκ, Χοιὰκ, Χοὰχ, Κῆκος, Chyak, Choiak, Choach, Kêkos. *Vid.* Menolog. pag. 22.

ⲬⲰⲒⲀⲔ, choiak.

شَوْق chouk; AMORE FLAGRANTES, *amatores.*

شَيْق cheyk; *Appetentes veneris.* شياق chyak; *id quo res extenditur.*

Le verbe شَاق châk; *desiderio affecit res.*

Flagrantes amore, appetentes veneris, les amans. Ces deux personnages, dans les différens zodiaques égyptiens, sont un jeune homme et une jeune fille; et pendant le mois qu'ils représentent, les grains confiés à la terre s'échauffent et germent. Le sens de ces expressions est trop frappant pour que je m'y arrête davantage. C'est donc imparfaitement que ce signe a été nommé par les Grecs Δίδυμοι, *les Gémeaux*.

TYBI, *le Cancer*, 1ᵉʳ *mois de l'hiver : du 20 décembre au 20 janvier environ.*

Τυβὶ, Tybi. *Vid.* Menolog. pag. 22.

ⲦⲰⲂⲒ, tobi.

Le verbe طبي teby; *amovit, avertit.*

Le verbe تاب têb; *reversus, conversus fuit, respuit.*

Le mot *Cancer* ne se trouve pas sous ces racines, dans les dictionnaires orientaux; mais elles caractérisent assez bien les mouvemens de cet animal ou du soleil, qui semble revenir sur ses pas et rétrograder à l'époque du solstice d'hiver, pour qu'on soit convaincu que c'est le nom du *Cancer* qui leur a donné naissance.

MECHIR, *le Lion*, 2ᵉ *mois de l'hiver : du 20 janvier au 20 février environ.*

Μεχὶρ, Μεχείρ, Μαχείρ, Μεχύς, Mechir, Mecheir, Macheir, Mechys. *Vid.* Menolog. pag. 22.

Ⲙⲉⲭⲓⲣ, mechir.

شاری ou مشاری chêry ou mechêry, LEO. Le *mym* est figuratif.

Le verbe est شار chêr, *acquisivit, collegit* o مشار mechêré, *pars segetis,* ou مشّر mecher, *protulit frondes, ramos.* امشر amcher; *plantas suas extulit terra; inflatus, turgidus fuit.*

C'est en février que l'Égypte présente le plus bel aspect; la terre, couverte de moissons bientôt mûres, de végétation et de fruits de toute espèce, est enrichie, parée des biens qu'elle va donner dans le mois suivant. *Pars segetis,* une partie des récoltes commence déjà. C'est par le roi des animaux qu'ils ont peint la force et la magnificence de la nature.

DES ANCIENS ÉGYPTIENS.

FAMENOTH, *la Vierge, 3ᵉ mois de l'hiver : du 20 février au 20 mars environ.*

Φαμενώθ, Famenoth. *Vid.* Menolog. pag. 22.

ⲪⲀⲨⲈⲚⲰⲐ, famenoth.

فامَنْت famènoth ; MULIER FECUNDA ET PULCHRA, *quæ vendit spicam, frumentum, et quod portatur inter duos digitos.*

Ce mot est composé de فامي *famy,* qui vend des épis, des grains de toute sorte, dont l'épi ou la tige peut être porté entre deux doigts, et de أنَتْ *enoth,* femme belle, féconde.

انيثة *enythа,* veut dire *terre fertile;* et, dans les zodiaques égyptiens, *Famenoth,* ou la femme féconde, tient un épi à la main.

Cette dénomination donnée à la terre dans le mois où elle accorde ses plus abondantes productions, est sans doute plus convenable que le nom de *Vierge* ou Παρθένος, qui, dans une imparfaite traduction, lui a été attribué par les Grecs. Ce qui les a induits en erreur, c'est que le mot égyptien veut dire *douée de beauté;* mais aussi il emporte toujours l'idée de fécondité.

FARMOUTHI, *la Balance, 1ᵉʳ mois du printemps : du 20 mars au 20 avril environ.*

Φαρμουθὶ, Farmouthi. *Vid.* Menolog. pag. 22.

ⲪⲀⲢⲘⲞⲨⲐ, farmouth.

فراأُمَت faramout; Mensura, Regula conficta temporis; de فرى fara, conficta, et de أُمَت amout, mensura, regula temporis.

Le verbe امَت amat, mensuravit.

Ainsi *Faramout* veut dire *parfaite mesure du temps*; et comme ce mois répondait à l'équinoxe du printemps, on ne peut refuser de la justesse à cette dénomination, qui se rapporte à l'égalité des jours et des nuits.

Pachon, *le Scorpion, 2ᵉ mois du printemps : du 20 avril au 20 mai environ.*

Παχὼν, Πάχων, Pachon. *Vid.* Menolog. pag. 22.

Ⲡⲁϣⲟⲛⲥ, pachons.

باتخمي bachomy; Venenum, Aculeus scorpionis, ou bien *prostravit humi venenum, aculeus scorpionis.*

Ce nom est composé de باش bach, *prostravit, humi stravit,* qui, dans toutes les autres langues orientales, signifie *putruit, læsit, pravus fuit,* ou *putredo, malum, morbus,* et de خمي houmy, *venenum, aculeus scorpionis, et terror.*

Ce qui caractérise, à ne s'y pas méprendre, le second mois de l'équinoxe du printemps, où la chaleur donne l'essor aux bêtes venimeuses, et développe les maladies et la peste, comme on peut le voir dans toutes les relations sur l'Égypte. La racine حما hámá, du mot *hamy,* venin, aiguillon du scorpion, signifie *ferbuit dies;* les jours deviennent brûlans.

Payni, *le Sagittaire*, 3ᵉ *mois du printemps* : *du* 20 *mai au* 20 *juin environ.*

Παῦνι, Παωνί, Payni, Paoni.

Ⲡⲁⲱⲛⲓ, paòni.

فَنّه ou فَينه fayné *ou* fenné ; Extremitas sæculi, *temporis, horæ.*

فَتَّان ou فينان faynan *ou* fennan ; *nomen* equi ; onager *varii cursûs.*

La racine فنّ *fann* signifiant *propulit vel impulit, fayni* signifie *propulsator vel impulsator.*

Extremitas sæculi, ce mois est le dernier de l'année égyptienne.

Nomen equi, onager ; c'est aussi le nom d'un certain quadrupède. *Propulsator vel impulsator,* exprime son action ; et effectivement, dans le zodiaque égyptien, l'image de cet animal extraordinaire, de ce composé formidable, ayant le corps d'un quadrupède, une tête à deux faces, l'une de lion, l'autre humaine, et armé d'un arc prêt à lancer une flèche, ne nous dit-elle pas, « Voilà celui qui doit pousser en avant ceux des animaux qui le précèdent, et arrêter la marche de ceux qui le suivent ? » Tout indique aussi que sa course ou l'année s'achève, et qu'il va atteindre le but vers lequel il tend. Il est lancé au grand galop, et la flèche qu'il a en main va être décochée.

En résumant ce qui précède, on voit,

1°. Que ces douze mots forment un véritable zodiaque, puisqu'ils nomment les animaux qui y sont peints, et que, de plus, ils énoncent les travaux de chaque mois ;

2°. Que le zodiaque qui nous a été transmis par les Grecs et les Romains, a été inventé par les Égyptiens et pour l'Égypte; car les phénomènes dont il offre la représentation, n'ont lieu que dans cette contrée;

3°. Qu'il appartient bien évidemment à une année solaire, car deux signes sont consacrés à la peinture des solstices, et deux autres à celle des équinoxes;

4°. Qu'à l'époque de l'institution du zodiaque, cette année solaire commençait au solstice d'été, puisqu'*Epifi* ou le Capricorne désigne très-clairement les phénomènes de ce solstice et le commencement de l'année, et que *Payni* ou le Sagittaire en exprime la fin;

5°. Que cette invention et les connaissances qu'elle suppose remontent à quinze mille ans, parce que le zodiaque a été inventé pour un temps où *Epifi*, c'est-à-dire le Capricorne, concourait avec la plus grande partie du mois de juillet, et commençait au solstice d'été; *Messori*, le Verseau, ou bien août, avec la crue abondante du Nil; *Thoth*, les Poissons, ou septembre, avec l'inondation de l'Égypte; *Faofi*, le Belier, ou octobre, avec l'équinoxe d'automne, époque à laquelle les jours s'obscurcissent et où les troupeaux reviennent au pâturage; *Athyr*, le Taureau, ou novembre, avec le labourage; *Chyak*, les Gémeaux, ou décembre, avec la germination des grains; *Tybi*, le Cancer, ou janvier, avec le solstice d'hiver; *Mechir*, le Lion, ou février, avec le temps où la terre est couverte de fruits et de richesses; *Famenoth*, la Vierge, ou mars, avec les moissons; *Farmouthi*, la Balance, ou avril, avec l'équinoxe du printemps; *Pachon*, le Scorpion, ou mai, avec les animaux venimeux et les maladies; *Payni*, le Sagittaire, ou juin, avec la fin de l'année pour les Égyptiens;.

6°. Que, d'après les monumens existans aujourd'hui, on ne peut se refuser à croire que les Égyptiens n'eussent la connaissance de la précession des équinoxes, il y a au moins six mille ans. Puisque le zodiaque nominal nous montre le solstice d'été dans le Capricorne, ceux d'Esné dans la Vierge[1], et ceux de Denderah dans le Lion, il faut en conclure que les Égyptiens ont exprimé par ces différens signes la progression des points solsticiaux; s'ils n'avaient pas eu connaissance de la précession, ils auraient toujours peint le commencement de l'année au même signe. Comment a-t-on pu soutenir que les Grecs avaient élevé les monumens d'Esné et de Denderah, et en avaient fait sculpter les zodiaques? Dans cette hypothèse même, que dément toute l'histoire, il est facile de voir qu'ils auraient fait exécuter la sphère de leur temps, ou celle qu'Eudoxe alla étudier en Égypte : ils auraient placé le solstice d'été dans le Cancer, et non dans des signes plus ou moins éloignés.

On objecterait avec moins de succès encore que ces différens commencemens sont ceux de l'année vague de 365 jours; elle était vague et mobile relativement à l'année solaire, dans laquelle elle remontait d'un jour tous les quatre ans : donc cette dernière était connue des

---

[1] L'auteur de ce mémoire n'a pas eu pour objet spécial de discuter la question du zodiaque égyptien sous le rapport astronomique. Les résultats qu'il annonce sur la place qu'occupe le solstice dans les zodiaques d'Esné et de Denderah, sont dus à M. Fourier, qui, dans son ouvrage sur les antiquités astronomiques de l'Égypte, traite aussi des différentes sortes d'années qui étaient en usage dans ce pays.

Égyptiens. C'est évidemment à cette forme d'année que se rapporte notre zodiaque, dans lequel sont désignés des phénomènes constans, ainsi que les solstices et les équinoxes. Ce qui est raisonnable et ingénieux pour l'une, serait absurde pour l'autre. Enfin ce serment solennel que les prêtres exigeaient des rois en les couronnant dans le temple de Memphis, de ne permettre durant leur règne aucune intercalation à l'année vague, n'indique-t-il pas assez qu'anciennement cette intercalation était pratiquée, et que l'année solaire, dans des siècles antérieurs, avait été en usage parmi les Égyptiens?

7°. Que le zodiaque nominal ne permet pas de considérer ces dates de quinze mille, de six mille et de quatre mille comme n'étant que des époques proleptiques, c'est-à-dire que dans des temps postérieurs on aurait supputé, pour des temps antérieurs, le lieu occupé par le soleil, et qu'alors les Égyptiens auraient peint ce résultat d'un calcul toutefois difficile, pour en imposer aux étrangers sur l'antiquité de leur nation et de leurs connaissances; car comment imaginer que, lorsqu'on inventa les signes qui dans le zodiaque parlé exprimaient, pour le peuple, des phénomènes dont il connaissait l'époque, on lui ait proposé d'appeler le mois du Verseau du nom de *Taureau?* il aurait vu lui-même qu'il était plus convenable d'appeler *Verseau* l'un des mois de l'inondation, et *Taureau* celui du labourage. Durant décembre, les grains échauffés dans le sein de la terre germent avec vigueur; les oiseaux et la plupart des animaux recherchent leurs femelles et s'accouplent : c'est le temps d'une reproduction universelle. Les Égyptiens l'ont peint sous l'emblême d'un jeune homme et d'une jeune fille, et l'ont nommé le mois des *Amans*; qu'auraient-ils pensé de la sagacité des savans qui l'auraient appelé le mois du *Scorpion*? Qui n'eût senti que le nom de cet animal funeste désignerait bien mieux l'époque où reparaissent à-la-fois les bêtes venimeuses, les reptiles et la peste? C'est précisément parce que c'était plus naturel, que la langue s'est enrichie d'acceptions : car de même qu'*Athyr*, signifiant *bœuf*, n'a pu signifier celui qui laboure, qu'après que cet animal eut été employé au labourage, de même *Epifi*, ou le Capricorne, n'a pris toutes les acceptions relatives au solstice d'été qu'après en avoir été l'image dans les cieux. Aussi ces noms substantifs ont-ils donné naissance à des verbes qui nous montrent chaque substantif dans l'action qui lui est propre et particulière : ainsi *thour* (ou *athyr*), taureau, a pour verbe *athar*, labourer; *faofi*, le belier, a pour verbe *fafa*, appeler les troupeaux au pâturage. Ces verbes ont, avec leurs substantifs, à peu près le même rapport qui existe dans notre langue entre *serpenter* et *serpent*.

Je suis entré dans cette discussion, pour montrer que le zodiaque nominal n'a pu être le produit du caprice; il n'est pas même l'ouvrage des savans seuls : des images peintes ou sculptées peuvent être exécutées en peu de temps, par quelques hommes, et peuvent être postérieures à ce qu'elles expriment; mais la langue d'un peuple est l'ouvrage des siècles et de toute la nation; et comme les acceptions ne se multiplient que par l'usage qui fait reconnaître les qualités des choses, je répète que les acceptions conservées dans la langue, au capricorne, par exemple, n'ont dû lui être attribuées que lorsque le soleil occupait ce signe au solstice d'été.

Enfin cette haute antiquité de l'institution du zodiaque est encore confirmée par les témoignages et les inductions qu'on doit tirer de l'histoire. On ne peut objecter que les Égyptiens, n'étant pas civilisés à cette époque, n'ont pu diviser le ciel en douze parties, et nommer chacune d'elles si ingénieusement; car Diodore nous apprend que pendant son voyage en Égypte, c'est-à-dire soixante ans avant J.-C., les habitans de cette contrée faisaient remonter à quinze mille ans le règne de leurs rois, qui commença après qu'Hermès et tous les dieux eurent réglé les lois, le culte et les mœurs. Il n'est donc pas étonnant qu'après deux mille ans écoulés sous un gouvernement stable, ils aient découvert les moyens de diviser, de nommer, et, probablement, de peindre le cercle zodiacal. Nous savons, d'ailleurs, qu'ils avaient porté les beaux-arts à un haut point de perfection, il y a plus de douze mille ans; et c'est Platon qui nous en a instruits en ces mots (liv. II *des Lois*) : « Si l'on veut y prendre garde, on trouvera chez les Égyptiens des ouvrages de peinture et de sculpture faits depuis dix mille ans (ce n'est pas pour ainsi dire, mais à la lettre), qui ne sont pas moins beaux que ceux d'aujourd'hui, et ont été travaillés sur les mêmes règles. »

Nota. Je dois prévenir le lecteur, et sans doute il a senti que des raisons d'un ordre supérieur obligent de regarder ces résultats comme hypothétiques ; je les ai présentés sous la forme affirmative, afin d'éviter les répétitions et les questions incidentes qui n'étaient pas indispensables à mon sujet.

DES ANCIENS ÉGYPTIENS.

Tableau orthographique des douze noms de mois de l'ancien Calendrier égyptien et du Zodiaque primitif, en grec, en qobte et en arabe.

		ÉTÉ.		
	SOLSTICE D'ÉTÉ. Du 20 juin au 20 juillet.	Du 20 juillet au 20 août.	Du 20 août au 20 septembre.	
Grec.	Ἐπηφί Epēf.	Μεσορή Mesoré.	Θώθ Thoth.	
Qobte.	ⲈⲠⲎⲠ Epép.	ⲘⲈⲤⲰⲢⲎ Mesoré.	ⲐⲰⲞⲨⲦ Thoout.	
Arabe.	ابيب Hebîb.	مسرى Mesour.	طوبة Touhout.	
	Le Capricorne.	Le Verseau.	Les Poissons.	
	Les plus longs jours; naissance de la crue du Nil; commencement de l'année.	Grande crue du Nil.	Inondation de l'Égypte; ouverture des digues.	

		AUTOMNE.		
	ÉQUINOXE D'AUTOMNE. Du 20 septembre au 20 octobre.	Du 20 octobre au 20 novembre.	Du 20 novembre au 20 décembre.	
Grec.	Φαωφί Faofi.	Ἀθύρ Athyr.	Χοιάκ Choiak.	
Qobte.	ⲠⲀⲰⲠⲒ Paôpi.	ⲀⲐⲰⲢ Athor.	ⲬⲞⲒⲀⲔ Choiak.	
Arabe.	فاف Fô'af.	هاتور Thour.	كيهك Chayk.	
	Le Belier.	Le Taureau.	Les Amans.	
	Les jours diminuent; les troupeaux retournent au pâturage.	Le labourage.	Germination; époque de la reproduction des plantes et des animaux.	

SOLSTICE D'HIVER.
Du 20 décembre au 20 janvier.

Grec. Τυϐί *Tybi.*
Qobte. ⲦⲨⲂⲒ *Tobi.*
Arabe. طوبى *Teb ou Tebi.*

Le Cancer.
Il a rétrogradé, il est revenu sur ses pas (le Soleil ou le Cancer).

HIVER.
Du 20 janvier au 20 février.

Μεχίρ *Mechir.*
ⲘⲈⲬⲒⲢ *Mechir.*
مشير *Mechéry.*

Le Lion.
Récoltes et fruits mûrissans; végétation de toute espèce.

Du 20 février au 20 mars.

Φαμενώθ *Famenoth.*
ⲪⲀⲘⲈⲚⲰⲐ *Famenoth.*
فامنوت *Faménoth.*

La Femme féconde.
La moisson.

ÉQUINOXE DU PRINTEMPS.
Du 20 mars au 20 avril.

Grec. Φαρμουθί *Farmouthi.*
Qohte. ⲪⲀⲢⲘⲞⲨⲐⲒ *Farmouthi.*
Arabe. فرموت *Faramout.*

La Balance.
Mesure parfaite du temps.

PRINTEMPS.
Du 20 avril au 20 mai.

Παχών *Pachon.*
ⲠⲀⲬⲰⲚⲤ *Pachons.*
باخمى *Bachomy.*

Le Scorpion.
Les maladies pestilentielles. Les jours deviennent brûlans.

Du 20 mai au 20 juin.

Παωνί *Paoni.*
ⲠⲀⲨⲚⲒ *Paoni.*
فينى *Fayné.*

Le Sagittaire.
Fin de l'année. Celui qui pousse en avant ou repousse en arrière les animaux célestes.

DISSERTATION

SUR LES DIVERSES ESPÈCES

D'INSTRUMENS DE MUSIQUE

QUE L'ON REMARQUE PARMI LES SCULPTURES
QUI DÉCORENT LES ANTIQUES MONUMENS DE L'ÉGYPTE,

ET SUR LES NOMS QUE LEUR DONNÈRENT, EN LEUR LANGUE PROPRE, LES PREMIERS PEUPLES DE CE PAYS;

Par M. VILLOTEAU, Littérateur Musicien.

SECTION Ire.

Des instrumens à cordes.

OBSERVATIONS PRÉLIMINAIRES.

Les instrumens de musique que l'on voit sculptés sur les anciens monumens de l'Égypte, ayant été parfaitement dessinés par nos collègues, et se trouvant gravés dans cet ouvrage, il serait superflu d'en faire la description. Nous nous bornerons donc à rechercher à quelle espèce ils peuvent appartenir, et quel fut le nom sous lequel ils furent connus des anciens et principalement des Égyptiens.

Presque tous les instrumens à cordes, sculptés sur les monumens antiques de l'Égypte, sont évidemment de l'espèce des harpes; mais, leur forme demi-circulaire, ou à peu près, nous ayant fait naître plusieurs réflexions sur l'origine de cette sorte d'instrument, nous allons les soumettre au jugement du lecteur.

Le hasard, qui a occasioné tant de découvertes et d'inventions diverses, nous sommes-nous dit, n'aurait-il pas eu quelque part à l'invention des harpes? La conformité qui existe entre la forme de celles dont il s'agit et la forme des arcs que tiennent en main les héros qui sont à la tête des armées dans les combats que l'on voit sculptés sur les murs de plusieurs monumens antiques de la haute Égypte, ne serait-elle point un indice de l'affinité qui exista originairement entre ces deux instrumens différens? Ne pourrait-on pas présumer que le hasard, qui fit d'abord remarquer le son que rend la corde d'un arc par la vibration aussitôt que le trait a été décoché, fit employer cet arc comme un monocorde? Une chose bien capable de donner quelque vraisemblance à cette conjecture, c'est le monocorde en forme d'arc, tiré d'un tombeau antique, cité par Bianchini, et que Laborde a rapporté dans son *Essai sur la musique*[1]. Comme cette espèce de monocorde dut rendre un son plus grave ou plus aigu, en raison de ce que l'arc était plus grand ou plus petit, et que la corde par conséquent était plus longue ou plus courte, il s'ensuit qu'on eut, par ce moyen, des monocordes en différens tons, et qu'on put s'en servir pour soutenir la voix et diriger le chant. Or,

[1] Tome 1er, pag. 224, nos. 6 et 7.

l'expérience, qui ne tarda pas certainement à faire sentir l'incommodité du changement successif et continuel qu'on était obligé de faire de ces arcs ou monocordes, dut aussi faire chercher un moyen d'en simplifier l'usage; et l'on conçut sans doute alors l'idée de les réunir en un seul, en plaçant plusieurs cordes sur le même arc à des distances proportionnelles. Ainsi se seront formés les *dicordes*, ou harpes à deux cordes; les *tricordes*, ou harpes à trois cordes; les *tétracordes*, ou harpes à quatre cordes; et enfin les *pentacordes*, les *hexacordes* et les *heptacordes*, *etc.*, *etc.* Par ce moyen, les avantages qui primitivement étaient partagés entre un grand nombre d'arcs monocordes, se seront trouvés réunis dans un seul arc polycorde, comme nous le voyons dans les harpes égyptiennes.

Toutefois nous n'offrons encore cette réflexion que par forme de conjecture; nous n'avons pas la prétention de lui donner en ce moment une plus grande importance : aussi nous ne nous y arrêterons pas plus longtemps.

ARTICLE PREMIER.

Du tebouni, *ou du nom générique que les anciens Égyptiens donnèrent aux instrumens à cordes, suivant Jablonski.*

On ne saurait apporter de trop grandes précautions quand il s'agit d'expliquer ce qui tient aux usages et aux arts des anciens. Ces choses-là sont ordinairement sujettes à tant de variations et à tant de changemens, elles se présentent d'abord à l'esprit d'une manière si vague et si incertaine, par les divers rapports des auteurs, qui pour la plupart diffèrent ou par la langue dans laquelle ils ont écrit, ou par l'éloignement des temps où ils ont vécu, qu'on ne peut établir rien de positif avant d'avoir comparé leurs récits les uns aux autres; et c'est aussi ce que nous avons fait.

Nous avons pris Jablonski pour notre guide; et avec le secours d'un tel savant, nous avons pensé que nous pouvions nous livrer avec confiance aux recherches qu'exigeait le sujet que nous entreprenons de traiter en ce moment.

Cet auteur nous apprend[1] qu'un ancien chrétien nommé *Josep* ou *Joseph*, dans son *Mémorial sacré*[2], qui se trouve parmi les manuscrits de la bibliothèque de Cambridge, parle d'un instrument égyptien appelé *buni*. Thomas Gale[3], qui le premier fit connaître cet ouvrage dans ses notes sur Jamblique, *de Mysteriis*, a très-bien observé, dit Jablonski, que ce qu'a écrit Joseph en cet endroit est tiré de la lettre de Porphyre à l'Égyptien *Anebon*[4]; et qu'au lieu de το βυνι (*to bouni*)

[1] *Opuscula*, t. 1; *Voces Ægyptiacæ apud scriptores veteres*, voce TEBOYNI', pag. 344; *Lugduni Batavorum*, 1804, in-8°.

[2] *In Hypomnestico, seu Libello sacro memoriali*, lib. v, cap. 144.

[3] *In notis ad Jamblicum, de Mysteriis*, pag. 215.

4 Nous serions bien tentés de croire que l'orthographe de ce nom a été corrompue par les copistes, et qu'on devrait lire *Ambon*; ce qui serait alors un nom patronymique réellement égyptien, puisque ce nom était celui de la déesse égyptienne *Ambo*, dont parle Épiphane, *adv. Hæres.* lib. III, p. 1093 (les Grecs l'ont nommée *Brimo*) : car, comme je le remarquerai plus particulièrement ailleurs, les Égyptiens et même plusieurs chrétiens de ce pays prenaient ordinairement pour prénom le nom d'une de leurs divinités (*vide Origenis Commentaria*, lib. 1

qu'on lit dans le manuscrit de Joseph, il fallait lire τε βυνι (te buni).

Fabricius, qui a le premier publié ce livre de Joseph, et qui l'a rapporté dans le second volume de son *Codex pseudepigraphus veteris Testamenti*, en citant [1] le passage de cet auteur, a écrit το βυνι (*to boni*) dans le texte, et *to buni* dans sa traduction latine. Mais le savant Jablonski ne doute pas que l'on ne doive prononcer en un seul mot τεβυνι ; et il pense que ce nom, qui est celui d'un instrument égyptien, peut être expliqué par la langue égyptienne. Cet instrument lui paraît être du genre des trigones, des pandores et des sambuques. Pour appuyer son sentiment, il rappelle ce qu'Athénée [2], Suidas [3], Hésychius [4], Martianus Capella [5], Richard Pococke [6] et Montfaucon [7] ont écrit sur ces divers instrumens. Enfin il conclut que le *tebouni* était un instrument trigone, peu différent de la lyre ou de la cithare

Origenianorum, pag. 2 et 3); il y a eu même plusieurs moines chrétiens, en Égypte, qui ont porté le nom de *Pi-Ambo*, *Pambo* ou *Pambon*. Cet usage, d'ailleurs, presque universellement répandu, se retrouve encore chez plusieurs peuples modernes. Les chrétiens prennent pour prénom le nom d'un saint, d'une sainte ou d'une fête; les juifs prennent des noms de patriarches, tels que ceux d'*Adam*, d'*Isaac*, de *David*, etc. Les mahométans et les Arabes, outre ces mêmes noms qu'ils se donnent aussi, prennent encore ceux des chefs de la religion musulmane qu'ils honorent comme saints, tels que ceux de *Mahomet*, d'*A'ly*, d'*O'mar*, de *Hosseyn*, de *Cháfe'y*, etc.

[1] Page 330.
[2] Athen. *Deipn.* lib. iv, pag. 157 et 182; lib. xiv, pag. 636. Jablonski aurait encore pu ajouter à ces témoignages ce qu'Athénée a écrit, lib. iv, cap. 25, p. 183, E; lib. xiv, cap. pag. 635 et 638; lib. xv, cap. 1, pag. 665, D; et ce qu'on lit dans le Manuel harmonique de Nicomaque, lib. 1, pag. 8, édition de Meibomius, *Amstelodami*, in-4°.
[3] *In voce* Σαμβύκαι.
[4] *In voce* Τρίγωνον.
[5] *De Nupt. Philolog.* lib. ix, pag. 313, edit. Grot.
[6] *Description of the East*, vol. 1, tab. 61.
[7] *Antiquité expliquée*, 11, 116, 140, etc.

que nous nommons aujourd'hui *harpe*, en ce que ses cordes se touchaient également avec le plectre.

Il lui paraît très-probable, d'après le rapport de Porphyre et de Joseph, que le nom de τεβυνι est d'origine égyptienne; et voici sur quoi il fonde cette opinion: dans la version qobte[1] de la Bible, on a rendu par ⲟⲩⲃⲓⲛⲓ (*ouḃini*) le même mot que les *Septante* ont traduit par κιθάρα (*cithara*). On trouve ce mot au verset 27 du chapitre XXXI de la Genèse; et au verset 2 du chapitre XIV de l'Apocalypse, un citharède est désigné par les mots ⲣⲉϥⲉⲣ ⲟⲩⲃⲓⲛⲓ (*repser ouḃini*) : or, de ce mot ⲟⲩⲃⲓⲛⲓ, précédé de l'article du féminin ⲧ (*te*), qui se joint ordinairement aux mots qobtes, de même que nous joignons les articles aux mots français, se sera formé, selon lui, le mot ⲧⲟⲩⲃⲓⲛⲓ (*teouḃini*), lequel, par le changement fréquent des lettres υ et ου en β, surtout dans les mots qui passent d'une langue dans une autre, aura été prononcé et ensuite écrit, par les Grecs, τεβυνι (*tebouni*). S. Jérôme offre un exemple de cette substitution de lettres, en écrivant *remoboth*[2], le même mot que les Égyptiens écrivaient ⲣⲉⲙⲟⲩⲱⲧ (*remoûôt*). A l'appui de son opinion, Jablonski cite le suffrage de Montfaucon, auquel il donna communication

---

[1] Le qobte est la langue naturelle des Égyptiens. Mais cette langue a été beaucoup altérée par le mélange d'un nombre considérable de mots grecs qui y ont été introduits sous le règne des Ptolémées : ces mots ont fait négliger et oublier les mots égyptiens à la place desquels ils ont été employés; en sorte qu'aujourd'hui il ne reste pas un quart des mots véritablement égyptiens dans les livres écrits en qobte. Cependant, le mot *tebouni* n'étant point de la langue grecque, il est très-probable qu'il appartient réellement à la langue égyptienne.

[2] Jablonski, *Opuscula*, tom. I, *Voces Ægyptiacæ apud scriptores veteres*, voce REMOBOTH.

de son travail à ce sujet; il parle aussi des lettres que la Croze lui écrivait en 1755, et dans lesquelles ce savant lui marquait qu'il était entièrement de son avis. Mais les preuves de notre auteur, à l'égard du mot *tebouni*, nous paraissent si solidement établies et si satisfaisantes, que le témoignage de ces deux savans, qu'il consulta, ajoute peu de chose à notre conviction.

ARTICLE II.

Si le tebouni *se pinçait ou se touchait avec le* plectrum; *quel était son principal emploi.*

D'après le sentiment de Jablonski, de Montfaucon et de la Croze, *tebouni* était un mot qui répondait au mot grec κιθάρα (*cithara*) : *il désignait un instrument trigone, peu différent de la lyre ou de la cithare; il se touchait avec un* plectrum; *il était de la même espèce que celui qu'on connaît aujourd'hui sous le nom de* harpe.

A la vérité, on a toujours représenté sous la forme d'une harpe l'instrument des Hébreux appelé כנור (*kinnor*), que les *Septante* ont désigné sous le nom de κιθάρα (*cithara*), et les Qobtes sous celui de ⲧⲉⲟⲩⲱⲓⲛⲓ (*teouôini*), et par contraction *tebouni*; mais nous ne voyons pas sur quel fondement Jablonski a pu dire que cette espèce d'instrument devait se toucher avec le *plectrum*, de même que les lyres et les cithares. S'il eût pu considérer, comme nous, ces instrumens sculptés sur les temples antiques de l'Égypte, ainsi que les personnages qui sont représentés dans l'action d'en jouer, il se serait convaincu que rien n'y rappelle, en aucune manière, l'existence d'un usage semblable à celui de jouer du *tebouni* ou de la harpe avec un *plectrum*, ou un archet, et que tout y atteste le contraire.

Cet instrument était vraisemblablement destiné à accompagner la voix dans les chants religieux; du moins c'est ainsi qu'il nous semble avoir été employé dans la cérémonie qui est sculptée sur la frise de la façade du grand temple de Denderah; et c'est pourquoi l'on a souvent donné à la harpe le nom de *psalterium*, qui signifie un instrument propre à accompagner le chant.

S. Clément d'Alexandrie a eu sans doute en vue cet instrument, quand il a dit[1] : « L'harmonie du *psaltérion* barbare, rendant sensibles la décence et la gravité des modes, servit de modèle à Terpandre, lorsqu'il fit cette invocation sur l'harmonie dorienne : *O Jupiter, principe de toutes choses, qui diriges tout, c'est à toi que j'adresse le premier hymne que je compose.* »

Par *psaltérion* barbare, on doit entendre un instrument égyptien propre à accompagner la voix, parce que les Grecs appelaient barbares tous les autres peuples, et qu'à l'époque où vivait Terpandre, ils ne connaissaient encore que la musique qu'ils avaient apprise des premières colonies d'Égyptiens qui les avaient policés, ou des philosophes thraces, tels que Mélampe, Orphée, etc., qui, ayant été s'instruire en Égypte, leur avaient transmis les connaissances qu'ils y avaient puisées. Or, la harpe ou le *tebouni* étant le principal et le seul des instrumens à cordes que l'on voie sculpté sur les temples égyptiens,

---

[1] *Stromat.* lib. vi, pag. 658.

et celui dont l'harmonie pût avoir de la gravité, il est donc très-probable que c'est de cette harpe que S. Clément a voulu parler; et il y a peu d'apparence qu'on ait jamais fait usage du *plectrum* ou de l'archet avec cette espèce d'instrument.

ARTICLE III.

Ce que le tebouni *dut avoir de commun avec les autres instrumens, et combien il dut y avoir d'espèces de* tebouni.

Euphorion, cité par Athénée[1], a remarqué que les noms des anciens instrumens à plusieurs cordes ont souvent été confondus; que ces instrumens ne diffèrent guère entre eux; que ce sont les divers changemens qu'on leur a fait subir qui ont donné lieu à des dénominations nouvelles, quoique réellement ces instrumens ne différassent pas beaucoup entre eux. C'est aussi le sentiment de dom Calmet[2], qui, à ce sujet, s'exprime ainsi : « Quand on voit que les uns leur donnent trois cordes, d'autres quatre, d'autres sept, d'autres dix, d'autres douze, d'autres vingt-quatre, et que ceux-ci disent qu'on les touchait avec les doigts, et que ceux-là enseignent que c'était avec l'archet, ou que les uns font leurs cordes tendues de haut en bas, et les autres de long sur un plan, on ne doit pas, pour cela, prétendre aussitôt que ce sont divers instrumens, et qu'il est impos-

[1] *Deipnos.* lib. xiv, cap. 4.
[2] Dissertation sur les instrumens des Hébreux, pag. 81.

sible que des choses si dissemblables soient appelées du même nom. Rien n'est plus ordinaire dans ces sortes de choses, que de les comprendre tantôt sous un nom générique, et tantôt de les exprimer par un nom particulier. Qu'on examine les monumens antiques : en combien de façons diverses verra-t-on représenter la lyre ou la cithare des anciens! combien de noms lui donna-t-on! Nous savons que les Septante ont rendu le mot hébreu *kinnor* par *cinyra*, *cithara* et *psalterium*. Les mêmes instrumens s'appellent, chez les Grecs, *kinyra*, *lyra*, *phorminx*, *cithara*, *chelys*, *pectis*, *barbiton*. Les Romains ont employé les mêmes termes, et y ont ajouté *testudo*; nous l'exprimons ordinairement par ces mots, *lyre antique*. »

Il paraît assez vraisemblable, cependant, que ces diverses dénominations n'auraient pas été données à une même espèce d'instrument, soit en différens temps, soit en différens lieux, si cet instrument n'eût subi quelques légers changemens, et n'eût offert quelques légères différences qui devaient distinguer ces instrumens les uns des autres en diverses circonstances. Nous avons des exemples multipliés de noms différens donnés à une même espèce d'instrument, suivant que les dimensions en sont plus grandes ou plus petites, et que la forme en est plus ou moins plate ou élevée, ronde ou anguleuse, ou que la composition en est plus compliquée. Telles sont, parmi nous, les diverses sortes de violes ou violons que nous nommons *pochette violon*, *alto* ou *quinte*, *viole d'amour*, *dessus de viole*, *basse de viole*, *violoncelle* ou *basse*, *contre-basse*. Telles sont les flûtes que nous connaissons sous les noms de *flûte douce*, *flûte traversière*, *octavin*, *fifre*, *flageolet*, etc. Telle est encore l'espèce d'instrument à laquelle appartiennent les *guitares*, les *lyres*, les *sistres* allemands, les *luths*, les *téorbes*, les *archiluths*, les *mandolines*, etc., etc.

Il en fut sans doute de même parmi les anciens. Les divers noms qu'ils donnèrent, soit à la harpe ou *tebouni*, soit à la lyre, ne servaient non plus qu'à désigner quelques légers changemens dans leur forme, dans leur composition, ou dans les proportions de leur étendue.

Les Égyptiens eurent des *tebouni* de différentes espèces et de différentes formes; ils en eurent en forme de harpe, en forme de lyre et en forme de guitare. Parmi les harpes que l'on voit sculptées ou peintes sur les monumens antiques de l'Égypte, on en remarque de différentes grandeurs, et d'un plus ou moins grand nombre de cordes[1]. Sans nous arrêter à parler de la destination de chacune d'elles et de son usage, ce que nous ne pourrions guère expliquer que par conjecture, nous observerons seulement que les harpes à dix cordes que l'on voit sur la frise de la façade du grand temple de Denderah, dans les grottes d'*Elethyia*, et dans le petit temple de Medynet-abou, paraissent avoir été particulièrement destinées à l'accompagnement des chants religieux dans les grandes solennités, ainsi que l'était, chez les Hébreux, le *kinnor açor*, c'est-à-dire la harpe à dix cordes; et cette espèce d'instrument fut sans doute aussi en très-grande consi-

---

[1] *Voyez* les harpes d'une des catacombes qui avoisinent les grandes pyramides de Gyzeh; celles des grottes d'*Elethyia*, pl. 70, fig. 2; celles des tombeaux des rois; celles de Thèbes; celles d'un petit temple à Medynet-abou.

dération chez les Grecs, puisque le poëte Ion l'a célébrée dans ses vers [1].

Les *tebouni* en forme de lyre se présentent plus rarement sur les monumens égyptiens. Nous n'en avons aperçu que dans deux endroits : 1°. sur le mur d'un escalier qui est au fond de la cinquième pièce du grand temple de Denderah ; la lyre qu'on voit en cet endroit est montée de quatre cordes, elle paraît y être employée pour accompagner les chants d'une fête triomphale : 2°. sur le planisphère sculpté au plafond d'un petit temple qui est au-dessus du grand temple de Denderah ; c'est une lyre à trois cordes ; celle-ci représente la constellation de ce nom. Cette lyre est vraisemblablement de la même espèce que celle dont parle Diodore de Sicile, dans son Histoire universelle, liv. 1, et dont il dit que chacune des cordes répondait à une des saisons de l'année.

L'usage de la lyre s'est conservé jusqu'à ce jour ; il se reproduit encore quelquefois au Kaire. On le reconnaît aisément dans celui de l'instrument appelé *kesser* dans l'intérieur de l'Afrique, et que les habitans du Soudan et les Barâbras ou Berbers apportent assez ordinairement avec eux, lorsqu'ils viennent chercher du

---

[1] . . . . Τὴν δεκαβάμονα τάξιν ἔχουσα
Τὰς συμφωνούσας ἁρμονίας τριόδους.
Πρὶν μὲν σ' ἐπτάτονον ψάλλον διατέσσαρα πάντες
Ἕλληνες, σπανίαν μοῦσαν ἀειράμενοι.

. . . . *Decimus tibi psallitur ordo,*
Concentuque placent harmoniæ triplices.
Omnes heptatonon diatessara te ante canebant
Græci, queis placuit rara camœna nimis.

Eucl. *Intr. harm.* p. 19, ed. Meib. Amst. 1752, in-4°.

service au Kaire: cet instrument est en effet une véritable lyre. Quoique grossièrement fabriquée, elle est composée exactement de toutes les parties dont Homère nous a donné la description dans son Hymne à Mercure. Nous en parlerons plus en détail, quand nous traiterons de l'état moderne de la musique en Égypte.

Quant aux *tebouni* en forme de guitare, nous n'en avons remarqué que dans un seul endroit; ce qui nous porte à penser que cette espèce d'instrument était d'un usage moins important que les deux précédentes.

Il y eut donc autant d'espèces de *tebouni* qu'il y eut d'instrumens à cordes différens les uns des autres. Le nom de *tebouni*, qui était un nom générique, dut être particulièrement réservé à l'instrument qu'on reconnaissait pour le type et le modèle des autres. En Égypte, c'était le *tebouni*; en hébreu, c'était le *kinnor*; en grec, c'était la *lyre* : aussi, dans l'une et l'autre de ces trois langues, ce nom générique paraît avoir été commun à tous les instrumens à cordes.

ARTICLE IV.

Le nom de psaltérion *fut le plus anciennement connu et le plus généralement répandu. Ce fut le nom d'un instrument égyptien. Origine de ce nom. Il fut employé comme une épithète des* tebouni.

De tous les noms qui ont été donnés aux instrumens appelés du nom générique de *tebouni*, il n'en est point qui ait été aussi généralement connu de tous les peuples

426 DISSERTATION SUR LES INSTRUMENS

anciens et modernes, que celui de *psaltérion*. Ce nom désigne moins un instrument, qu'il n'offre l'idée de l'usage auquel sont propres les instrumens à cordes; c'est-à-dire celui d'accompagner la voix, ainsi que nous l'avons déjà fait remarquer.

Dans les Stromates de S. Clément d'Alexandrie[1], il est fait mention du psaltérion comme d'un instrument en usage dans le culte religieux, chez les Égyptiens. A la vérité, il est probable que cet écrivain parle plutôt de ce qui avait lieu de son temps, que de ce qui se pratiquait à une époque très-reculée; mais enfin il se sert du mot *psaltérion* comme d'un nom générique applicable à tous les instrumens à cordes en usage parmi les Égyptiens : car non-seulement il emploie ce mot au pluriel, mais il ne parle d'aucun autre instrument à cordes, et ne désigne non plus en cet endroit les autres instrumens différens que par le nom de leur espèce.

Le nom de *psaltérion* tire vraisemblablement son origine d'un mot ancien que les Arabes prononcent *santyr* سنطير, lequel désigne aujourd'hui, en Égypte, un instrument de musique qui a la forme d'une *harpe* renversée et posée sur un corps sonore; c'est le même instrument que nous nommons *tympanon*[2]. Les anciens Égyptiens, qui joignaient ordinairement l'article à leurs noms, ainsi que nous le faisons en français, et qui

---

[1] *Sin autem in tibiis et psalteriis et choris et saltationibus et plausibus Ægyptiorum, et dissolutis ejusmodi otiis, studiosè versentur, immodesti, insolentes, valdeque à bona disciplina evaserint, utpote quos cymbala et tympana circumsonent et fraudis instrumenta circumstrepant.* Lib. II, cap. 4, pag. 163.

[2] Cet instrument est monté de cordes de laiton, et se bat avec de petites baguettes de bois.

par conséquent dûrent ajouter au mot *santyr* l'article du masculin *pi*, le prononçaient donc *pisantyr*.

Les Assyriens, chez lesquels cet instrument fut connu sous ce même nom, y ayant joint la terminaison propre à l'idiome de leur langue, l'appelèrent *pisanterin* ou *phisanterin*. Le prophète Daniel est le premier qui en ait fait mention dans la Bible sous ce dernier nom, comme d'un instrument de musique des Assyriens; et l'on voit clairement que ce mot ne put appartenir ni à la langue hébraïque, ni à la langue chaldéenne, puisque, dans ces langues, tout mot ne doit contenir que trois lettres radicales, et que dans celui de *pisanterin* il s'en trouverait quatre.

Ce même instrument ayant été, depuis, porté chez les Grecs avec son dernier nom, ceux-ci, sans doute, en firent d'abord le mot *pisanterion*; mais, comme la seconde syllabe produisait un son nasal, qui devait déplaire à la délicatesse de leurs oreilles, par un changement, assez fréquent dans toutes les langues, de l'*n* en *l*[1], ils transformèrent ce mot en celui de *pisalterion*, et, par contraction, *psalterion*.

Enfin les Qobtes, chez lesquels le mot *santyr* est revenu après avoir été ainsi défiguré, et, en quelque sorte, travesti, lui ont derechef ajouté l'article du masculin ⲠⲒ, et en ont fait[2] ⲠⲒⲪⲀⲖⲦⲎⲢⲒⲞⲚ (*pipsaltérion*), nom par lequel ils désignent encore un instrument de musique propre à accompagner la voix

[1] Vossius nous apprend que les Chaldéens avaient coutume de substituer la lettre *l* à la lettre *n*, surtout dans les mots étrangers à leur langue, et que les Hébreux en contractèrent l'habitude pendant leur captivité à Babylone.

[2] Kircher, *Lingua Ægypt. restit.*

Ainsi, quoique le mot *pisantyr* ait subi bien des changemens et des altérations, on voit clairement qu'il a toujours été employé, par les anciens peuples orientaux, comme une épithète des *tebouni*, c'est-à-dire des instrumens à cordes propres à accompagner la voix, plutôt que comme le nom particulier d'un instrument de musique.

SECTION II.

Des diverses espèces d'instrumens à vent des anciens Égyptiens; de leur origine, de leur usage, de leurs noms.

ARTICLE PREMIER.

De l'invention et de l'origine des flûtes en général.

Un accident à peu près semblable à celui qui fit inventer les instrumens à cordes, tels que les harpes dont nous avons parlé au commencement de la section précédente, peut aussi avoir fait imaginer la flûte. Le son que produit le vent en s'introduisant dans un corps creux, aura pu donner d'abord l'idée de souffler dans un simple roseau[1] pour en tirer un son. Chaque roseau de différente longueur produisant nécessairement un son différent, on aura probablement rapproché tous ces tuyaux, selon la proportion de leurs longueurs respectives, pour n'en faire qu'un seul et même instrument, où tous les sons pussent se trouver réunis et ordonnés; ce qui aura formé la flûte à sept tuyaux, qu'on a nommée *flûte de Pan*, c'est-à-dire *flûte de tous les sons*, parce qu'en effet elle rendait tous les sons diatoniques différens. Enfin, dans la suite, on se sera vraisemblablement avisé de marquer, par ordre, sur un seul et même tuyau, les diverses proportions des différentes longueurs des sept tuyaux pré-

[1] Lucret. *De rerum natur.* lib. v, vers. 1381 et seqq.

cédens, et de percer un trou à l'endroit où se terminait la longueur de chacun d'eux. Ainsi se sera formée la flûte à un seul tuyau[1]; et de là une seconde espèce de flûte appelée *monaule*, de même que la première, qui n'était que d'un simple roseau; ce qui aura occasioné quelque confusion, et fait naître les méprises ou les incertitudes des auteurs à l'égard de l'origine et de l'invention des flûtes *monaules*, ainsi que nous aurons bientôt lieu de nous en apercevoir.

ARTICLE II.

De l'invention et de l'origine des flûtes égyptiennes.

Il est certain qu'on fit anciennement usage en Égypte de plusieurs espèces de flûtes différentes. On en voit de peintes dans les catacombes de Gyzeh, dans les grottes de la montagne située près de l'ancienne ville d'*Elethyia*.

Euphorion, dans son livre *des Poëtes lyriques*[2], attribuait à Mercure l'invention de la flûte simple à un seul tuyau; et d'autres en ont fait honneur à Seuth et Ronax, Mèdes. Peut-être le nom de *Seuth* est-il le même que celui de *Theut*, que Platon donne à Mercure; peut-être aussi n'est-ce qu'une épithète par laquelle on dé-

---

[1] Il paraît que les flûtes d'un seul tuyau percé de plusieurs trous n'eurent pas d'abord d'autre embouchure que l'ouverture de l'orifice supérieur : du moins, c'est encore là aujourd'hui la seule embouchure du *nay*, ou de la flûte égyptienne, connue aussi sous le nom de *flûte des derviches*; et nous la croyons d'une origine très-ancienne.

[2] Athen. *Deipnos.* l. IV, cap. 25, pag. 84.

signa le premier homme de génie qui inventa l'usage de la flûte, ou l'art d'en jouer, ainsi qu'on désigna par cette même épithète le premier qui fixa l'art du langage et celui de l'écriture.

Juba[1], au quatrième livre de son *Histoire théâtrale*, nous apprend que le *monaule*, ou flûte à un seul tuyau, fut inventé par Osiris, de même que la flûte *photinx*[2]. Mais, outre qu'il est peu vraisemblable que le même homme ait pu être l'inventeur de deux espèces de flûtes aussi différentes, à cause de la longue expérience, de l'art et de la perfection dans la pratique que suppose la seconde, tout fait croire que la flûte simple fut même de beaucoup antérieure à l'existence d'Osiris; d'ailleurs les sentimens sont partagés à l'égard de l'espèce de flûte dont ce roi d'Égypte fut l'inventeur. Pollux[3] dit que celle qu'Osiris inventa était de paille d'orge; et Solin parle d'une flûte égyptienne faite de roseau, dont Eustathe rapporte l'invention à ce même Osiris.

Par *monaule* ou flûte simple à un seul tuyau, Euphorion et Juba ont sans doute voulu désigner la flûte sans trous pour la doigter, c'est-à-dire celle dont on se servait seulement pour avertir ou appeler, ainsi qu'on l'a fait d'abord, suivant ce que nous rapporte Apulée[4].

Cependant Homère[5] semblerait nous faire entendre que Mercure inventa aussi l'art de jouer de la flûte: mais il est probable qu'il n'a voulu parler que de l'art

---

[1] *Id. ibid.* cap. 23, pag. 175; et Eustathe sur l'Iliade, lib. xviii, vers. 526, pag. 1157.

[2] Gruter rapporte ces deux espèces de flûtes, pl. 27.

[3] *Onomast.* lib. iv, cap. 10, *de specieb. org.*

[4] Apul. *Flor.* lib. i.

[5] *Hymn. in Herm.* vers. 588 et seq.

de produire avec cet instrument un son agréable, qui se faisait entendre de loin ; c'est même le seul sens que l'on puisse donner aux vers où ce poëte fait mention de la flûte inventée par Mercure.

Cette flûte simple et à un seul tuyau fut vraisemblablement celle qu'on nomma *lotus* ou *lotos*[1], du nom de l'arbuste dont on la forma. On lui donna aussi le nom de *flûte libyque*[2].

Suivant Duris, dans son *Histoire des actions d'Agathocle*[3], ce fut un certain Seirites, Libyen nomade, qui en fut l'inventeur, et qui le premier accompagna avec cet instrument le chant d'un hymne à Cérès. Il était de la nation des Syrtes dans la Cyrénaïque, pays où croissaient les plus beaux lotus, et par conséquent ceux qu'on préférait pour faire des flûtes. Ce pays en produisait même en si grande abondance et d'une si bonne qualité, que les habitans en faisaient presque leur unique nourriture; ce qui les avait fait appeler *Lotophages*, c'est-à-dire mangeurs de lotus[4].

Dans la suite, on fit des flûtes courbes ou recourbées, en bois de lotus, suivant ce que nous apprend Ovide[5]. Toutefois il ne nous paraît pas vraisemblable qu'elles fussent entièrement de ce bois, qui, étant sec, devait

---

[1] Eurip. *Bacchæ*, vers. 135, 160 et seqq. et 379; *Heracl.* vers. 892. Plin. *Histor. nat.* lib. XIII, cap. 17. Eustath. *ad Il.* lib. XVIII, vers. 526.

[2] Eurip. *Iph. in Aul.* vers. 1036; *Troad.* vers. 543 et seqq.

[3] Athen. *Deipn.* lib. XIV, cap. 3, pag. 618.

[4] Strab. *Geogr.* lib. XVII, p. 969. Plin. *Histor. natur.* lib. V, cap. 3, pag. 67. Il croissait aussi en Égypte une plante de ce nom, dont les Égyptiens faisaient du pain qu'ils mangeaient. Herod. *Hist.* lib. II. Diod. Sic. *Biblioth. histor.* lib. I, cap. 34, pag. 99. Ils attribuaient à Isis l'invention de cette nourriture. *Idem*, cap. 43, pag. 134.

[5] Ovid. *Fast.* lib. IV, vers. 189, 190.

plier difficilement. La partie courbe de cette espèce de flûte était sans doute formée d'un bout de corne de vache, ainsi que l'était celle des autres flûtes en bois de même forme; et c'est pourquoi les poëtes les ont ordinairement désignées par l'épithète d'*adunco cornu*[1].

On composa aussi des flûtes *lotines*, ou de lotus, de deux tuyaux, auxquelles on donna en Égypte le nom de *photinx*, et que les Grecs ont désignées par le mot πλαγίαυλος (*plagiaulos*), et les Latins par celui de *obliqua*.

Cependant toutes les espèces de *photinx* ou de flûtes doubles ne furent pas obliques; il y en eut de formées de deux tuyaux attachés l'un près de l'autre, semblables à celles qui sont encore aujourd'hui en usage en Égypte, et qui sont connues sous le nom d'*arghoul* ارغول.

Les flûtes *photinx* devinrent jadis fort en usage parmi les Alexandrins, qui acquirent une très-grande célébrité dans l'art d'en jouer. On réunissait quelquefois le monaule et le photinx dans les festins; on s'en servait encore pour accompagner la danse et les autres plaisirs. Mais ce n'est pas ici le lieu de parler de tous les divers usages auxquels on fit servir ces instrumens : il nous suffit de savoir, en ce moment, qu'il y eut deux espèces de flûtes égyptiennes faites de bois de lotus; l'une qui, sans doute, fut la plus anciennement connue, et que les Grecs nommèrent *lotos monaulos*, laquelle consistait en un seul tuyau droit; l'autre connue sous le nom de *lotos photinx*, qui était double et recourbée, et c'est vraisem-

---

[1] *Id. ibid.* vers. 181 et 189. *Id. de Ponto*, lib. I, ep. I, vers. 39. Stat. *Thebaïd.* lib. VI, vers. 131.

blablement cette dernière qu'Apulée a décrite comme un instrument égyptien propre aux prêtres de Sérapis[1].

ARTICLE III.

Du nom, en langue égyptienne, de la flûte droite; de son effet et de son usage.

Eustathe[2] parle d'un instrument à vent appelé en égyptien χνέη (*chnoué*): il le désigne comme une trompette recourbée, et en attribue l'invention à Osiris[3]. La description qu'il fait de cet instrument lui donne une telle analogie avec la flûte courbe des prêtres de Sérapis, dont parle Apulée[4], et avec celle qu'Athénée[5] nomme *photinx*, dont Juba attribue l'invention à Osiris, que Jablonski a pensé que ce pouvait bien être une seule et même espèce d'instrument qui avait été en usage pour convoquer les Égyptiens dans les cérémonies religieuses, et à laquelle on donna tantôt le nom de *trompette* et tantôt celui de *flûte*.

Mais il n'est pas probable qu'on ait jamais pu confondre ainsi deux instrumens dont le son est si différent. La trompette égyptienne avait d'ailleurs un son fort désagréable, puisque Plutarque rapporte qu'il ressemblait au cri de l'âne[6], et que c'était même pour cette raison que les Busirites, les Lycopolites et les habitans

---

[1] Apul. *Metamorph.* lib. xi.
[2] *In Iliad.* lib. xviii, vers. 495, pag. 1139.
[3] Id. *ad vers.* 526 *ejusd. lib. Iliad.* pag. 1157.
[4] *Metamorph.* lib. ii, pag. 371.
[5] *Deipnos.* lib. iv, c. 23, p. 175.
[6] Plutarque, *D'Isis et d'Osiris*, traduction d'Amyot, pag. 324, E. Ælian. *de animal.* lib. x, cap. 27.

d'Abydus, qui avaient l'âne en horreur, comme représentant à leurs yeux le mauvais génie Typhon, ne voulaient pas qu'on fît entendre chez eux le son de cet instrument, tandis qu'au contraire la flûte égyptienne devait avoir un son très-doux et très-mélodieux. Au reste, Démétrius de Phalère[1], en nous rapportant que les prêtres égyptiens adressaient à leurs dieux des hymnes sur les sept voyelles, lesquelles, dit-il, par la douceur de leur son, leur tenaient lieu de flûtes et de cithares, nous autorise assez à croire que le son de la flûte était agréable et doux, et conséquemment très-différent de celui de la trompette.

Le nom de χνέη, qu'Eustathe donne à la trompette égyptienne, doit, suivant Jablonski, s'écrire et se prononcer χωνέη (*chônoué*). Selon ce dernier, ce n'est le nom ni de la trompette courbe, ni de la flûte photinx des Égyptiens: mais ce nom doit avoir appartenu à la flûte droite et simple, appelée *monaule*. Jablonski se fonde sur ce que, dans les livres qobtes, le mot ἀυλὸς (*aulos*), qui signifie une flûte droite, est constamment rendu par le mot ⲭⲱ (*djô*), ou ⲥⲏⲃⲓ ⲛⲭⲱ (*cébi andjô*), ainsi qu'on le trouve I. Cor. chap. xiv, vers. 7; et sur ce que, pour signifier *jouer de la flûte*, on écrit aussi, en langue qobte, ⲉⲣⲭⲱ (*erdjô*), de même que, pour signifier un flûteur, on trouve le mot ⲣⲉϥⲭⲱ (*repsdjô*) dans l'Évangile de S. Mathieu, chap. ix, vers. 23, et dans l'Apocalypse, chap. xviii.

Quant à la dernière syllabe du mot χωνέη (*chônoué*), Jablonski pense que c'est le même mot dont s'est servi

[1] *De Elocutione*, pag. 65.

Horapollo[1], et qu'il a écrit ὀυαίε. Or, comme notre auteur l'a prouvé ailleurs[2], ces mots ⲞⲨⲎ, ⲞⲨⲈⲒ, ⲞⲨⲚⲞⲨ (oué, ouei, ouéou), en langue égyptienne, signifiant *long, éloigné*, et, suivant Horapollo, le mot ὀυαίε signifiant aussi en égyptien un son qui se fait entendre de loin, il en conclut que ϪⲰ ⲚⲞⲨⲈⲒ (djônouei) ou ϪⲰⲚⲞⲨⲎ (djônoué)[3] est le nom d'une flûte qui se fait entendre de loin. Il en trouve la preuve dans Julius Pollux, lorsque cet auteur appelle la flûte égyptienne, πολύφθογγος[4] (polyphthongos), sonora, c'est-à-dire qui peut être entendue de loin. Il croit que ces flûtes servaient à convoquer les Égyptiens aux cérémonies religieuses[5], et

[1] *Hieroglyph.* lib. I, cap. 29.
[2] On sera peut-être bien aise de trouver ici cet article, et le voici : « ΟΥΑΙΕ φωνὴ μακρόθεν καλεῖται παρ' Αἰγυπτίοις ὀυαίε. C'est ainsi que s'explique Horapollo, lib. I, c. 29. Bochart, *in Hierozoico*, part. I, pag. 866, a vainement tenté d'expliquer ce mot par la langue arabe. Wilkins, *de Lingua copt.* p. 106, pense que φωνή est pris pour une voix lamentable, telle qu'est l'ὀυαί des Grecs, que les Coptes ont coutume de rendre dans leurs livres par ⲞⲨⲈⲒ. Mais les paroles d'Horapollo signifient autre chose. Celui-ci nous apprend que ce n'est ni un son lamentable, ni une voix quelconque, mais un son qui se faisait entendre de loin, et que les Égyptiens appelaient ὀυαίε. Mon bon et estimable ami la Croze m'a très-bien fait observer, il y a plus de quarante ans, que ὀυαίε d'Horapollo était l'ⲞⲨⲈⲒ des Coptes, qu'on lit si souvent dans leurs livres; qu'il signifie μακρόθεν, ainsi que le dit cet écrivain (Horapollo). *Voyez* ps. XXII, vers. 19; ps. X, vers. 1; Eph. II, vers. 17, et plusieurs autres endroits. Ὀυαίε, ou bien en copte ⲞⲨⲈⲒ, est donc proprement ἡ μακρόθεν, ce qui peut se rapporter à plusieurs choses; mais ici il faut sous-entendre ἡ φωνή. » Jablonski, *Opusc.* tom. I, *Voces Ægypt. apud script. veter.* p. 190, voce ΟΥΑΙΕ.
[3] C'est ce même mot que les Grecs ont écrit χονουὴ (chônoué) ou χνουὴ (chnoué).
[4] Jul. Poll. *Onomasticon*, l. IV, c. 9, p. 188, *de Instrumentis quæ inflantur.*
[5] Euripide, dans sa tragédie des *Bacchantes*, confirme ce sentiment par les vers 160 et suivans:

Quando dulcisonans fistula (λωτὸς)
Sacra sacros
Ludos sonat.

rappelle à cette occasion le témoignage de Synesius [1] et de Claudien [2], qui parlent des flûtes sacrées des Égyptiens [3]. Enfin il prouve, par plusieurs citations de Marius Victorinus [4] et de Xiphilin, que cette espèce de flûte, au lieu d'être courbe, ainsi que l'a prétendu Eustathe, devait être droite et longue, et conséquemment différente aussi d'une autre flûte de la même espèce, mais qui était plus courte et qu'on appelait *ginglaros*. Aussi Julius Pollux, qui parle de cette dernière, et qui la regarde comme une flûte égyptienne, dit qu'elle n'était propre qu'à une mélodie simple.

Les Égyptiens eurent donc deux espèces de flûtes droites : les unes longues et appelées ⲍⲱⲛⲟⲩⲉⲓ (*djônouei*), telles sont celles qu'on voit peintes dans les catacombes de Gyzeh ; et d'autres plus petites, appelées *ginglaros*, semblables à celles que l'on voit à Beny-Hasan [5].

ARTICLE IV.

Du nom de la trompette, et de celui de la flûte courbe, en langue égyptienne.

En conférant entre eux les témoignages d'Hérodote, de Démétrius de Phalère, de Strabon, de Plutarque, d'Élien, d'Apulée, de Solin, d'Athénée, de Pollux et

---

Cette flûte qu'Euripide désigne sous le nom de *lotos*, est évidemment une flûte égyptienne, de l'espèce de celle dont il s'agit.

[1] *De Providentia*, lib. 1, p. 66.
[2] *De Consul. Honorii*, vers. 574 et 575.

[3] Euripide en parle aussi dans sa tragédie des *Suppliantes*.
[4] Lib. 1 *Artis Grammat.* p. 2487, ed. Putschii.
[5] *Voy.* les planches de bas-reliefs des grottes de Beny-hasan, dans l'Heptanomide.

d'Eustathe, il est facile, dit Jablonski, de s'apercevoir que les Égyptiens n'eurent point de mot propre pour désigner la trompette. En effet, comme il le remarque encore, chaque fois que, dans la version du nouveau Testament, les Septante ont employé le mot σάλπιγξ (*salpinx*), trompette, les Qobtes l'ont toujours rendu par le même mot ⲥⲁⲗⲡⲓⲅⲝ (*salpinx*), et n'y ont jamais substitué un mot propre de leur langue. Ainsi, dans le passage suivant de l'Évangile de S. Mathieu, que les Septante ont écrit, μὴ σαλπίσῃς ἔμπροσθέν σοῦ (*mé salpisés emprosthen sou*), « Ne faites point sonner la trompette devant vous (quand vous faites l'aumône), » on lit dans la version qobte, ⲁⲙⲡⲣ ⲉϣⲧⲁⲡ ϩⲁϫⲱⲕ (*amper astap chadjôk*) : or, le sens du mot ⲉϣⲧⲁⲡ (*astap*) étant *donner du cor*, Jablonski présume que le mot ⲧⲁⲡ était le nom d'un instrument en égyptien, et que cet instrument était précisément celui qu'Eustathe a désigné sous le nom de χνυή, c'est-à-dire la flûte courbe.

Cependant nous nous croyons fondés à croire que le mot ⲧⲁⲡ ne signifiait point une flûte courbe, mais plutôt une trompette de corne, un buccin; du moins c'est là le véritable sens que les Qobtes lui ont donné dans leur version de l'ancien Testament, comme on peut le voir au verset 5 du psaume xcviii, où ils ont rendu par le mot ⲧⲁⲡ le mot hébreu שׁוֹפָר (*chophar*), qui signifie *buccin, trompette de corne*. D'où il suit qu'en reconnaissant avec Jablonski le mot *chônoué* ou *chnoué* comme appartenant à la flûte droite et longue, et non à la flûte courbe, nous sommes obligés d'avouer que le nom de cette dernière, en égyptien, nous est absolument inconnu; et, si Apulée ne nous avait pas présenté, dans ses Métamorphoses, cet instrument comme ayant été en usage dans les cérémonies du culte de Sérapis, ne l'ayant aperçu nulle part sur les monumens anciens de l'Égypte, nous serions portés à croire qu'il n'appartint jamais aux Égyptiens.

SECTION III.

Des instrumens bruyans ou crotales des anciens Égyptiens.

ARTICLE PREMIER.

De l'opinion de quelques savans sur la forme et le nom du sistre.

Quelques savans ont cru que les Égyptiens avaient désigné par un seul et même nom les crotales, c'est-à-dire les instrumens bruyans et à percussion; mais on n'a encore eu, sur ce point, que des opinions mal assurées. Nous parlerons d'abord du sistre, comme étant le plus important parmi les crotales égyptiens.

Il faut avoir été sur les lieux et avoir vu le sistre tel qu'il est sculpté sur les anciens monumens de l'Égypte, pour s'en faire une idée exacte. On trouve des sistres de tant de formes différentes dans les gravures qui ont été faites de cet instrument, dans presque tous les ouvrages qui traitent des monumens anciens, et l'on a tant hasardé de conjectures sur la forme que lui avaient donnée les Égyptiens, qu'on ne sait, parmi tant de sentimens divers, auquel on peut donner une entière confiance.

Bertrand Autumne, d'Agen, dans ses Commentaires

sur Juvenal[1], s'imaginait que le sistre était une espèce de trompette égyptienne, ou un instrument de musique. Britannicus avait émis, avant lui, cette opinion, en expliquant le même instrument dont il est parlé dans Ovide[2]. D'autres ont supposé que c'était une espèce de cor, ou une flûte, se fondant sur ce que dit Martial[3]. Ceux-ci prétendaient que ce devait être un tambour: ceux-là, une cymbale. Enfin il n'y a pas deux cents ans qu'on ignorait généralement, en Europe, ce que c'était que l'instrument des Égyptiens auquel on avait donné le nom de *sistre*.

Aujourd'hui, tous les savans sont persuadés que le sistre est une espèce de crotale ou instrument bruyant; ils ne se trompent plus sur sa forme; et les dessins qu'on a faits de cet instrument, d'après les monumens anciens de l'Égypte, apprendront à distinguer les sistres égyptiens d'avec ceux des Grecs et des Romains, dont la forme est presque toujours différente.

La plupart des auteurs qui ont fait des recherches sur les sistres [4], pensent que le nom de *sistre* appartient à la

---

[1] *Decernat quodcumque volet de corpore nostro*
Isis, et irato feriat mea lumina sistro.
Sat. XIII, vers. 93 et 94.

[2] *Ecquis ita est audax, ut limine cogat abire*
Jactantem Phariâ tinnula sistra manu?
De Ponto, lib. I, ep. 1, vers. 37 et 38.

[3] *Si quis plorator collo tibi vernula pendet,*
Hæc quatiat tenerâ garrula sistra manu.
Epigr. lib. XIV, epigr. 54.

4 Adr. Turneb. *Adv.* lib. XXVIII, cap. 33. Hadrian. Jun. *Nomenclat.* cap. *de music. instrument.* n°. 245. Demster. *Antiquitat.* lib. II. Bulenger. *de Theatro*, cap. ult. Hofman, *Lexic. univers.* voce SISTRUM. Heinsius *in Claudiani Eutrop.* lib. I, vers. 499. Casalius, *de Ritibus Æg.*

langue grecque, et non à la langue égyptienne; qu'il vient du verbe σείειν (*seiein*), ébranler, agiter. Ils fondent cette opinion sur la définition ou plutôt l'explication que Plutarque a donnée du sistre [1], parce qu'ils ont cru qu'elle renfermait l'étymologie du nom de cet instrument. Jablonski paraît être aussi de cet avis [2], et rejette fort loin le sentiment d'Isidore de Séville, qui dit [3] que le nom du sistre dérive de celui d'Isis, à qui cet instrument était particulièrement consacré [4].

Quant à nous, nous ignorons quels ont pu être les motifs qui ont fait préférer la première étymologie à celle que donne Isidore; car nous ne voyons pas qu'il y ait des rapports plus sensibles, quant à la formation matérielle des mots, entre σείειν (*seiein*) et σείςρον (*seistron*), qu'entre le nom d'*Isis* et celui du *sistre*.

Il est vrai que le mot σείειν signifie en grec *agiter*, *ébranler*, et que le sistre est un instrument qu'on ne fait résonner qu'en l'agitant. Mais, si l'on a égard au

---

cap. 24. Fabr. *Thesaurus*, voce Sistrum. Begerus, *in Thesaur. Brandeburg*. tom. III, pag. 399. Barth. Merula, *ad Ovid*. lib. III *de Arte am*. vers. 635. Kipping. *Antiquit. Roman*. lib. I, cap. 5, n°. 2, et Bochart dans son *Phaleg*, lib. IV, cap. 2. Hieronym. Bossii *Isiacus, sive de sistro opusculum*, in *novo Thesauro antiq. Roman. ab Alberto de Sallengre*, in-fol. *Hagæ-Comitum*. 1718. D. Benedict. Bacchinus, *De sistrorum figuris ac differentia*, in-4°. *Bononiæ*, 1691, etc., etc.

[1] *D'Isis et d'Osiris*, pag. 331, D. E.

[2] *Opusc*. t. I, *Voces Ægyptiacæ apud veteres scriptores*, p. 309.

[3] Isidor. Hispal. episc. *Origines*, lib. III; *de Arte musicæ*, cap. VIII, pag. 76.

[4] Jablonski n'est pas le seul, ni le premier, à qui cette étymologie n'ait pas plu; le savant peu modeste qui, en 1726, adressa à M. le Clerc, auteur de la Bibliothèque choisie, une lettre concernant le sistre, s'égaya aussi, à sa manière, sur cette même étymologie. Elle avait également paru forcée à un antiquaire très-érudit (*vid*. Hieronym. Bossii *Isiacus, sive de sistro opusculum*), antérieur au savant dont il s'agit; mais toutes ces autorités ne sont point assez imposantes, n'étant fondées sur aucune raison convaincante.

sens symbolique que présentait cet instrument, ce qui avait probablement déterminé à lui donner le nom de *sistre*, et si l'on réfléchit au sens allégorique du nom d'Isis, on concevra aisément que, sous ce rapport, il y avait beaucoup plus d'analogie entre le sistre et Isis qu'entre le nom de cet instrument et celui de σειειν. En effet, le sistre, nous dit Plutarque[1], était le symbole d'un mouvement réglé, ordonné, qui compose, qui donne l'existence et la vie; et suivant le même auteur, le nom d'Isis vient du mot *iesthai* qui signifie *mouvoir par certaine science et raison* : Isis est un mouvement animé et sage; c'est tout-à-la-fois la déesse de la science et du mouvement.

Ce rapprochement fait apercevoir clairement la raison qui fit consacrer le sistre à Isis par les Égyptiens. On doit voir que, selon eux, Isis était l'image allégorique de la cause cachée du mouvement ordonné et réglé qui donne la vie, et que le sistre était le symbole de ce mouvement : car les Égyptiens, dont le langage sacré était purement allégorique, n'ont pas dû donner au sistre un nom qui n'était propre qu'à éloigner de l'esprit l'idée qu'ils attachaient à cet instrument sacré; et cette idée ayant une très-grande affinité avec celle que leur rappelait le nom d'Isis, ils devaient la rendre aussi par un mot analogue à ce nom.

Le mot *sistre* n'a donc pas pu tirer son origine du verbe grec σειειν, *agiter*, *ébranler*, puisque le sens des mots *ébranler*, *agiter*, ne rappelle point l'idée d'un mouvement *réglé* et *ordonné*, et qu'au contraire il pré-

[1] *D'Isis et d'Osiris*, pag. 331, D. E.

sente celle de *pousser* ou *attirer quelque chose hors de son équilibre naturel, lui donner une impulsion momentanée et qui ne lui est point naturelle*; ce qui présente un sens évidemment opposé à celui de l'idée que les Égyptiens attachaient au nom du sistre. D'ailleurs, il serait assez étonnant que les Égyptiens n'eussent point eu dans leur langue de mot pour désigner cet instrument, et qu'ils eussent été obligés pour cela d'avoir recours à la langue grecque, laquelle ne se forma que bien des siècles après que ces peuples eurent établi toutes leurs institutions religieuses et politiques.

Il est beaucoup plus probable que les Grecs, en adoptant la religion des Égyptiens, conservèrent au sistre son nom égyptien, par la même raison qu'ils conservèrent à Isis le sien, puisque le sistre était le principal attribut de cette déesse.

Nous pensons donc autrement que les savans qui ont blâmé l'étymologie du mot *sistre* donnée par Isidore, et nous allons tâcher de démontrer que ce mot tire en effet son origine de la langue égyptienne, et non de la langue grecque.

ARTICLE II.

Du nom du sistre en langue égyptienne, et de l'étymologie du mot sistre.

La Croze[1] croyait que le sistre devait s'appeler, en langue égyptienne, ⲔⲈⲘⲔⲈⲘ (*kemkem*), mot qui si-

[1] Jablonski, *Opuscula*, tom. I, pag. 310.

gnifie en cette langue un instrument bruyant, ou un instrument de musique qui résonne, lorsqu'il est frappé, agité ou ébranlé. Ce mot lui paraissait venir de ⲔⲒⲘ (*kim*), mouvoir, ébranler. C'est en effet le nom que les Qohtes donnent au tambour que nous appelons *tambour de basque* : ils disent ⲔⲈⲘⲔⲈⲘ (*kemkem*), un tambour, et ⲢⲈϤⲔⲈⲘⲔⲈⲘ (*repskemkem*), celui ou celle qui joue de ce tambour.

Mais Jablonski propose un autre mot qui lui semble être le véritable nom du sistre, en langue égyptienne. Ce mot, il le trouve dans la version qobte de la première Épître aux Corinthiens, chap. XIII, vers. 1, où l'on a rendu le texte grec, χαλκὸς ἠχῶν (*chalcos échôn*), par ces mots, ⲚⲚⲞⲨϨⲞⲘⲦ ⲈϤⲤⲈⲚⲤⲈⲚ (*anouhomt epscencen*), airain sonnant, d'où il conclut que le mot ⲤⲈⲚⲤⲈⲚ doit s'entendre du son de l'airain, et conséquemment du son des sistres, qui étaient d'airain. Toutefois il convient que ce mot sert aussi à désigner le son de la trompette (Exod. chap. XIX, vers. 16), et que cela l'empêche de donner une entière confiance à son opinion. Son éditeur, et en même temps son commentateur, M. Water, regarde même comme très-incertaine l'acception que donne ici Jablonski au mot ⲤⲈⲚⲤⲈⲚ, en ce que ce mot semble signifier le son d'un instrument de musique quelconque; et pour le prouver, il cite la version qobte des mots σάλπιγγος ἠχῷ (*salpingos échô*) du texte grec de l'Épître aux Hébreux, chap. XII, vers. 19, où l'on lit ⲠⲤⲈⲚⲤⲈⲚ ⲚⲦⲈⲞⲨ ⲤⲀⲖⲠⲒⲄⲄⲞⲤ (*picencen anteou salpingos*); ou bien, en dialecte sahidique, ⲞⲨϨⲢⲞⲞⲨ ⲚⲤⲀⲖⲠⲒⲚⲜ (*ouhroou ansalpinx*), le son de la trompette[1]. D'ailleurs, il ne voit aucune analogie entre le mot *cencen* et celui de *sistre*.

Cependant il ne résulterait pas nécessairement, de ce que le mot *cencen* se trouve quelquefois joint au nom de la trompette, qu'il n'ait point appartenu spécialement au sistre. Puisque ce mot signifie en qobte le son ou la résonnance de l'airain, il ne peut être regardé comme désignant le son de tout instrument quelconque de musique; car il y a eu un très-grand nombre de ces sortes d'instrumens dans la composition desquels il n'est jamais entré d'airain.

Mais il suffisait que le mot *cencen* signifiât le son ou le bruit résonnant et retentissant que produit l'airain, pour qu'il pût devenir le nom du sistre, et désigner en même temps le bruit sonore de la trompette. Il est même d'autant plus probable que les Égyptiens employèrent ainsi ce mot, que les Latins, qui ont traduit le nom du sistre par le mot CREPITACULUM, qui signifie *un instrument bruyant qui rend un son retentissant*, se sont servis de cette même expression, ainsi que l'ont fait les Qobtes, pour exprimer le son retentissant de la trompette d'airain. C'est ce qu'on peut remarquer dans ces vers de Virgile :

At tuba terribilem sonitum procul ære canoro
INCREPUIT............................
Æneid. lib. IX, vers. 503 et 504.

Nous ajouterons même qu'à la manière dont les meilleurs auteurs latins ont traduit le nom du sistre, il est

[1] *Voyez* ci-après, la conclusion de cet article, qui concilie l'opinion de Jablonski avec celle de M. Water.

DE MUSIQUE DES ÉGYPTIENS.   447

absolument hors de doute qu'ils le faisaient dériver, non du verbe σείειν, *agiter, ébranler,* mais des verbes *résonner, retentir,* et qu'ils attachaient au mot σείςρον (*seistron*) le même sens que les Qobtes ont donné au mot *cencen.* Or, il est bien probable qu'une étymologie qui est fondée sur une autre idée que celle que l'on a toujours attachée à l'acception propre du mot, telle que l'est l'étymologie par laquelle on fait dériver le mot σείςρον de σείειν, est tout au plus ingénieuse, mais dépourvue de fondement, hasardée et fausse.

On ne peut pas non plus raisonnablement conclure qu'il n'y a aucune analogie entre *cencen* et σείςρον (*seistron*), parce que ces mots ne se ressemblent pas; car il y a bien des mots, quoique dérivés d'une même racine, ou même ayant eu dans le principe une seule et même forme, qui, après avoir passé dans une autre langue, y ont reçu de telles modifications et éprouvé de tels changemens, qu'ils paraissent être entièrement étrangers à la langue dont ils tirent leur origine.

Il est pour tous les peuples du monde un principe naturel, qui les guide dans la composition et la dérivation des mots qu'ils forment ou qu'ils adoptent, soit qu'ils les dérivent de leur propre langue, soit qu'ils les empruntent d'une langue étrangère; c'est celui de l'analogie. Lorsque dans la composition des mots il se rencontre des lettres et particulièrement des consonnes dont la prononciation ne leur est pas familière, ou n'est pas conforme au goût et aux habitudes qu'ils ont contractés, ils en substituent d'autres du même organe ou d'un organe analogue, comme, par exemple, une consonne dentale à une autre dentale ou plus forte ou plus douce, une consonne labiale à une autre consonne labiale, une linguale à une autre linguale, une liquide à une autre liquide, etc., etc.[1].

Il serait donc encore possible que le mot σεῖςεϱν, quoique très-différent en apparence du mot égyptien *cencen*, en fût cependant dérivé.

Pour résoudre plus clairement cette question, il ne sera pas inutile de nous assurer si le mot *cencen* ne se reproduirait pas avec de légers changemens dans d'autres langues, comme le nom de l'instrument que nous appelons *sistre*.

D'abord ce mot se reconnaît sans peine dans le mot éthiopien ጸናጽል (*tzenacel*[2] ou *cenacel*), qui signifie en cette langue un *sistre*; car il est évident que ce mot ne diffère du mot égyptien *cencen* que par le changement des lettres fortes en lettres faibles, et parce que l'on a substitué la consonne linguale *l* qui finit ce mot, à la

---

[1] C'est ce que nous avons fait nous-mêmes dans la formation ou la composition de beaucoup de nos mots : tels sont, par exemple, ceux de *taper*, dont nous avons fait *tambour*; *flamber*, dont nous avons fait *flamme*; *approuver*, dont nous avons fait *approbation*; et ceux que nous avons empruntés du grec ou du latin, comme de βοὴ, *vox*, voix; de ῥόδον, *rosa*, rose; de κύκλος, *circulus*, cercle; de καπάνη, cabane; de καβάλλης, cheval; de τίτλος, *titulus*, titre; d'ἀπόστολος, *apostolus*, apôtre; ἐπίσκοπος, *episcopus*, en allemand *bischoff*, en italien *vescovo*, et en français *évêque*. Mais les altérations deviennent bien plus grandes dans les mots des langues orientales qui ont été prononcés et écrits par les Grecs, et qui nous sont parvenus de cette manière. Les Grecs, qui sacrifiaient tout à la délicatesse de leur oreille, loin de chercher à se rapprocher le plus possible de la prononciation de ces mots, lorsqu'elle leur paraissait trop dure, ne se faisaient aucun scrupule d'en retrancher les lettres dont la prononciation les embarrassait, ou d'y en substituer d'autres souvent très-différentes.

[2] Nous écrivons toujours les mots éthiopiens d'après la prononciation des prêtres abyssins, et non d'après l'usage européen.

consonne linguale *n* qui termine celui de *cencen*. Quant à la voyelle *a*, qui se trouve dans le mot éthiopien et qui n'est point dans le mot égyptien, on sait que dans les langues orientales il n'y a que les consonnes qui soient regardées comme les parties essentielles des mots, et que les voyelles n'en changent point la nature et l'acception.

Par la même raison que les Éthiopiens ont pu substituer la consonne linguale *l* à la consonne linguale *n*, d'autres auront pu, en substituant deux *l* aux deux *n* du mot égyptien *cencen*, transformer ce mot en celui de *celcel*; et c'est ce qu'ont fait les Hébreux, ou plutôt les Chaldéens, en ajoutant à ce mot la terminaison propre à l'idiome de leur langue, et en changeant les lettres fortes en lettres douces. Ainsi, au lieu de *cencen*, ils ont d'abord eu le mot *celcel*; et en adoucissant la première et la quatrième consonnes, ils ont formé le mot de *tzeltzelei* ou *tziltzelei*. Il n'a donc fallu, pour opérer un aussi grand changement dans le mot égyptien, que substituer une consonne linguale à une autre consonne linguale, et une lettre faible à une lettre forte.

Nous attribuons aux Chaldéens le changement de l'*n* en *l*, d'après ce que nous apprend Scaliger, qui remarque, dans son livre *De emendatione temporum*, que les Chaldéens étaient dans l'usage de substituer le *laméd* au *nun*[1] dans les mots où ce dernier se rencontrait; qu'ils prononçaient *Labonassar* pour *Nabonassar*, et *Labonidas* pour *Nabonidas*. Or, comme les Hébreux perdirent presque totalement l'habitude de leur langue

[1] C'est-à-dire la lettre *l* à la lettre *n*.

par l'usage continuel qu'ils firent de la langue chaldaïque pendant leur captivité à Babylone, et qu'ils contractèrent l'habitude de prononcer comme les Chaldéens, il est très-probable aussi qu'ils se seront conformés à la manière dont ces derniers prononçaient le mot *cencen.*

Les Grecs, qui ont emprunté presque tous leurs instrumens des Asiatiques, auront pu en recevoir aussi celui-ci, ou au moins son nom. Ils auront, suivant leur usage, écarté du mot *tziltzelei* tout ce qui leur en rendait la prononciation embarrassante et difficile, et y auront aussi ajouté une terminaison conforme à l'idiome de leur langue. Au lieu de *tziltzelon* qu'ils auraient dû prononcer, ils auront d'abord dit *sistelon;* ensuite, pour rendre ce mot plus doux encore, ils auront changé *l* en *r,* et auront prononcé *sisteron;* puis, par contraction, *sistron* ou *seistron;* conservant toujours, de même que l'avaient fait les Chaldéens et les Hébreux, les deux lettres sifflantes qui paraissaient être les lettres figuratives du mot égyptien *cencen.* La métamorphose que les Grecs ont fait subir à ce mot, qu'ils avaient déjà reçu défiguré dans celui de *tziltzelei,* ne paraîtra pas surprenante, si on la compare avec celle du nom hébreu *Iechezchel,* dont ils ont fait *Ezechiel;* avec celle du nom de *Chaggaï,* dont ils ont fait *Aggée;* avec celle du nom de *Chizchiiah,* dont ils ont fait celui d'*Ezechias, etc.*[1]

---

[1] Il n'y a pas plus de différence dans les changemens qu'ont subis tous ces noms, qu'il n'y en a dans le changement du nom de *Rachyd,* ville d'Égypte, en celui de *Rosette* que lui ont donné les Français.

ARTICLE III.

D'une seconde espèce de crotale des anciens Égyptiens, et de son nom dans la langue de ces peuples.

Outre les sistres que l'on remarque fréquemment sur les monumens anciens de l'Égypte, il est encore une autre espèce de crotale, ou d'instrument bruyant, que nous avons observée en plusieurs endroits. Cet instrument, qui a la forme d'un disque, nous a paru être une cymbale. On le voit ordinairement entre les mains de personnages qui ressemblent à des femmes dans l'action de danser en rond.

Ménandre, cité par Strabon[1], nous apprend, en effet, que, dans les sacrifices qui se faisaient cinq fois par jour, des femmes, au nombre de sept, formant un rond, frappaient des cymbales[2], tandis que d'autres poussaient des cris perçans. Ovide paraît avoir eu aussi ces femmes en vue, en parlant, au III⁰ livre de ses Fastes, v. 740, des Bacchantes de la suite de Bacchus[3]. Plutarque en parle également au IV⁰ livre des *Propos de table*, question 5, en disant : « Ne plus ne moins que l'on fait un grand bruit, en nostre pays, ès sacrifices nocturnes de Bacchus qui s'appellent *Nyctelia*, mesme-

---
[1] Strab. Geogr. lib. VII, p. 357.

[2] *Sacrificium quinquies in die :*
Cymbala pulsabant septem ancillæ per orbem;
Aliæ verò ululabant.
Menand. in osorem mulierum.

Les femmes qu'on voit représentées dans le petit temple d'Edfoû, autour du berceau d'Orus, et frappant des cymbales, sont aussi au nombre de sept.

[3] *Æriferæ comitum concrepuere manus.*

ment que l'on surnomme les nourrices de Bacchus *Chalcodristas*, comme qui dirait, *grattant le cuivre* [1]. »

Quant au nom que les Égyptiens donnèrent à cette espèce de cymbale, nous ne croyons pas que, jusqu'ici, personne s'en soit occupé, et nous doutons qu'il soit connu.

Nous trouvons bien, à la vérité, dans la version qobte du psaume CL, vers. 5, le nom de cette sorte d'instrument rendu par le mot ⲔⲨⲘⲂⲀⲖⲞⲚ (*kymbalon*); mais il est évident que ce mot est le même que celui de κύμβαλον de la version des Septante, d'après laquelle les Qobtes ont composé la leur, et qu'il n'appartient point à la langue égyptienne.

Si nous pouvons en juger par le texte hébreu et par la version éthiopienne, qui lui est très-conforme, le nom de la cymbale et celui du sistre ne différaient entre eux que par l'épithète qu'on leur ajoutait pour les distinguer l'un de l'autre. On appelait *crotale sonore* les cymbales [2], et *crotale bruyant* [3], le sistre. Dans l'un et l'autre cas, on se servait, en hébreu, du mot צִלְצְלֵי (*tziltzelei*), et, en éthiopien, de celui de ጸናጽል (*tzenacel*), qui, comme nous l'avons déjà fait observer, représentent, l'un et l'autre, le mot égyptien *cencen*; d'où nous inférons que le mot *cencen* signifiait, en général, les sons bruyans de tout instrument de métal, et que le nom des divers instrumens de cette espèce n'était distingué que par une épithète qui désignait, ou la forme de chacun d'eux, ou la qualité du son qu'ils rendaient.

---

[1] *Traduction d'Amyot.*
[2] En hébreu, צִלְצְלֵי שָׁמַע (*be tziltzelei chama*); en éthiopien, በጸናጽል ዘጸንዐ ቃሉ (*be tzenacel zecenné qalou*).
[3] En hébreu, צִלְצְלֵי תְרוּעָה.

SECTION IV.

Des instrumens à percussion en usage dans la musique des anciens Égyptiens.

ARTICLE PREMIER.

Observation préliminaire.

Comme nous avons eu occasion de parler de l'usage des instrumens, dans nos Dissertations *sur l'état de la musique dans l'antique Égypte, sur les diverses espèces de chant et de poésie des anciens Égyptiens, sur le motif et l'objet des principales fêtes de l'année*, et sur les cérémonies et le caractère des chants dont elles étaient accompagnées, nous ne pourrions, sans nous répéter, entrer dans quelques détails sur les instrumens à percussion [1]. C'est pourquoi nous ne rappellerons point ce que nous avons remarqué en plusieurs endroits, à l'égard de ces espèces d'instrumens; nous nous bornerons ici à décrire leur forme et leur usage, et à faire connaître le nom sous lequel ils ont été ou sont actuellement connus.

(ֹbe *tziltzelei therouah*); en éthiopien, በድናፅል ወበደበበ (be *tzenacel ouava bave*.

[1] Ces détails se trouvent dans les dissertations dont il est ici question, et qui devaient précéder celle-ci.

ARTICLE II.

D'un certain instrument à percussion de la musique des anciens Égyptiens; de sa forme et de son usage; de l'affinité que paraît avoir avec cet instrument, une espèce d'instrument dont on se sert dans quelques églises chrétiennes de l'Orient.

Parmi les figures des personnages du cortége d'une noce représentée dans une des grottes de la montagne située près de la ville d'*Elethyia*[1], on remarque des musiciens, l'un pinçant de la harpe, l'autre jouant de la flûte double, et un troisième tenant deux grandes règles (une en chaque main) qu'il semble frapper l'une contre l'autre.

Cet instrument servait sans doute à marquer la mesure ou le rhythme des airs que jouaient les autres musiciens. La simplicité de sa forme nous fait présumer que l'usage en remonte aux siècles les plus reculés, et qu'il a dû précéder même l'invention du sistre, du tambour, des cymbales et de tous les autres instrumens pulsatifs : c'est le seul que les mœurs austères des Thérapeutes permirent de conserver; et l'on sait que leur religion n'était autre chose que l'antique religion égyptienne, réformée, simplifiée, et dégagée de tout ce qu'elle avait d'idolâtrique, jointe à un mélange de judaïsme et de christianisme.

Les Hébreux n'ayant point fait usage d'un instrument semblable à celui dont il s'agit, les livres qobtes,

[1] *Voyez* la pl. 70, fig. 2.

qui ne contiennent autre chose que l'ancien et le nouveau Testament, ne peuvent nous être, à la vérité, d'aucun secours pour découvrir son nom dans la langue égyptienne.

Mais nous trouvons cependant un instrument du même genre en usage dans les églises chrétiennes schismatiques de l'Orient. C'est celui qu'on nomme, en arabe, ناقوس (*nâqous*), et en éthiopien, ጤቀ (*takqa*). Il y en a de deux espèces : l'une qu'on nomme ناقوس خشب (*nâqous khachab*), c'est-à-dire *nâqous*[1] *de bois*; et l'autre qu'on appelle ناقوس حديد (*nâqous hadyd*), c'est-à-dire *nâqous de fer*.

Le premier est de deux sortes. Il y en a qui sont larges d'environ un pied, et longs à peu près de six. Ceux-ci sont suspendus par des cordes au plafond du parvis des églises; ils servent à convoquer les fidèles pour le service divin : on les frappe avec une espèce de maillet de bois. Il y en a de beaucoup plus petits qui se tiennent à la main, et se frappent également avec un petit maillet de bois.

Le second, c'est-à-dire le *nâqous* de fer, est ordinairement moins grand que ceux de bois. Il est plus particulièrement en usage dans les églises grecques de l'empire ottoman, que dans les autres. Quelques auteurs lui ont donné le nom de *sementere*. C'est peut-être son nom en langage vulgaire; mais le véritable nom que lui donnent les Grecs, est celui d'*agiosidére*, mot composé de ἅγιος, *saint*, et de σίδηρος, *fer*.

Nous arrêterons là nos recherches sur cette dernière

[1] Ce nom signifie, en général, tout instrument à percussion.

espèce d'instrument, nous réservant d'en parler d'une manière plus positive et plus détaillée, lorsque nous traiterons de l'état moderne de la musique en Égypte. C'est tout ce que nous pouvions dire en ce moment, pour donner quelque idée de cette espèce d'instrument à percussion qu'on voit parmi les peintures d'une des grottes d'*Elethyia*.

ARTICLE III.

Des tambours antiques de l'Égypte.

Il n'est pas facile de se faire une idée exacte de la forme des tambours antiques de l'Égypte, d'après ceux que l'on voit sculptés sur les anciens monumens de ce pays. Il est même difficile de les distinguer d'avec les cymbales, à moins d'avoir fait une étude particulière de cette espèce d'instrument, et des usages auxquels il fut consacré. L'ignorance des anciens à l'égard de la perspective n'ayant pas permis aux sculpteurs de les présenter autrement que de face, on n'en peut apercevoir l'épaisseur; et les dessins très-fidèles qui en ont été faits, n'ont pas dû la faire sentir : en sorte que ces tambours ne ressemblent qu'à des disques, que des personnages tiennent comme collés sur leurs mains. Nous n'aurions jamais pu reconnaître cette espèce d'instrument, si les poëtes ne nous avaient appris à distinguer les tambours antiques, en nous faisant connaître la manière de les tenir et d'en jouer[1], ainsi que l'usage qu'on en

---

[1] Ovid. *Metam.* l. III, vers. 408; vers. 342. Prop. lib. III, eleg. XVII, lib. IV, vers. 29. Id. *Fast.* lib. IV, vers. 33.

DE MUSIQUE DES ÉGYPTIENS.   457

faisait dans les cérémonies du culte, soit de Bacchus [1], c'est-à-dire d'Osiris, soit de Rhée ou de Cybèle [2], c'est-à-dire d'Isis.

Toutefois il est probable que ces tambours n'étaient pas profonds et cylindriques comme nos tambours militaires; nous pensons qu'ils ne devaient point différer des autres tambours anciens, dont la forme était semblable à celle de nos tambours de basque.

Les personnages entre les mains desquels nous avons vu ces instrumens, nous ont paru être des femmes: et en effet, chez les Grecs, chez les Hébreux et chez presque tous les anciens peuples de l'Orient, le tambour était un instrument particulièrement réservé aux femmes, ou, tout au plus, à des hommes qui s'étaient dépouillés de leur virilité, tels que les Corybantes. Aujourd'hui encore, en Égypte, on le voit beaucoup plus habituellement entre les mains des femmes qu'entre celles des hommes; et c'est aussi là, sans doute, la raison pour laquelle on a toujours rendu ces instrumens légers et faciles à manier.

Nous pensons donc que par les personnages que l'on a sculptés ou peints sur les monumens d'Égypte, tenant en main un grand disque et dans l'action de danser, on a voulu représenter des Thyades ou des Bacchantes jouant de leur tambourin ou tambour de basque.

---

[1] Euripidis *Bacchæ*, vers. 147 et 148; *Cyclops*, vers. 65 et 66. Ovid. *ubi suprà*, et *Phædr. Hipp.* vers. 47 et 48. Propert. *ubi suprà*, Nonn. Panopol. *Dionys.* lib. xxvii, vers. 229.

[2] Orph. *Matris Deorum suffimentum*, varia; *Rheæ suffimentum*, aromata, vers. 1 et seqq. Euripid. *Bacchæ*, vers. 124. Aristophan. *Vespæ*, act. V, sc. Bdelycl. Xanth. Sos. Philocl. vers. 118.

Il est certain que l'usage de sculpter ou de peindre sur les monumens, et même sur les vases, des danses de Bacchantes jouant du tambour de basque, était très-répandu chez les Grecs, lesquels, comme on sait, avaient emprunté des Égyptiens la plupart de leurs institutions civiles et religieuses, ainsi que leurs arts; et Plutarque nous rapporte que l'on voyait aussi de ces instrumens peints ou sculptés sur les temples des Juifs [1].

C'était donc un usage généralement reçu chez une grande partie des anciens peuples de l'Orient : or, il n'est pas probable que les Égyptiens, qui connaissaient cet instrument, qui s'en servaient dans leurs temples et à la guerre [2], qui même en avaient été les inventeurs [3], eussent été les seuls à négliger de décorer leurs temples de ces sortes de figures.

Ainsi ce que nous avions d'abord soupçonné, ce que le témoignage des poëtes nous portait à croire, se trouve confirmé par l'usage des peuples orientaux.

---

[1] Plutarque, Propos de table, liv. IV, quest. 5.
Si c'est par religion ou par abomination que les juifs s'abstiennent de manger chair de porc. « Le thyrse ou javelot et les tabourins que l'on monstre imprimez contre les lambris des parois de leurs temples (des Juifs), toutes ces cerimonies-là ne peuvent certainement convenir à autre dieu qu'à Bacchus. » *Traduction d'Amyot.*
[2] Clem. Alexand. *Pædag.* lib. II, cap. 4, pag. 164. D.
[3] *Idem, ibid.*

ARTICLE IV.

Du nom, en langue égyptienne, du tambour antique, connu vulgairement parmi nous sous le nom de tambour de basque.

Le nom de cet instrument ne peut être douteux; il nous a été conservé dans la langue qobte: c'est celui de ⲕⲉⲙⲕⲉⲙ (*kemkem*), que la Croze pensait être le nom du sistre, parce qu'il le faisait dériver du mot ⲕⲓⲙ, qui signifie *mouvoir, ébranler*, et parce qu'on le trouve employé en ce sens dans la version qobte du psaume XXI, vers. 7, et Act. XII, vers. 7.

Mais nous avons déjà prouvé que le nom du sistre signifiait un instrument résonnant, retentissant, et qu'il ne put, en aucune manière, recevoir des Égyptiens un sens analogue à celui des verbes *ébranler, agiter*. En effet, on ne trouve point d'exemple où le mot ⲕⲉⲙⲕⲉⲙ ait été pris dans le sens de *sistre*.

Les interprètes qobtes ont même constamment rendu par le mot ⲕⲉⲙⲕⲉⲙ le mot תֹּף (*toph*), qui, en hébreu, signifie un tambour de l'espèce de ceux dont nous venons de parler, c'est-à-dire un tambour à l'usage des femmes, un tambour semblable enfin à ceux que nous nommons *tambours de basque*.

C'est pourquoi, au verset 4 du psaume CL, où on lit dans le texte hébreu הַלְלוּהוּ בְתֹף וּמָחוֹל (*halelaouhou be toph ou machul*), « célébrez-le au son du tambour et par vos danses, » on trouve dans la version qobte, ⲥⲙⲟⲩ ⲉ ⲣⲟϥ ϧⲉⲛ ⳿ⲧ ⲛ ⲕⲉⲙⲕⲉⲙ ⲛⲉⲙ ⳿ⲧⲥ ⲭⲟⲣⲟⲥ (*smou e roq hen tan kemkem nem tas choros*). Le mot *kemkem* de la version qobte répond donc à celui de *toph* du texte hébreu, lequel signifie un tambour de basque.

Il est si vrai que les Qobtes ont entendu par le mot ⲕⲉⲙⲕⲉⲙ un tambour de l'espèce de ceux dont il s'agit, que, dans la traduction marginale du qobte en arabe [1], ce mot est rendu par celui de دفوف (*defouf*), pluriel de دف (*deff*) [2], et que l'on trouve dans la version qobte du psaume LXVIII, vers. 5, le mot ⲣⲉϥⲕⲉⲙⲕⲉⲙ (*repskemkem*) pour signifier des joueuses de tambour.

Après des preuves aussi évidentes, si nous en ajoutions d'autres, on serait en droit de nous accuser de vouloir faire un vain étalage de nos recherches : mais nous sommes tellement persuadés que le travail que nous offrons en ce moment est peu attrayant par lui-même, que nous l'avons abrégé le plus qu'il nous a été possible. Nous aurions même désiré pouvoir en retrancher tout ce qui n'y est pas absolument nécessaire : mais, cette matière étant peu connue, nous avons cru à propos d'ajouter quelques réflexions sur plusieurs points qui avaient besoin d'être éclaircis.

---

[1] Cette traduction est écrite ainsi pour la commodité des Qobtes d'aujourd'hui, qui ne comprennent plus leur langue propre.

[2] C'est le nom d'une espèce de tambour de basque, encore en usage maintenant parmi les Égyptiennes. Or, il est hors de doute que le mot arabe *deff* n'a point eu une origine différente de celle du mot hébreu *toph*, et qu'il n'est même autre chose que ce dernier, prononcé d'une manière plus douce.

NOTICE

SUR LES EMBAUMEMENS

DES ANCIENS ÉGYPTIENS,

Par P. C. ROUYER,

Membre de la Commission des sciences et arts d'Égypte.

L'usage d'embaumer les morts remonte à la plus haute antiquité; il était connu chez presque tous les peuples du premier âge du monde. C'est dans l'Asie et dans l'Afrique, mais particulièrement en Égypte, que les embaumemens ont été le plus usités. Les anciens Égyptiens, qui portèrent la piété filiale[1] et le respect pour les morts au plus haut degré d'exaltation, paraissent être les premiers qui aient songé à faire embaumer les dépouilles mortelles de leurs pères, afin d'en perpétuer la durée, et de pouvoir conserver long-temps auprès d'eux ceux qu'ils n'avaient cessé d'honorer pendant leur vie.

Ce pieux devoir, que ce peuple religieux regardait comme une obligation sacrée, se rendait non-seulement aux parens, aux amis, et aux étrangers[2] lorsqu'on les trouvait morts dans le Nil, mais encore à ceux des ani-

---

[1] Diod. Sicul. *Bibl. histor.* lib. 1, cap. 34, sect. 1.
[2] Herodot. *Hist.* Euterp. cap. 90.

maux réputés sacrés[1], qui étaient en grande vénération dans plusieurs villes de l'Égypte.

De tous les peuples anciens et modernes, les Égyptiens sont aussi les seuls chez lesquels les embaumemens aient été faits avec beaucoup de méthode et de succès.

Plusieurs autres nations qui se sont succédées sur l'ancien continent, faisaient aussi embaumer leurs morts: les Éthiopiens[2] les couvraient d'une espèce de résine diaphane, au travers de laquelle on pouvait voir le mort, ce qui a fait croire qu'ils les enfermaient dans des coffres de verre; les anciens Perses les enveloppaient dans de la cire; les Scythes les cousaient dans des sacs de peau; pendant plusieurs siècles, les Grecs et les Romains ont employé, pour embaumer leurs morts, les plus rares et les plus précieux parfums[3]: mais ces sortes d'embaumemens imparfaits n'étaient qu'une imitation de ceux des Égyptiens.

Dans toutes les contrées qu'habitaient autrefois ces différens peuples, il ne reste plus rien de ces cadavres qui avaient été embaumés dans l'intention de les garantir de la destruction, et de conserver le souvenir des rares vertus d'un sage, ou des glorieux exploits d'un conquérant; on ne retrouve aujourd'hui dans ces tombeaux que quelques ossemens des corps qui y ont été déposés, et qui tombent en poussière[4] lorsqu'on les touche. Le

---

[1] Herodot. *Hist.* Euterp. cap. 70. — Diod. Sicul. *Bibl. histor.* lib. 1, cap. 31 et 32.

[2] Traité des embaumemens, par *Penicher.*

[3] En suivant à peu près les mêmes procédés qui se trouvent décrits dans plusieurs pharmacopées, et particulièrement dans le codex de Paris.

[4] Voyage dans les catacombes de Rome, par un membre de l'Académie de Cortone.

temps, qui réclame l'anéantissement de tout ce qui a existé, les a entièrement détruits, tandis qu'il respecte encore aujourd'hui, dans les vastes et innombrables catacombes de l'ancienne Égypte, plusieurs milliers de générations ensevelies. Tous ces corps, assez bien conservés pour qu'on puisse facilement distinguer les individus de chaque famille, pourront encore faire connaître à tous les âges à venir la piété et l'industrie du peuple le plus célèbre du monde.

En descendant dans les caveaux où les anciens Égyptiens ont déposé leurs morts, on est surpris d'y voir un nombre si prodigieux de cadavres entiers; et lorsqu'on enlève les toiles dans lesquelles ces corps sont enveloppés, on est saisi d'admiration de trouver la peau, les sourcils, les cheveux et les traits du visage très-bien conservés.

Ces corps embaumés, que les historiens et tous les voyageurs ont appelés *momies, momies humaines, momies d'Égypte*, sont placés dans des cryptes, à l'abri de toute espèce de destruction; ils y seraient encore tous intacts, si les Arabes, guidés par l'appât du gain, n'en avaient brisé un grand nombre qu'ils trouvèrent dans les grottes placées à l'entrée des montagnes, ou dans quelques tombeaux particuliers, ouverts depuis plusieurs siècles, et qui sont tous les jours visités de nouveau par les habitans des lieux circonvoisins ou par les voyageurs.

L'art des embaumemens, que la religion et l'industrie semblaient avoir créé, non pour rendre aux corps, après leur mort, cette vie passagère et fragile qui les animait, mais afin de leur donner une autre existence, en quelque sorte, éternelle; cet art, que les anciens Égyptiens avaient porté à un si haut point de perfection, et qu'ils ont pratiqué avec tant de succès pendant une longue suite de siècles, est aujourd'hui tout-à-fait inconnu dans les mêmes contrées où il a pris naissance, et il reste enseveli dans le plus profond oubli, depuis que l'Égypte, qui fut long-temps le séjour des sciences et de tous les arts, a été envahie et successivement ravagée par des peuples barbares qui ont anéanti toutes ses institutions politiques et religieuses.

Les historiens auxquels nous sommes redevables de tout ce que l'on sait aujourd'hui des merveilles anciennes de l'Égypte, et qui ont écrit dans un temps où les Égyptiens conservaient encore quelques-uns de leurs usages, pouvaient seuls nous transmettre le secret ingénieux des embaumemens; mais leurs récits nous prouvent qu'ils n'en avaient eux-mêmes qu'une connaissance très-imparfaite. En effet, la plupart des historiens de l'antiquité se contentent de parler avec une sorte d'admiration, et surtout avec beaucoup de mystère, des embaumemens et des funérailles des anciens Égyptiens, du respect que ces peuples avaient pour les morts, des dépenses extraordinaires qu'ils faisaient pour se construire des tombeaux magnifiques et durables qu'ils regardaient comme leur véritable demeure, tandis qu'ils appelaient leurs habitations des maisons de voyage.

Hérodote, si justement nommé le père de l'histoire, est aussi le premier qui ait indiqué la méthode que les Égyptiens suivaient pour embaumer les morts: il dis-

DES ANCIENS ÉGYPTIENS.

tingue trois sortes d'embaumemens plus ou moins dispendieux, selon le rang et la fortune des particuliers. Je ne rapporterai d'Hérodote et de quelques autres historiens, que ce qu'il est indispensable d'avoir sous les yeux pour se faire une idée exacte des embaumemens des anciens Égyptiens. « Il y a en Égypte, dit-il[1], certaines personnes que la loi a chargées des embaumemens, et qui en font profession.......

« Voici comment ils procèdent à l'embaumement le plus précieux. D'abord ils tirent la cervelle par les narines, en partie avec un ferrement recourbé, en partie par le moyen des drogues qu'ils introduisent dans la tête; ils font ensuite une incision dans le flanc, avec une pierre d'Éthiopie, tranchante; ils tirent par cette ouverture les intestins, les nettoient, et les passent au vin de palmier;.... ensuite ils remplissent le ventre de myrrhe pure broyée, de cannelle et d'autres parfums, l'encens excepté; puis ils le recousent. Lorsque cela est fini, ils salent le corps en le couvrant de natrum pendant soixante-dix jours. Il n'est pas permis de le laisser séjourner plus long-temps dans le sel. Ces soixante-dix jours écoulés, ils lavent le corps, et l'enveloppent entièrement de bandes de toile de coton, enduites de *commi,* dont les Égyptiens se servaient ordinairement comme de colle......

« Ceux qui veulent éviter la dépense, choisissent cette autre sorte. On remplit des seringues d'une liqueur onctueuse qu'on a tirée du cèdre; on en injecte le ventre du mort, sans y faire aucune incision et sans en tirer

[1] Hérod. *Hist.* liv. II, chap. 85, 86, 87 (*traduction de M. Larcher*).

les intestins. Quand on a introduit cette liqueur par le fondement, on le bouche, pour empêcher la liqueur injectée de sortir; ensuite on sale le corps pendant le temps prescrit. Le dernier jour, on fait sortir du ventre la liqueur injectée : elle a tant de force, qu'elle dissout le ventricule et les entrailles, et les entraîne avec elle. Le natrum consume les chairs, et il ne reste du corps que la peau et les os. Cette opération finie, ils rendent le corps sans y faire autre chose.

« La troisième espèce d'embaumement n'est que pour les pauvres : on injecte le corps avec la liqueur surnommée *surmaïa*; on met le corps dans le natrum pendant soixante-dix jours, et on le rend ensuite à ceux qui l'ont apporté. »

Diodore de Sicile s'exprime à peu près de la même manière qu'Hérodote; mais il donne en outre quelques détails qu'il est important de connaître.

« Les Égyptiens, dit-il [1], ont trois sortes de funérailles : les pompeuses, les médiocres et les simples. Les premières coûtent un talent d'argent; les secondes, vingt mines : mais les troisièmes se font presque pour rien.

« Ceux qui font profession d'ensevelir les morts, l'ont appris dès l'enfance.... Le premier est l'écrivain; c'est lui qui désigne, sur le côté gauche du mort, le morceau de chair qu'il en faut couper : après lui vient le coupeur, qui fait cet office avec une pierre d'Éthiopie.... Ceux qui salent viennent ensuite; ils s'assemblent tous autour du mort qu'on vient d'ouvrir, et l'un d'eux introduit, par l'incision, sa main dans le corps, et en tire tous les

[1] Diod. de Sicile, l. 1, sect. 2, ch. 34 (*traduct. de l'abbé Terrasson*).

viscères, excepté le cœur et les reins. Un autre les lave avec du vin de palme et des liqueurs odoriférantes. Ils oignent ensuite le corps, pendant plus de trente jours, avec de la gomme de cèdre, de la myrrhe, du cinnamome et d'autres parfums, qui non-seulement contribuent à le conserver pendant très-long-temps, mais qui lui font encore répandre une odeur très-suave. Ils rendent alors aux parens le corps revenu à sa première forme, de telle sorte que les poils mêmes des sourcils et des paupières sont démêlés, et que le mort semble avoir gardé l'air de son visage et le port de sa personne. »

Hérodote et Diodore de Sicile ne font pas mention des embaumemens sacrés, ni des embaumemens des rois : mais le premier laisse assez entrevoir qu'il y en avait d'autres que ceux qu'il décrit, lorsqu'il ajoute aux détails des trois embaumemens dont il parle, « que[1] si l'on trouve le corps d'un Égyptien, ou même d'un étranger mort dans le Nil.... les prêtres du Nil ont seuls le droit d'y toucher;.... qu'ils l'ensevelissent de leurs propres mains, comme si c'était quelque chose de plus que le cadavre d'un homme, et qu'ensuite ils le placent dans les tombeaux sacrés. »

Tous les auteurs anciens s'accordent à dire que les Égyptiens faisaient usage de divers aromates pour embaumer les morts; qu'ils employaient, pour les riches, la myrrhe[2], l'aloès[3], la cannelle[4] et le *cassia lignea*[5];

---

[1] Hérod. *Hist.* liv. II, chap. 90 (*M. Larcher*).
[2] Résine que l'on retire d'une espèce de *mimosa* qui n'a pas encore été décrit.
[3] Suc extracto-résineux de l'*aloë perfoliata*, Linn.
[4] Écorce du *laurus cinnamomum*, Linn.
[5] Écorce du *laurus cassia*, Linn.

et pour les pauvres, le *cedria*[1], le bitume[2] et le natrum[3].

Hérodote n'ayant pas dit ce qu'on faisait des intestins lorsqu'ils avaient été lavés dans du vin de palmier, Porphyre[4] nous apprend qu'un des embaumeurs, après les avoir retirés du cadavre, les montrait au soleil, et, lui adressant, au nom du mort, une prière en forme d'invocation, il déclarait que ce corps ne s'était souillé d'aucun crime pendant sa vie; mais que s'il avait commis quelques fautes en mangeant ou en buvant, il fallait les imputer aux intestins, qui étaient jetés alors dans le Nil.

Plutarque[5] dit également que les Égyptiens faisaient jeter dans le Nil les intestins des cadavres.

Quoique les récits d'Hérodote et de Diodore sur les embaumemens ne soient pas très-complets, et que quelques détails paraissent inexacts et peu vraisemblables, comme plusieurs savans français[6] l'ont observé, néanmoins, lorsqu'on examine les momies d'Égypte dans les caveaux où elles se sont conservées jusqu'à présent, et que l'on remarque qu'elles ont été préparées selon les

---

[1] Résine liquide du *pinus cedrus*, Linn. Selon Pline et Dioscoride, les anciens retiraient trois produits résineux du cèdre : la gomme résine, par incision; le *cedria*, par la combustion; et le *cedrium*, autre liqueur qui surnageait le *cedria*, espèce de goudron.

[2] Bitume, *bitumen judaïcum*, matière résineuse, tantôt solide, tantôt liquide, selon sa qualité et sa pureté, provenant du lac Asphaltite de Judée ou Mer-morte.

[3] Natrum, *carbonas sodæ*, sel qu'on trouve abondamment dans plusieurs lacs de l'Égypte : c'est un mélange de carbonate, de sulfate et de muriate de soude.

[4] Porphyr. *De abstinentia ab esu anim.* lib. IV, sect. 10, pag. 329.

[5] Plutarch. *in* VII *sapientium Convivio*, p. 159.

[6] Le comte de Caylus, Hist. de l'Académie royale des inscriptions et belles-lettres, t. XXIII, p. 119. — Rouelle, Mém. de l'Académie des sciences, année 1750.

diverses méthodes indiquées par ces deux historiens, ces observations, jointes aux détails précédens, suffisent pour donner une juste idée des procédés que les Égyptiens employaient pour embaumer leurs morts.

Ainsi, en plaçant dans un ordre convenable ce qu'Hérodote rapporte sur cet objet, on reconnaît bientôt qu'il a décrit en quelques lignes toute la théorie des embaumemens; et que ces cadavres desséchés, connus sous le nom de *momies d'Égypte*, qui ont été l'objet des recherches d'un grand nombre de savans, et qui ont fixé l'attention de presque tous les voyageurs, ont été embaumés selon les lois de la saine physique.

Quelques auteurs ont pensé que l'art des embaumemens n'exigeait de ceux qui en faisaient profession, aucune connaissance des sciences physiques et naturelles. Sans vouloir prétendre qu'une connaissance exacte de l'anatomie fût nécessaire pour procéder à ces embaumemens, on voit que les embaumeurs égyptiens savaient distinguer des autres viscères le foie, la rate et les reins, auxquels ils ne devaient pas toucher; qu'ils avaient trouvé le moyen de retirer la cervelle de l'intérieur du crâne sans le détruire; et qu'ils connaissaient l'action des alcalis sur les matières animales, puisque le temps que les corps devaient rester en contact avec ces substances, était strictement limité : ils n'ignoraient pas la propriété qu'ont les baumes et les résines d'éloigner des cadavres les larves des insectes et les mites : ils avaient aussi reconnu la nécessité d'envelopper les corps desséchés et embaumés, afin de les préserver de l'humidité, qui se serait opposée à leur conservation.

Ce n'est qu'à l'aide de ces diverses connaissances et de beaucoup d'autres dans un grand nombre d'arts que possédaient les Égyptiens, que ces peuples étaient parvenus à établir des règles invariables et une méthode certaine pour procéder aux embaumemens.

On remarque, en effet, que le travail de ceux qui étaient chargés d'embaumer les morts, consistait en deux principales opérations bien raisonnées : la première, de soustraire de l'intérieur des cadavres tout ce qui pouvait devenir une cause de corruption pendant le temps destiné à les dessecher ; la seconde, d'éloigner de ces corps tout ce qui aurait pu, par la suite, en causer la destruction.

C'est, sans doute, le but que se proposaient les embaumeurs, lorsqu'ils commençaient par retirer des cadavres qu'on leur livrait, les matières liquides, les intestins et le cerveau, et qu'ils soumettaient ensuite ces corps, pendant plusieurs jours, à l'action des substances qui devaient en opérer la dessiccation. Ils remplissaient les corps de résines odorantes et de bitume, non-seulement pour les préserver de la corruption, comme l'ont avancé, après Hérodote, presque tous ceux qui parlent des embaumemens, mais encore pour en écarter les vers et les nicrophores qui dévorent les cadavres ; ils les enveloppaient ensuite de plusieurs contours de bandes de toile imbibées de résine, afin de les garantir du contact de la lumière et de l'humidité, qui sont les principaux agens de la fermentation et de la destruction des corps privés de la vie.

On commençait la dessiccation des cadavres par la

chaux, le natrum et les aromates. La chaux et le natrum agissaient comme absorbans, ils pénétraient les muscles et toutes les parties molles, ils enlevaient toutes les liqueurs lymphatiques et la graisse sans détruire les fibres ni la peau. On employait le natrum tel qu'on le tire de plusieurs lacs de l'Égypte où il se trouve abondamment à l'état de carbonate de soude. Les substances aromatiques dont on se servait, réunissaient à leurs qualités balsamiques des propriétés styptiques et absorbantes, qui agissaient sur les corps à l'instar du tan ; mais on voit que l'action de ces substances, quoique prolongée pendant plusieurs jours, n'aurait pas suffi pour dessécher entièrement les cadavres. Il est certain que les embaumeurs, après les avoir lavés avec cette liqueur vineuse et balsamique qu'Hérodote et Diodore appellent *vin de palmier*, et les avoir remplis de résines odorantes ou de bitume, les plaçaient dans des étuves, où, à l'aide d'une chaleur convenable, ces substances résineuses s'unissaient intimement aux corps, et ceux-ci arrivaient en peu de temps à cet état de dessiccation parfaite dans lequel on les trouve aujourd'hui. Cette opération, dont aucun historien n'a parlé, était sans doute la principale et la plus importante de l'embaumement.

Au reste, ce qui pouvait contribuer de la manière la plus efficace à la perfection de l'embaumement des Égyptiens et à la conservation merveilleuse des momies, c'était le climat de l'Égypte, et principalement cette température élevée et toujours égale qui règne dans l'intérieur des chambres sépulcrales et dans tous les lieux souterrains spécialement consacrés aux sépultures.

Ayant eu occasion de visiter plusieurs de ces caveaux, j'ai examiné avec beaucoup d'attention un grand nombre de corps embaumés qui s'y trouvaient : je décrirai en détail les diverses sortes de momies que je suis parvenu à reconnaître; j'indiquerai les substances qui m'ont paru avoir été employées dans leur préparation, et les soins particuliers que chaque espèce d'embaumement devait exiger.

Je n'entreprendrai pas d'expliquer les motifs qui ont pu porter les anciens Égyptiens à mettre autant de luxe dans leurs funérailles, à attacher un si grand prix à la conservation des cadavres, et à se construire des tombeaux aussi somptueux qu'indestructibles. Tous ceux qui ont essayé de traiter ce sujet, n'ont encore pu nous donner aucune notion certaine des dogmes de la religion de cet ancien peuple, dont les mœurs, le caractère et les connaissances dans un grand nombre d'arts, ne seront connus que lorsqu'on aura une intelligence parfaite des écrits hiéroglyphiques tracés en caractères ineffaçables, sur tous les monumens que les Égyptiens ont voulu transmettre à la postérité, et qui renferment, sans doute, la partie la plus intéressante de l'histoire de ces peuples autrefois si puissans et si célèbres.

C'était ordinairement dans l'intérieur des montagnes que les Égyptiens faisaient construire leurs tombeaux, qui devaient aussi servir à toute leur famille. Les grottes profondes que l'on trouve en si grand nombre dans les deux chaînes de montagnes qui s'étendent de chaque côté du Nil, depuis le *Kaire* jusqu'à *Syène*, ne sont autre chose que les anciens tombeaux des habitans des nombreuses villes qui ont existé dans cette partie de l'Égypte; ces vastes et magnifiques appartemens souterrains, placés à plusieurs lieues du Nil, dans l'enfoncement de la montagne qui sépare du désert de la Libye la plaine où était située l'antique Thèbes, ont également été construits pour servir de sépulture aux premiers souverains de l'Égypte; les immenses caveaux et les puits profonds que l'on trouve dans la plaine de Saqqârah, appelée par les voyageurs *la plaine des momies*, n'ont été creusés que pour servir de cimetière aux habitans de la ville de Memphis, comme les superbes pyramides avaient été élevées pour renfermer les corps des rois et des princes.

Quoiqu'on ne puisse pas déterminer d'une manière certaine à quelle époque et sous quel règne les Égyptiens ont commencé à embaumer leurs morts et à les conserver dans ces demeures souterraines, où ils pouvaient aller les visiter et jouir du bonheur de voir tous leurs ancêtres comme s'ils étaient encore vivans[1], tout porte à croire que les premiers tombeaux ont été construits dans cette partie de l'Égypte qui a été la première habitée et la plus florissante. Ainsi les tombeaux des rois de Diospolis ou de l'ancienne Thèbes, ceux qu'on trouve dans les environs de cette grande cité qui a été la première capitale de l'Égypte, peuvent être regardés comme plus anciens que les caveaux souterrains de Saqqârah et que les pyramides de Memphis et de Gyzeh.

[1] Diod. Sicul. *Bibl. hist.* lib. 1, sect. 2, cap. 34.

Je n'entrerai dans aucun détail sur la construction des tombeaux où les Égyptiens allaient déposer leurs morts, ni sur l'explication des tableaux historiques sculptés et peints à fresque dans l'intérieur de toutes les chambres sépulcrales, dont les uns représentent des sacrifices et des offrandes aux dieux, les autres des marches militaires et des combats, mais le plus souvent des scènes domestiques, telles que des jeux, des chasses, des pêches, des moissons, des vendanges, et un grand nombre d'arts. Ces tableaux de la vie humaine, qui se répètent dans plusieurs grottes, sont ordinairement terminés par un convoi funèbre. La réunion de quelques grottes et de plusieurs chambres ainsi décorées qui se communiquent les unes aux autres par de longs corridors et des carrefours, forme une espèce de ville souterraine qu'on appelait sans doute *la ville des morts*.

Les musulmans, qui ont aussi une grande vénération pour les morts, conservent quelques restes de cet ancien usage. En Égypte et dans toutes les contrées qui sont soumises aux lois du Prophète, on trouve à côté des villes, et généralement auprès de tous les lieux habités, un vaste terrain toujours bien situé, souvent ombragé d'arbres antiques et majestueux, décoré de plusieurs mosquées, et rempli d'une multitude de tombeaux, dans lesquels chaque famille va déposer ses morts; ce lieu se nomme *la ville des tombeaux*. Les naturels de l'Égypte, les Qobtes, ainsi que les mahométans, observent encore, en rendant les derniers devoirs à leurs parens, plusieurs cérémonies absolument semblables à celles des anciens : à la mort d'un père, d'un époux, d'un enfant, etc., les femmes se rassemblent autour du corps, elles poussent des cris perçans; ensuite, le visage couvert de boue, le front ceint d'un bandeau, les cheveux épars et la gorge découverte, elles accompagnent le mort jusqu'au tombeau, en se lamentant et en se frappant la poitrine.

La description générale des anciennes catacombes de l'Égypte se trouvant parmi les descriptions des antiquités[1], je me bornerai à observer que rien ne m'a paru plus ancien et mieux conservé que toutes ces grottes sépulcrales qui ont duré plus long-temps que les palais pompeux et qu'un grand nombre de villes fameuses, dont on ne retrouverait aujourd'hui aucune trace, si quelques-uns de ces tombeaux n'en indiquaient encore l'ancienne position.

Ce n'est pas dans les grottes les plus apparentes, ordinairement placées sur le devant et au pied des montagnes, ni dans ces tombeaux magnifiques qui frappent d'admiration tous les regards, qu'il faut chercher aujourd'hui des momies entières et bien conservées; ces monumens, toujours soupçonnés de renfermer des trésors où quelques objets précieux, ont été visités et fouillés trop souvent, depuis que l'Égypte a été ravagée par les Arabes, qui, sous le prétexte de détruire les idoles dont ils se disaient les ennemis, ont violé l'asile sacré des morts et saccagé les tombeaux. Il faut pénétrer dans le sein des montagnes, et descendre dans ces vastes et profondes excavations où l'on n'arrive que par de longs

---

[1] *Voyez* la description des hypogées de la ville de Thèbes, *A. D.*, vol. III.

canaux dont quelques-uns sont encombrés; là, dans des chambres ou des espèces de puits carrés, taillés dans le roc, on trouve des milliers de momies entassées les unes sur les autres, qui paraissent avoir été arrangées avec une certaine symétrie, quoique plusieurs se trouvent aujourd'hui déplacées et brisées. Auprès de ces puits profonds, qui servaient de sépulture commune à plusieurs familles, on rencontre aussi d'autres chambres moins grandes et quelques cavités étroites, en forme de niche, qui étaient destinées à contenir une seule momie, ou deux au plus.

Quoique le docteur Pauw[1] ait prétendu, sur les récits de quelques voyageurs, que plus on avance dans la haute Égypte, moins on trouve de momies, et que celles qui ont été découvertes dans la Thébaïde par Vansleb, étaient toutes très-mal conservées, j'ai remarqué que les momies de cette partie de l'Égypte avaient été préparées avec le plus de soin. Les grottes de la Thébaïde, qu'on voit souvent placées sur cinq à six rangs de hauteur, que Paul Lucas et d'autres voyageurs avaient prises pour les anciennes demeures des anachorètes, renferment aussi un grand nombre de momies mieux conservées que celles qu'on trouve dans les canaux et dans les puits de Saqqârah.

C'est surtout auprès des ruines de Thèbes, dans l'intérieur de la montagne qui s'étend depuis l'entrée de la vallée des tombeaux des rois jusqu'à Medynet-abou, que j'ai vu beaucoup de momies entières et bien conservées.

[1] Recherches philosophiques sur les Égyptiens et les Chinois, tom. 1, pag. 432.

Il me serait impossible d'estimer le nombre prodigieux de celles que j'ai trouvées éparses et entassées dans les chambres sépulcrales et dans la multitude des caveaux qui sont dans l'intérieur de cette montagne; j'en ai développé et examiné un grand nombre, autant pour m'assurer de leur état et pour reconnaître leur préparation, que dans l'espérance d'y trouver des idoles, des *papyrus* et d'autres objets curieux que la plupart de ces momies renferment sous leur enveloppe.

Je n'ai point remarqué qu'il y eût, comme le dit Maillet[1], des caveaux spécialement destinés à la sépulture des hommes, des femmes et des enfans; mais j'ai été surpris de trouver peu de momies d'enfans dans tous les tombeaux que j'ai visités.

Ces cadavres embaumés, parmi lesquels on remarque un nombre à peu près égal d'hommes et de femmes, et qui, au premier aspect, paraissent se ressembler et avoir été préparés de la même manière, diffèrent cependant par les diverses substances qui ont été employées à leur embaumement, ou par l'arrangement et la qualité des toiles qui leur servent d'enveloppe.

Les historiens et les voyageurs ne sont pas d'accord sur l'espèce de toile dont les Égyptiens faisaient usage pour envelopper leurs morts. Le *byssus* avec lequel on faisait les toiles, est pris, dans les diverses traductions d'Hérodote, tantôt pour du lin, et tantôt pour du coton. L'examen des toiles dont ces momies sont enveloppées, devait suffire pour décider cette question. Le comte de Caylus et le célèbre chimiste Rouelle ont prétendu que

[1] Description de l'Égypte, par Maillet, tom. II.

toutes les toiles qui enveloppaient les momies étaient de coton : j'en ai trouvé un grand nombre qui étaient enveloppées avec des bandes de toile de lin, d'un tissu beaucoup plus fin que celui des toiles de coton que l'on trouve ordinairement autour des momies préparées avec moins de soin; les momies d'oiseaux, particulièrement celles des ibis, sont aussi enveloppées avec des bandes de toile de lin.

En examinant en détail et avec attention quelques-unes des momies qui se trouvent dans les tombeaux, j'en ai reconnu de deux classes principales :

Celles auxquelles on a fait sur le côté gauche, au-dessus de l'aine, une incision d'environ six centimètres (deux pouces et demi), qui pénètre jusque dans la cavité du bas-ventre;

Et celles qui n'ont point d'ouverture sur le côté gauche, ni sur aucune autre partie du corps.

Dans l'une et dans l'autre classe, on trouve plusieurs momies qui ont les parois du nez déchirées et l'os ethmoïde entièrement brisé : mais quelques-unes de la dernière classe ont les cornets du nez intacts et l'os ethmoïde entier; ce qui pourrait faire croire que quelquefois les embaumeurs ne touchaient pas au cerveau.

L'ouverture qui se trouve sur le côté de plusieurs momies, se faisait, sans doute, dans tous les embaumemens recherchés, non-seulement pour retirer les intestins qu'on ne retrouve dans aucun de ces cadavres desséchés, mais encore pour mieux nettoyer la cavité du bas-ventre, et pour la remplir d'une plus grande quantité de substances aromatiques et résineuses, dont le volume contribuait à conserver les corps, en même temps que l'odeur forte des résines en écartait les insectes et les vers. Cette ouverture ne m'a point paru recousue, comme le dit Hérodote; les bords avaient seulement été rapprochés et se maintenaient ainsi par la dessiccation.

1°. Parmi les momies qui ont une incision sur le côté gauche, je distingue celles qui ont été desséchées par l'intermède des substances tanno-balsamiques, et celles qui ont été salées.

Les momies qui ont été desséchées à l'aide de substances balsamiques et astringentes, sont remplies, les unes d'un mélange de résines aromatiques, et les autres d'asphalte[1] ou bitume pur.

Les momies remplies de résines aromatiques sont d'une couleur olivâtre; la peau est sèche, flexible, semblable à un cuir tanné; elle est un peu retirée sur elle-même, et ne paraît former qu'un seul corps avec les fibres et les os; les traits du visage sont reconnaissables et semblent être les mêmes que dans l'état de vie; le ventre et la poitrine sont remplis d'un mélange de résines friables, en partie solubles dans l'esprit-de-vin: ces résines n'ont aucune odeur particulière capable de les faire reconnaître; mais, jetées sur des charbons ardens, elles répandent une fumée épaisse et une odeur fortement aromatique.

Ces momies sont très-sèches, légères, faciles à dé-

---

[1] Asphalte, *bitumen asphaltum*, matière résineuse, noire, sèche, d'une cassure vitreuse, presque sans odeur. Ce bitume était employé pour les embaumemens; ce qui lui a fait donner le nom de *gomme des funérailles*, et de *baume des momies*.

velopper et à rompre; elles conservent encore toutes leurs dents, les cheveux et les poils des sourcils. Quelques-unes ont été dorées sur toute la surface du corps; d'autres ne sont dorées que sur le visage, sur les parties naturelles, sur les mains et sur les pieds. Ces dorures sont communes à un assez grand nombre de momies, pour m'empêcher de partager l'opinion de quelques voyageurs qui ont pensé qu'elles décoraient seulement les corps des princes ou des personnes d'un rang très-distingué. Ces momies qui ont été préparées avec beaucoup de soin, sont inaltérables, tant qu'on les conserve dans un lieu sec; mais, développées et exposées à l'air, elles attirent promptement l'humidité, et au bout de quelques jours elles répandent une odeur désagréable.

Les momies remplies de bitume pur ont une couleur noirâtre; la peau est dure, luisante comme si elle avait été couverte d'un vernis; les traits du visage ne sont point altérés; le ventre, la poitrine et la tête sont remplis d'une substance résineuse, noire, dure, ayant peu d'odeur: cette matière que j'ai retirée de l'intérieur de plusieurs momies, m'a présenté les mêmes caractères physiques et a donné à l'analyse chimique les mêmes résultats que le bitume de Judée qui se trouve dans le commerce. Ces sortes de momies qu'on rencontre assez communément dans tous les caveaux, sont sèches, pesantes, sans odeur, difficiles à développer et à rompre. Presque toutes ont le visage, les parties naturelles, les mains et les pieds dorés: elles paraissent avoir été préparées avec beaucoup de soin; elles sont très-peu susceptibles de s'altérer et n'attirent point l'humidité de l'air.

Les momies ayant une incision sur le côté gauche, et qui ont été salées, sont également remplies, les unes de substances résineuses, et les autres d'asphalte.

Ces deux sortes diffèrent peu des précédentes : la peau a aussi une couleur noirâtre; mais elle est dure, lisse et tendue comme du parchemin; il se trouve un vide au-dessous; elle n'est point collée sur les os; les résines et le bitume qui ont été injectés dans le ventre et dans la poitrine, sont moins friables, et ne conservent aucune odeur; les traits du visage sont un peu altérés; on ne retrouve que très-peu de cheveux, qui tombent lorsqu'on les touche. Ces deux sortes de momies se trouvent en très-grand nombre dans tous les caveaux : lorsqu'elles sont développées, si on les expose à l'air, elles en absorbent l'humidité, et elles se couvrent d'une légère efflorescence saline que j'ai reconnue pour être du sulfate de soude.

2°. Parmi les momies qui n'ont point d'incision sur le côté gauche ni sur aucune autre partie du corps, et dont on a retiré les intestins par le fondement, j'en distingue aussi deux sortes; celles qui ont été salées, ensuite remplies de cette matière bitumineuse moins pure que les naturalistes et les historiens appellent *pisasphalte*[1], et celles qui ont été seulement salées.

---

[1] Pisasphalte, *bitumen pissasphaltum*; bitume qui tient le milieu entre le pétrole et l'asphalte; il a été nommé *poix minérale*, à cause de sa consistance molle et de son odeur de poix. Cette substance a une couleur noire, une odeur forte et pénétrante; les Égyptiens l'employaient pour les embaumemens communs.

Pour parvenir à faire sortir les intestins sans ouvrir le bas-ventre, selon Hérodote, on injectait du *cedria* par le fondement; et pour les pauvres, on se servait d'une liqueur composée, appelée *surmaïa*, qui, au bout de quelques jours, entraînait les viscères. Comme on ne peut pas supposer que la résine du cèdre, qui n'est que balsamique, ait eu la propriété de dissoudre les intestins, non plus que cette prétendue liqueur purgative désignée dans le texte grec par le nom de *surmaïa*, il est beaucoup plus naturel de croire que ces injections étaient composées d'une solution de natrum rendue caustique, qui dissolvait les viscères; et qu'après avoir fait sortir les matières contenues dans les intestins, les embaumeurs remplissaient le ventre de *cedria* ou d'une autre résine liquide qui se desséchait avec le corps.

Les momies salées qui sont remplies de pisasphalte, ne conservent plus aucun trait reconnaissable; non-seulement toutes les cavités du corps ont été remplies de ce bitume, mais la surface en est aussi couverte. Cette matière a tellement pénétré la peau, les muscles et les os, qu'elle ne forme avec eux qu'une seule et même masse.

En examinant ces momies, on est porté à croire que la matière bitumineuse a été injectée très-chaude, ou que les cadavres ont été plongés dans une chaudière contenant ce bitume en liquéfaction. Ces sortes de momies, les plus communes et les plus nombreuses de toutes celles qu'on rencontre dans les caveaux, sont noires, dures, pesantes, d'une odeur pénétrante et désagréable; elles sont très-difficiles à rompre; elles n'ont plus ni cheveux ni sourcils ; on n'y trouve aucune dorure. Quelques-unes seulement ont la paume des mains, la plante des pieds, les ongles des doigts et des orteils teints en rouge, de cette même couleur dont les naturels de l'Égypte se teignent encore aujourd'hui (avec le henné[1]) la paume des mains et les ongles des doigts. La matière bitumineuse que j'en ai retirée, est grasse au toucher, moins noire et moins cassante que l'asphalte; elle laisse à tout ce qu'elle touche une odeur forte et pénétrante; elle ne se dissout qu'imparfaitement dans l'alcool; jetée sur des charbons ardens, elle répand une fumée épaisse et une odeur désagréable; distillée, elle donne une huile abondante, grasse, d'une couleur brune et d'une odeur fétide. Ce sont ces espèces de momies que les Arabes et les habitans des lieux voisins de la plaine de Saqqârah vendaient autrefois aux Européens, et qui étaient envoyées dans le commerce pour l'usage de la médecine et de la peinture, ou comme objets d'antiquité : on les choisissait parmi celles qui étaient remplies de bitume de Judée, puisque c'est à cette matière qui avait long-temps séjourné dans les cadavres, qu'on attribuait autrefois des propriétés médicinales si merveilleuses; cette substance, qui était nommée *baume de momie*, a été ensuite très-recherchée pour la peinture : c'est pour cela que l'on n'a connu d'abord en France que l'espèce de momie qui renfermait du bitume. Elles sont très-peu susceptibles de s'altérer; exposées à l'humidité, elles se couvrent d'une légère efflorescence de substance saline à base de soude.

[1] *Lawsonia inermis*, Forsk. Flor. Ægypt.

Les momies qui n'ont été que salées et desséchées, sont généralement plus mal conservées que celles dans lesquelles on trouve des résines et du bitume. On remarque plusieurs variétés dans cette dernière sorte de momies; mais il paraît qu'elles proviennent du peu de soin et de la négligence que les embaumeurs mettaient dans leur préparation.

Les unes, encore entières, ont la peau sèche, blanche, lisse et tendue comme du parchemin; elles sont légères, sans odeur et très-faciles à rompre : d'autres ont la peau également blanche, mais un peu souple; ayant été moins desséchées, elles ont passé à l'état de gras. On trouve encore dans ces momies des morceaux de cette matière grasse, jaunâtre, que les naturalistes ont appelée *adipocire*. Les traits du visage sont entièrement détruits; les sourcils et les cheveux sont tombés : les os se détachent de leurs ligamens sans aucun effort; ils sont blancs et aussi nets que ceux des squelettes préparés pour l'étude de l'ostéologie : les toiles qui les enveloppent se déchirent et tombent en lambeaux lorsqu'on les touche. Ces sortes de momies, qu'on trouve ordinairement dans des caveaux particuliers, contiennent une assez grande quantité de substance saline, que j'ai reconnue pour être presque en totalité du sulfate de soude.

Les diverses espèces de momies dont je viens de parler, sont emmaillotées avec un art qu'il serait difficile d'imiter. De nombreuses bandes de toile, de plusieurs mètres de long, composent leur enveloppe; elles sont appliquées les unes sur les autres, au nombre de quinze ou vingt d'épaisseur, et font ainsi plusieurs circonvolutions d'abord autour de chaque membre, ensuite autour du corps entier : elles sont serrées et entrelacées avec tant d'adresse et si à propos, qu'il paraît qu'on a cherché, par ce moyen, à rendre à ces cadavres considérablement diminués par la dessiccation, leur première forme et leur grosseur naturelle.

On trouve toutes les momies enveloppées à peu près de la même manière; il n'y a de différence que dans le nombre des bandes qui les entourent, et dans la qualité des toiles, dont le tissu est plus ou moins fin, selon que l'embaumement était plus ou moins précieux.

Le corps embaumé est d'abord couvert d'une chemise étroite, lacée sur le dos et serrée sous la gorge; sur quelques-uns, au lieu d'une chemise, on ne trouve qu'une large bande qui enveloppe tout le corps. La tête est couverte d'un morceau de toile carré, d'un tissu très-fin, dont le centre forme sur la figure une espèce de masque : on en trouve quelquefois cinq à six ainsi appliqués l'un sur l'autre; le dernier est ordinairement peint ou doré, et représente la figure de la personne embaumée. Chaque partie du corps est enveloppée séparément par plusieurs bandelettes imprégnées de résine. Les jambes approchées l'une de l'autre, et les bras croisés sur la poitrine, sont fixés dans cet état par d'autres bandes qui enveloppent le corps entier. Ces dernières, ordinairement chargées de figures hiéroglyphiques, et fixées par de longues bandelettes qui se croisent avec beaucoup d'art et de symétrie, terminent l'enveloppe.

Immédiatement après les premières bandes, on trouve diverses idoles en or, en bronze, en terre cuite vernissée, en bois doré ou peint, des rouleaux de papyrus écrits, et beaucoup d'autres objets qui n'ont aucun rapport à la religion de ces peuples, mais qui paraissent être seulement des souvenirs de ce qui leur avait été cher pendant la vie.

C'est dans une de ces momies placées au fond d'un caveau de l'intérieur de la montagne (derrière le *Memnonium*, temple de la plaine de Thèbes), que j'ai trouvé un papyrus volumineux qui se voit gravé dans l'ouvrage. (*Voyez* les pl. 61, 62, 63, 64 et 65 du 2ᵉ volume des planches d'antiquités, et la description des hypogées de la ville de Thèbes.)

Ce papyrus était roulé sur lui-même, et avait été placé entre les cuisses de la momie, immédiatement après les premières bandes de toile. Cette momie d'homme, dont le tronc avait été brisé, ne m'a point paru avoir été embaumée d'une manière très-recherchée; elle était enveloppée d'une toile assez commune, et avait été remplie d'asphalte; elle n'avait de doré que les ongles des orteils.

Presque toutes les momies qui se trouvent dans ces chambres souterraines où l'on peut encore pénétrer, sont ainsi enveloppées de bandes de toile avec un masque peint sur le visage. Il est rare d'en trouver qui soient enfermées dans leurs caisses, dont il ne reste plus aujourd'hui que quelques débris. Ces caisses, qui ne servaient sans doute que pour les riches et les personnes d'une haute distinction, étaient doubles: celle dans laquelle on déposait les momies, était faite d'une espèce de carton composé de plusieurs morceaux de toile collés les uns sur les autres; cette caisse était ensuite enfermée dans une seconde construite en bois de sycomore ou de cèdre. Ces sortes de coffres, toujours proportionnés à la grandeur des corps qu'ils devaient renfermer et dont ils imitaient la ressemblance, n'étaient composés que de deux pièces (le dessus et le dessous) réunies à l'aide de chevilles de bois, ou de petites cordes de lin fabriquées avec beaucoup d'art. Ces caisses étaient couvertes d'une simple couche de plâtre ou d'un vernis, et ornées de diverses figures hiéroglyphiques.

Afin de mieux juger du véritable état de toutes ces momies, et pour parvenir à bien connaître les divers embaumemens précieux dont plusieurs historiens de l'antiquité ont fait mention, il aurait fallu pénétrer dans l'intérieur de grottes sépulcrales qui n'eussent encore été visitées par personne, et descendre dans des caveaux récemment découverts et spécialement destinés aux sépultures sacrées. Je ne doute pas qu'à l'aide de quelques recherches on ne parvienne un jour à découvrir, dans l'immense étendue des montagnes où les Égyptiens allaient cacher leurs morts, des caveaux encore intacts et remplis d'un grand nombre de cadavres embaumés; on trouverait dans ces tombeaux beaucoup de momies rangées selon l'ordre dans lequel elles ont été primitivement placées, et divers objets curieux qui pourraient indiquer la profession des personnes embaumées: on découvrirait aussi les corps d'animaux auxquels les Égyptiens accordaient les honneurs de la sépulture, et qui ne nous sont pas bien connus aujourd'hui; car, si l'on en excepte les momies d'ibis, dont on trouve un nombre si prodigieux dans les catacombes de Saqqârah, on est étonné de rencontrer si peu d'animaux embaumés dans les autres caveaux.

Les embaumemens des animaux se faisaient de la même manière et avec les mêmes substances que ceux des cadavres humains, puisque la plupart de ces sortes de momies ont été salées. Les ibis surtout et les éperviers ont été embaumés de la manière la plus parfaite; on les trouve remplis de substances résineuses et d'asphalte : ils paraissent avoir été desséchés dans des fours ; quelques-uns ont l'extrémité des plumes charbonnée. La plupart de ces oiseaux sont assez bien conservés pour qu'on puisse reconnaître la famille et l'espèce auxquelles ils appartenaient. Au reste, l'embaumement des animaux sacrés exige beaucoup d'autres recherches pour être bien connu, et mérite d'être le sujet d'un mémoire particulier.

Outre les diverses espèces de momies placées dans les caveaux, on trouve encore, à l'entrée de toutes les grottes sépulcrales et au pied des montagnes, beaucoup de cadavres ensevelis dans le sable, à une très-petite profondeur : quelques-uns de ces corps n'ont été que desséchés; d'autres sont remplis de pisasphalte, ou seulement couverts de charbon[1]; la plupart sont encore enveloppés dans des lambeaux de toile grossière et dans des nattes faites de roseaux et de feuilles de palmier. Ces cadavres ainsi inhumés ne seraient-ils pas l'espèce d'embaumement dont on se servait pour les pauvres, ou ap-

---

[1] Il est assez remarquable que les Égyptiens, à cette époque, aient reconnu au charbon une propriété antiseptique.

partiendraient-ils à un temps postérieur à celui où les Égyptiens faisaient embaumer leurs morts? c'est ce que nos recherches n'ont pu nous donner le moyen de décider.

D'après ce qui vient d'être exposé sur l'origine des embaumemens, sur les connaissances que quelques historiens nous ont laissées de cet ancien usage, et sur l'état dans lequel on trouve encore aujourd'hui les momies dans les catacombes de l'ancienne Égypte, on voit que depuis un temps immémorial les Égyptiens faisaient embaumer leurs morts, et qu'ils avaient plusieurs sortes d'embaumemens, qui variaient à l'infini, selon les rangs et les états; ou d'après les dernières volontés du mort. On remarque que la dessiccation des cadavres était la base principale de l'embaumement; que toutes les momies ne devaient leur conservation qu'aux soins avec lesquels elles avaient été préparées et placées dans des lieux à l'abri de l'humidité.

Mais, quoique le climat de l'Égypte soit considéré, avec raison, comme très-propre à la dessiccation et à la conservation des cadavres, on ne doit pas regarder la perfection des embaumemens des Égyptiens comme un avantage particulier à l'Égypte; il n'est pas douteux qu'à l'aide des connaissances que nous possédons des arts chimiques, on ne parvienne aujourd'hui à imiter avec succès, dans nos contrées, cet art merveilleux des Égyptiens, qui fait depuis tant de siècles l'admiration de tous les peuples.

FIN DU TOME SIXIÈME.

TABLE

DES MATIÈRES DU TOME VI.

ANTIQUITÉS—MÉMOIRES.

Pages.

MÉMOIRE *sur le nilomètre de l'île d'Éléphantine et les mesures égyptiennes,* par M. P. S. Girard, ingénieur en chef des ponts et chaussées, membre de l'Institut d'Égypte, directeur du canal de l'Ourcq et des eaux de Paris........................... 1

SECTION PREMIÈRE. *Recherche entreprise pour retrouver le nilomètre d'Éléphantine. — Description de ce nilomètre. — Longueur de la coudée. — Conjecture sur l'exhaussement du lit du Nil depuis le règne de Septime-Sévère*.......... *Ibid.*

SECTION DEUXIÈME. *Preuves de l'antiquité de la coudée d'Éléphantine, tirées de sa division en sept parties, et de son emploi dans les Pyramides.* 24

SECTION TROISIÈME. *Premier système métrique des Égyptiens. — Coudée d'Éléphantine retrouvée dans la mesure du côté de la base de la grande pyramide; — dans la mesure du degré terrestre attribuée à Ératosthène*........... 37

SECTION QUATRIÈME. *Système métrique des Égyptiens sous les princes grecs. — Longueur de la coudée égyptienne, déduite de celle du pied romain*................................ 69

SECTION CINQUIÈME. *Causes et examen critique des erreurs commises jusqu'à présent dans l'évaluation de l'ancienne coudée égyptienne*........... 77

SECTION SIXIÈME. *Des mesures de longueur usitées aujourd'hui en Égypte. — Conclusion de ce mémoire*....... 88

TABLE DES MATIÈRES.

Pages.

GROTTES D'ELETHYIA.................................... 97

Mémoire sur l'agriculture, sur plusieurs arts et sur plusieurs usages civils et religieux des anciens Égyptiens, par M. Costaz, membre de l'Institut d'Égypte... Ibid.

Tableaux relatifs à l'agriculture........................... 103
    Labourage.. Ibid.
    Récolte... 113
    Rentrée de la récolte.................................... 119
    Vendange et fabrication du vin.......................... 122
    Scènes pastorales.. 124

Tableaux relatifs à la pêche, à la chasse, au commerce et à la navigation.. 125
    Pêche... Ibid.
    Chasse.. 126
    Commerce... 128

Remarque sur les figures colossales............................. 136
Observation inexacte d'Hérodote sur un usage égyptien......... 138

TABLEAUX *religieux*... 139
    Offrandes à Isis et à Orus son fils........................ Ibid.
    Cérémonie funéraire et sacrifice......................... 141
    Des sacrifices humains.................................. 148

MÉMOIRE *sur le lac de Mœris comparé au lac du Fayoum*, par E. Jomard... 155

    §. Ier. Du Fayoum, et du Bahr-Yousef, ou canal de Joseph.. 157
    §. II. Du Birket-Qeroun, ou lac du Fayoum............. 162
    §. III. Comparaison du Birket-Qeroun avec le lac de Mœris.. 164
    §. IV. Objet du lac de Mœris............................ 177
    §. V. États successifs du lac depuis l'antiquité jusqu'à nos jours... 184
    §. VI. Si ce lac a été creusé de main d'homme............. 192
    §. VII. Nature des bords du lac.......................... 197
    §. VIII. Du Bahr-Yousef, considéré comme un ancien bras du Nil... 198
    §. IX. Opinions des critiques........................... 202
    §. X. Résumé.. 214

TEXTES *des principaux auteurs cités*........................... 219

MÉMOIRE *sur les vases murrhins qu'on apportait jadis en Égypte, et sur ceux qui s'y fabriquaient*; par M. Rozière, ingénieur des mines, membre de la Commission des sciences.............. 227

    §. Ier. Notice historique sur les vases murrhins naturels..... 228

TABLE DES MATIÈRES.

Pages.

§. II. Examen des opinions émises jusqu'ici.................. 229
§. III. Si la matière murrhine existe encore................. 235
§. IV. Caractères et nature du murrhin..................... 237
§. V. Du murrhin artificiel.............................. 247

DE *la géographie comparée et de l'ancien état des côtes de la mer Rouge, considérés par rapport au commerce des Égyptiens dans les différens âges* ; par M. Rozière, ingénieur des mines, membre de la Commission des sciences et arts...................... 251

INTRODUCTION.. Ibid.

PREMIÈRE PARTIE. *Du commerce des Égyptiens antérieurement à Ptolémée Philadelphe. — Des anciennes limites de la mer Rouge; — et de la géographie comparée de l'isthme de Suez*........ 257

Chapitre premier. Objet de cette première partie............. Ibid.

Chapitre deuxième. Relations des Égyptiens dans l'Orient avant la conquête d'Alexandre. — Opinion avancée sur l'ancien état de l'isthme............ 260

Chapitre troisième. Description de l'isthme de Suez. — Discussion géologique sur les anciennes limites de la mer Rouge.................................. 267

Chapitre quatrième. Si la communication artificielle a été entièrement établie entre le Nil et la mer Rouge.. 279

Chapitre cinquième. La largeur de l'isthme et la position du golfe indiquées par les anciens écrivains sont absolument telles que nous les voyons aujourd'hui.................................... 285

Chapitre sixième. Réfutation de l'opinion de d'Anville sur la position d'Héroopolis............................... 290
Extrait de l'Itinéraire................................. 294

Chapitre septième. Antiquité de la latitude d'Héroopolis ; ses rapports avec d'autres déterminations géographiques................................. 307

Chapitre huitième. Étymologie d'Héroopolis................. 311

Chapitre neuvième. Position de la ville d'Avaris. — Conjecture. — Routes suivies anciennement par les caravanes.................................. 315

Chapitre dixième. De la position d'Arsinoé. — Époque à laquelle

TABLE DES MATIÈRES.

	Pages.
on abandonna la navigation du golfe Héroopolitique.	319
Conclusion.	323
TEXTES *des auteurs cités*.	325
Le patriarche Joseph rencontre Jacob à Héroopolis.	*Ibid.*
Héroopolis située au fond même du golfe et près d'Arsinoé, vers l'endroit où était le port.	*Ibid.*
Héroopolis située à l'extrémité même du golfe Arabique.	*Ibid.*
Position d'Héroopolis, identique avec celle de l'extrémité de la mer Rouge, pour la latitude comme pour la longitude.	326
Ancienneté des travaux du canal.	*Ibid.*
Les premiers travaux du canal remontent jusqu'à Sésostris, avant la guerre de Troie.	327
Le canal ne fut point achevé sous Darius. Par quel motif.	*Ibid.*
Les Ptolémées construisirent des espèces d'écluses pour empêcher la communication de la mer Rouge avec les lacs amers.	328
Le bassin des lacs amers était encore rempli, au temps de Strabon, par les eaux du Nil, et non par celles de la mer Rouge.	*Ibid.*
Largeur de l'isthme qui sépare les deux mers.	*Ibid.*
La distance du mont Casius à la mer Rouge est plus courte que la distance de cette mer à l'origine du canal.	329
Les travaux du canal abandonnés par Nécos.	*Ibid.*
Le fond du golfe, ou le point d'où partaient les vaisseaux, au temps d'Agatharchides, sous Ptolémée Philométor, était le même qu'aujourd'hui.	*Ibid.*
Routes directes de la Méditerranée à la mer Rouge.	*Ibid.*
Arsinoé et Cléopatris étaient la même ville.	330
Arsinoé et Clysma placées toutes deux trop au midi par Ptolémée.	*Ibid.*
Motifs qui firent pratiquer la route de Bérénice, et abandonner celle d'Arsinoé.	*Ibid.*
SECONDE PARTIE. *Du commerce qui se fit par la voie de la Thébaïde, depuis Ptolémée Philadelphe jusqu'à la conquête des Arabes. — Géographie comparée de la côte occidentale de la mer Rouge.*	331
Chapitre premier. Histoire du commerce depuis Ptolémée Philadelphe jusqu'à l'entrée des Arabes en Égypte.	*Ibid.*
Chapitre deuxième. Exposé des questions de géographie comparée relatives à cette partie de l'histoire du commerce.	341
Chapitre troisième. A quel port connu aujourd'hui doit-on rap-	

TABLE DES MATIÈRES. 495

Pages.

porter le *Myos-hormos* ou *Muris-statio* des anciens.. 344

Chapitre quatrième. Position du golfe *Acathartus*............. 348

Chapitre cinquième. Ce que l'on doit entendre par l'isthme de Coptos.. 350

Chapitre sixième. De l'île d'Ophiodes ou Topazos et de la montagne des Émeraudes............................. 352

Chapitre septième. S'il a existé une route directe de Coptos au tropique.................................... 356

Chapitre huitième. Examen des autorités des anciens en faveur de la position de Bérénice sous le tropique..... 364
  §. Ier. Strabon.. *Ibid.*
  §. II. Ptolémée.. 367
  §. III. Pline et les auteurs des Itinéraires................ 368

Chapitre neuvième. Des mansions militaires construites sur la route de Coptos à Bérénice, par Ptolémée Philadelphe... 373

Chapitre dixième. Quel point précis occupait Bérénice dans l'isthme de Coptos...................................... 378

Résumé.. 380

Textes *des auteurs cités*....................................... 381
  I. Description de la côte d'Afrique depuis Arsinoé jusqu'au tropique.. *Ibid.*
  II. Description du site et du port de Myos-hormos...... *Ibid.*
  III. Situation et description du port de Myos-hormos... *Ibid.*
  IV. Myos-hormos était le port le plus célèbre et le plus fréquenté de toute la mer Rouge, sous Adrien...... 382
  V. Description du *Sinus Immundus*; sa position immédiatement au sud de Myos-hormos....................... *Ibid.*
  VI. De l'île d'Ophiodes, immédiatement au sud du *Sinus Immundus*.. *Ibid.*
  VII. L'île d'Ophiodes, immédiatement au sud du *Sinus Immundus*... 383
  VIII. Comparaison du *Smaragdus mons* avec les points voisins, qui prouve que cette montagne ne peut se trouver que dans une île... *Ibid.*
  IX. Isthme de Coptos, ou rétrécissement du terrain entre Coptos et Bérénice... *Ibid.*
  X. Position respective des quatre villes anciennes qui servaient

au commerce; savoir, Bérénice, Myos-hormos, Coptos et Apollinopolis parva.................................. 384

XI. Rapprochement de la longitude de Bérénice avec celle des divers points de la côte sous le tropique; impossibilité qu'une ville maritime ait existé sous ce parallèle avec une telle longitude............................. *Ibid.*

XII. La différence de longitude entre Coptos et Bérénice égale la largeur de l'isthme (quarante lieues)............. 385

XIII. Route de Coptos à Bérénice et à Myos-hormos......... *Ibid.*

XIV. Noms et distances des onze mansions bâties par Ptolémée Philadelphe....................................... 386

Seconde Liste offrant avec la première une différence de treize milles................................... *Ibid.*

XV. Le commerce de l'Inde plus considérable sous les Romains que sous les Ptolémées............................ 387

XVI. Nature des marchandises qui se transportaient par la mer Rouge.. *Ibid.*

XVII. Description de la côte occidentale de la mer Rouge, au sud de l'île d'Ophiodes............................. 388

XVIII. De deux autres villes de Bérénice, Panchrysos et Epidires.. *Ibid.*

XIX. Description de la côte d'Afrique depuis Myos-hormos.... 389

MÉMOIRE *sur le zodiaque nominal et primitif des anciens Égyptiens*, par M. Remi Raige................................. 391

Epifi, le Capricorne, 1er mois de l'été : du 20 juin au 20 juillet environ... 395

Messori, le Verseau, 2e mois de l'été : du 20 juillet au 20 août environ... 397

Thoth, les Poissons, 3e mois de l'été : du 20 août au 20 septembre environ... 398

Faofi, le Belier, 1er mois de l'automne : du 20 septembre au 20 octobre environ....................................... 399

Athyr, le Taureau, 2e mois de l'automne : du 20 octobre au 20 novembre environ....................................... 400

Chyak, les Gémeaux, 3e mois de l'automne : du 20 novembre au 20 décembre... 401

Tybi, le Cancer, 1er mois de l'hiver : du 20 décembre au 20 janvier environ.. *Ibid.*

Mechir, le Lion, 2e mois de l'hiver : du 20 janvier au 20 février environ... 402

Famenoth, la Vierge, 3e mois de l'hiver : du 20 février au 20 mars environ... 403

TABLE DES MATIÈRES.

Pages.

Farmouthi, la Balance, 1ᵉʳ mois du printemps : du 20 mars au 20 avril environ.. 403

Pachon, le Scorpion, 2ᵉ mois du printemps : du 20 avril au 20 mai environ.. 404

Payni, le Sagittaire, 3ᵉ mois du printemps : du 20 mai au 20 juin environ.. 405

Tableau orthographique des douze noms de mois de l'ancien Calendrier égyptien et du Zodiaque primitif, en grec, en qobte et en arabe... 411

DISSERTATION *sur les diverses espèces d'instrumens de musique que l'on remarque parmi les sculptures qui décorent les antiques monumens de l'Égypte, et sur les noms que leur donnèrent, en leur langue propre, les premiers peuples de ce pays;* par M. Villoteau.. 413

SECTION PREMIÈRE. *Des instrumens à cordes.*............... Ibid.

OBSERVATIONS préliminaires............................... Ibid.

Article premier. Du *tebouni*, ou du nom générique que les anciens Égyptiens donnèrent aux instrumens à cordes, suivant Jablonski................................... 415

Article deuxième. Si le *tebouni* se pinçait ou se touchait avec le *plectrum*; quel était son principal objet..... 419

Article troisième. Ce que le *tebouni* dut avoir de commun avec les autres instrumens, et combien il dut y avoir d'espèces de *tebouni*.................................. 421

Article quatrième. Le nom de *psaltérion* fut le plus anciennement connu et le plus généralement répandu. Ce fut le nom d'un instrument égyptien. Origine de ce nom. Il fut employé comme une épithète des *tebouni*.......................... 425

SECTION DEUXIÈME. *Des diverses espèces d'instrumens à vent des anciens Égyptiens; de leur origine, de leur usage, de leurs noms*................................ 429

Article premier. De l'invention et de l'origine des flûtes en général... Ibid.

Article deuxième. De l'invention et de l'origine des flûtes égyptiennes... 430

Article troisième. Du nom, en langue égyptienne, de la flûte droite; de son effet et de son usage........... 434

Article quatrième. Du nom de la trompette, et de celui de la flûte courbe, en langue égyptienne................ 437

TABLE DES MATIÈRES.

	Pages.
SECTION TROISIÈME. *Des instrumens bruyans ou crotales des anciens Égyptiens.*................	440
Article premier. De l'opinion de quelques savans sur la forme et le nom du sistre..........................	*Ibid.*
Article deuxième. Du nom du sistre en langue égyptienne, et de l'étymologie du mot *sistre*.............	444
Article troisième. D'une seconde espèce de crotale des anciens Égyptiens, et de son nom dans la langue de ces peuples.........................	451
SECTION QUATRIÈME. *Des instrumens à percussion en usage dans la musique des anciens Égyptiens*.......	453
Article premier. Observation préliminaire..............	*Ibid.*
Article deuxième. D'un certain instrument à percussion de la musique des anciens Égyptiens; de sa forme et de son usage; de l'affinité que paraît avoir avec cet instrument, une espèce d'instrument dont on se sert dans quelques églises chrétiennes de l'Orient..................	454
Article troisième. Des tambours antiques de l'Égypte.........	456
Article quatrième. Du nom, en langue égyptienne, du tambour antique, connu vulgairement parmi nous sous le nom de *tambour de basque*........	459
NOTICE *sur les embaumemens des anciens Égyptiens,* par P. C. Roüyer, membre de la Commission des sciences et arts d'Égypte.	461

FIN DE LA TABLE.

BARREAU FRANÇAIS.

COLLECTION
DES CHEFS-D'OEUVRE
DE L'ÉLOQUENCE JUDICIAIRE
EN FRANCE

Par Omer Talon, Denis Talon, Patru, Lemaitre, Pélisson, Erard, d'Aguesseau, Cochin, Montesquieu, Gerbier, Loyseau de Mauléon, Dupaty, Élie de Beaumont, Linguet, Beaumarchais, Servan, Mirabeau, Lachalotais, Target, Portalis, Duveyrier, Bergasse, Courvoisier, Lacretelle, Siméon, etc., etc. (*Ancien Barreau*).

Et par Bellart, Berryer, Billecocq, Bonnet, Berville, Chauveau-Lagarde, Dupin, Ferrere, Guichard, Hennequin, Lainé, Lally-Tolendal, Manuel, Marchangy, Mauguin, Odilon, Raves, Romiguière, Trinqublague, Tripier, Vatismenil, etc., etc. (*Barreau moderne*).

RECUEILLIE PAR MM. CLAIR ET CLAPIER,
AVOCATS.

TROIS VOLUMES ONT DÉJÀ PARU.
LE QUATRIÈME SERA MIS EN VENTE INCESSAMMENT.

L'ouvrage paraît par souscription; un volume in-8°, sur très-beau papier, toutes les six semaines.

Le prix de chaque volume est de SIX FRANCS, et de HUIT FRANCS franc de port par la poste.

La Collection formera SEIZE volumes; il n'en sera pas publié un seul au-delà; huit volumes pour l'ancien barreau et huit pour le barreau moderne. L'éditeur s'engage formellement à donner *gratis* le dix-septième et les suivans, s'il les publiait.

Ce Recueil présentera cet avantage, que, pour une somme modique, on pourra se procurer des ouvrages qui, achetés séparément, coûtent des sommes considérables, et que souvent même on ne peut plus retrouver.

La souscription est ouverte chez l'éditeur C. L. F. Panckoucke, rue des Poitevins, n°. 14, et chez tous les libraires de la France et de l'étranger.

Chaque volume est de 450 à 500 pages, imprimé sur très-beau papier des Vosges, des fabriques de M. Desgranges.

www.ingramcontent.com/pod-product-compliance
Lightning Source LLC
Chambersburg PA
CBHW050555230426
43670CB00009B/1135